1 上エジプトの景観

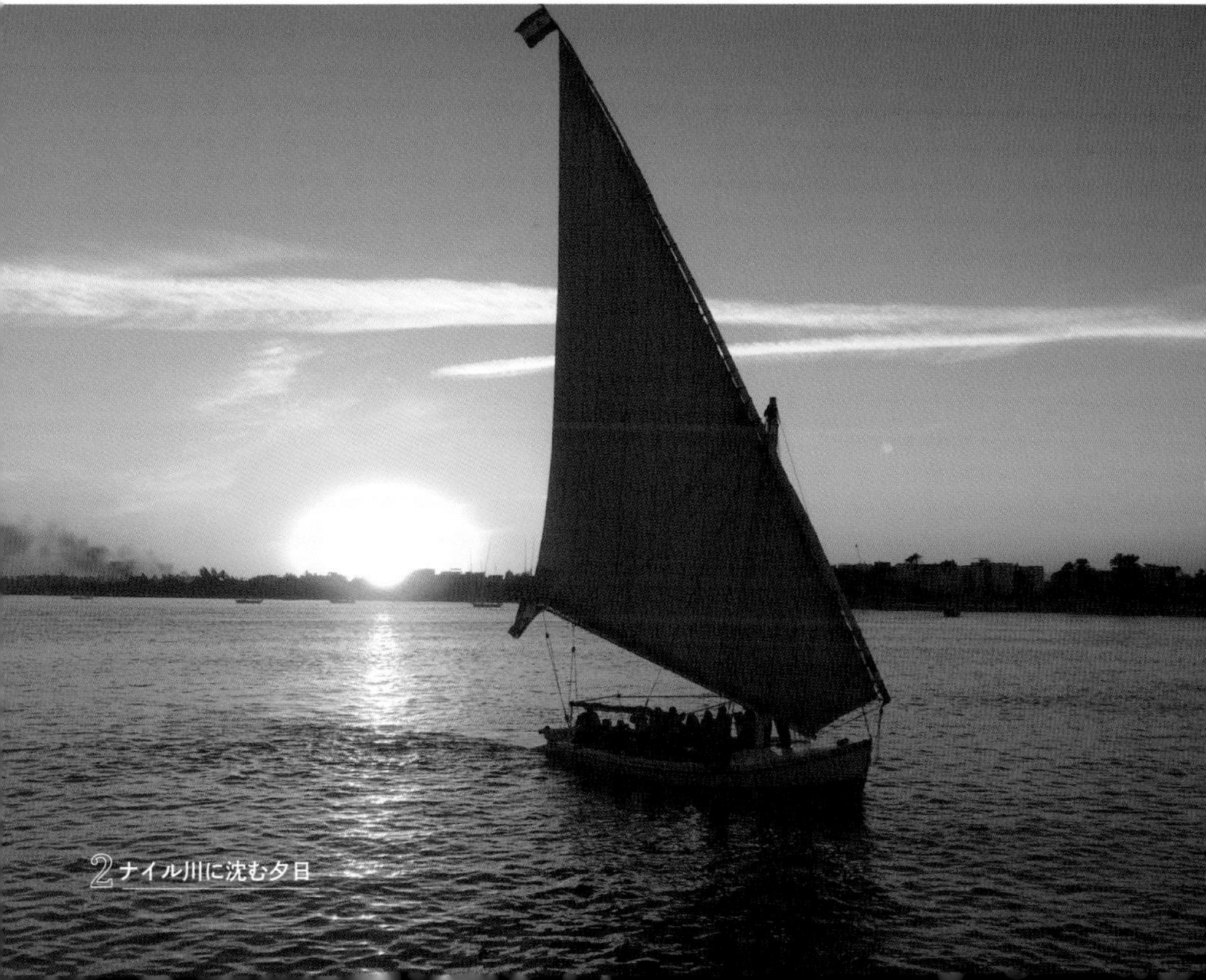

2 ナイル川に沈む夕日

3 メリムデ遺跡出土土製人面像
（カイロ・エジプト博物館蔵）

5 ナカダⅡ期の女性像
（ブルックリン美術館蔵）

4 ナカダⅡ期の屈葬（大英博物館蔵）

6 ウンム・アル＝カーブの王墓地、アビドス

8 カセケムイ王座像

（オックスフォード大学、
アシュモレアン博物館蔵）

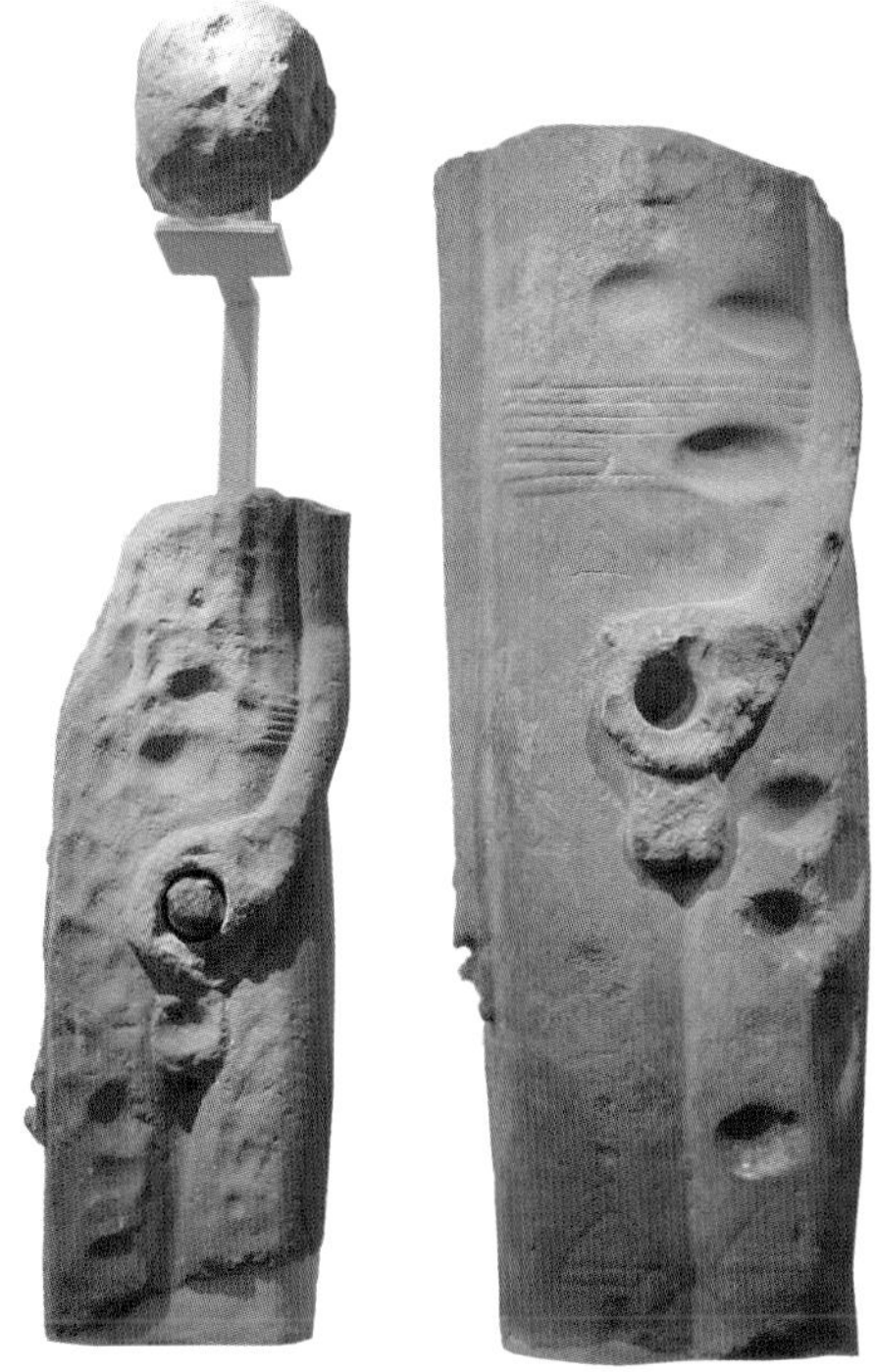

7 コプトス出土ミン神巨像

（オックスフォード大学、アシュモレアン博物館蔵）

9 カセケムイ王の「葬祭周壁」、シュネット・アル＝ゼビブ、アビドス

10 ジェセル王の階段ピラミッド、サッカラ

11 ギザの３大ピラミッド

12 クフ王の第１の船

14 大スフィンクスとカフラー王のピラミッド、ギザ

16 カーアペル像（通称「村長」像）

（カイロ・エジプト博物館蔵）

15 ラーヘテプとネフェルトの座像

（カイロ・エジプト博物館蔵）

13 カフラー王座像

（カイロ・エジプト博物館蔵）

18 息子ペピ 2 世を抱く
王妃アンクエスエンペピ 2 世の座像

（ブルックリン美術館蔵）

17 メレルカのマスタバ墓の金属細工職人の
工房のレリーフ、サッカラ

20 アメンエムハト１世のレリーフ（メトロポリタン美術館蔵）

23 アメンエムハト３世像頭部

（ニ・カールスバーグ美術館蔵）

22 センウセレト３世像

（大英博物館蔵）

19 メンチュヘテプ２世座像

（カイロ・エジプト博物館蔵）

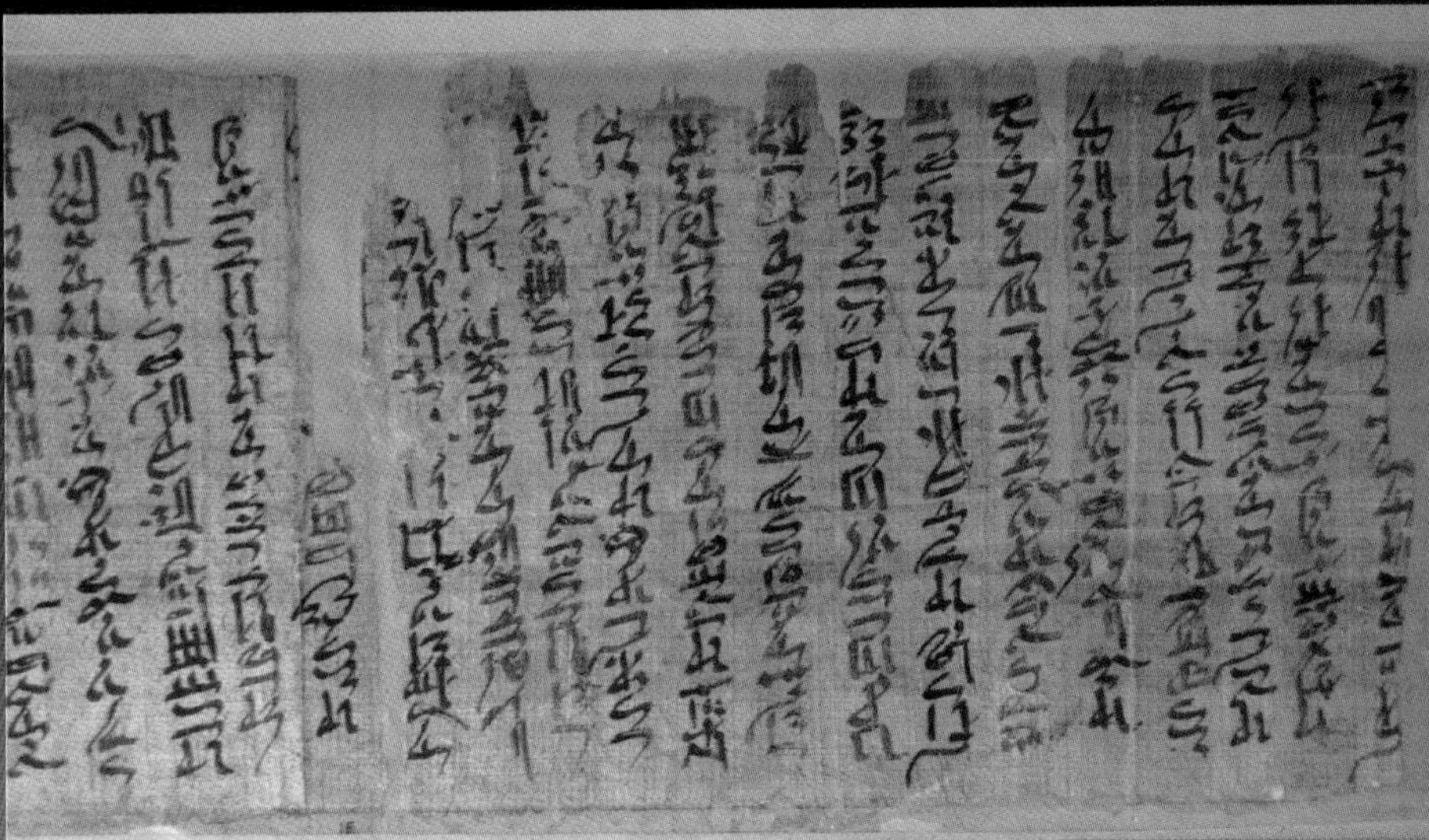

21『シヌへの物語』のパピルス（ベルリン・エジプト博物館蔵）

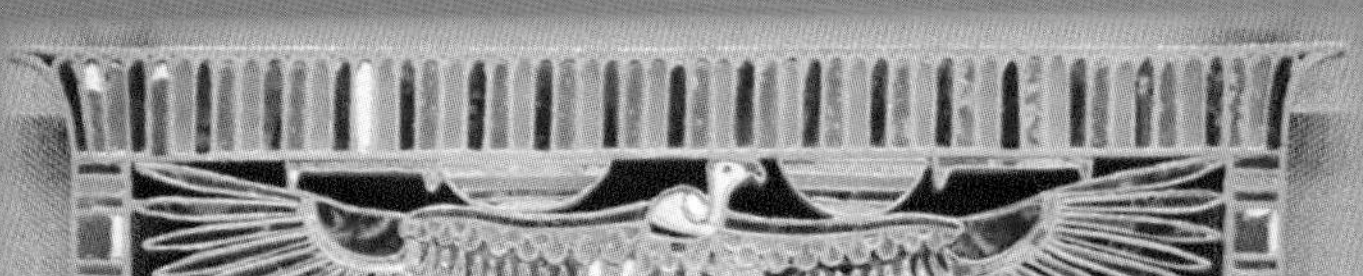

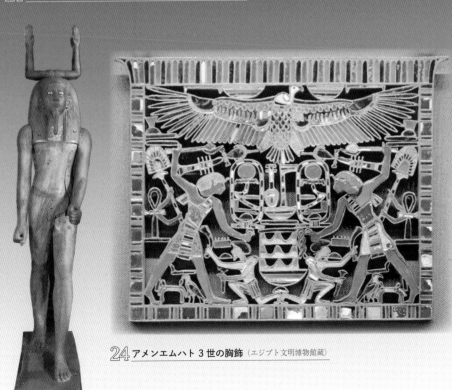

24 アメンエムハト3世の胸飾（エジプト文明博物館蔵）

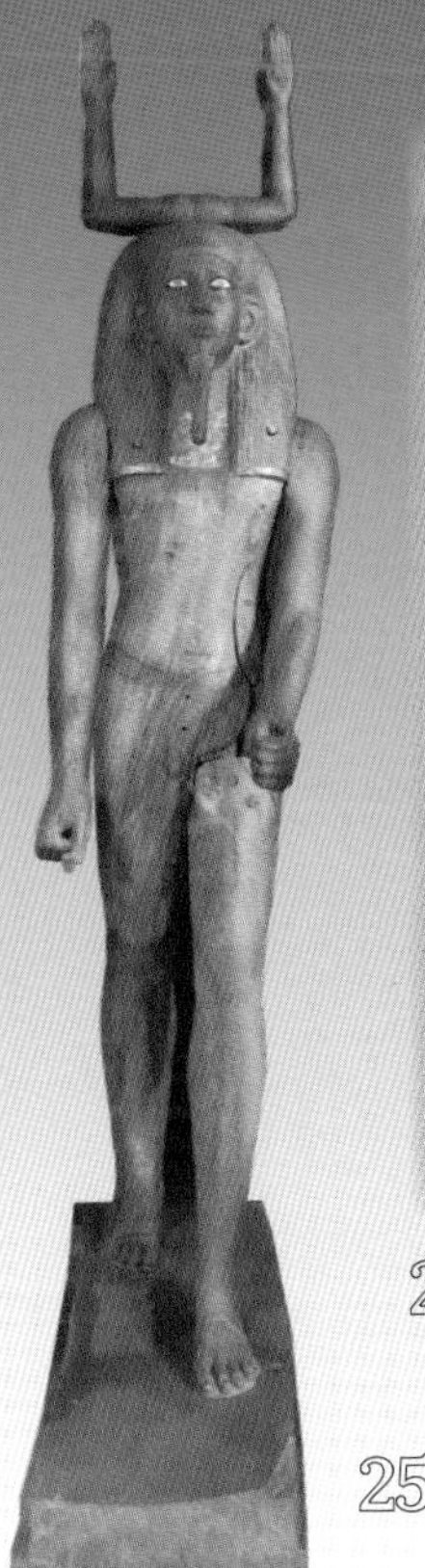

25 ホル王のカー像

（カイロ・エジプト博物館蔵）

26 アメン大神殿、カルナク

28 ハトシェプスト女王葬祭殿とメンチュヘテプ２世葬祭殿（左）、ルクソール西岸

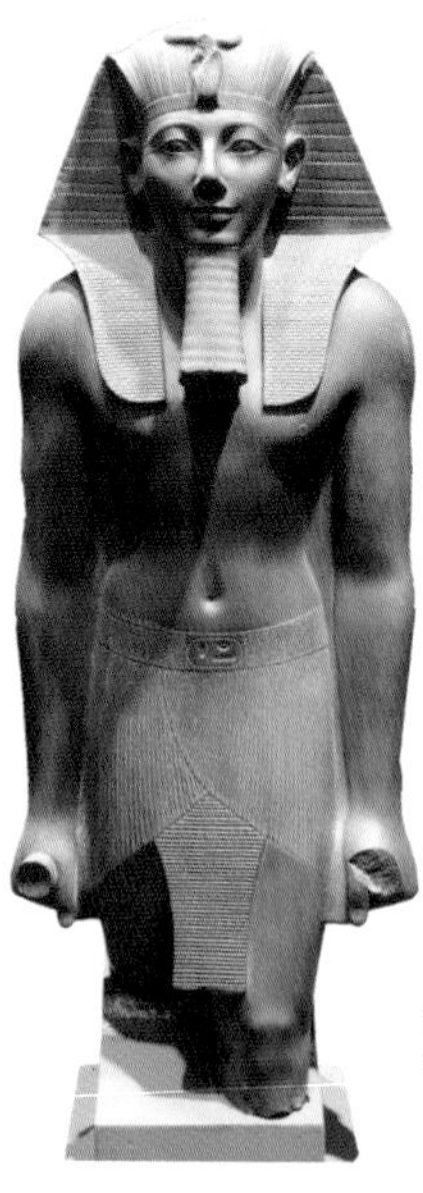

27 ハトシェプスト女王座像

（メトロポリタン美術館蔵）

29 トトメス３世像

（ルクソール博物館蔵）

30 アメンヘテプ３世巨像（メムノンの巨像）、ルクソール西岸

31 アメンヘテプ３世王墓壁画、ルクソール西岸、王家の谷・西谷

（© 東日本国際大学エジプト考古学研究所／早稲田大学エジプト学研究所）

32 貴族の夫婦、ラーメス墓、ルクソール西岸

33 アクエンアテン王巨像

（カイロ・エジプト博物館蔵）

34 ネフェルトイティ王妃胸像

（ベルリン・エジプト博物館蔵）

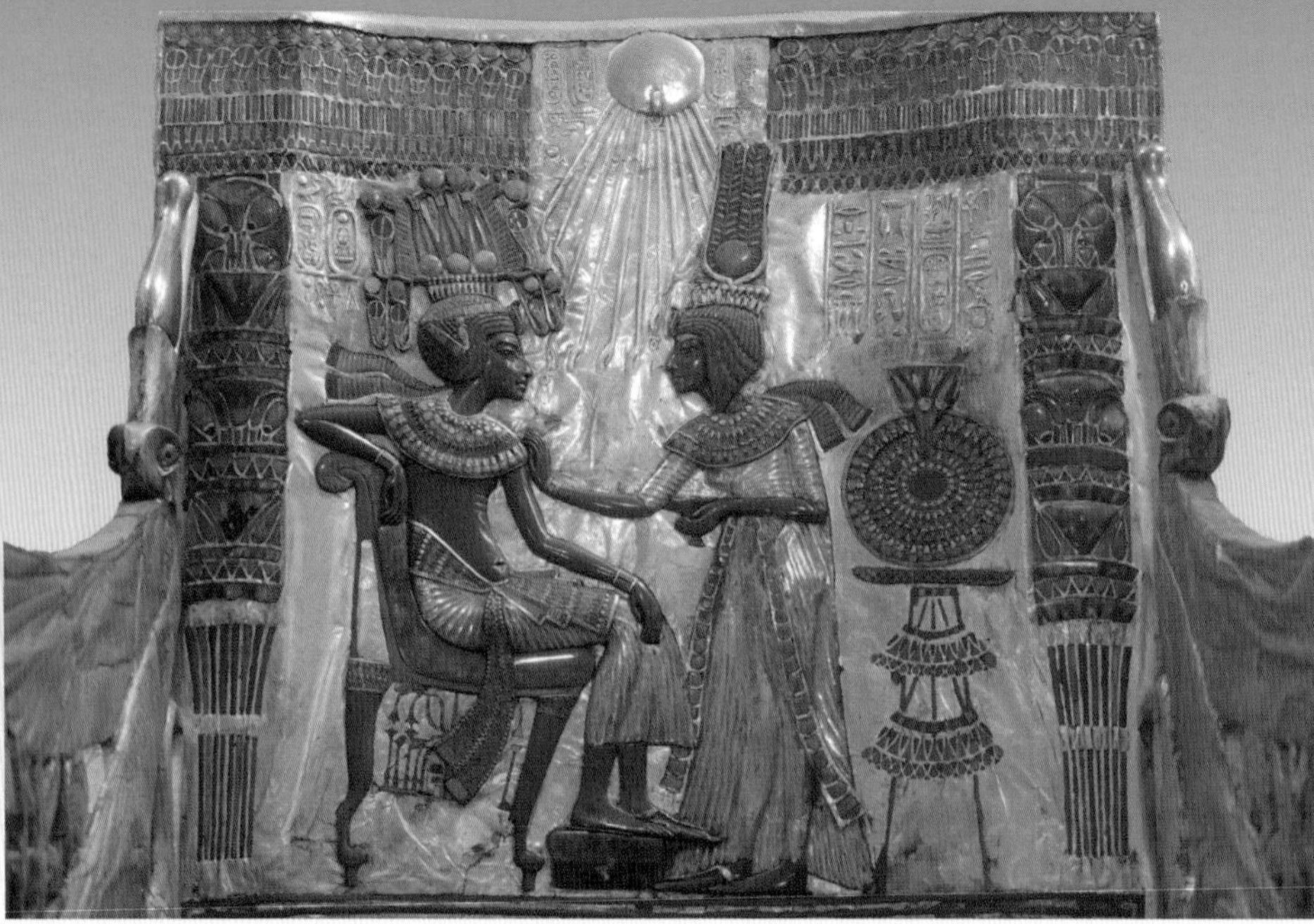

36 ツタンカーメン王の黄金の玉座の背板（カイロ・エジプト博物館蔵）

35 ツタンカーメン王の黄金のマスク
（カイロ・エジプト博物館蔵）

37 ツタンカーメン王の彩色木箱の戦闘図（カイロ・エジプト博物館蔵）

39 ラメセス２世座像

（トリノ・エジプト博物館蔵）

38 アメン大神殿大列柱室、カルナク

40 ルクソール神殿第１塔門

41 アブシンベル大神殿

42 ラメセス 3 世葬祭殿、ルクソール西岸、メディネト・ハブ

43 ラメセス 6 世王墓玄室天井、ルクソール西岸、王家の谷

44 プスセンネス１世の黄金のマスク

（カイロ・エジプト博物館蔵）

45 第３中間期の彩色木棺

（カイロ・エジプト博物館蔵）

46 アレクサンドロス大王像頭部

（大英博物館蔵）

47 セラペイオン、ポンペイの柱、アレクサンドリア

48 イシス神殿、フィラエ島

49 ハトホル神殿天井、デンデラ

50 ロゼッタストーン

（大英博物館蔵）

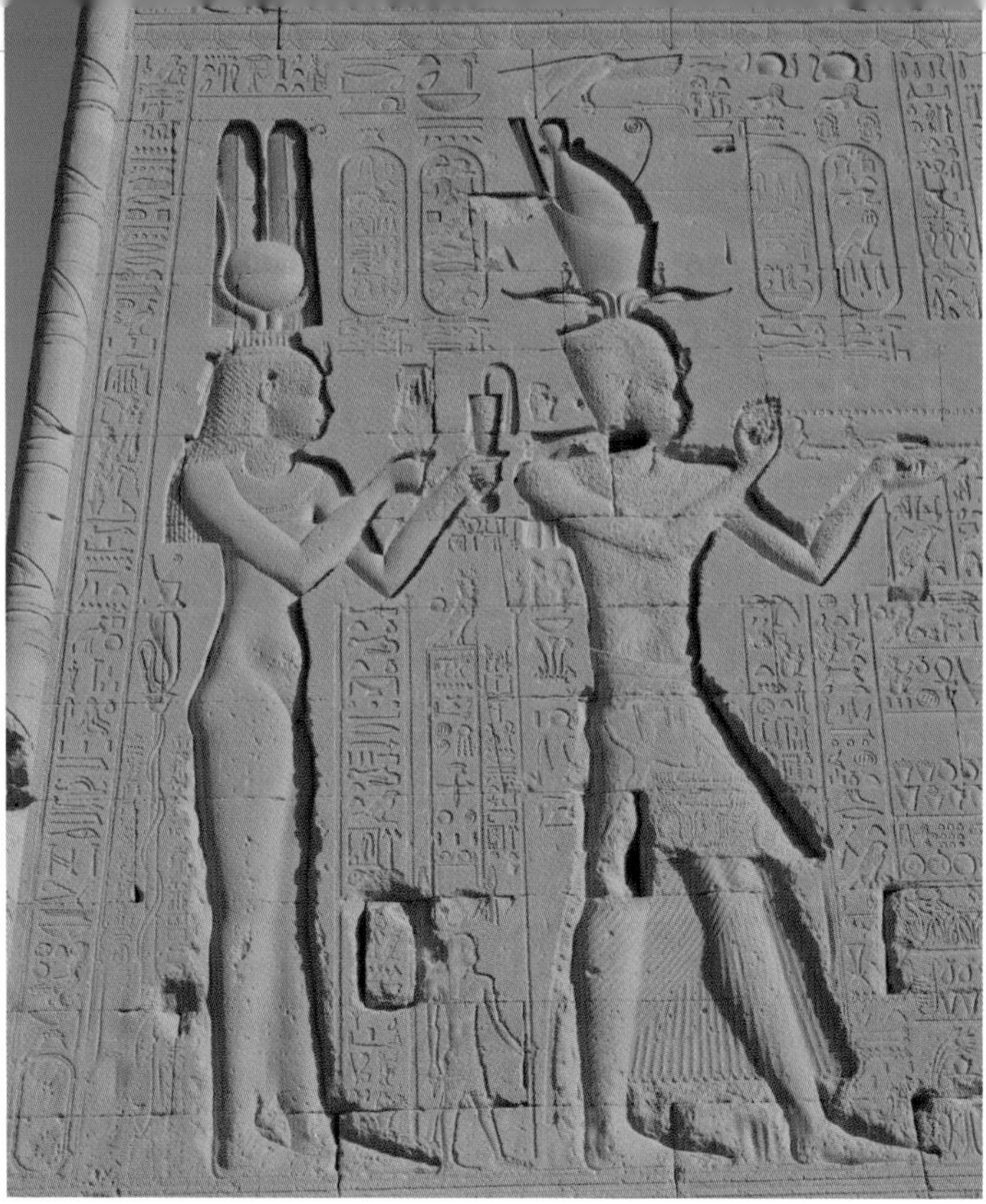

51 クレオパトラ７世と
息子プトレマイオス
15 世カエサリオン、
ハトホル神殿、
デンデラ

53 ファイユームの肖像画
（ベルリン・エジプト博物館蔵）

52 イシス・アフロディーテ像、サッカラ、
ローマ支配時代カタコンベ出土

古代エジプト全史

河合 望 著

A COMPREHENSIVE HISTORY OF
ANCIENT EGYPT
FROM THE PALEOLITHIC
TO THE ROMAN PERIOD

NOZOMU KAWAI

はじめに

来年２０２２年は、エジプト学にとって大変記念すべき年となる。フランスのジャン・フランソワ・シャンポリオンが１８２２年に古代エジプトの文字、ヒエログリフ（聖刻文字）を解読してから２００周年、イギリスのハワード・カーターが１９２２年にツタンカーメン王墓を発見してから１００周年となる。エジプトで現在建設中であり、日本も多大な協力をしている大エジプト博物館の開館も間近である。来年は世界中に古代エジプト・ブームが到来する予感がする。我が国でも毎年のように古代エジプトをテーマとする展覧会が開催され、多くの古代エジプトに関連するテレビ番組が放送されている。このような中で古代エジプトの歴史について多くの方々により正しく理解していただき、さらに興味を深めていただきたいと考え、本書を執筆した。

本書は、なるべく学界における最新の成果を駆使して、現在のエジプトにあたるナイル川下流域に人類が初めて痕跡を残した旧石器時代から、紀元後4世紀にエジプトにキリスト教が普及した時代までの歴史を解説した。特にエジプト学、エジプト考古学が主に扱う先王朝時代からプトレマイオス朝時代までの約５０００年の歴史を重点的に著述した。

戦前に日本のエジプト学の父とされる岡島誠太郎氏によって我が国最初の古代エジプト史の概説である『エジプト史』（平凡社）が１９３４年に出版されて以来、多くの研究者によって数々の著作が出版されたが、網羅的な古代エジプト史の概説書の出版は比較的少なかった。近年では、『世界の歴史1　人類の起源と古代オリエント』（中央公論社、１９９８年）所収の屋形禎亮氏による「第３部　ナイルが育んだ文明」、あるいは内田杉彦著『古代エジプト入門』（岩波ジュニア新書、２００７年）などが古代エジプト史の概説書として知られている。また翻訳書として、ピーター・クレイトン（吉村作治監修）『古代エジプト　ファラオ歴代誌』（創元社、１９９９年）、アラン・ジェフリー・スペンサー編（近藤二郎監訳）『大英博物館　図説古代エジプト史』（原書房、２００９年）などがあげられる。これらの著作が出版されてからすでに10年以上が経ち、新しい古代エジプト史の概説書の出版が必要であると考えた。

本書は、なるべく最新の考古学的発掘調査の成果と文献史料の新しい解釈を取り入れて、考古学と文献史学の成果を合わせたエジプト史の概説を目指した。また最近研究の発展が著しい自然科学的な研究の成果も紹介した。第1章でエジプト文明を形成した自然環境と地理について解説し、第2章で古代エジプト史の歴史区分、編年とそれらの基となる資料について解説し、第3章から第16章までを通史の概説とした。本書は一般書と学術書の双方を目的としているため、細かな註釈は無いが、章ごとに参考文献を挙げた。また、最後には、一般読者と今後さらに研究に取り組んでいきたい方々のために、「古代エジプト文明への理解を深めるための資料案内」という補遺を加えた。

本書によって多くの方が古代エジプト文明のさまざまな時代に興味を持ち、理解を深め、エジプトの考古学や歴史の研究をさらに進めていただければ幸いである。そして、エジプト学を志す若者が一人でも多く現れることを願ってやまない。

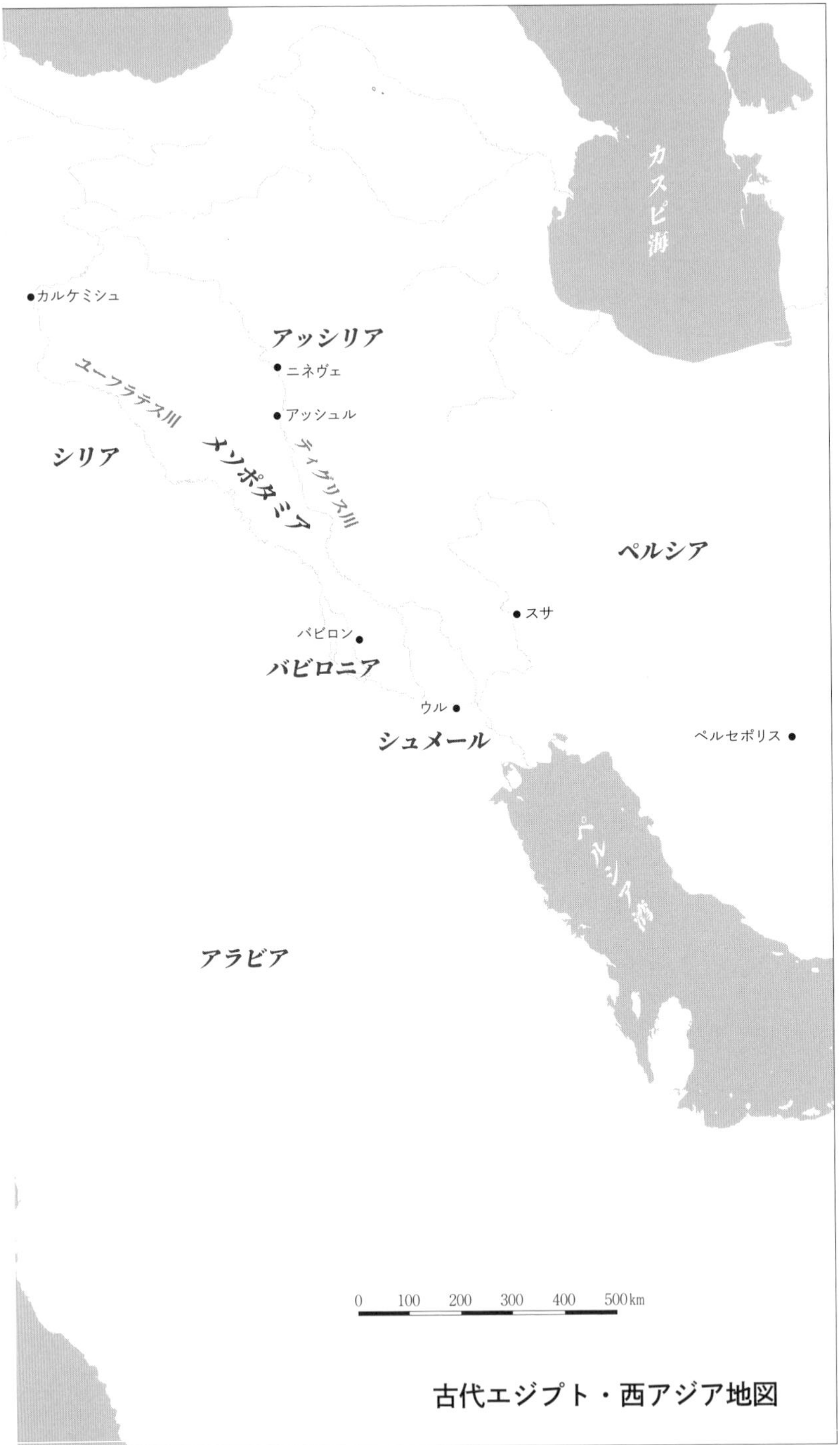

古代エジプト・西アジア地図

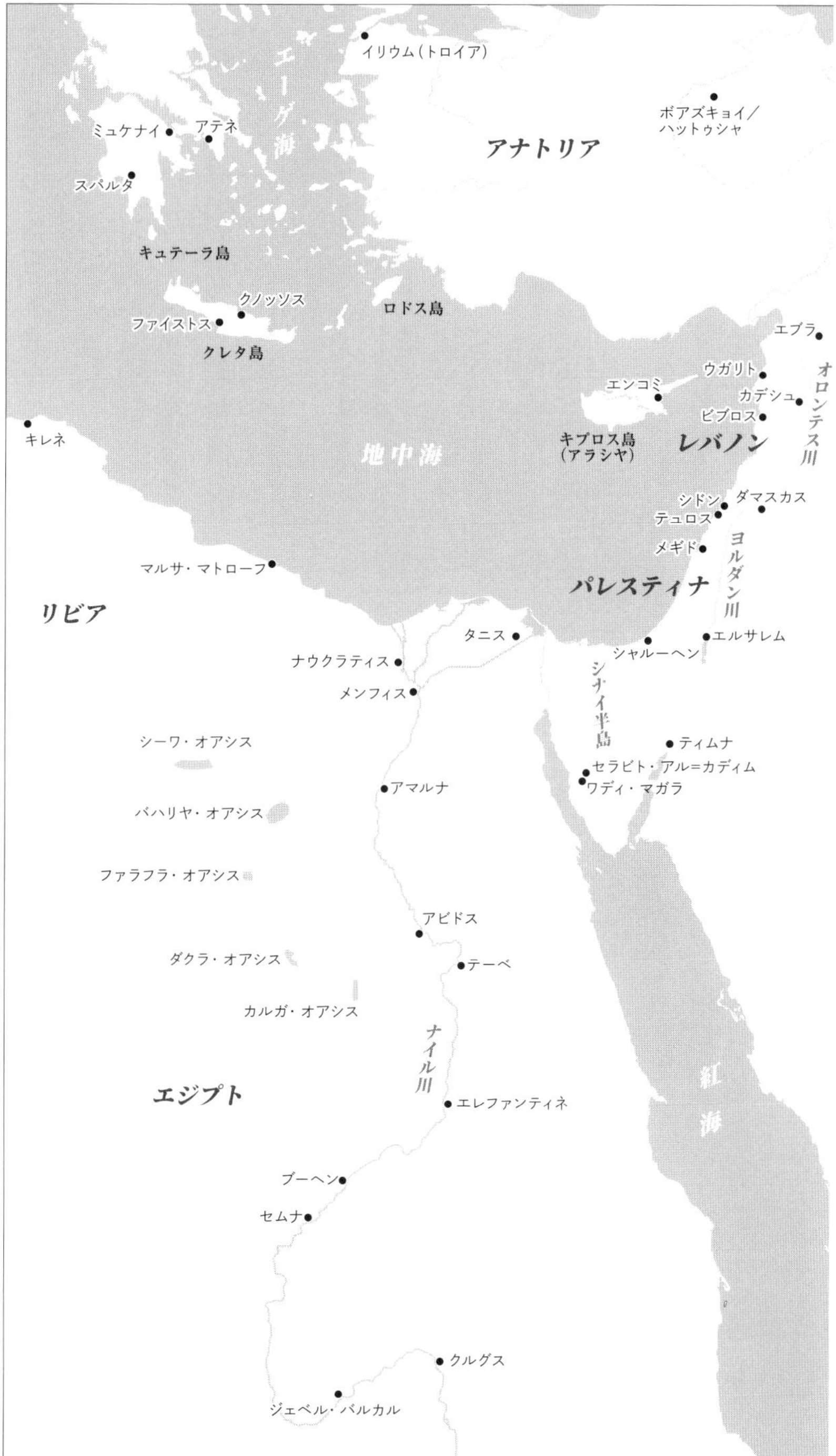
イリウム(トロイア)
エーゲ海
ボアズキョイ／ハットゥシャ
アナトリア
ミュケナイ
アテネ
スパルタ
キュテーラ島
クノッソス
ファイストス
クレタ島
ロドス島
エブラ
ウガリト
オロンテス川
エンコミ
カデシュ
ビブロス
キレネ
地中海
キプロス島(アラシヤ)
レバノン
シドン
ダマスカス
テュロス
メギド
ヨルダン川
マルサ・マトローフ
パレスティナ
リビア
タニス
エルサレム
シャルーヘン
ナウクラティス
メンフィス
シナイ半島
シーワ・オアシス
ティムナ
セラビト・アル=カディム
ワディ・マガラ
アマルナ
バハリヤ・オアシス
ファラフラ・オアシス
アビドス
ダクラ・オアシス
テーベ
カルガ・オアシス
ナイル川
紅海
エジプト
エレファンティネ
ブーヘン
セムナ
クルグス
ジェベル・バルカル

●古代エジプト全史● 目次

第1章　エジプトの自然環境と地理

エジプトはアフリカ大陸の北東端に位置する。現在のエジプト・アラブ共和国の面積は、約100万平方キロメートルあり、日本の国土の約2.8倍の大きさだが、国土の95％は荒涼とした砂漠である。つまり、国土の約5％しか緑地が存在しない。そこで人々は生活を営んできた。この緑地のほとんどは、ナイル川の両岸の地域であり、それ以外は西部砂漠に点在するいくつかのオアシスである（図1）。

ナイル川はエジプトの国土を南から北に縦断し、まさにエジプトの大動脈と言って良い。前5世紀のギリシアの歴史家ヘロドトスがその著『歴史』の中で、ナイル川の氾濫によってエジプトのデルタ地帯に豊かな栄養分を含んだ沖積土が堆積したことについて「今日ギリシア人が通航しているエジプトの地域は、ナイル川の賜物（たまもの）と言うべきもの」と述べているが、この言葉はおびただしい引用を通して、ナイル川によってエジプトの繁栄はもたらされたという意味になった。実際に1960年代にアスワン・ハイダムが建設されるまで毎年連綿と繰り返されたナイル川の氾濫（増水現象）により肥沃な土が上流から運ばれ、その土で育てられた穀物によって豊かな収穫がもたらされたのである。この氾濫は、そのままにしておくと、土中に塩分が蓄積されてしまうのを洗い流してくれる効果もあった。古代エジプトにおいて穀物を生産する農業はナイル川の各地域の主要な経済基盤であり、租税として集められる農作物の余剰分が王や神官、高官、ピラミッド建設労働者、専業職人などの生活を支えていた。ナイル川は古代エジプトにとって最も重要な資源であった。

ナイル川

ナイル川は、言わずと知れた世界最長の河川である（図2）。全長約6,900キロメートルのこの川には大きく2つの

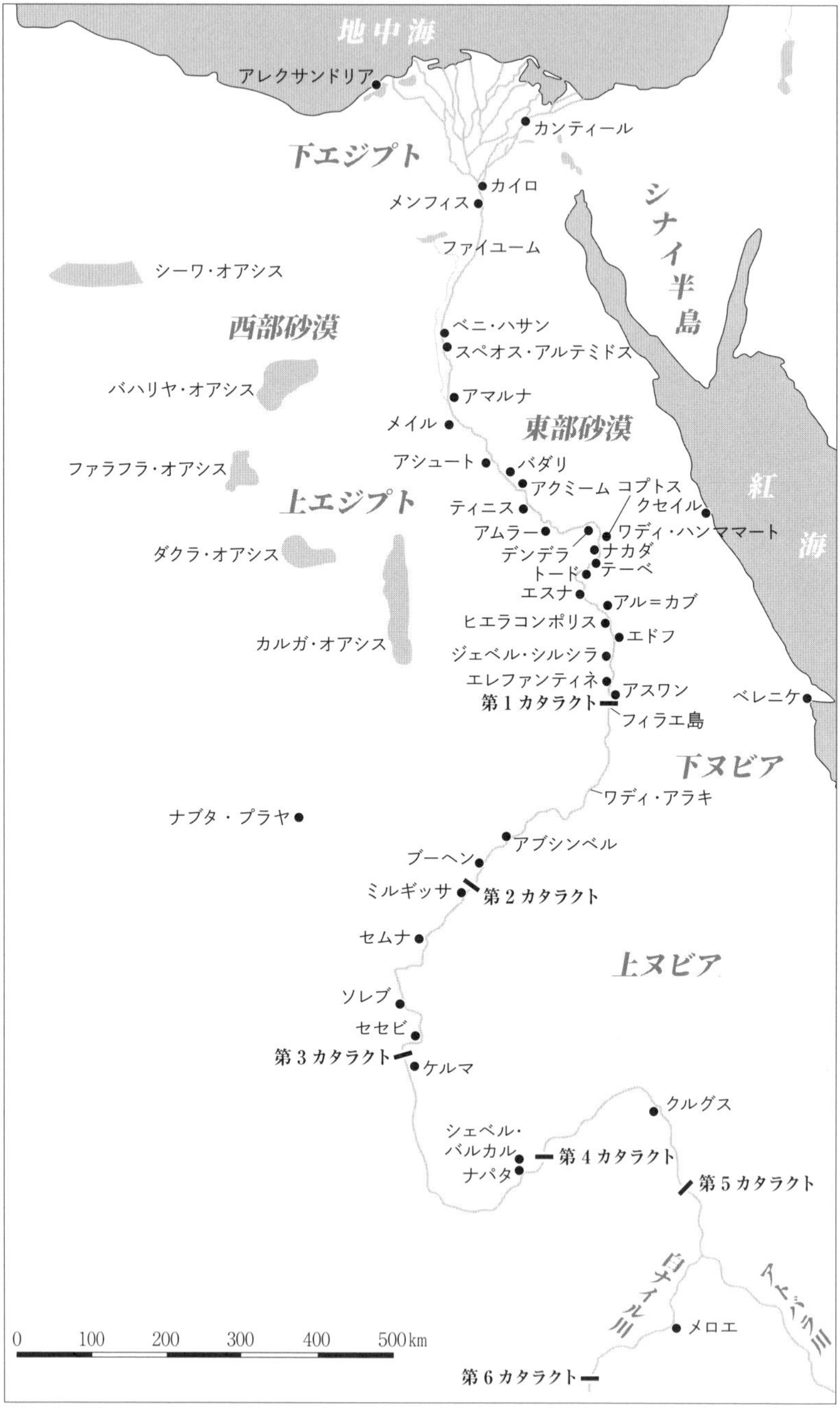
地中海
アレクサンドリア
カンティール
下エジプト
カイロ
メンフィス
シナイ半島
ファイユーム
シーワ・オアシス
西部砂漠
ベニ・ハサン
スペオス・アルテミドス
バハリヤ・オアシス
アマルナ
メイル
東部砂漠
アシュート
バダリ
ファラフラ・オアシス
アクミーム
コプトス
上エジプト
ティニス
クセイル
紅海
アムラー
ワディ・ハンママート
デンデラ
ナカダ
ダクラ・オアシス
トード
テーベ
エスナ
アル＝カブ
ヒエラコンポリス
エドフ
カルガ・オアシス
ジェベル・シルシラ
エレファンティネ
アスワン
ベレニケ
第1カタラクト
フィラエ島
下ヌビア
ワディ・アラキ
ナブタ・プラヤ
アブシンベル
ブーヘン
ミルギッサ
第2カタラクト
セムナ
上ヌビア
ソレブ
セセビ
第3カタラクト
ケルマ
クルグス
シェベル・バルカル
第4カタラクト
ナパタ
第5カタラクト
白ナイル川
アトバラ川
メロエ
0
100
200
300
400
500km
第6カタラクト
図1　エジプトとヌビア

水源がある。１つはナイル川の本流である白ナイルの水源、ウガンダのヴィクトリア湖の周辺であり、もう１つは青ナイルの水源、エチオピア高原のタナ湖周辺である。ナイル川の水源池である熱帯アフリカでは、毎年６月から９月にかけての雨季にモンスーンにより多量の雨が降り、ナイル川の水量が増加する。白ナイルの流域は高低差が乏しく、増水も多くが湿地帯で吸収されるため、流れの大きな変化はないが、エチオピア高原からの青ナイルは高低差が大きく、雪解け水が重なり、大量の泥や草木を巻き込み大きな濁流となって、白ナイルに合流する。青ナイルと白ナイルが合流するスーダンのカルトゥームからアスワンまでには６つのカタラクト（急湍）があり、船による交通の面で障害となるが、アスワンからデルタまでのナイル川にはカタラクトはなく、平易に航行できた。エジプトでは、６月の夏至の頃に増水が開始し、９月中旬から10月にかけて最高水位に達した。この年ごとのナイル川の氾濫により、エジプトには雨が降らなくても十分な水分と肥沃な土がもたらされた。

古代エジプトの世界は、アスワンの南に位置する第１カタラクトから地中海に面した北のデルタ地帯までの地域であった。古代エジプト人は、国土をケメト（古代エジプト語で「黒い土地」の意）と呼んだ。これは作物を育てることのできる氾濫原を意味し、不毛の地である砂漠を意味するデシェレト（「赤い土地」の意）に対応していた（口絵１）。ナイル川なしには古代エジプト文明が勃興した肥沃な地帯は成立しなかった。この川によってエンマーコムギやオオムギといった穀物の生産が発達し、

図２　アフリカ大陸とナイル川

王や貴族、また高官から墓と神殿の専業職人を養えるような古代エジプトの経済基盤となった。

エジプトのナイル川流域は、非常に制限された環境にある。農業は水と沖積土がある氾濫原においてのみ行うことができ、それより東側と西側に広がる高地の砂漠地帯には、石灰岩や砂岩などの岩盤があり、ピラミッドや神殿などの建造物の建築に用いられた。デルタ地帯は、地中海性気候で冬に雨が降るために畜産が営まれ、人々はナイル川の氾濫の時期には無数の小島状になる亀甲状の丘陵（アラビア語で「ゲジラ」）に居住した。1960年代のアスワン・ハイダムの建設により、毎年のナイル川の氾濫がなくなったことで、ナイル川流域の環境は大きく変化した。ダムができたことにより、水量が一定になったため、氾濫で集落が破壊されることも、水不足によって農業生産量が減少することはなくなったが、その一方で上流から運ばれてくるはずの肥沃な土は遮られ、人口肥料が必要となってしまった。また、氾濫で流されていた塩分が地下水に溜まり、その水が古代の石造建造物に浸み込んだ後、塩を残して蒸発（塩化）し、塩害が生じるため、石が脆弱化し、遺跡の崩壊に瀕する問題も起きてしまっている。

古代エジプトの地域区分

エジプトのナイル川の上流、つまり南部は上（かみ）エジプト、下流の北部は下（しも）エジプトと呼ばれている（図1）。現代では、上エジプト北部のことを中エジプトと呼ぶ場合がある。国の北部をなすデルタ地帯では、ナイル川がいくつかの支流に分かれる。現代の主な支流は、西側のロゼッタ支流と東側のダミエッタ支流の2つであるが、古代エジプトではいくつかの支流が存在し、時代ごとに流路を変えていった。前3000年頃の王朝時代の始めに、上エジプトと下エジプトの結節点に位置するメンフィスに首都が置かれた。第1中間期からは、上エジプトのテーベ（現ルクソール）が中心地となり、中王国時代から新王国時代にかけてその主神であるアメン・ラー神の聖地として発展し、以降古代エジプトの一大中心地となった。

古代エジプトの南側の国境とされたアスワンの南は、ヌビアと呼ばれている。ヌビアは、古代エジプトにおいて長期にわたりその支配下におかれたが、エジプトから地理的にも文化的にも離れた地域であった。現代のエジプト領内のヌビアは下(しも)ヌビア、スーダン領内のヌビアは上(かみ)ヌビアと呼ばれている。1960年代にはアスワン・ハイダムが建設され、有名なラメセス2世のアブシンベル神殿をはじめ、下ヌビアの地域にあった遺跡は水没ないし他地域に移設された。

古代エジプトは行政区域として、上エジプトに22、下エジプトに20のノモス（州）があった（図3）。これらの州には先王朝時代より発展していた中心都市が州都として存在した。ナイル川流域の東西には、東部砂漠と西部砂漠がある。西部砂漠には、シーワ、バハリヤ、ファラフラ、ダクラ、カルガなどのオアシス都市がいくつか連なるものの、それ以外は不毛の地である。東部砂漠では、南北に標高2,000メートルにもなる山地が連なっている。ここでは、加工しやすい石材や金を含む様々な鉱物が採掘され、多くのワディ（涸谷）が存在する。特に有名なワディは上エジプトのコプトスから紅海沿岸のクセイルを結ぶワディ・ハンママートで、古代エジプトにおいてナイル川流域と紅海沿岸地域を繋ぐ主要なルートであった。紅海沿岸地域には、古王国時代の初期から港が存在し、活発な交易を行っていた。シナイ半島はトルコ石や銅の採掘地であったが、しばしばエジプトの脅威となった遊牧民が住んでいた。

ナイル川と古代エジプト人の生活

古代エジプト人はナイル川の氾濫と農業に合わせて、それぞれが4ヶ月からなる3つの季節を用いた。6月にエチオピア高原で降った大雨の水が、7月の末から8月頃にエジプトのナイル川に到達し氾濫が起こる。この時にアケト（氾濫季）が始まる。ナイル川は通常よりも約1.5メートル水嵩が上がり、ほぼ4ヶ月の間、両岸の耕地は完全に水で満たされる。この時期は、小高く作られた堤防や、村、町などが水面上に島のように浮かんで見える状態だった。これは、まさに想定内の災害というもので、豊かな収穫を得るためには必要であった。またこの氾濫によって、ピラミッドや神殿などの巨石建造物に必要な石材を遠方から目的地の砂漠の縁辺部に船を使って容易に運ぶことができたのである。氾濫は10月末に終わった。水が引いた後の耕地には豊富な水分だけでなく、リンやカリウムなどの養分を含む肥沃な土が堆積した。冬作物であるムギの播種には見事に適していた。あとは、そこに種を蒔くだけで、家畜を放牧して糞などの有機肥料を補い、必

図3　古代エジプトのノモス（州）の区画

要に応じて水分を補給すれば豊かな収穫が保証されたのである。この穀物の種を蒔いて発芽する時期は、ペレト（播種季）と呼ばれ4ヶ月続き、穀物が成長し、収穫できる3月から4月にシェムウ（収穫季）が始まる。以降、7月まで暑く乾燥した日々が続き、ナイル川は次の氾濫が起きるまで渇水した。

古代エジプトでは、おそらく前3500年頃に独自の灌漑法である「ベイスン・イリゲーション（貯留式灌漑）」が考案された。これは、氾濫が最高水位に達した時に河水を堤防で囲まれた広大な土地に水路で導き、そのまま水門を閉じて2ヶ月程度放置しておく、溜池灌漑である。日本の田植えの前の水を張った稲田の大型版のようなものであろう。これによって肥沃な土が蓄積され、土中の塩分が貯留水に溶け込む。ナイル川の水位が下がってから水門を開けて排水すれば、後に地力を更新した畑が出来上がり、収穫量の安定・増加がもたらされるという仕組みである。

古代エジプトでは、20世紀まで残っていたシャドーフと呼ばれるはねつるべは新王国時代まで使われなかった（図4）。また水を高い土地に引き上げる水車も導入されたのは、グレコ・ローマン時代になってからである。

図4　シャドーフ（はねつるべ）

古代エジプトは、本質的にナイル川の氾濫に依存していた。水位が低ければ飢饉が起こり、高ければ村落は破壊され、神殿も水没した。しかしながら、氾濫は穀物の生産には必要不可欠であり、王国の経済的基盤となっていた。種蒔きには土の保水のために牛耕農法が導入され、農夫たちが鍬を利用した。しかし、鋤や鍬は、乾燥した場所だけに使われていたとする説もある。肥料には放牧されたウシやハトの堆肥が使われ、土地に栄養が補給された。作物はムギが中心だったが、ムギとマメを交互に作っていたとも推測されている。

自然環境と古代エジプト文明

荒涼とした不毛の砂漠に囲まれたナイル川の流域が、古代エジプト人の生活する世界であった。ナイル川両岸の耕地「ケメト」が彼らの生きる土地であり、そこで生まれ、生涯を終えるのが理想的な人生であった。砂漠は、死の世界であって、自分たちの世界はこの世の楽園であったと考えられたことであろう。ナイル川は古代エジプト人に恵みをもたらすハピ神として神格化され、アケト（氾濫季）の始まりには各地で祝祭が催され、ナイルの神に感謝する『ナイル讃歌』が謳われた。死の世界である砂漠に常に対峙していた古代エジプト人は、ナイル川の両岸の楽園で生活することによって、生に対する執着を強め、同じ楽園が来世でも続くことを願っていたのである。雲一つない晴天が毎日続き、毎朝必ず東から太陽が昇り、西に沈み、そしてまた東から太陽が昇る現象と、ナイル川が毎年必ず氾濫し、豊かな収穫がもたらされる現象は、生命が再生復活し、永遠であるという来世観を育んだ（口絵2）。古代エジプトで最も篤く崇拝された来世を司るオシリス神は、大地から芽吹く苗とみなされたが、これは再生復活の信仰が反映されたものである。

ナイル川はエジプトのハイウェイであり、そのまま船を流れに任せれば北に航行でき、帆を張って北風を利用すれば南に遡ることができた。このことから細長い国土を人々が容易に行き来し、物資を短期間で運ぶことができた。先王朝時代から約200年という短期間にエジプトで広大な面積を持つ国家が形成されたのも、このような地理的要因が大きい。しかし、南北1，000キロメートル以上の国土を一人の王が支配するのは容易なことではなかったであろう。ナイル川の水を利用した灌漑や農耕は、国家による大規模な事業を必要とせず、基本的に地域単位で可能であった。したがって、王権が弱まればすぐに地方勢力が勢いづき、群雄割拠となった。古代エジプト史の前半に国土の統一と分裂が繰り返されたのは、このような事情によるものであろう。これまで古代エジプトでは、紀元前3000年頃に強力なファラオが現れて全土を統一していたと説明されてきたが、その支配が国土の津々浦々に及ぶには、相当な時間がかかったということが指摘されている。

第2章　古代エジプト史の枠組み

古代エジプトの失われた歴史

現代のエジプトは、アラビア語を公用語としており、イスラーム文化を基調としている。これは、紀元後641年にアラブ・イスラーム軍がエジプトに侵入してからの伝統である。しかし、アラブに侵入された時代でもすでに古代エジプトの王朝時代は、遥か遠い昔のこととなってしまっていた。前6世紀のアケメネス朝ペルシア帝国による支配では、行政文書にアラム語が導入され、前332年のマケドニアのアレクサンドロス大王による征服以降は、約3世紀にわたってギリシア人の王による支配が続いた。このプトレマイオス朝時代の最後の女王、クレオパトラ7世の死後、エジプトはローマ帝国の属州となり、コンスタンティヌス帝（306〜337年）の時代にローマがキリスト教化したことで、古代エジプトの文化は終わりを告げた。その後、エジプトはイスラーム教の勢力が侵入するまでキリスト教国となり、ヒエログリフ（聖刻文字）をはじめとする古代エジプト語は使われなくなり、代わって古代エジプト語を継承したコプト語が公用語となった。このように、ギリシア、ローマ、キリスト教、アラブとイスラームという外からの文化の導入により、ナイル川流域の古代エジプトの土着の文化が徐々に忘れ去られ、エジプトはその過程で重層的に変容してしまったのである。つまり、今日我々が学んでいる古代エジプト史とは、エジプトが歴史の過程で失った遠い過去の歴史を再構築したものなのである。それは、主に考古資料と文字史料によるものであるが、1822年にヒエログリフが解読されるまでは、ほとんど古代の文字史料を読むことができなかった。そのため、それまでは王朝時代の末にエジプトを訪れたギリシア人やプトレマイオス朝時代のエジプト人、あるいは古代ローマの著述家が記した情報しか存在しなかったのである。

古代エジプト史の時代区分

古代エジプト史は、通常第1王朝から第31王朝にいたる31の王朝に区分されている。これは、紀元前3世紀のはじめにマネトという名のエジプト人神官が、プトレマイオス2世のために古文書をもとに著した歴史書、『エジプト史』で導入されたものである。マネトは、エジプトの歴史を神々、半神半人の王、人間の王が支配した3つの時代に分けており、31の王朝はその内の人間の王が支配した時代で、最初の王とされたメネスからアレクサンドロス大王によるエジプト征服までの時期にあたる。この王朝区分は、王都と王墓の位置を基準に決められたもので、実際の歴史の流れをそのまま示すわけではなく、国内が分裂して複数の王朝が並立していた時代についても、全ての王朝が順番に統治したかのように記述されている。しかし、統一王朝の成立（紀元前３０００年頃）以後の特定の時期を言い表すのに便利なため、この時代区分は今日でも使われている。古代エジプト史の対象とする時代を「王朝時代」と呼ぶのは、マネトの王朝区分に由来している。そして、王朝時代に先行するナイル川流域での定住農耕牧畜生活が始まって以降の時代を「先王朝時代」と呼んでいる。近年では、王朝時代の直前に王が存在したことが明確となったため、王朝時代の直前を「原王朝」あるいは第0王朝と呼ぶ研究者もいる。

王朝時代はさらに、国内が1つの王朝によって支配された時代である古王国時代、中王国時代、新王国時代と王朝が並立した分裂期である第1中間期、第2中間期、第3中間期、そして、最後の王朝時代である末期王朝時代に分かれる。末期王朝時代は、アレクサンドロス大王のエジプト遠征で終わり、それ以降のプトレマイオス朝時代とローマ支配の時代は合わせて「グレコ・ローマン時代」と呼ばれている。「王国」と「中間期」に分ける概念は、19世紀のヨーロッパにおける概念によるもので、特に「中間期」は第1次世界大戦後のヨーロッパの社会の状況を古代エジプトに当てはめたとされている。

王朝時代からは便宜的に以下のように区分され、おおよその年代が知られている（付録281頁）。

初期王朝時代（第1～第2王朝）	前3000～2686年頃
古王国時代（第3～第6王朝）	前2686～2181年頃
第1中間期（第7～第11王朝中頃）	前2181～2055年頃
中王国時代（第11王朝中頃～第14王朝）	前2055～1650年頃
第2中間期（第15～第17王朝）	前1650～1550年頃
新王国時代（第18～第20王朝）	前1550～1069年頃
第3中間期（第21～第25王朝）	前1069～664年頃
末期王朝時代（第26～第31王朝）	前664～332年
アレクサンドロス大王のエジプト征服	前332年
プトレマイオス朝時代	前332～30年
ローマ支配時代	前30～後395年

（※プトレマイオス朝時代とローマ支配時代を合わせてグレコ・ローマン時代という。）

ビザンティン時代	395～641年
アラブ・イスラーム軍の征服	641年

以上は、文字史料に基づく文献史学における時代区分であるが、王朝時代の前のナイル川流域で定住農耕生活が営まれ社会が複雑化していった先王朝時代は、基本的に文字史料が存在しない時代なので、考古学的な時代区分、つまり物質文化の変化に基づく時代区分がある。古い順にバダリ期、アムラー期、ゲルゼー期と分かれるが、アムラー期とゲルゼー期をそれぞれ、ナカダI期とナカダII期と呼ぶのがより定着している。ナカダ期は全体で3期に分かれるという考え方が多

くの研究者に受け入れられており、ナカダⅢ期は第0王朝と第1王朝に重なる。さらに、ナカダ期の3期区分にアルファベットをつけた細かい区分がある。これらは、土器などの遺物の型式変化に呼応する文化編年であり、王が出現した先王朝時代の最終段階は、文献史学の編年に合わせて原王朝時代または第0王朝と呼ばれる。

古代エジプト王朝時代の暦年代

最も古く正確なエジプトの絶対年代は、紀元前7世紀まで遡ることができる。アッシリア王アッシュル・バニパルがテーベ（現ルクソール）を略奪し、第25王朝が滅び、第26王朝のプサメテク1世が即位した年、前664年が今日知られている最も古く正確な絶対西暦年である。これはエジプトの碑文やマネトの『エジプト史』の記述とアッシリアやバビロニアの年代記の記述等の個々のデータが整合した結果であり、信憑性は極めて高い。しかし、時代が遡るにつれて、年代の誤差はより大きくなる。新王国時代第18王朝にあたる前1500年頃では20～10年の誤差があり、前2000年頃では、約30年の誤差がある。王朝開闢時には200年の誤差となり、様々な専門書で、前3100年、前3000年、前2900年が王朝時代開始の年代として示されているのが現状である。

天体観測による紀年法

では、どのようにして古代エジプト王朝時代の編年が構築されているのであろうか。古代エジプトの暦年代は新月の第1日、つまり日の出直前に月の弦月形が見えなくなる状態の観測の記録と、天狼星シリウス（ソティス）が地平線の下に隠れて見えなくなって70日後に日の出前に出現する、いわゆる「ヘリアカル・ライジング」の観測から成り立っている。

まず、新月の観測について見ていく。新月が当時の民衆暦の同日に出現するのは25年おきであることから、最高の条件で新月の観測ができたとしても25年おきの年代しか知ることができない。したがって、半世紀以内にその観測記録の始められた一般的な年代を知る必要がある。そればかりか、文献解釈の不明確な点や、悪天候による観測日のずれなどが生じかねない。このような問題点があるにもかかわらず、新月の観測は新王国時代の編年を決める上で重要なデータとなっている。他の方法でもある程度確立された年代の中で有効とされるものでは、ラメセス2世の治世第52年に新月が観測された記録があり、その年から逆算することで、同王の即位年代は前1304年あるいは前1279年と推測されている。また、月の可視性の点から前1290年とする説もある。また、トトメス3世の治世第23年（メギドの戦い）と第24年に記録された観測に基づくと、トトメス2世の即位年は前1504年、前1490年、そして前1470年という説が提示されている。しかしながら、月の軌道は複雑であり、その観測には非常に高い精度を必要とするため、月の可視性の計算は非常に困難であるという指摘もある。また、観測地点で弦月が視力の強い観測者にしか見えないような最悪のコンディションでの経験的な観測基準も確立されていなければならないという。したがって、最良のコンディションであれば、新月の観測は可能な絶対年代を明らかにするはずであるが、他の方法も用いて確認する必要があろう。ただし古代の観測時の状況を判断する手立てはない。

次に、シリウス星の「ヘリアカル・ライジング」の観測による絶対年代決定の方法を見ていく。まず、本題に入る前に古代エジプトの暦について簡単に触れなくてはならない。古代エジプト人は時を計るのに、農耕とナイル川の増水、月、星などのサイクルを利用していた。これは、ほとんど相互に関連付けられていないだけでなく、天文学上の暦とも関係がなかったため、今日の編年研究を困難なものとしている。古代エジプトの民衆暦は、前3千年紀頃には1年を360日と5日の閏日としていたという。これは、現在我々の暦が設けている4年に一度、1年が366日の閏年を含まないものであった。つまり、この暦だと4年後に実際の1年からほぼ1日遅れ、40年たてば約10日遅れることになる。しかし、そのように誤差が広がり、およそ1460年後に再び元に戻ることになる。これは民衆暦によって日付が決められた全ての事象にあてはまることである。ちなみに、新年は毎年7月に起こるナイル川の増水の開始に設定されていたが、当然のことながら数百年後には新年の開始とナイル川の増水は一致しなかった。

古代エジプト人は、ナイル川の増水の開始と70日間見えなくなっていたシリウス星が初めて日の出前に観察される「ヘリアカル・ライジング」が、偶然にも一致することを知っていた。この現象により古代エジプトの新年祭である「ソティス祭」が挙行され、ナイル川の増水が祝われた。そして、前述の民衆暦の法則によれば、理論上「ヘリアカル・ライジング」は、およそ1460年後に観測されることになり、この周期を「ソティス周期」と呼んでいる。したがって、この「ヘリアカル・ライジング」の観測の記録を用いて絶対年代が算出されると考えられたのであった。

紀元後139年のエジプト民衆暦の新年日に「ヘリアカル・ライジング」が観測されたことが、3世紀の著述家ケンソリヌスによって記録されている。これが一般的にエジプト王朝時代の絶対年代の基準点となっており、理論的にはシリウス星の微動を勘案しながら、ここから逆算してそれ以前の「ヘリアカル・ライジング」が求められることになる。しかしながら、この方法でもいくつかの問題点が指摘されている。

まず、紀元後139年のケンソリヌスによる「ヘリアカル・ライジング」の観測記録であるが、この年号は彼が実際に記録していたわけではなく、近代の学者によって算出されたものである。したがって、現在はアレクサンドリアとされているこの記録の観測地点が実際にどこであったのかは判明していないだけでなく、実際に観測が行われたということすら確定的ではない。いずれにせよ、近代の年代学者は紀元後139年を年代決定の基準点にしている。そして、ここから星の微動を考慮に入れながら、観測地をメンフィスとして約1460年逆算すると、前1313年と前2769年という値が出る。理論的には、これらが以前の「ヘリアカル・ライジング」ということになる。今日までに知られている王朝時代の「ヘリアカル・ライジング」の記録は、第12王朝センウセレト3世の治世第7年の記録と第18王朝アメンヘテプ1世の治世第9年の記録がある。たとえば、1313年という年代を用いて、アメンヘテプ1世の治世第9年アケト（氾濫季）第3月9日を計算すると、この日付は実際の太陽暦では11月あるいはその年の309日目となる。つまり、前述の規則に従えば、以前の「ヘリアカル・ライジング」があってから実際の太陽暦では309日誤差が開いていること、すなわち、前2769年から4×309年を引いた値がアメンヘテプ1世の治世第9年の絶対年代ということになる。そうすると、理論的にはアメンヘテプ1世の治世第9年は前1533年ということになる。

しかし、さらにいくつかの複雑な問題がある。まず、民衆暦による4年ごとの誤差を考慮しなくてはならない。次に、「ヘリアカル・ライジング」の観測地点が不明であり、その場所によって大きな相違が出ることである。つまり、南で観測すればするほど、年代が新しくなるわけである。したがって、観測地がメンフィスかテーベかアスワンかを知る必要がある。たとえば、メンフィスとアスワンでは約30年の違いが生じる。研究者の大半はメンフィスかテーベが最も可能性のある観測地と考えているが、アスワンが真の観測地点だったと考える研究者もいる。また、最近ではこれらの記録の日付が我々の用いる太陽暦の日付と相関性があったかどうか疑問視する意見も出ている。これらの研究者によれば、天体観測のデータは、もはや絶対年代を決定する基礎資料とはみなされないという。

王名表

古代エジプトには、歴代の王の名と称号を列挙した「王名表」が残されている。これらの中には各王の在位期間や在位中の主要事件についての情報を含むものがあり、編年を構築するのに有効とされてきた。現存する全ての「王名表」は何らかの形で王家の祖先崇拝に関連しており、歴代の王は過去の王を崇拝することによって自らの王位継承の正統性を確立したのである。

初期王朝時代の歴代の王名と王の治績について記したものに「パレルモ・ストーン」があるが、新王国時代の王を含めたものでは、まずトトメス3世の治世に作成された「カルナク王名表」がある。これは、第1王朝初代の伝説の王メネスから62人の王の名を挙げているが、歴代の王の列挙の方法は、ほとんど編年構築には利用できない。より重要なものでは、第19王朝に編纂された3つの王名表が挙げられる。アビドスのセティ1世、ラメセス2世の記念神殿（葬祭殿）のそれぞれにある2つの「アビドス王名表」（図5）と、サッカラにあるラメセス2世時代の高官の墓に刻まれた「サッカラ王名表」である。これらの王名表は驚くべき正確である一方、ハトシェプストなどの女王やアクエンアテン王やツタンカーメン王の王名のように政治的な理由等から意図的に省かれている場合もあり、著しく選択的でもある。さらに重要で詳細な記録を残す王名表は、通称「トリノ王名表」（図6）と呼ばれる第19王朝に編纂されたパピルス文書である。現存しているのは、統一以前

図5　アビドス王名表

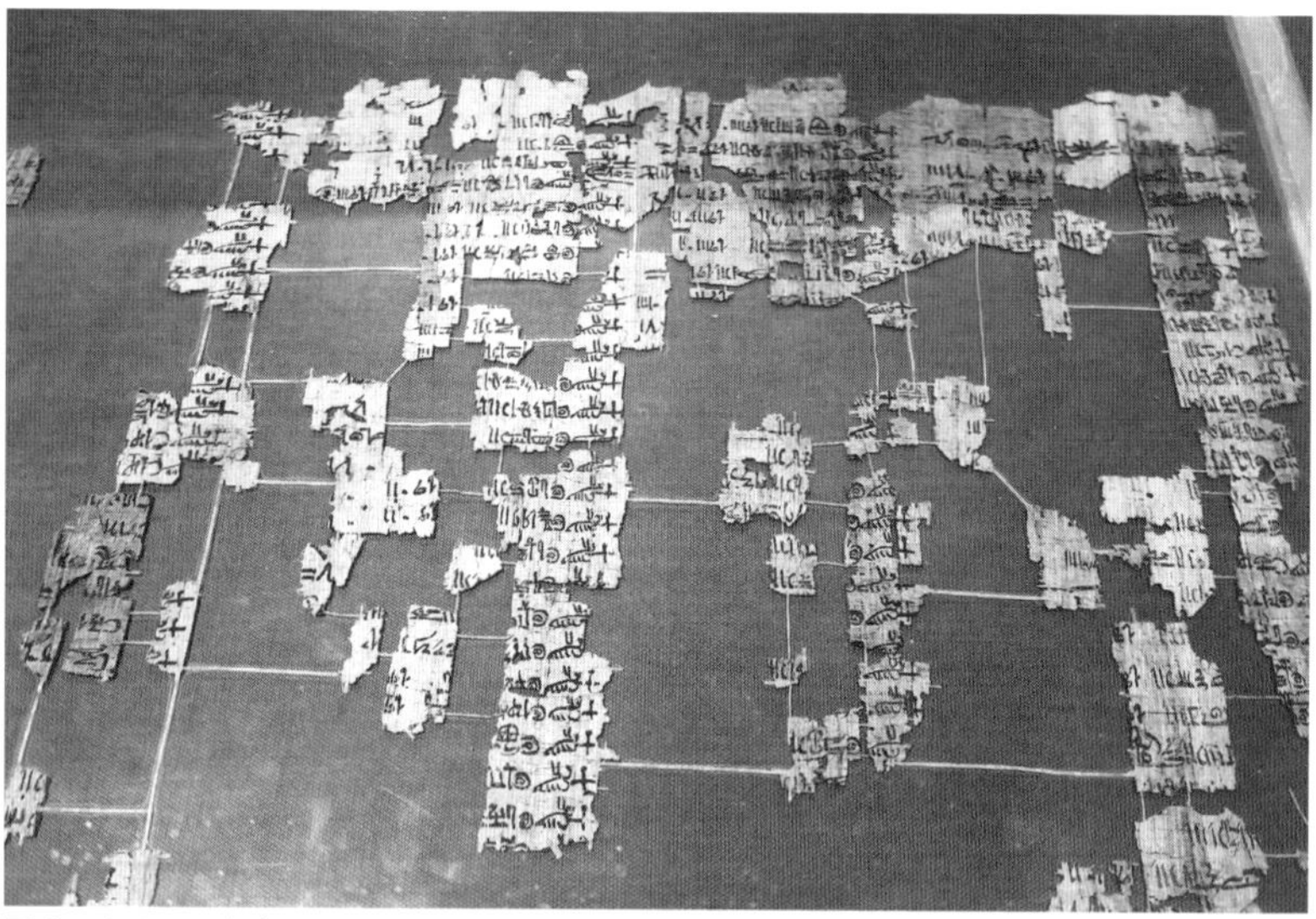
図6　トリノ王名表

の精霊と神々の王朝とメネス王から第17王朝までの部分で、元来あったとされる第18王朝と第19王朝の部分は現存していない。歴代の王の統治順と統治年数が記載され、編年構築にかなり貴重なデータを提供するが、欠落個所も少なくない。

これまでは同時代史料を見てきたが、最後に今日のエジプト学で使用されている31の王朝区分の基となっているマネトの『エジプト史』を挙げなくてはならない。マネトによる王朝区分についてはすでに述べたが、『エジプト史』には王の治世年数も記されていた。この著作は古代エジプト歴代の王と治世の叙述の形式をとっており、それぞれの時期を「王朝」あるいは家族で区分し、それに年数も付け加えている。マネトはこの歴史の編纂に際し、おそらく神殿文書館所蔵のパピルス写本などを利用していたものと考えられている。したがって、書記による記述違いもあったことであろう。また、マネトの著した原本は残っておらず、現在の残されているものは他の古典古代の著述家による断片的な引用の集成にすぎない。

王の統治年数、王名を伴う系譜

古代エジプトにおいては王の治世による紀年法、すなわち「統治年」方式を採用しており、神殿、墓、ステラ（石碑）、オストラカ、グラフィティ（落書き）、ミイラの包帯等に記載された日付は編年構築のための重要なデータとなっている。また、主に第3中間期に特徴的な王名を記した高官や神官の数十世代に遡る家系図も、編年構築に有益な情報を提供する。しかし、王の統治年数については大方判明しているものの、いくつか研究者の間で見解の一致をみていないものがある。また2人の王が統治した共同統治についてもその存在の可否が研究者によって異なっており、統治年数が確立されていない王も少なくない。史料が豊富な新王国時代に比べて、第3中間期の王の統治年数に関する史料は極端に乏しい。また、王権の安定していた新王国時代と異なり、同時期に王朝が並立して存在する。これらは編年構築にあたって、大きな障害となっている。

第3中間期に特徴的な系譜は、当時の編年を知るのに貴重なデータを提供する。第3中間期になると、嫡男などの相続人が物故した父に記念物を奉献することが慣習となる。特徴的な点として、そこには先祖代々の系譜が記され、長いものでは数十世代を遡ることができる。たとえば、「パセンホルのステラ（石碑）」には17世代にわたって祖先が記されており、その内の5世代前から8世代前まではシェションク1世からオソルコン2世までは他の史料で知られていた王である。そして、その祖先の王の中には他の史料では確認されていないタケロト1世の名があり、これによって未知の王の存在が確認された。系譜は編年構築において王名表とは別の手段としてある程度は有効であるが、長期的な編年を構築するにはかなりの問題点がある。新王国時代まで遡るとされる系譜は、何世代か省かれている可能性が指摘されている。このような問題点を解消するためには、より多くの同種の系譜が必要であり、現状では編年を大きく変えるほどの史料とはなりえない。

周辺諸国の史料との同時代性

エジプトは周辺地域との接触が比較的少なかったが、新王国時代になると版図の拡大とともに西アジア諸国との交流が活発になる。これによって西アジアの史料の同時性が確認され、理論的には編年の相互チェックができる。第18王朝中頃になるとエジプトの王たちは次第にミッタニ（ミタンニ）、バビロニア、アッシリア、ヒッタイトなどの西アジア諸国、レヴァントの従属国、ウガリトなどの小国と密接な外交関係を結ぶようになった。このようにエジプトが古代西アジア世界に躍り出るようになって、歴史的事件を共有することになるのである。この時代にエジプト、メソポタミア両地域の絶対編年構築のために重要なデータを提供するとされたのが君主間の外交文書である。特に重要な『アマルナ文書』は通常、前14世紀のエジプトと西アジア諸国との関係を知るのに有益な史料とされる。また、『旧約聖書』に登場するエルサレムを攻略したエジプトのファラオ、シシャクをシェションク1世と比定し、彼の治世第20年にあたるユダ王国のレハブアム王の治世の第5年（旧約学の側の編年によれば、前９２５年）にエルサレムの攻略があったとして、エジプト側の年代比定がされてきたが、信憑性に疑問がもたれている。

先に述べたとおり、現在のところ最も古く正確なエジプトの絶対年代は前7世紀まで遡ることができる。これも西アジアの史料との同時性に基づいており、前６６４年のアッシリア王アッシュル・バニパルによるテーベ略奪、つまり第25王朝の終焉および第26王朝のプサメテク1世の即位の年が今日知られている最も古くて正確な絶対西暦年である。

第3章　旧石器時代のエジプト

エジプト最古の考古資料は、約70万年前の旧石器時代のものである。この時代の人々は狩猟と採集を営んでいたが、特に後者に比重をおいた。というのも、野生植物や貝類の採集の方が安定していたからである。そして、人々は「バンド」と呼ばれる小集団でキャンプをしながら移住生活を営んでいた。彼らが使用した道具は主に石器であったが、木、骨、動物の牙なども道具として使用していた。

旧石器時代は、ナイル川流域と東部砂漠、西部砂漠に人々が居住していたと考えられるが、ナイル川流域はナイル川の移動や水量の増減などの地理的要因により考古学的証拠が残りにくいため、旧石器時代の遺跡は、東部砂漠、西部砂漠に分布している（図7）。

エジプトでは、化石人骨の出土は見られないが、前期（下部）旧石器時代（70万／50万〜25万年前）の大型石器のハンドアックス（握り斧）はホモ・エレクトスと関わりがあると推定されている。ホモ・エレクトスは200万年前にアフリカで誕生し、二足歩行の原人で、アフリカから世界中へ拡散するが、その時の拡散ルートの1つが、資源が豊富なナイル川流域であった。中期（中部）旧石器時代（25万〜5万年前）は、我々現代人の直接の祖先、ホモ・サピエンス・サピエンス（新人）と関わりがある。ネアンデルタール人は当時のヨーロッパと西アジアで確認されているが、エジプトやアフリカの他の地域では確認されていない。後期（上部）旧石器時代まで、ホモ・サピエンス・サピエンスがアフリカ大陸における唯一の人類であった。

前期（下部）旧石器時代

前期（下部）旧石器時代の石器は、ナイル川流域の両岸の段丘や西部砂漠に分布しており、「ハンドアックス（握り斧）」など

図7　旧石器時代の主要遺跡

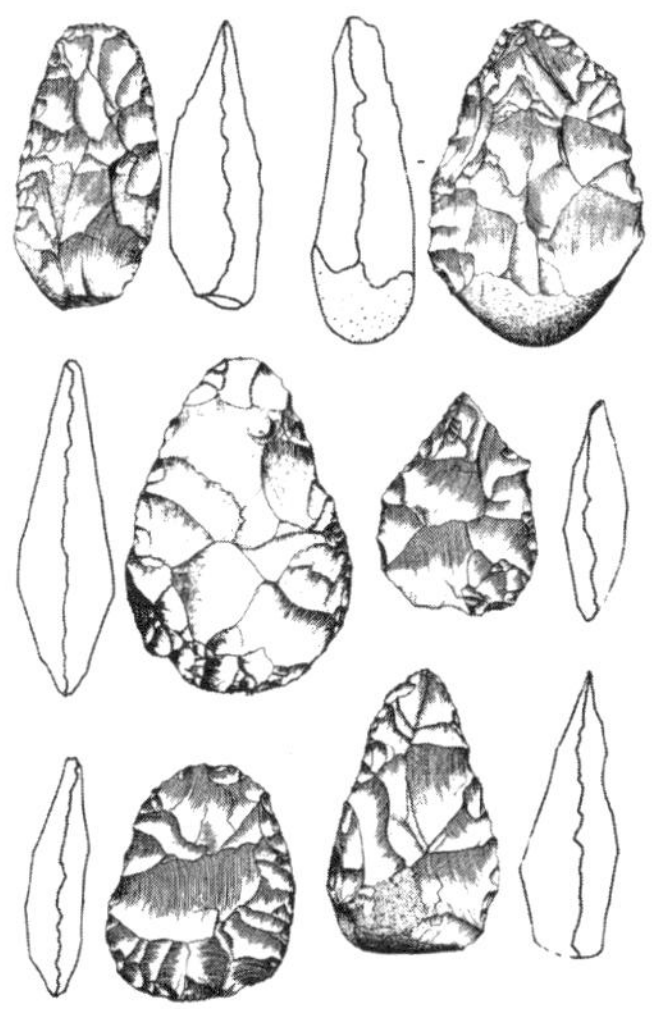

図８　エジプトの前期（下部）旧石器時代のハンドアックス（握り斧）

に代表される大型の打製石器、アシューリアン石器が主である（図8）。この石器は、丸まった斧頭（楕円から丸まった三角形）の形をしており、典型的なものは最大長15～20センチメートルの大きさである。多くは、石器の両面が加工されているため両面加工石器とも呼ばれる。ハンドアックスや他の両面加工の大型石器は、人類が初めて形を予め意識して加工・製作した道具（石器）とみなされている。この石器は、おそらく、切断、削り、叩きといった様々な目的で使用された可能性が考えられる。アメリカの考古学者フレッド・ウェンドルフのカルガ・オアシスとダクラ・オアシスでの調査によると、前期（下部）旧石器時代の人々は西部砂漠の中の地下水脈によって形成されるオアシスの周辺や、雨季に形成されるオアシスの南に位置する湖に居住したという。こうした遺跡で発見されたハンドアックスは、50万年前の後期アシューリアン文化のものであるとされた。前期アシューリアン文化の石器は１９６０年代に下ヌビアで発見されており、現在西部砂漠の南に埋蔵されている河川の川床にハンドアックスが存在する可能性が指摘されている。

中期（中部）旧石器時代

中期（中部）旧石器時代になるとハンドアックスの製作は減少し、より小さな剥片石器が顕著となった。石器の製作技法は、石核に打撃を加えて剥離片を作りだし、さらに剥離片を加工して道具を作るルヴァロア技法である。中期（中部）旧石器時代の石器は、エジプトのナイル川流域とヌビアで検出されているが、最も残りが良いのは西部砂漠の石器である。ウェンドルフが調査したビール・サハラ東とビール・タルファウイという遺跡は、アブシンベルから約３５０キロメートル西の砂漠地帯に位置し、そこには７５、０００～７０、０００年前（最終間氷期）に湖沼が存在したという。当時の環境はサバンナで、動植物が豊富であった。これらの遺跡から出土した石器は（サハラ）ムステリアンと呼ばれ、アフリカその他の地域やヨーロッパ、西アジアでも顕著な石器伝統である。上エジプトのナイル川流域と下ヌビアでは、石器製作の礫が石材散布地や製作址から検出されている。

7万年前から西部砂漠は乾燥寒冷化し、オアシスを除いて人が居住できなくなった。上エジプトのケナで発見された70、000年前〜50、000年前に年代づけられる中期（中部）旧石器時代の石器群には、後期（上部）旧石器時代の指標となる石刃が混ざり始めており、発掘者のベルギーの考古学者ピエール・フェルメーシュは、この時代を中期（中部）旧石器時代から後期（上部）旧石器時代への過渡期であると主張している。また、上エジプトのデンデラのタラムサ1遺跡からエジプト最古（55、000年前）の埋葬されたホモ・サピエンス・サピエンスの子供が発見されている。中期（中部）旧石器時代では埋葬は非常に珍しいことから、子供の家族による子供の死への追悼意識や何かしらの社会的あるいは象徴的な意味合いがあったと考えられている。

後期（上部）旧石器時代前半期

ヨーロッパでは後期（上部）旧石器時代になると壁画、彫像、装身具が現れるが、エジプトでは確認されていない。この時期の特徴的な石器は、石刃（長さが幅の2倍以上の剝片）である。エジプトの石刃は薄く長く、後期（上部）旧石器時代前半期の後半の石器はエッジに沿って二次加工が入っているものが標準化した。西部砂漠は10、000年前まで居住に向かない環境であったため、後期（上部）旧石器時代の考古資料は乏しい。また、ナイル川流域でもこの時代の考古資料は少ない。顕著な資料としては、中エジプトのナズレト・ハテール遺跡から検出された世界最古（35、000〜30、000年前）の石器石材の地下鉱山と、ホモ・サピエンス・サピエンスの墓がある。墓では、頭蓋骨の隣に石斧が副葬されていた。

後期（上部）旧石器時代後半期

エジプトでは、後期（上部）旧石器時代後半期になると後期（上部）旧石器時代前半期より遺跡が多く検出されている。この時代の遺跡は、下ヌビアと上エジプトに多く分布し、そこから北にあると考えられる遺跡は後世の沖積土に埋没したと考えられる。この時期の石器製作技術の進歩や文化発展は、前期（下部）・中期（中部）旧石器時代に比べて一層早く、石器では細石刃やすり鉢やすり石が現れた。細石刃は柄に装着して刃部として用いたり、弓矢の鏃にしたりして用いていたと考えられている。ウェンドルフは、上エジプトから下ヌビアで検出される後期（上部）旧石器時代後半期の石器群は、それまでの時期の当該地域で検出される石器群に比べてバリエーションが多いと主張しており、地域的な特徴は各地域での異なる資源の獲得方法を反映したものと考えられている。また、人々は、これまでと同様に野生のウシやガゼルを狩猟し、水鳥や魚介類も消費するようになった。

この時代の代表的な遺跡は、アスワン近郊に位置するワディ・クッバーニヤ遺跡で、２１、０００～１７、０００年前に年代づけられている。この遺跡では、ワディ（涸谷）の入口にある砂丘の背後に、毎年のナイル川の氾濫による季節的な湖沼が形成され、最終的にはナイル川と遮断されて、資源豊かな場所となった。発掘調査では、ナマズを主体とする多量の魚骨のほかに、水鳥の骨や貝類も出土した。また、ナマズを燻して保存するための貯蔵穴や、地下茎類の毒素を取り除くために、それらをすりつぶしたとされるすり石などが出土した。このことから、不安定な食料資源の供給を補うために地下根菜も食料にしたということがわかる。このように、ナイル川に近い水辺の環境の中で、多様な資源を利用した複合的な生業によって、比較的安定した生活が可能となっていた。

しかし、１３、０００～１２、０００年前には、現代の我々が暮らす完新世になり最終氷河期の終わりが到来した。地球全体が温暖化したことにより、東アフリカの気候も湿潤化したのである。エチオピア高原では降雨量が増加し、川の水量が増えた。そして、白ナイルは以前乾燥していたが、再び水が流れ始めた。この東アフリカにおける画期的な湿潤化によってエジプトでは、ナイル川の氾濫時の水量は著しく増加した。

この時代のヌビアにおける細石器を特徴とする石器文化を持つ遺跡が第２カタラクト（急湍）付近に分布し、カダン文化と呼ばれている。なかでも、カダン文化最古の埋葬地であるジェベル・サハバ（１４、０００～１２、０００年前）では、男女子供からなる計59体の遺体が発見された。これらの遺体のうち40%に外傷が見られ、骨に石鏃が突き刺さっていた。これは、エジプトとアフリカにおける最古の人類の抗争に関する証拠である。この時期から狩猟採集民が増え、食料資源の奪い合いや、より良い環境を求めて居住地をめぐる争いが起きたとされる。同時期の同じヌビアの埋葬遺跡ワディ・トシュカでは、埋葬人骨とともに野生ウシの頭蓋骨が出土した。後の新石器時代になると北スーダンの上ヌビアで、畜牛の角と頭蓋骨が人骨に共伴している。これは、生業において牧畜が徐々に重要になり、儀礼的象徴性も持つようになっていったことを示すとされている。さらに、前3千年紀の終わりから2千年紀の初めにかけて、ヌビアで発達したCグループやケルマ文化の埋葬においても畜牛が共伴して埋葬されており、同じような象徴的な重要性が継続していたと考えられる。

続（終末期）旧石器時代

ナイル川流域の続（終末期）旧石器時代の遺跡は、ほとんどナイル川の氾濫原の沖積土層に埋没しており、現在知られているのは、ファイユームのカルーン文化と上エジプトのエルカビアン文化の2つだけである。シリアのアブ・フレイヤやイスラエルのナトゥーフ文化の遺跡は野生ムギの収穫から栽培化のような続（終末期）旧石器時代から新石器時代への変化を示しているが、同時代のエジプトではそういった遺跡は見られない。ナトゥーフ（10,000～8,000年前）の遺跡は人々が一年中定住していた遺跡だが、エジプトでは定住が見られるのは先王朝時代になってからであり、続（終末期）旧石器時代では、定住集落も短期間のものが多かった。

カルーン文化は、ファイユームで新石器時代の遺跡を発掘したケイトン・トンプソンがファイユームA文化に続く文化としたファイユームB文化のことで、実際にはA文化よりも1,000年ほど古いということをウェンドルフとポーランドの考古学者ロムアルド・シルドが1960年代に指摘して名付けられた文化である。この文化では、人々は、大型動物や魚を狩猟して生活し、石器はチャート製の石刃と細石器を特徴とする。上エジプトのアル＝カブ遺跡の人々は、漁撈のために船を用いていたとされる。エルカビアン文化では主に細石刃や彫器を多く出土しているが、磨製石器も出土している。しかし、磨製石器の使用痕分析から、穀物や植物をすりつぶすのに用いたわけではなく、顔料の粉砕に用いられたと推測されている。エルカビアン文化では定住集落はなく、人々は当時サバンナ地帯であった砂漠で狩猟を営んでいた。

第4章　エジプトにおける「新石器化」

「新石器時代」という名称は、19世紀の後半にイギリスの考古学者ジョン・ラボックが、打製石器を用いた「旧石器時代」に続く、磨製石器を用いる時代という意味で定義した時代である。しかし、後に世界各地で農耕・牧畜の開始や土器の使用の始まりが新石器時代の重要な特徴として認識されるようになり、今日では「新石器時代」は農耕・牧畜の開始によって始まるとされている。

西アジアでは前9000年頃までに農耕・牧畜が始まったとされているが、エジプトは年代的にも大きく遅れて、異なる展開を経て農耕・牧畜が開始された。現在のエジプトおよびスーダンあたりのアフリカ大陸北東部では、磨製石器、土器、農耕と牧畜が同じタイミングで出現していない。磨製石器と土器は続（終末期）旧石器時代に北アフリカの広い範囲に普及したが、農耕と牧畜の開始については曖昧なままである。これらのいわゆる「新石器パッケージ」の要素が全て同時に出現したという説は疑問視されており、最近では、「新石器化」という用語が使われている。「新石器化」とは、前・中期完新世に起こった野生種の馴化、または他地域からの馴化種による穀物栽培と家畜飼養の開始と発展、そしてそれに伴う新しい技術の発展や、複雑な社会の発展という長期にわたる過程を指している。エジプトでは南部でウシの家畜化の試みが早く始まったが、家畜ヒツジやヤギの導入はいくつかの地域で遅れて始まった。また栽培種コムギやオオムギは、ナイル川流域内には広がったものの、西部砂漠には伝播しなかった。古代エジプト文明は、土着のウシの家畜化によってのみ成立したわけでなく、レヴァントの農耕牧畜文化を基盤としてナイル川流域に誕生したことを踏まえると、遅い時期であったとしてもレヴァントからの影響は大きい。ただし、エジプトの「新石器化」はレヴァントからの「新石器パッケー

図９　新石器時代の主要遺跡

ジ」の到来で始まったわけではなく、前期完新世に始まっており、外来の栽培植物や家畜の導入によって完了したとされている。エジプトにおける「新石器」の定義については、議論が決着していないが、ここでは、サハラ「新石器」として、前期完新世から中期完新世にかけてのエジプト南部の砂漠地帯での文化の発展の概要を見ていく（図９）。なお、サハラ「新石器」の時代区分は、初期新石器時代（前８８００年頃～前６８００年頃）、中期新石器時代（前６６００年頃～５１００年頃）、後期新石器時代（前５１００年頃～前４７００年頃）となっている（付録281頁）。

前８５００年頃から７５００年頃の間に西部砂漠のナブタ・プラヤ、ビール・キセイバ、ダクラ・オアシス、ジャラに人間が居住していた証拠が確認されている。続（終末期）旧石器時代に採集狩猟民が繰り返しこれらの場所に戻り続け、資源が豊富であることから最終的には永住したと考えられている。そして、彼らは前7千年紀までに土器を製作し、遊牧を始めていたと推測されている。

これらの西部砂漠の遺跡で、特に重要なのがナブタ・プラヤ遺跡である。ナブタ・プラヤは現在年間降水量100ミリメートルにも満たない砂漠に位置するが、今から約9,000年前には夏季に雨が降り、季節的なプラヤ（盆地）が形成され、動植物が豊富な場所であった。ウェンドルフによるナブタ・プラヤ遺跡の調査では、少量のウシの骨が出土しており、彼は砂漠で人間の介入なしに野生のウシが生存するのは難しいであろうと主張した。しかし、ウシが馴化されていたかは依然として議論の余地がある。ウシは肉よりも血液やミルクが利用されたようである。これは、現在の東アフリカの遊牧民の習慣でもある。石器はバックド・ブレードレット（意図的な背潰しのついた細石刃）を含み、石鏃として狩猟に使われるのもあった。磨製石器は植物のすりつぶし用に使用された。

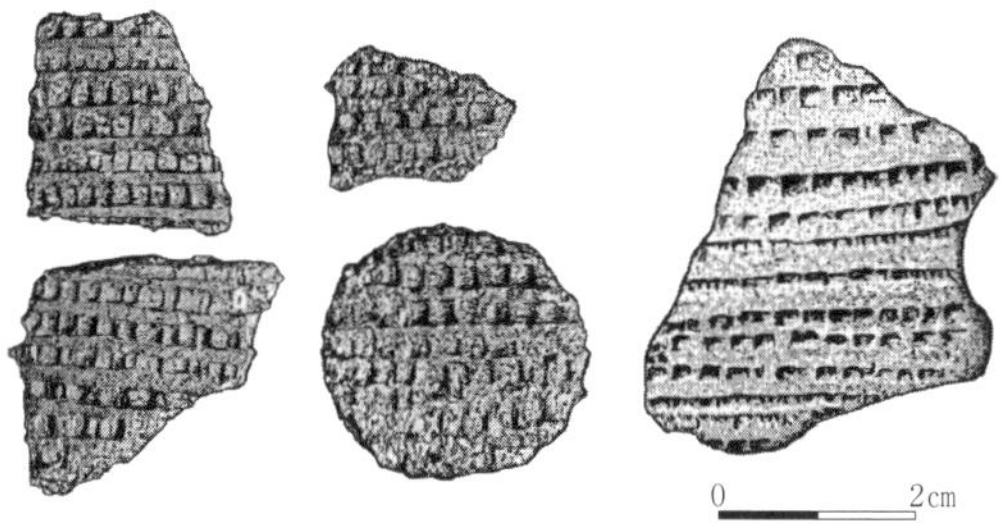

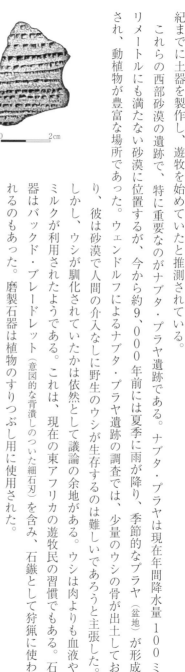

図10　ナブタ新石器文化の土器片

前9千年紀に年代づけられるナブタ・プラヤの土器は、エジプト最古の土器である（図10）。椀形が特徴的な形態で、外面には櫛目文や連点文などが装飾されている。この装飾は、同時代のスーダンのカルトゥーム文化やサハラ・スーダン文化の土器に類似しており、これらとの関係性が指摘されている。年代と外部からの影響がないことから、アフリカで独自に土器製作が発展したと考えられている。また、土器の出土例が少ないことから、この時代はダチョウの卵の殻も水を入れる容器として使用されたと推測されている。

ナブタ・プラヤでは前7500年までには井戸が掘られており、人々は水を確保することができたようである。また、家屋の痕跡も検出されている。家屋は地面を約30センチメートル掘り下げて床を作り、湖畔に自生するタマリスクやアカシアの灌木を骨組みに壁や天井を作り、そこに葦やマットを覆った。家屋の周辺には貯蔵穴があり、そこからソルガム（モロコシ）やミレット（キビ・アワ・ヒエなど）などの雑穀が発見されており、これらが食料であったことが明らかとなっている。ソルガムについては、形態的には野生種であるが、ウェンドルフは採集・保管面で特別な扱いをされていたことから、栽培が行われていた可能性を指摘している。なお、ナブタ・プラヤからオオムギとエンマーコムギが検出され、オオムギの炭化種子が栽培種であると報告されたことがあったが、出土粒子からは栽培種か野生種か特定することが困難であり、環境的な要件についても疑問があることなどから、現在では否定されている。

以上のように、かつてはナブタ・プラヤをはじめとする西部砂漠の同時代の遺跡では、自発的な野生ウシの家畜化と小規模な食料生産が行われたと考えられ、西部砂漠の文化が古代エジプト文明に影響を与えたと主張されてきたが、近年の発掘調査による考古学的証拠や理化学的、遺伝学的な研究の成果により、この説の問題点が指摘されるようになった。たとえば、前述のように畜牛の遊牧の存在については明らかではない。最近の遺伝学的研究によれば、西部砂漠と東部砂漠のこれらの家畜ウシは全て西アジア起源であるという。また、野生ウシの遊牧民が一時的に馴化された家畜を加えていた可能性も指摘されている。このことから、西部砂漠では、牧畜が開始されたとは言えず、農耕の開始も確認されていないことから、「新石器文化」の用語を使用していない研究者もいる。エジプトでは、前７千年紀後半に馴化されたヤギが西部砂漠で確認されるよりも先に東部砂漠で初めて現れたとみられている。具体的には、紅海沿岸のソドメイン洞窟で確認されたエジプト最古の家畜ヒツジ、ヤギは、前６２００年頃に年代づけられている。当時の東部砂漠の降水量は高く、フェルメーシュによれば遊牧民や狩猟民がこの洞窟に度々訪れていたという。

中期新石器時代から後期新石器時代にかけて、西部砂漠の遺跡の数は飛躍的に増大した。遺跡からは、以前より多くの家屋や井戸が検出され、植物に泥漆喰を覆った最古の荒打ち漆喰の家屋も作られていた。家屋の中には一年中定住したとされるものもあったが、小型のものは一時的な遊牧民のキャンプに使用されたと考えられている。この頃、西部砂漠で初めて馴化されたヒツジとヤギが見られる。ただし、狩猟は依然として生業の中心であった。捕獲された動物が主要なタンパク源であった。

後期新石器時代になるとナブタ・プラヤとビール・キセイバでは、新しいタイプの土器が出現する。土器の表面は滑らかで、中には波状の表面を持つものもある。また、エジプトの先王朝時代に特徴的なブラックトップ（黒頂土器）も出土している。このことから、これらの西部砂漠で製作された土器と前4千年紀のナイル川流域の土器との関係が近年議論されているが、両者に関係があったのか、また関係があったとしても砂漠の人々と前期新石器時代のナイル川流域の人々と直接関係があったのかは明らかではない。というのも、ナイル川流域でこの時代に年代づけられる人間の居住の痕跡は確認されていないからである。おそらく、当時のナイル川流域の居住地は氾濫によって消失したか、沖積土の堆積の下に埋もれてしまった可能性が考えられている。

ところで、ナブタ・プラヤでは、この頃に後の古代エジプト文明の萌芽とも言える文化的特徴がみられる。巨石文化である。ウェンドルフは、小高い丘の上に環状列石を発見し、これが暦に利用されたと考え、「カレンダー・サークル」と名付けた（図11）。この環状列石は、砂岩の板を直径約4メートルの円形状に立てて並べたもので、対を成す大きめの平板が4組、十字状に配列されている。そのうち2組はほぼ正確に南北を指し、もう2組は北から南に70度ふれた位置にある。この70度の方角が夏至日の太陽の日の出の位置を指す。この位置から太陽が昇れば雨季の始まりとなり、ここで生活していた遊牧民にとって恵みをもたらす重要な時期の到来を告げたのである。また、ウシ、ヤギ、ヒツジを埋葬した「石塚」も造られており、生け贄といった祭祀儀礼に関係するものと解釈されている。その他に特筆すべきは、「複合建造物」と呼ばれる巨石群である。岩盤まで掘られた直径6メートル、深さ3メートルの竪坑に重さ約4トンの砂岩製の巨石が垂直に立ち、穴の地表面には砂岩の巨石が並んでいる。さらにこれらの巨石の表面は滑らかに研磨されており、信仰の対象として造られた可能性が高い。このような「複合建造物」は30基ほどあるが、埋葬や祭祀の痕跡などは発見されていな

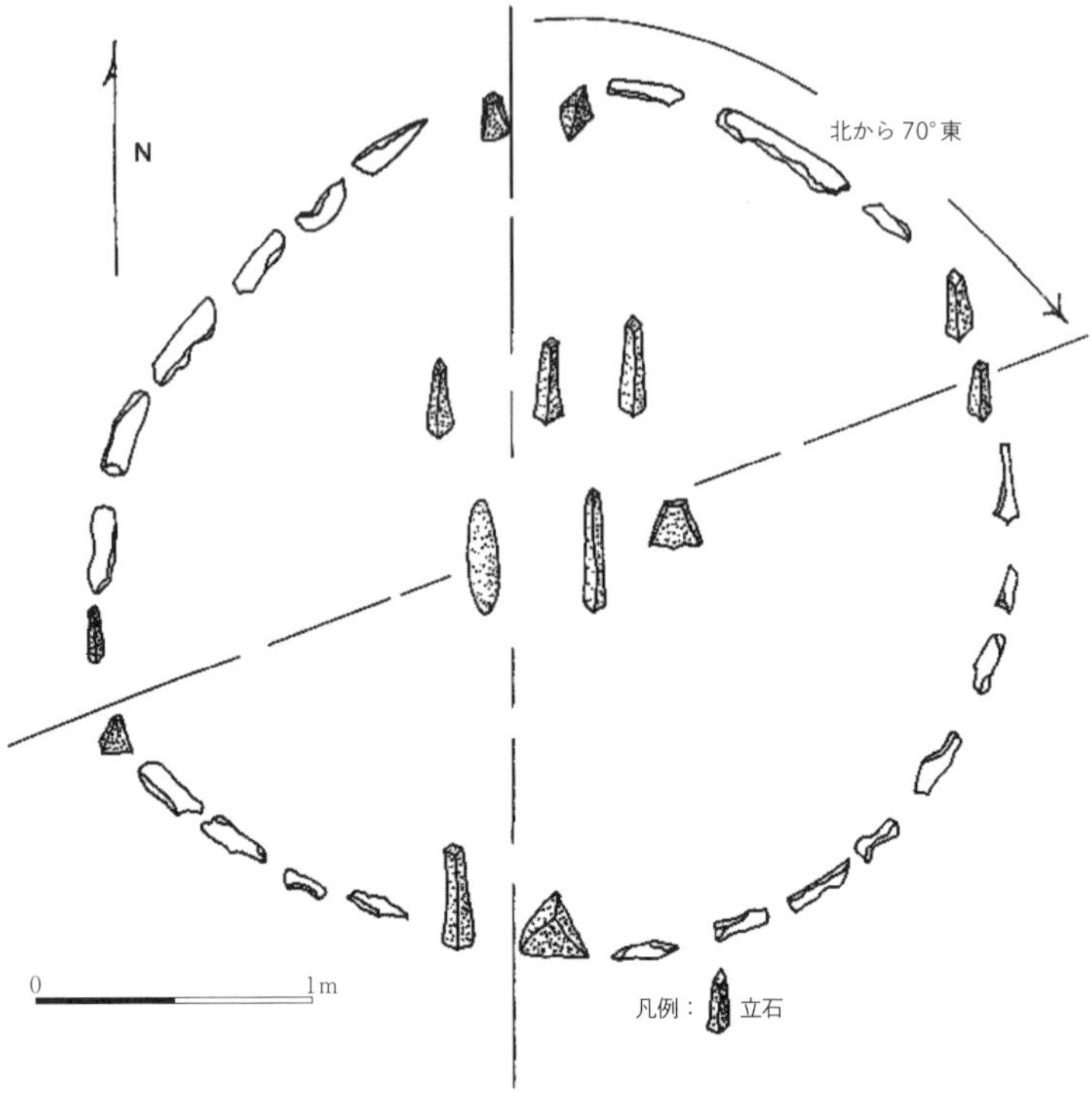

図11　ナブタ遺跡の環状列石

い。いずれにしても、このような巨石の複合建造物を造営するには周到な計画と組織的な労働が必要であり、リーダーが存在した可能性が高い。ピラミッド建設よりも1、000年以上も前にナブタ・プラヤで出現した巨石文化は、その後ナイル川流域の新石器文化に直接継承されなかったが、古代エジプト文明に通じる暦や石材の運搬・加工といった科学や技術の萌芽を示したことは看過できないだろう。

前5000年以降、西部砂漠では乾燥化がさらに進み、オアシスを除いて生活することは不可能となってしまい、人々は徐々にナイル川の流域に移住していった。オアシスに残った人々は気候変化に適応して生活し、ナイル川流域で生活する人々とは全く異なる発展を遂げることになる。古代エジプト文明の源は、特定の地域に由来するものではなく、気候変動や地域間の接触によって、より複雑で様々な地域の文化的発展に基づくものであった。

ナイル川流域における農耕・牧畜のはじまり

エジプトのナイル川流域で農耕・牧畜を生業とする文化が定着したのは、前6千年紀の半ば過ぎになってからのことであり、西アジアで農耕・牧畜が開始されてから約2,000年後のことであった。では、なぜエジプトでは農耕・牧畜の開始が遅れたのであろうか。キャサリン・バードは、その理由を次のように指摘している。まず、第1にエジプトにはウシ以外に家畜化あるいは栽培化できる動植物がなかったこと。第2に、前6000年頃までに栽培化できる六条オオムギや家畜化できるヤギが現れなかったこと。そして、シナイ半島が南レヴァントからエジプトへの農耕技術の伝播を阻害していたということ。第3に、エジプトにおける新石器文化の導入が先土器新石器時代B期（PPNB期）（前8500～6500年頃）における南レヴァントにおける乾燥化とそれに伴う移住のタイミングによるものであること。第4に、ナイル川流域は狩猟採集の資源が豊富にあり、栽培植物や家畜が必要なかったこと。そして、第5に、他の地域で農耕・牧畜が開始される嚆矢となった技術的発展は続（終末期）旧石器時代に見られたが、仮にこの時代にナイル川流域に集落が形成された場合、ナイル川の氾濫によってその証拠が失われてしまったため、考古学的証拠が残らないことである。

ファイユーム文化

現在のところエジプトのナイル川流域最古の農耕・牧畜を有する文化は、中エジプト北部のファイユーム低地の北部に位置するカルーン湖の北側で遺跡が確認されたファイユーム文化（前5500～4500年頃）である。

ファイユーム低地は、中王国時代に大規模な干拓事業が行われて以来、エジプト有数の穀倉地帯となり、現在も豊かな農地が広がっている。その中心であるカルーン湖は、後期（上部）旧石器時代には干上がっていたが、湿潤期が始まるとナイル川の水が流れ込んで、湖が形成された。ファイユーム文化の遺跡は現在砂漠の丘陵地にあるが、当時のカルーン湖は現在の湖水面より55メートルも高い標高15メートルに岸辺が位置し、ファイユーム低地全体に湖が広がっていたと考えられている。

続（終末期）旧石器時代のカルーン文化が消失した後、しばらく時間をおいてから、ファイユーム文化の遺跡が形成された。前6千年紀後半に人間の居住の証拠が確認されているが、最も継続的に集落が存在したのは、前4650年頃から前4350年頃で、この頃に最初の栽培化された穀物が現れた。この遺跡では、大型の集落址が標高の高い場所に位置し、そこから多数の炉址や貯蔵穴が発見されている。これらはほぼ年間を通じて使用されたと考えられているが、住居の遺構は検出されておらず、遺物の出土量も比較的少ないため、あくまでも一時的なキャンプであって定住集落ではなかったと考えられている。なかでもコムWと呼ばれる場所では、約350基の炉址と100基以上の貯蔵穴が掘り込まれていた。貯蔵穴の中からは、栽培種の六条オオムギ、エンマーコムギ、亜麻などの粒が発見されている。農耕に関係する遺物としては、直線状の収穫用の鎌、穀物をすりつぶす石臼、亜麻布の断片が出土している。以上のような栽培植物による農耕の証拠に加え、家畜としてヒツジとヤギ、そして馴化種と同定できないが、ブタとウシの骨も見つかっており、ファイユーム文化に西アジア的な農耕・牧畜が導入されたわけであるが、それは続（終末期）旧石器時代以来の主要な生業であった狩猟、漁撈、採集に対して補足的なものでしかなかったようである。

栽培植物と家畜はエジプト由来のものではないが、石器には西部砂漠ですでに認められるような基部に抉りをもつ狩猟用の鏃が出土していることから、ファイユーム文化には西方砂漠の文化の影響があると唱える説もある。土器は粗製で、表面は赤色あるいは黒色で、装飾は施されていない。半球形の鉢形土器や長方形の皿形土器が出土している。石器や土器の他には、紡錘車や骨製の針など織物生産に関連する遺物も出土している。出土した動物骨は前述の家畜以外にガゼル、ハーテビースト、カバ、ワニ、カメなどがあり、ナマズ、ティラピアやナイル・パーチなどの魚類の骨、水鳥なども発見されている。これらの証拠から、狩猟、採集、漁撈が中心的な生業であったと考えられている。また、また紅海・地中海産の貝殻などの輸入品も発見されており、周辺地域との交流があったことが明らかである。

メリムデ文化

カイロの北西約45キロメートルのデルタ地帯の南西の端に位置するメリムデ・ベニ・サラーマ遺跡では、ファイユーム文化と並ぶ新石器文化が発見された。この遺跡では、ドイツ隊によって5層の文化層が確認されており、完全なエジプト最古の定住集落が検出された。集落は、前5千年紀の前半の数百年の間に展開したと考えられている。最古の層である第1層からは、ファイユーム文化とは異なり、柱穴、炉址、浅い竪坑などの遺構が発見されている。土器は混和材を混ぜない胎土で作られ、赤褐色が特徴となっている。第2層では、土器に刻んだ麦藁が混和材として粘土に加えられ、複雑な形をしたものも現れるようになった。石器には窪んだ基部をもつ鏃が現れた。また、骨製の銛、貝製の釣り針、石斧も出土しており、アフリカ起源が推測されている。第3層から第5層は、最も遺跡が広い範囲で使用された時期で、遺構が数多く検出されている。家屋は半地下式で、直径が1.5～3メートルほどの規模であり、ナイル沖積土で築いた壁がしつらえられていた。上部は残存していないが、細木や植物の枝葉で築かれていたと推測されている。メリムデではエンマーコムギ、六条オオムギ、亜麻などの栽培植物とスゲやマメ類などの野生植物が出土している。貯蔵穴は第2層以降に大型化し、第5層で籠を敷いた貯蔵穴が出現することから、農耕が次第に重要になっていたことが窺える。また、ウシ、ヤギ、ヒツジ、ブタの骨が出土していることから、牧畜も重要な生業であることが明らかとなっている。これらの他にアンテロープ、ガゼル、カバ、ワニ、水鳥などの野生動物の骨や多量の魚類の骨や貝類も出土していることから、狩猟、採集、漁撈が重要な生業であったことがわかる。土器は、鉢形と壺形が多く、やや頸部の括れた壺型土器が普及する。これらの層では新たに黒色で器面がやや研磨された土器も作られるようになり、装飾も認められる。石器は、大型の両面加工石器、抉りの入った石鏃、両面加工で研磨された手斧が出土している。メリムデ遺跡はファイユームとは異なり、長期間使用された集落址であり、紅海の貝、ヘルワン型尖頭器、装飾土器などがレヴァントからの影響を示している。これらは、新石器文化が西アジアから導入されたことと関連づけられている。

メリムデ遺跡の墓は、浅い土壙墓が一般的で、遺体は屈葬された。副葬品はほとんどなく、死者の社会的な差異がなかったと考えられる。以前は、墓は集落内に造られたと考えられていたが、発掘調査の進展により、集落が徐々に拡大し、墓地だった場所にも住居が造られたことが判明している。また、メリムデ遺跡では、土製の小型家畜像や人面像（口絵3）が出土しており、この頃から芸術の萌芽が見られる。

オマリ文化

オマリ文化は、メリムデ文化やファイユーム文化の最終段階と同時期の文化と考えられているが、後期新石器の上エジプトのバダリ文化との共通する特徴も兼ね備えている。オマリ遺跡は、カイロの南方約20キロメートルのナイル川東岸ヘルワン近郊にあるワディ・ホフの周辺に形成された集落と墓地から構成される。A地区とB地区と名付けられた巨大な集落址からは、ワディ（涸谷）底部の礫層に掘り込まれた円形、楕円形あるいは隅丸方形のピットが検出され、直径50～150センチメートルの規模を持つ。底部には凹凸があり、壁には粘土や石灰プラスターで塗られたマットに覆われた例もある。これらのピットはおそらく貯蔵用と考えられている。墓は円形あるいは楕円形の土壙墓で、遺体は頭を南、顔を西に向けて屈葬にして埋葬された。中でもA地区では墓の内部や周辺に土器を規則的に並べたものがあり、フェンスやテントのようなものがあったと推測されている。また、成人男性の墓では、手の横に杖が置かれたものがあり、社会的な重要性を示しているようである。

オマリ遺跡では、エンマーコムギ、クラブコムギ、アインコーンコムギ、オオムギおよび亜麻といった栽培植物の遺存体が検出されているが、石皿やすり石が小型で数も少ないことから穀物栽培がそれほど発達していなかったと考えられている。また、ブタ、ウシ、ヒツジ、ヤギの家畜動物とナマズ、ナイルパーチなどの魚類が確認されているが、これらのうち魚類とブタ、ウシを中心とする家畜が主なタンパク源であったようである。土器は赤色もしくは黒色のものが主で、無装飾である。石器は、在地のフリントを用いて剝片から製作されており、凹基の石鏃、両面加工の鎌刃、柄の付いた大型石刃などが認められている。これらは、後の上エジプトのバダリ文化との関連性が指摘されている。

第5章　先王朝時代

エジプトにおける農耕・牧畜は、ファイユーム地域、メリムデ遺跡、オマリ遺跡といった下エジプトにおいて現れたが、その約1千年後の前5千年紀の終わりになってようやく上エジプトの各所に農耕・牧畜を生業とする文化の集落が定着していった。ナイル川流域は穀物生産には理想的な環境であり、容易に余剰を獲得することができた。余剰は、通年の食料供給源であったが、同時に農村では入手不能な物資を得る手段にもなったのである。そして、前4千年紀の間、上エジプトの農耕・牧畜文化では急速に社会の複雑化が進行し、わずか約1千年の間に、初期国家の誕生を見ることになる。この初期国家形成の主役を担ったのはナカダ文化であったが、その過程で周辺諸文化との緊密な交流が重要な役割を果たした。下エジプトのブト・マーディ文化、エジプト南部に位置した下ヌビアのAグループ文化、そして初期国家形成までの急速な変化が銅石器時代以降のパレスチナの諸文化との交流の中で起こった。この社会が複雑化した農耕・牧畜を生業とする文化の時代は、先王朝時代と呼ばれている（図12）。また、前5千年紀末以降に形成された遺跡からは銅製品が出土しており、バダリ文化以降の文化は銅石器時代から初期青銅器時代に分類される（図13）。

先王朝時代になると、長距離交易が発達し、奢侈品を入手しやすくなっただけでなく、工芸品の製作も盛んになり、そのための専門職人集団が出現した。工芸品はエリート（支配者層）の威信材として製作され、エリートは専門職人集団をコントロールするようになった。

現在、先王朝時代は下エジプトのブト・マーディ文化と上エジプトのナカダ文化に大きく分類されている。これらの文化の大きな違いとしては、土器の技術伝統が異なるだけでなく、ナカダ文化の墓が社会的格差の増加を顕著に示す一方

地中海
ブト
サイス
ミンシャト・アブー・オマル
テル・イブラヒーム・アワド
テル・アル＝イスウィド
テル・アル＝ファルカ
ネゲブ砂漠
ワディ・アラバ
メリムデ
マーディ
ゲルゼー
ティムナ
マトマール
バダリ
タサ
ハンマミーヤ
マハスーナ
アムラー
アビドス
フー
ワディ・ハンママート
ゲベル・チャウティ
ナカダ
紅海
アダイマ
ヒエラコンポリス
ワディ・クッバーニヤ
エレファンティネ
コール・バハン
クストゥール
0
200km

図12　先王朝時代の主要遺跡

年代（前）	時代区分	王朝区分	王朝	文化編年	主な特徴
2181	前期青銅器時代	古王国時代	第３王朝～第６王朝		中央集権国家の発展と衰退
2686					
2890～2686		初期王朝時代	第２王朝		統一国家の誕生 メンフィスを首都
3000～2890			第１王朝	ナカダⅢC-D期	
3200		原王朝時代	第０王朝	ナカダⅢA-B期	地域的な小国、文字の開始
3600	後期銅石器時代	先王朝時代		ナカダⅡC/D-ⅢA期	社会の複雑化、交易の発達
3900	前期銅石器時代			ナカダⅠB/C-ⅡB期	社会階層、専業化の発達
4500	後期新石器時代			ナカダⅠA/B バダリ	村落の発展
5500	前期新石器時代			オマリ メリムデ ファイユーム	定住、農耕・牧畜の開始
8800	続（終末期）旧石器時代				ナイル川下流域における漸次的な人類の居住
10,000	旧石器時代				
500,000					

図13　先史時代から古王国時代のエジプトの編年

で、ブト・マーディ文化の墓は社会的格差が比較的少ない。ただし、先王朝時代を上エジプトのナカダ文化と下エジプトのブト・マーディ文化に分けることに疑問を提示している研究者もいる。以下では、先王朝時代の文化の概要について解説する。

バダリ文化

上エジプトにおける最古の農耕・牧畜は、中エジプトのソハーグ近郊の、バダリ地域周辺で発見された。これは、バダリ文化と呼ばれ、前４千年紀のナカダ文化の先駆となる文化とされている。バダリ文化の遺跡は、北はマトマールから南はハンマミーヤまでの35キロメートルにわたる地域で検出されたが、同文化に属する遺物は、南はヒエラコンポリス、そして東はワディ・ハンママートでも発見されている。

バダリ文化の編年的位置づけについては今のところ明確ではない。近年の熱ルミネッセンス年代決定法による年代は前５０００年を示しているが、確定的な年代は前４４００～４０００年とされている。ガイ・ブラントンは、タサ文化がバダリ文化に先行すると主張していたが、最近ではタサ文化もバダリ文化の一部であるとされている。

バダリ文化でも集落が見つかっているものの、多くの資料は緑地の縁辺に接する低位砂漠の墓地のものである。全ての墓は単純土壙墓で、マットや獣皮に包んだ遺体の頭を南に向けて屈葬の形で埋葬した。遺体の周囲には、土器、装身具、アイシャドーを塗るために方鉱鉛やマラカイト（孔雀石）をすり潰すためのパレット（化粧板）、女性像（図14）などの様々な副葬品が納められた。副葬品の分析から、個々の墓で富の違いがみられ、厚葬の墓は、しばしば墓地の中で分離している。このことは、この頃すでに社会階層が分化していたことを示している。墓から出土する土器は、バダリ文化の最も特徴的な要素を示している。

バダリ文化の土器は、最良質のものを除いては、ナイル・シルト（沖積土）を手ごねで作ったもので、焼成は非常に良好である。これらの土器は、しばしば櫛状の工具で器面が整形されており、波状の凹凸が見られる。また、土器の頂部のみを黒く焼き上げるブラックトップ（黒頂）の技法が、上エジプトに初めて現れた。

石器については、主に集落遺跡から知られている。バダリ文化の石器は基本的に剥片と石刃を両方用いて製作しており、両面加工石器は極めて限定されている。主な石器はエンド・スクレーパー、錐、調整剥片であり、両面加工石器は鎌刃、石斧、基部の抉りがある石鏃などである。

図14　バダリ出土女性像

バダリ文化のその他の遺物としては、パレット（化粧板）、ヘアピン、櫛、腕輪、そして骨や象牙のビーズなどが知られている。シルト石のパレットは、長い矩形のものか楕円形のものに限られているが、のちのナカダ文化の特徴となる。

バダリ文化の人々は、エンマーコムギ、六条オオムギ、マメ、亜麻を栽培し、ウシ、ヤギ、ヒツジの家畜動物を飼養していたと考えられている。また、漁撈も主要な生業だったと考えられているが、狩猟は減少したようである。バダリ文化の集落は、低位砂漠に築いた小さな村や集落で、短期間の定住生活の後に水平に移動していくパターンを示している。集落遺跡では、貯蔵穴や貯蔵容器が最も頻繁に検出されているが、構造物は一時的な利用を示しているようである。これらの集落址は集落の縁辺部あるいは季節的なキャンプの可能性もあり、実際の集落はナイル川の沖積土に極めて近い位置に存在し、長年の氾濫で恒久的な集落址が消滅してしまった可能性がある。

バダリ文化の編年的位置づけ

バダリ文化の編年的位置づけについては、明確でない。ブラントンは、バダリ文化が直接ナカダ文化に発展したと提唱したが、ウェルナー・カイザーは少なくとも部分的にはバダリ文化とナカダ文化は並存していた可能性を指摘し、タサ文化がバダリ文化の一部でなく、タサ文化からナカダ文化に発展したと考えた。また、バダリの再調査を実施したダイアン・ホルメスもバダリ文化とナカダ文化が一時的に平行していた可能性を認めている。これらの説はナカダI期がバダリ地域であまり確認されていないことを根拠にしているが、資料があまり多くないため、はっきりしたことはわかっていない。バダリ文化の遺物はヒエラコンポリスからも出土しているため、スタン・ヘンドリクスとフェルメーシュは、バダリからヒエラコンポリスの間の地域に特徴的なものかもしれないが、ナカダ文化は南部で発展したため、バダリ地域で長く継続していた可能性があると指摘している。

バダリ文化の起源

バダリ文化の起源についても同様に、あまり明らかではない。これまで、バダリ文化を営んだ人々は南方ヌビアや東部砂漠から到来したと考えられてきた。ブラックトップ（黒頂土器）の製作技法はすでにスーダンのカルトゥーム文化に見られるため、バダリ文化は南方からこの技法を受け継いだとされている。ただし、これは後期サハラ「新石器」文化やメリムデ文化にも認められるので、南部からの影響というよりはサハラ「新石器」文化から地域的に発展していった可能性がある。また、バダリ文化の遺跡がナイル川東岸に集中し、紅海産の貝やアイベックスなどの東部砂漠に生息する動物の遺

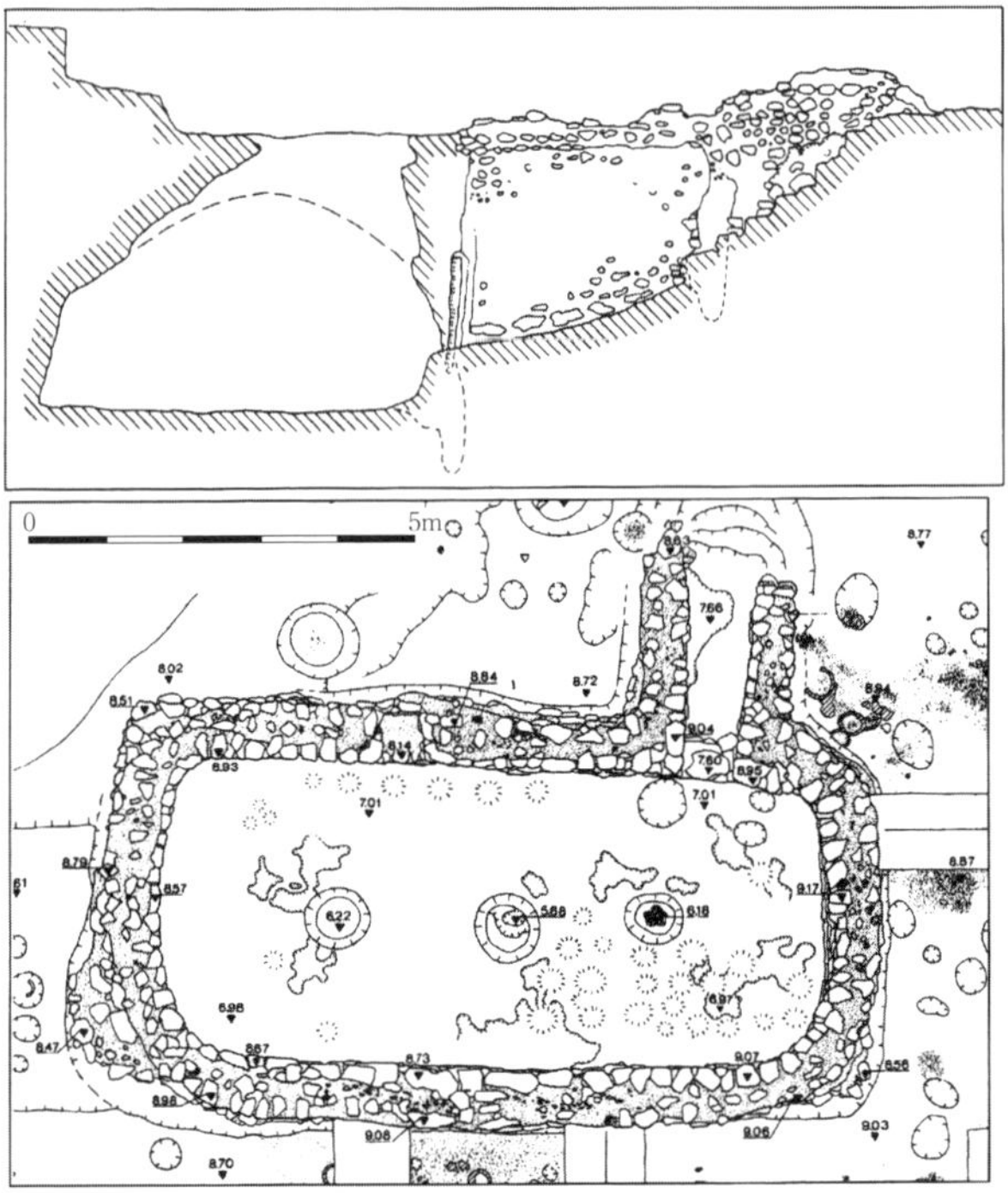

図15　マーディ遺跡の半地下式住居（上：断面図　下：平面図）

存体が出土していることから、東部砂漠起源あるいは経由を示すと推測されてきた。しかし、バダリ文化の石器の技法は西部砂漠との関連が強いという。また、ムギ、ヒツジ・ヤギは西アジア起源である。おそらく、バダリ文化は一つの文化から発展した文化ではなく、西部砂漠の文化、ファイユーム文化やメリムデ文化を経由して西アジア起源の文化が混ざり合って形成されたのであろう。

ブト・マーディ文化

下エジプトの先王朝文化、ブト・マーディ文化の標準遺跡であるマーディ遺跡はカイロの南の郊外に位置し、ブトはデルタ地帯北部に位置する。ブト・マーディ文化の遺跡は、デルタ地帯北部からファイユーム地域までで確認されており、上エジプトのナカダ文化とは異なる物質文化を明確に示している。ブト・マーディ文化は、エジプト北部の初期の新石器文化に由来するが、南パレスチナとの接触（特に交易）の証拠も存在する。

マーディ遺跡は、1930〜1953年の間にカイロ大学の調査隊によって発掘され、その後ローマ大学の調査隊によって再調査が実施された。放射性炭素年代測定によると前3900年頃〜3500年頃に年代づけられる。集落は長さ1.3キロメートルに及び、生業は農耕とウシ、ヒツジ、ヤギ、ブタの家畜の飼養と若干の狩猟である。骨角器の銛から漁撈も確認されている。マーディの住居は、地面を深く掘り込んだ竪穴式住居で、内部には柱穴と炉址が検出されている(図15)。遺跡の東部に位置する大型の住居は、イスラエルのネゲブ砂漠のベエル・シェヴァ文化の住居に類似していることが指摘されている。中でも、8.5×4.5メートルの規模を測る地下式の倉庫と思われる石造建造物は、地表面から約2メートルの深さに床があった。

マーディ文化の土器は、ナイルシルト製の赤色あるいは黒色で、梨型と球型を呈しており、いくつかの貯蔵用の甕は、地面に突き刺して置かれていた。輸入土器はワイン、油、樹脂などを入れる容器として使われた。在地生産の石製容器は、ほとんどが玄武岩製で、把手がついた円環形の底部が特徴的な器形である。石器は、両面加工のものが若干出土しているが、エジプト北部の新石器文化の石器伝統とは異なる。円形の大型石刃や長い石刃が出土しており、これらはパレスチナ地域から導入されたと考えられている。銅も出土しており、加工された道具、インゴット、顔料に使われたと思われる鉱石が確認されている。銅の分析の結果、ティムナや南ヨルダンのワディ・アラバの採石場由来であることが判明している。マーディからは、馴化された最古のロバが出土している。ロバはパレスチナとの交易の交通手段として重宝されていたと思われる。

マーディの墓地は、集落の南と西のワディ・ディグラの2ヶ所で確認されているが、これらの墓地の半分からは副葬品が出土していない。副葬品の出土した墓でも、せいぜい1個か2個の装飾のない土器が副葬されているくらいで、多くても8個である。埋葬の頭位方向もまちまちで、ワディ・ディグラの新しい年代のものは頭を南に向け、顔を東に向けた屈葬体勢で埋葬されている。

デルタ地帯の北部に位置する古代のブト(現在のテル・アル＝ファライーン)では、マーディ文化と同じ下エジプト文化の在地の土器を包含した第1から第2層からなる初期の文化層から、ナカダ文化の遺物を含む前3300年～3200年頃の

「移行期」の層（第3層）の層位的な連続が確認できる。また、泥壁の住居から最初期の日干レンガの住居への建築の変化が看取される。

マーディの集落は、前4千年紀の後半、つまりナカダⅡ期に放棄され、ブトでは第3層でナカダ文化との斉一化がみられた。

ナカダ文化

バダリを中心とした中エジプトのバダリ文化の後半に、上エジプト南部のナカダ遺跡を中心とした地域に出現したのがナカダ文化である。ナカダ文化は、前4000年頃に開始され、およそ1,000年間続いた。このナカダ文化こそが、上エジプトで最も重要な先史文化である。ナカダ文化はそのまま途絶えることなく国家の形成まで発展していった。ナカダ文化の発祥地は、アビドスからナカダ付近のナイル川流域で、バダリ文化あるいはタサ文化から発展したと考えられている。ナカダ文化は徐々にエジプト全土に広がり、最終的に南は第1カタラクト（急湍）のエレファンティネ島から、北は下エジプトのデルタ地帯まで広がっていった。

ナカダ文化の編年

ナカダ文化の遺跡はほとんどが墓地であり、層位的な資料が欠けていた。したがって、編年は基本的に墓と副葬品の連続的な配列（セリエーション）にもとづいて構築されなければならなかった。そこで、エジプト考古学の父といわれるイギリスの考古学者、フリンダース・ピートリー（ペトリー）は、フーとアバディーヤというナカダ文化の墓地遺跡の900基の墓から出土した土器の型式を分類して相対編年を試み、S. D.法（Sequence Dating 継起年代法）を考案した（図16）。ピートリーは、生物の進化と同じように、考古遺物の変化も形を少しずつ変えるように起こったこと、そして、遺物の以前に機能していた部分、つまり痕跡器官が考古資料の新旧関係を示すという型式学の考えを重視した。そこで、このような型式編年と出土遺物の共伴関係を手がかりにして、相対編年を構築し、ナカダ文化をⅠ期とⅡ期に区分した。ちなみに「日本近代考古学の父」と呼ばれる京都大学の濱田耕作は、ロンドン大学留学中にピートリーに師事し、多大な影響を受けた。1960年代になると、ドイツの考古学者カイザーがナカダⅡ期の最末期をⅢ期として独立させる三期区分を提唱し、現在ではこれが多くの研究者に受け入れられており、さらに細区分されている。

ナカダⅠ期の墓

ナカダⅠ期（前4000年頃〜前3500年頃）は、アル＝アムラー遺跡を標準遺跡とすることからアムラー文化の名前でも知られている。ナカダⅠ期の範囲は、北はマトマールから南はワディ・クッバーニヤ、コール・バハンまでである。

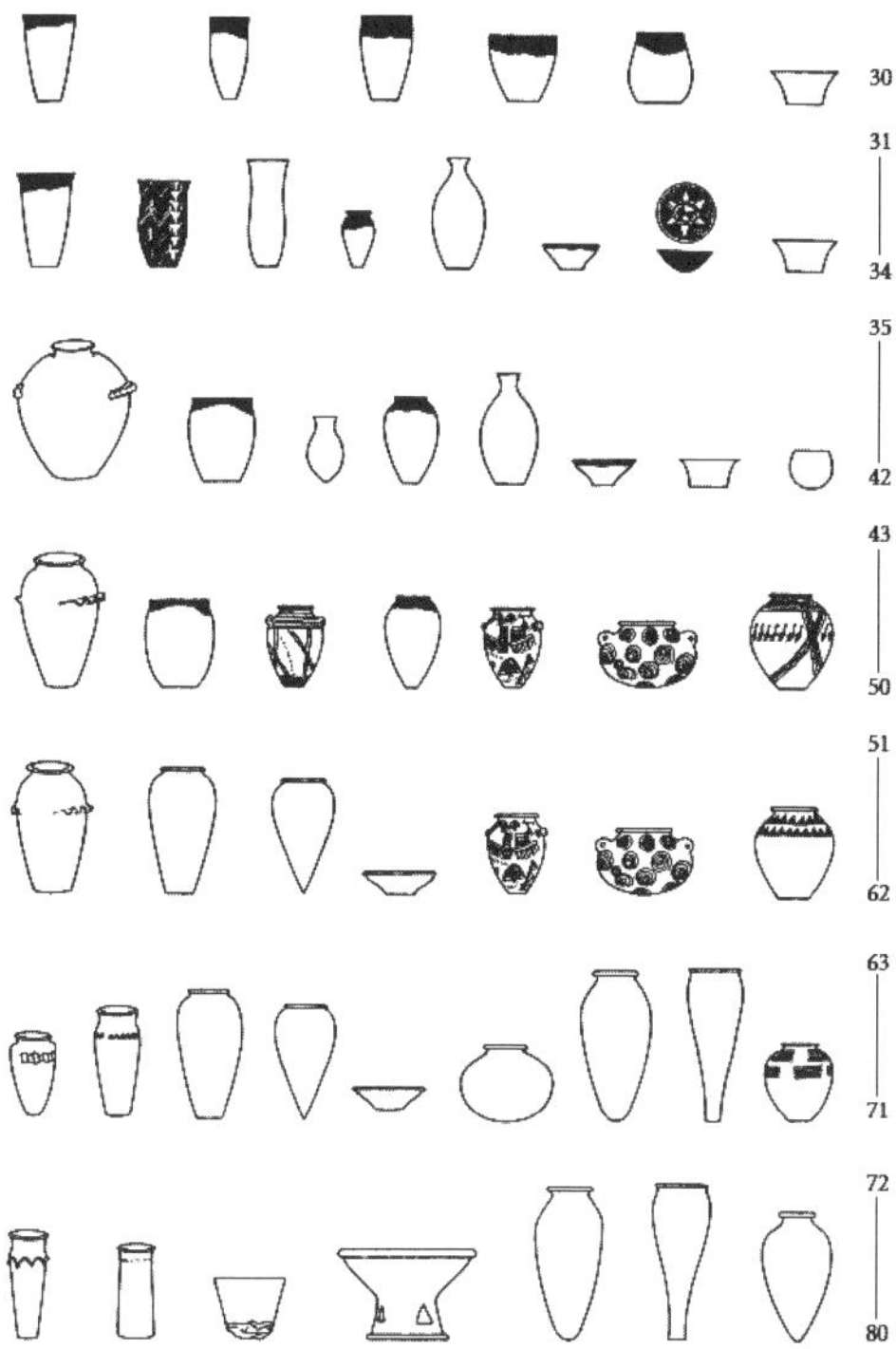

図16　ナカダ文化の土器とピートリーによるS.D.法

ナカダⅠ期は、それ以前のバダリ文化とそれほど大きくは違わない。埋葬習慣も非常に類似しているため、2つの文化は地域的な違いによるものでないかとも指摘されている。しかし、ナカダⅠ期の埋葬は、バダリ文化のそれよりも大型化し、副葬品も豊富で社会階層の分化がより顕著に認められる。

ナカダⅠ期の墓地はバダリ文化と同じように、低位砂漠の縁辺部の台地に作られた。墓は単純な土壙墓で、屈葬された遺体のまわりには、様々な副葬品が納められていた。遺体は左側を下にし、頭を南に顔を西に向けて埋葬された。遺体の下にはしばしばマットが敷かれ、時折頭の下に葦や獣皮の枕が置かれた。また、遺体の上もマットや獣皮で覆われた。埋葬の差が特に見られるのはヒエラコンポリスの墓で、大型のものは寸法が2.5×1.8メートルの矩形の構造をしている。ここからは円盤型の棍棒頭が出土し、有力な人物の埋葬であったと考えられている。

ナカダⅠ期を特徴づけているのは、ブラックトップ（黒頂土器）と白色線文土器である（図16）。白色線文土器の表面には幾何学文様、動物、植物、人物などが施され、のちの王朝時代に認められる図像の先駆とみなされている。たとえば、王朝時代の図像に頻繁に見られる狩猟図や戦士の図は、すでにこの頃から土器のモチーフになっている。

土器以外の副葬品では、象牙製や粘土製の人物像が重要である。男女とも立像で表現され、特に性的な側面が強調されている。男性の像では逆三角形の髭が特徴的であり、これは王朝時代のファラオや神々の顎髭の原型とされている。硬質の石製の円盤型の棍棒頭もナカダⅠ期の権威の象徴である。また、石製品の製作技術も急速に発達した。この頃、シルト岩製のパレット（化粧板）が副葬品として埋納されたが、シンプルな楕円形のものから、様々な動物を彫刻したものも作られた。骨角製、象牙製品も種類が豊富になり、櫛、針、ヘアピン、スプーンなどが出土している。ナカダⅠ期の石器は、剝片を主体とし、小型の石刃を加えた製作技法であり、ナイフ、石鏃、石斧などに両面加工の技法が見られる。金属に関しては、在地の銅の使用が広がり、銛、ピン、腕輪などが作られた。

このように、墓や副葬品からナカダⅠ期は、階層化が発展しつつある組織化され多様化した社会であったことがわかる。

ナカダⅠ期の生業

ナカダⅠ期も墓地遺跡に比べると、集落址はほとんど残っていない。集落址からはエンマーコムギと六条オオムギが頻繁に出土し、農耕が盛んであったことがわかる。その他、マメ類、イチジクの果実、ドムヤシ、ユリ科植物の種子、根茎類などの野生植物も出土している。また、ヤギ、ヒツジ、ウシ、ブタの家畜動物が飼育され食料にされていたため、牧畜も重要な生業の一つであった。さらにガゼルやカバの骨も出土しており、小規模ではあるが狩猟も同時に継続していたことがわかる。多様な魚類も捕獲されていた。

ナカダⅡ期の特徴

ナイル河畔において農耕が完全に定着したナカダ文化は、前3500年頃にさらに大きな転換を示す。これは、ナカダⅡ期（前3500年頃〜前3200年頃）とされ、ゲルゼー文化とも呼ばれている。ナカダⅡ期の大きな特徴は、ナカダ文化が上エジプト地域のナカダ地域周辺から次第に南北に拡大し、北はデルタ、南はヌビアまで共通の文化が拡大したということ、墓地の大型化が示すように人口が増加し大型集落が出現したこと、そして各墓地内での墓の規模や副葬品の違いが示すように階層社会がすでに存在したことである。この時代から初期国家の形成まで急速に社会の複雑化が進んだのである。

ナカダⅡ期の埋葬

ナカダⅡ期では、墓の形態が多様になる。単純な楕円形の小型土壙墓、土器に遺体を納めた埋葬、墓の周囲を日干レンガで囲んだ墓などがある（口絵4）。さらに、ヒエラコンポリスでは、壁画で装飾された墓（第100号墓）が現れた。木棺や陶棺が現れ、遺体を亜麻布に包む習慣も出現し、最近の発掘によれば、ミイラ製作がすでにこの時代に始まっていたという。ナカダⅡ期の一般的な埋葬は単純な集団埋葬であり、5人くらいまでの遺体が1ヶ所に納められた。また、以前には見られなかった人体を切断して埋葬する習慣も見られるようになる。ナカダでは頭蓋骨などの骨が墓の壁に並べられ、アダイマでは胴体から頭蓋骨が外された埋葬が知られている。ピートリーは、この頃人身供犠の慣習があった可能性を指摘したが、最近ではこのような人身供犠は、初期王朝時代の王墓の周囲に見られる殉葬の始まりを示すものと考えられている。このようにナカダⅡ期における埋葬形態の違いは、貧富の差、階層の分化を示している。

ナカダⅡ期の技術発展

ナカダⅡ期では、ナカダⅠ期で主要な土器であったブラックトップ（黒頂土器）が影を潜め、新たに2種類の土器が現れ

図17　ナカダⅡ期の装飾土器（「マール土器」）

た。主に集落址で出土する「粗製土器」と、ナイル河畔の沖積土でなく、砂漠のワディ（涸谷）にある泥灰土（マール）で製作され、淡黄色からオレンジ色を呈する「マール土器」である（図17）。「マール土器」の胎土であるマールは、成形しにくいが、石灰質を含んでいるため、硬くて密度の高い高品質の土器を作ることができ、そのような土器は特に液体、乳製品、ハチミツなどの食品を長期間にわたって貯蔵するのに適していた。また「マール土器」は、しばしば赤褐色の顔料（ベンガラ）で彩色され、ナカダⅠ期の白色線文土器に取って代わった。彩色のモチーフは幾何学文様や動植物、象徴的な図像が主であるが、特に頻繁に船の絵が描かれた。これは、ナイル河畔に発展したナカダ文化における船の重要性を示すものである。船のマストにある標章には、王朝時代の神々のシンボルや地方の行政単位の標章に類似するものがある。このような彩文土器の他に、同じマールの胎土でパレスチナからの輸入土器を模した波状把手土器や注口土器が作られた。また、土器の中には手回しの轆轤で製作されたものがあり、めざましい技術の進歩を示している。

ナカダⅡ期では、土器以外の遺物にも新しい特徴を示すものが現れた。パレット（化粧板）の数が少なくなるが、単純な矩形から偏菱形へ変化し、レリーフが施されるものが多くなった。また、上面の2つの角に鳥の頭が付いた楯形のパレットは、ナカダⅢ期の装飾的な儀式用パレットの原型と言える。さらに、メソポタミア文明からの影響を受け、日干レンガ、円筒印章、梨形棍棒頭などが取り入れられた。

石の加工技術については、石製容器に回転式のドリルが採用され、器形、石材ともに多様化し技術の向上が見られる。

石器についても、波状剝離技法による大型ナイフが製作された。銅製品はそれまでのたたき技法から鋳造技法が加わり、斧や短剣などの道具・武器や装身具が生産されるようになり、その重要性が増した。また、様々な材料を加工した装飾用のピン、櫛、護符、ビーズなどの品々も大量に作られるようになった。その他の遺物としては、粘土製や象牙製の人物像などが墓から出土している（口絵5）。

ナカダⅡ期は、物質文化の発展という面で急速な変化を遂げた時期であった。土器焼成前の胎土による反応の違いを見極めること、石器の研磨や穿孔の技術、フリント製の鋭いナイフの製作、金属の加工と光沢仕上げなど、ありとあらゆる技術には、豊富な知識と熟練、道具が必要であったことは明らかである。そして、これらの技術的な発展は、上エジプトだけの現象ではなく、北部を含めたエジプト各地で見られた。このようなナカダⅡ期の遺物に見られる技術的な進歩を見ていくと、そこには特定のエリートのために良質の工芸品を製作した専門職人集団の存在が窺える。つまり、自給自足でない職人を支える経済基盤が存在し、良質の工芸を発注するエリート層、工芸を製作する職人、工房などを擁し、商業的な交換を促進した大型の集落があったことを意味するのである。

先王朝時代における集落の発展と都市化

西アジアの諸地域に比べて、エジプト初期の集落遺跡については不明な点が多い。というのも毎年のナイル川の氾濫により沖積土が厚く堆積したことにより、初期の集落遺跡が地中深くに埋没してしまったため調査が極めて困難だからである。さらに、1970年のアスワン・ハイダムの建設により、ダムの下流でのナイル川の氾濫がなくなったため、エジプトの農業は人工灌漑に依存するようになった結果、水位が上昇し、集落遺跡の発掘調査がさらに困難になった。一方で、低位砂漠や耕地の縁辺部に位置する集落遺跡は、近年の住宅地や農地の拡大により危機的な状況に瀕している。このような状況から、エジプトにおける先史時代の集落についてはは全体的な様相を把握することはほぼ不可能な状況にある。しかし、いくつかの保存状態の良好な先史時代の集落の発掘調査により、貴重な情報が提供されている。

前4千年紀初期の先王朝時代の住居は、円形、楕円形、矩形に木を地中から垂直に立てて、そこに泥漆喰を塗りつけたいわゆる小舞壁（こまいかべ）と呼ばれる建築方法で造られた。前4千年紀の中頃になると日干レンガ製で直線的な建築が主流となった。下エジプトのブト遺跡、テル・アル＝イスウィド遺跡、テル・アル＝ファルカ遺跡では、短期間にこの直線的な日干レンガ建築への変化が起こり、次第にエジプト全土に広がり、その後の住居や墓の構造の標準となった。

いくつかの良好な考古資料が得られた遺跡では、大規模な都市の萌芽が看取される。下エジプトのテル・アル＝ファルカ遺跡では、複数の祠堂や大規模なビールの醸造施設が検出され、大規模な共同体とその祝宴の存在が想定されている。ナカダ遺跡では、ピートリーの発掘調査により巨大公共建造物を含む3ヘクタールにも及ぶ都市集落が確認されている。ただし、この時期には周壁を持つ集落は存在しなかった。

先王朝時代の都市化については前述のように集落の考古学的証拠が乏しいために、墓地の埋葬資料が重要な証拠になっている。上エジプトでは、ヒエラコンポリス、ナカダ、アビドス、タルカンの埋葬資料から、前4千年紀の中頃にこれらの遺跡では人口が増加したことが明らかとなっている。また、これらの地域の墓地では、ヒエラコンポリスのHK6墓地やナカダのT墓地のようにエリートのみの墓地が形成されており、政治的に重要な場所であったことが明らかである。これらの中心的な都市では前4千年紀後半に大きな社会文化および経済の変化が起こり、古代エジプト文明の基盤が形成されたのであった。以下では、これらの都市のうち、ナカダとヒエラコンポリスについて概観する。

ナカダ遺跡

ナカダ遺跡は、東部砂漠のワディ・ハンママートへの入口という地政学的に重要な場所に位置する。ワディ・ハンママートは金や先王朝時代のパレット（化粧板）の材料になったシルト岩などの豊富な鉱物資源を有し、紅海へもつながっていたことから、その入り口に位置するナカダは重要な交易の拠点であったと考えられる。ナカダは、古代エジプト語でネブト、すなわち「黄金」と呼ばれており、この名前も金の集積地だったことを推測させる。

ナカダ遺跡は、1894年から1895年にかけてピートリーによって発掘され、「大墓地」、「B墓地」、「T墓地」、「北の町」、「南の町」が発掘された。1970年代から1980年代にかけてアメリカ隊とイタリア隊により「南の町」が再調査され、大型の公共建造物は、神殿ないしは王宮であることが推測されている。また、イタリア隊により同地から物流管理に関する封泥が検出され、材料あるいは加工品の貯蔵施設が存在したとされている。

ナカダ遺跡では2千基以上もの墓が検出されているが、T墓地では69基のエリート墓が検出されている。エリート墓は、ほとんどがナカダⅡ期に年代づけられ、墓の規模は大きく、日干レンガ構造のものもある。遺物は石製容器や長距離交易で獲得された材料による装身具などの奢侈品が含まれており、首長クラスの人物の墓であったと考えられている。B墓地では、144基の墓が検出されており、その中には2基の第1王朝の王族の墓が含まれ、アハ王とその母であるネイトヘテプの名前を持つ封泥が確認されている。そのうちの1基は、日干レンガ製の大型マスタバ墓で、同時代のサッカラ遺跡の高官のマスタバ墓に匹敵する規模である。このことは、ナカダが政治的に重要な拠点であったことを意味する。

ヒエラコンポリス遺跡

ヒエラコンポリスは、最も保存状態の良い先王朝時代最大規模の遺跡であり、集落も墓地も確認されている。マイケル・ホフマンによれば、前4千年紀のヒエラコンポリスの集落では、低位砂漠での雨量が減少し、ナイル川の氾濫の水位が低下したことにより、集落が徐々にナイル河畔近くに形成されるようになったという。最終的に核となる集落は砂漠の縁辺部と氾濫原の小高い丘（ネケン）に形成され、墓域は低位砂漠とワディ（涸谷）に位置する。エリートの集落は特定されていないが、ワディに位置するHK6墓地はエリート墓地で、ナカダⅡ期に傑出した権力を持つ政治的リーダーが出現したことを示している。ナカダⅠ期の終わりからⅡ期の初期に年代づけられる第16号墓は、約4.3×2.6メートルの規模を持ち、内部から115個の土器、土製の葬送用マスク、奢侈品などが出土している。第16号墓の周囲には付属墓があり、39体の若い男性、女性、子供、矮人の遺体が検出されている。若い男女の埋葬は、初期王朝時代の王墓や高官墓にみられ

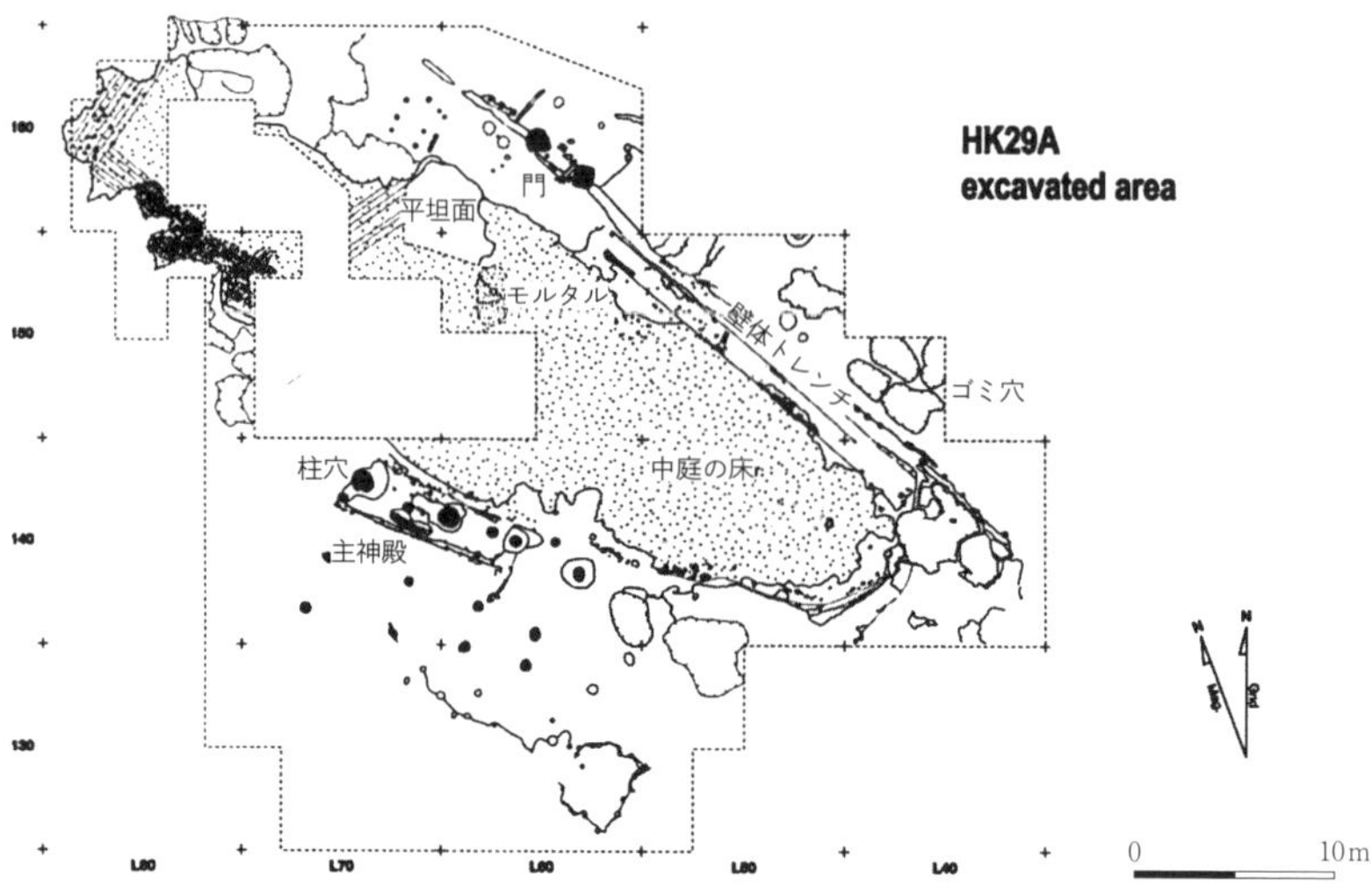

図18　ヒエラコンポリスのHK29A「初期神殿」

る殉葬の慣習がすでに始まっていたことを示し、矮人の埋葬は王朝時代において宮廷で尊重され高い地位が与えられた矮人が当時すでに権力者に仕えていたことを示すものとされている。さらにウシ、イヌ、ネコ、ヤギなどの家畜とゾウ、ヒョウ、カバ、ハーテビースト、ヒヒなどの野生動物も第16号墓の周囲に埋葬されていた。これらの動物の埋葬は、王朝時代のファラオにみられる自然界を支配する権力をシンボルとしてではなく現実的なものとして示したものである。ＨＫ６エリート墓地の中央には、多柱室を持つ建造物が検出されており、葬祭殿であったと解釈されている。建造物の壁の一部と考えられる彩色プラスター（漆喰）には赤や緑の鮮やかな色彩が残っており、多彩色の建造物であったことが推定されている。また、建造物からは紅海由来の貝、彫刻されたダチョウの卵の殻、カバの姿を象った象牙製の棒、マラカイト製のハヤブサ像などの特殊な遺物が出土している。特にハヤブサはホルス神の聖獣であり、ナカダⅡ期にヒエラコンポリスの主神で王権の守護神となるホルス神のハヤブサの造形が存在したことは注目に値する。

自然界を支配する権力誇示の儀礼の場として、通称「初期神殿」と呼ばれる遺構、ＨＫ29Ａがある。この「初期神殿」は、低位砂漠の集落の中心に位置し、ナカダⅡ期から第1王朝までの約500年間機能した場所と考えられている（図18）。その中央には、45×13メートルの楕円形をした床に漆喰を敷き詰めた中庭があり、その西側には直径1メートルのレバノン杉の柱が配され、巨大な玄関を構成していたと推定されている。「初期神殿」は、周辺の土坑から検出された大量の動物骨から判断すると、家畜と野生の動物の儀式的な屠殺場の址であったと考えられている。さらに、動物骨と同じ場所から出土した土器片の両面には、それぞれ雌牛の女神バトを表した線刻と、後に王権の象徴となる雄牛の捕虜となった女性の姿の線刻が刻されている。

動物遺存体として出土した砂漠に生息する動物およびナイル川の水生生物の季節的な傾向から、HK29Aでの屠殺の儀礼は、古代エジプトの1年のサイクルの中でナイル川の氾濫の規模によって環境が左右される混沌の時期のもので、自然界の動物を屠殺し、捕虜となった敵を成敗する重要な儀礼であったと推測されている。ヒエラコンポリスの調査を指揮するレネ・フリードマンによれば、ヒエラコンポリスはナカダⅡ期までにもはや地域の政治的センター以上の都市となり、示威のために労働や輸入品の入手を指令する支配者が存在し、工芸の専業化が進み、社会の階層化と複雑化が相当進んでいたという。そして、王朝時代のファラオの王権の理念の起源はヒエラコンポリスにあった可能性を指摘している。

下ヌビアのAグループ文化

上エジプトのナカダ文化と同時代の下ヌビア（アスワンから第2カタラクトの間の地域）には、ジョージ・レイズナーによってAグループ文化と命名された文化が存在した。Aグループ文化の生業は牧畜が中心で、採集や漁撈も行われていたとされている。下ヌビアでは、ナイル川両岸の沖積低地の幅が狭いため、エジプトのような大規模な農耕は行われていなかった。Aグループ文化の集落の大半は、恒久的な構造物が存在しない一時的なキャンプであるが、いくつかの集落では石を粗く積んだ矩形の部屋を備えた住居や、木の柱を植物の枝や葉で造られた住居も検出されている。しかし、Aグループ文化を特徴づける資料の大半は墓地の埋葬資料から確認されるものである。墓の副葬品の中には交易によって搬入されたナカダ文化の製品が多く含まれていた。一方、Aグループ文化にはナカダ文化の土器とは異なる特徴的な土器がある。特に、器壁が非常に薄いブラックトップ（黒頂土器）の外面に赤色の顔料で籠を模した文様を描いた土器や、刻線や刺突装飾が施された土器が特徴的であるが、なかには奢侈品として卵殻のような器壁の薄い深鉢もある。ナカダ文化とは異なり、Aグループの墓には房飾りのついた皮革製の衣服、袋、帽子が副葬され、大量のヤギやイヌの埋葬が共伴していた。このような特徴的な埋葬は、Aグループ文化の独特な死生観を示すものである。

ナカダ文化の拡張と国家形成

エジプトにおける統一国家の形成は、先王朝時代後半に起こったとされているが、ナカダⅡ期の後半とする説とナカダⅢ期（第0王朝）の後半とする説があり研究者の間で見解が分かれている。また、国家形成のプロセスについてはほとんどわかっていない。

ナカダ文化が上エジプトから南北に分布領域を拡張していったのは、ナカダⅡ期のことであり、これを明らかにしたのは、ドイツの考古学者カイザーである。カイザーは、ナカダ文化の拡張過程から統一王朝の形成過程を見出そうとした。ナカダⅡ期の中葉には、ゲルゼーでナカダⅡ期文化の遺物が出土し、同期の後半にはマーディが放棄され、北部デルタのブトでは、ブト・マーディ文化の土器がナカダ文化の土器に取って代わられたことが層位的に明らかになっている。また、東部デルタのテル・アル＝ファルカでもナカダⅡ期の終わりにブト・マーディ文化の土器から徐々にナカダ文化の土器が生産されるまでの変容が確認されている。そして北東部デルタのミンシャット・アブー・オマルでは、ナカダⅢ期（第0王朝）には完全にナカダ文化の埋葬習慣を示しており、デルタの広い範囲にナカダ文化が分布するようになった。このようなナカダ文化のエジプト北部への拡張は、カイザーの考えたような政治的集団が北に広がり統一国家を形成したのではなく、「文化的な統一」として理解されている。ただし、このナカダ文化の拡張は主に墓地の埋葬資料に基づいて考察されたものであり、どのような意味を示すのかは慎重に解釈されるべきであろう。この変化の原因については、バードのようにナカダ文化の交易の担い手が北に移動し、その後に上エジプトの人々が入植したとする説や、クリスティアナ・ケーラーのように交易や交流の活発化と複雑化へ向けての社会変化によるものとする説などが提示されている。どちらかの説というよりも、交易や交流が活発化することにより当然人間の移動も想定され、さらにシナイ半島やパレスチナでの資源の獲得や交易の拡大に伴い、ナカダ文化が北方に進出したという側面も一因と考えられるであろう。また、ナカダ文化の拡張が墓地の資料に基づいていることは、エジプト全土に同じような埋葬習慣、副葬品を持つ墓が拡大していったことを意味しており、葬祭文化、来世観の斉一化のみならず、金、貴石などの天然資源や遠距離交易を独占していた上エジプトの政体のエリートによる葬制の支配とそれによる権力の拡大が進んだことが想定される。ナカダ文化の拡張は、直接的な統一王朝の成立を意味するものではなかったとしてもその契機になったことは十分に想定されよう。

前述のように先王朝時代後期の上エジプトでは、北からティニス（アビドス）、ナカダ、ヒエラコンポリスが政治的に重要な都市となった。これらの上エジプトの3つの都市は、それぞれが約130～180キロメートル離れて位置しており、人口推定やエリート墓の規模に基づくと、地域的な覇権を持ち、経済的にも優位な政体であったと考えられている。各都市のエリート墓の規模から推定すると、前3500年頃にティニス（アビドス）が衰退する一方でナカダとヒエラコンポリスが強力となり、続いてナカダが衰退し、ヒエラコンポリスとティニス（アビドス）が勢力を伸ばしたとされる。これは、バリー・ケンプによって3つの政体間の競争とティニス（アビドス）を中心とする「上エジプト原王国」の出現、そして第1王朝の樹立までの政治的プロセスと解釈されているが（図19）、考古学的な根拠に乏しい。ケーラーは、より地域的な原因を強調する別の仮説を提示している。これによると、王朝時代直前のナカダⅢ期（第0王朝）のアビドスのU墓地の王墓は厚葬というほどのものではなく、権力を示すものではないという。そして、エジプトの各地より数々の王宮の正面を象った「セレク」と呼ばれる王名の存在が明らかとなっていることから、前3200年頃のこの時代にはナイル川流域に複数の原王国が存在し、社会的秩序が確立し価値観の共有がみられ、最初の地域的な国家形成への統合が描き出されると

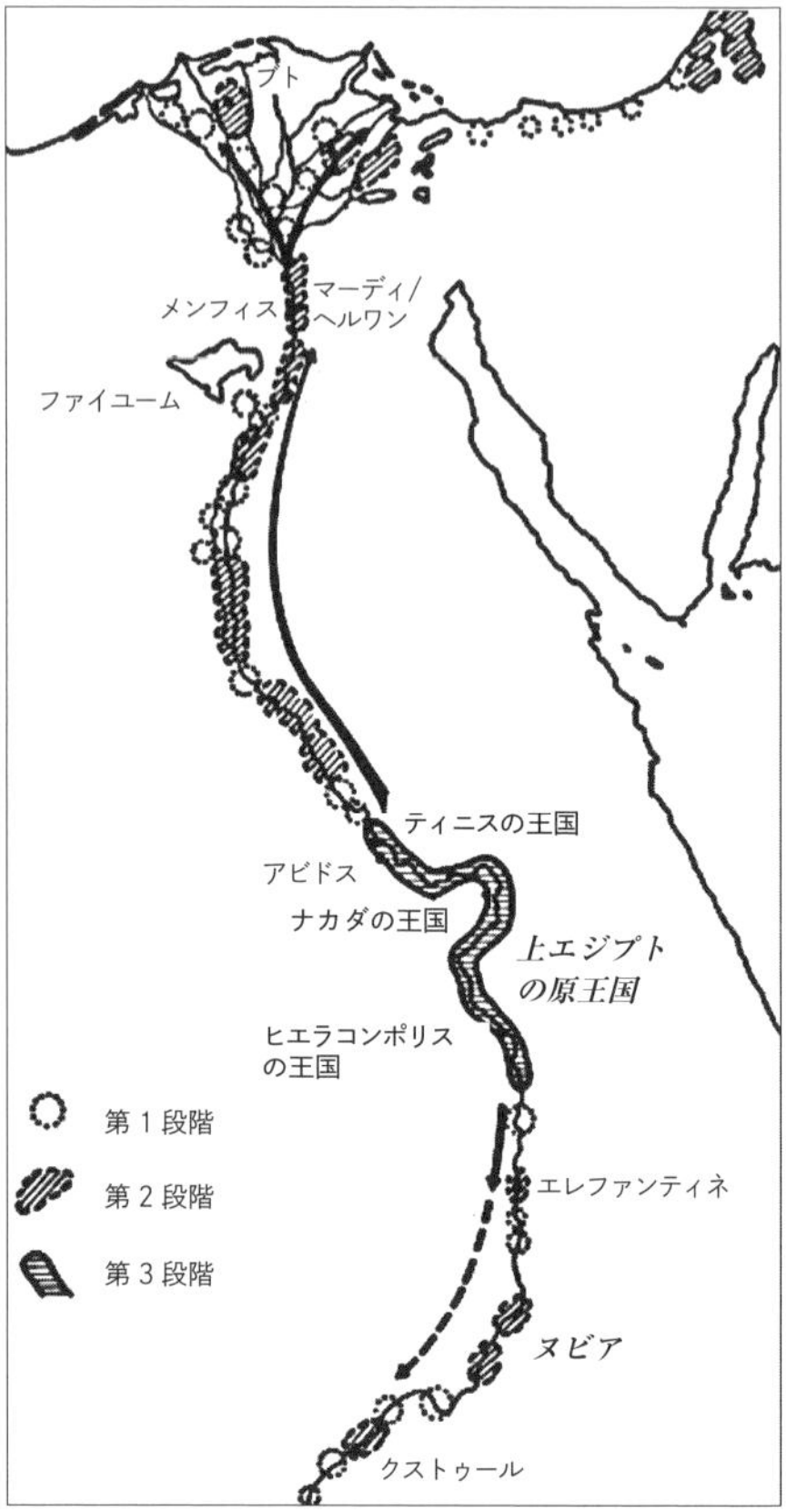

図19　ケンプによるナカダ文化の地域統合モデル

いう。前3050年頃になると、複数の原王国が共存する状況が突如変化し、最終的にアビドスに埋葬された第0王朝の子孫によって統一王朝が出現したとしている。

戦争が国家形成の重要な要因であることが指摘されているが、デルタ地帯において戦争の存在を示す考古学的な証拠はほとんどない。一方で、ヒエラコンポリス第100号墓の壁画や、次章で詳述するナルメル王のパレット（化粧板）のモチーフに見られるような王や支配者が敵を攻撃する図像表現は、象徴的なものと解釈されているが、少なくともこの時代に軍事的な緊張関係や支配地域の拡大があったことが推測される。また、西部砂漠のゲベル・チャウティで発見された岩壁線刻には捕虜を棍棒で打ち据える人物が表現されており、次章で詳述するアビドスのU-j墓の被葬者である「サソリ1世」がナカダを制圧した様子を示したものであると推定されている。しかし、このような証拠はあくまでも推測の域を出ておらず、統一国家形成のプロセスについては依然として明らかではない。

第6章　最初のファラオ

伝説の王メネス

マネトの『エジプト史』によれば、エジプトは最初に神の支配の時代から始まり、その次に半神半人の支配の時代、そして人間の王の支配の時代へと続き、最初の人間の王はメネスであると述べられている。さらにマネトは、第1王朝がティニス（あるいはティス）出身のメネス王から始まり、8人の王からなるとしている。ティニスとは、現在のところ場所が特定されていないが、アビドスの近くにあった都市（おそらく現在のギルガ）で、アビドスはティニスの墓地と考えられている。そして、メネスはカバに殺されたと述べられている。カバは、後世にセト神の化身とみなされており、セト神に殺された王オシリス神の神話を彷彿とさせる。

ところで、古代エジプト最初の王をメネスとするのはマネトの『エジプト史』だけでなく、ギリシア語やラテン語で書かれた古典古代の著作でも似たような名前の王を古代エジプト最初の王と記している。紀元前5世紀の歴史の父ヘロドトスの『歴史』では、エジプト初代の王はミンであったと記されている。そして、彼は、メンフィスの南に堤防を造って川の流れを変え、町を保護したという。また、紀元前1世紀のシシリア（シチリア）の歴史家ディオドロス・シクルスの『歴史叢書』にも、神々のあとに最初にエジプトを支配したのはメナス王で、神々への礼拝と犠牲を捧げることを始めたと述べられている。

すでに第2章で述べているが、新王国時代第19王朝のセティ1世とラメセス2世のアビドスの神殿の壁面に刻まれた「アビドス王名表」に記録された第1王朝の初代の王の名は、メニであり、メニについてはすでに第18王朝のハトシェプスト女王のスカラベに言及がある。おそらく、新王国時代の記録にあるメニと呼ばれるエジプト最初の王の名が、後の時代にギリシア語訛りでミン、メナス、メネスと記されるようになったと考えられている。実際のところ、初期王朝時代の考古資料にはメニ王の存在を示す墓や遺物といった証拠がない。次章で述べる同時代のナルメル王のパレット（化粧板）（図27）の図像は、上エジプトを支配していた同王が下エジプトを成敗し、上下エジプトを統一したことが表されていると長い間解釈された。ナルメル王こそが最初のエジプト王とみなされたために、メニ（メネス）王と同一人物であると考えられた。一方で、ナルメル王の後継者であるアハ王の象牙製のラベル（札）には、アハ王の王名の右隣にある建造物を象った文字の中に記された上下エジプトの女神で表された「二女神名」の文字が記され、その下に「メン（「確固とした」の意）」の文字が記されている。このことから、メニ王はアハ王のことであると考える研究者もいる。また、他の研究者は、上下エジプトの統一は一人の王によって達成された事業ではなく、数世代にわたり繰り返し行われた事業と考えた方が良いと主張し、このことからメネス（メニ）は特定の王を指すのではなく、何人かの王の業績を一つの王名に凝縮した名前で、それは一般的な概念、たとえば「（王国を）確立した者」という概念を示すために作り出された架空の王名と考えるべきだと主張している。

いずれにしても、メネス（メニ）王の存在を示す墓や遺物などの考古学的証拠は存在しないことから、メネス王は新王国時代までにエジプトの王名が編纂された際に初代の人間の王の名として、考案されたのかもしれない。実際に初期王朝時代に先立つ原王朝時代の王墓地であったアビドスでは、第1王朝の歴代の王の名前を記した封泥が発見されており、そこにはナルメル王に始まり、次のアハ王などの歴代の王の名前が記されている（図26）。そこには当然のことながら、メネス（メニ）の名はない。彼は神代から人間の王の時代を繋ぐ伝説の王として、古代エジプト人の歴史認識の中に存在していたのかもしれない。第1王朝の王は、疑いなくナルメル王を自分たちの始祖と考えていたのである。

原王朝の王

王名表に記された最初のエジプトの王は、伝説の王メネスであるが、考古学的には先王朝時代の終わりのナカダⅢ期（前3200～3000年頃）に、王の存在を認めることができる。王が存在していたことから、ナカダⅢ期は第0王朝ある

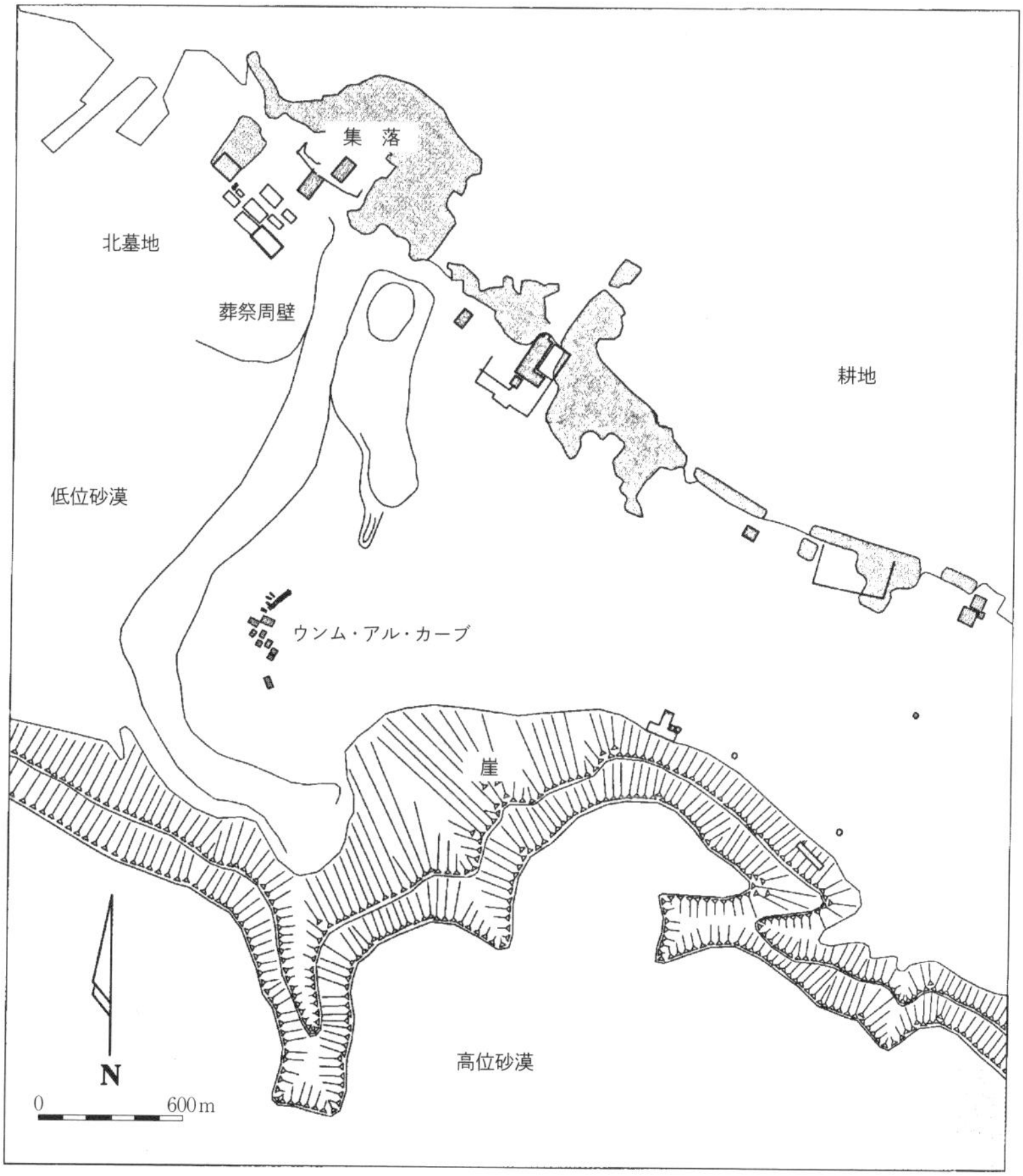

図20　アビドス、ウンム・アル＝カーブ

いは原王朝とも呼ばれている。この時代、上エジプトは、北からティニス（あるいはアビドス）、ナカダ、ヒエラコンポリスの諸都市が有力となったとみられる。そして、ティニスとヒエラコンポリスがナカダを吸収し、２大勢力となり、やがて「上エジプト原王国」となったと考えられている（図19）。これらの都市の遺構は全て明らかになっているわけではないが、各都市の墓地に大型の富裕墓が出現したことから強力な支配階層（エリート）が存在したことが窺える。支配階層の墓には、棍棒や象牙製品などのステイタス・シンボルが副葬され、強靭な肉体と自然を制御する呪術的な力を持つ支配者の概念が示された。また、これらの支配者が覇権を争う状況の中で、後の王朝時代の王権シンボルの萌芽がみられた。副葬品だけではなく、王朝初期の王名が記されたセレク（「王宮正面」の図像）の祖型が出現し、その中に王名が記されるようになった。また、パレット（化粧板）や棍棒頭などの石製品やナイフの柄、櫛などの象牙製品には、多数の動物の姿や王権の儀式の場面が描かれるようになり、世界の中での王の支配者としての位置づけを示す表現が顕著になった。

アビドスでは、古代エジプト最初期の王墓が初期王朝時代の王墓と隣接した場所にある。ウンム・アル＝カーブ（「土器の母」の意）と呼ばれるワディ（涸谷）の奥部には、ナカダⅢ期にあたる初期王朝時代第1王朝直前の原王朝（第0王朝）から第2王朝の王墓がほぼ連続して造営されている（図20・29・口絵6）。このように王名表には記されていないが、第1王朝以前に王が存在していたことがアビドスの王墓地から明らかになっている。

アビドスU-j墓と最古の文字

中でも1990年代にドイツの調査隊がアビドスのウンム・アル＝カーブで発見したU-j墓は、ナカダⅢ期に年代づけられ、その規模と副葬品の豊富さにおいて突出している（図21・29）この墓から出土したいくつかの土器の表面には、サソリのサインが記されていることから、「サソリ1世」の墓と呼ばれている。日干レンガで築かれた地下の墓壙は5×10メートルの規模を持ち、12室に区画され、それぞれの多数の副葬品が納められていた。約400点のパレスチナ産の土器の他に象牙製のヘカ笏、多様な形態の石製容器、象牙製品、装身具などが出土した。特に象牙製のラベル（札）には文字が彫られており、50種類あまりに及ぶ文字が認められた（図22）。発見者のギュンター・ドライヤーによれば、この頃すでに後の時代の古代エジプト語で用いられる表意文字や限定符（決定詞）と、補足音価を用いて言語を表記するシステムがあったという。ラベルの角には穴があけられており、本来は副葬された土器などの遺物に紐でとりつけられていたものである。書かれた文字は、王家の経済施設（御料地、農園、家禽飼育施設など）、管轄する管理部署、地方都市などである。ドライヤーは、初期の文字史料の多くが物品の由来に言及していることから、その背景に経済的な管理組織の存在を推測している。物品のなかにはアビドスの近くの地域だけでなく、デルタの都市に由来するものも含まれており、すでに物資を供給する広域のネットワークが存在していたことを意味する。当時の文字は、王家に関する限られた特殊な物品管理・行政に用いられており、文字を用いた管理システムを王権が導入したことを示唆している。エジプト全土が統一される以前に王が存在し、遠隔地と交易を行い、王権による経済的な管理が始まっていたのである。

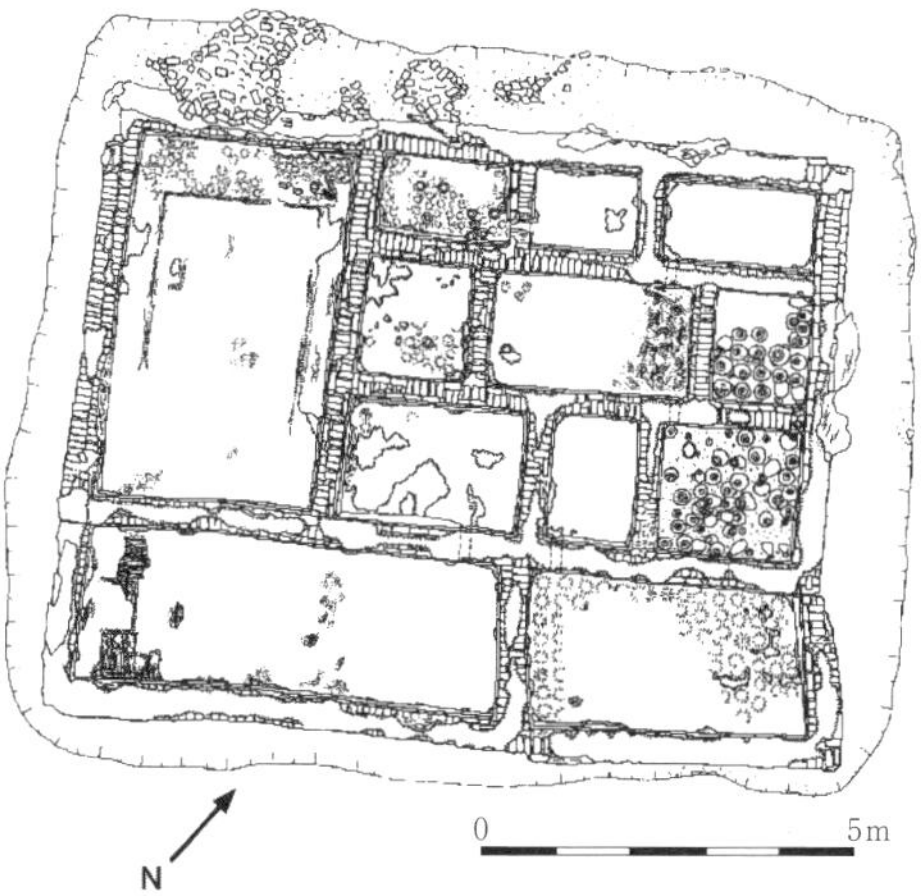

図21　アビドス、U-j墓

図22　エジプト最古の文字が書かれたラベル（札）

第1王朝直前の王

「サソリ1世」の墓であるU-j墓に隣接するB墓地には、その後継者たちの墓が造営されたとみられる。そのなかで最古の墓は、イリ・ホルと呼ばれる王の墓で、層位的に王墓造営の順番を復元すると、イリ・ホル王、カー王、ナルメル王、アハ王の順になる。これは、第0王朝から第1王朝への連続を示しており、アビドスに埋葬された原王朝の王の後継者が最終的にエジプトを統一したのである。

当時、アビドス（あるいはティニス）

図23 「サソリ2世」の棍棒頭

に匹敵する上エジプトの大規模な都市であるヒエラコンポリスも、先王朝時代から初期王朝時代にかけて発展した。ヒエラコンポリスは、ギリシア語で「タカ（またはハヤブサ）の町」を意味し、とりわけハヤブサの神、ホルスの信仰の中心地であった。ここでは、最初期のネケンの神殿遺構が確認されており、主要埋納物（メイン・デポジット）からは原王朝と初期王朝時代の王に関する遺物が多数出土している。原王朝の王に関する代表的な遺物として、「サソリ2世」の棍棒頭がある（図23）。「サソリ2世」は「サソリ1世」とは別人物であると考えられ、棍棒頭に彫られた浮彫の様式は、ナルメル王のパレット（化粧板）の浮彫の様式に似ていることから、ナルメル王の直前の王であると推測されるが、彼に関する他の証拠は存在しない。サッカーボール大のこの棍棒頭には、白冠を被る王が耕地に水路を開いているか、あるいは鍬入れをしている場面が浮彫で表されている。上部には首にロープを巻かれた「庶民」を表すタゲリという鳥が王の旗竿から吊るされている。残存している部分には白冠を被る王のみが認められるが、欠損した箇所に赤冠を被った王が描かれていたと推測する研究者もいる。アビドスに埋葬されたナルメル王以前の王墓は、アビドス（ティニス）を中心とする原王国の王の墓で、ヒエラコンポリスではナカダⅡ期に大型のエリート墓が出現し、発展したことから、「サソリ2世」はヒエラコンポリスを中心とする原王国の王であったと考えられる。ただし、前述のように複数の原王国が並立していたことも想定されており、依然として第1王朝直前の状況には不明な点が多い。

第7章　初期王朝時代

初期王朝時代とは、古代エジプト文明の主要な要素が萌芽した時代である。王は神の化身、あるいは神の性格を持つ「神王」だとする原王朝に作られた王権理念が発展した。王は社会秩序を維持し、神々の一員として宇宙秩序、自然界のバランスを護ると信じられた。そして、王の表現様式である王号、王冠、王笏、王権儀式などが確立し（図25）、王の居住する首都が建設され、巨大王墓が造営されるようになった。そして、王の治世に基づく紀年法が導入された。王家の工房組織も発達し、建築、美術の様式も確立した。王を中心とする古代エジプトの国家組織の原型が確立したのである。

第1王朝（前3000～2890年頃）

ナルメル王

前述のように、アビドスの王墓から出土した封泥には、最初にナルメル王の名前が記され、続いてアハ王、ジェル王、ジェト（ウアジ）王、デン王と歴代の王の名が順に記されていた（図26）。このことは、彼らが自らの始祖をナルメル王と考えていたことを示唆する。

ナルメル王の名が記された遺物は上エジプト全域で出土しており、デルタやパレスチナ南部と交易を行っていたことが知られている。このことから、ナルメル王の権威がそれ以前の王よりもかなり広い地域に及んでいたと思われる。ただし、ナルメル王が最初にエジプトを統一した王であったのかどうかは研究者の間で見解の一致をみていない。古代エジプト語で「戦士」あるいは「戦うホルス」を意味する次の（ホル・）アハ王は、「パレルモ・ストーン」に最初に記録された王とされるため、彼を第1王朝最初の王とする研究者もいる。

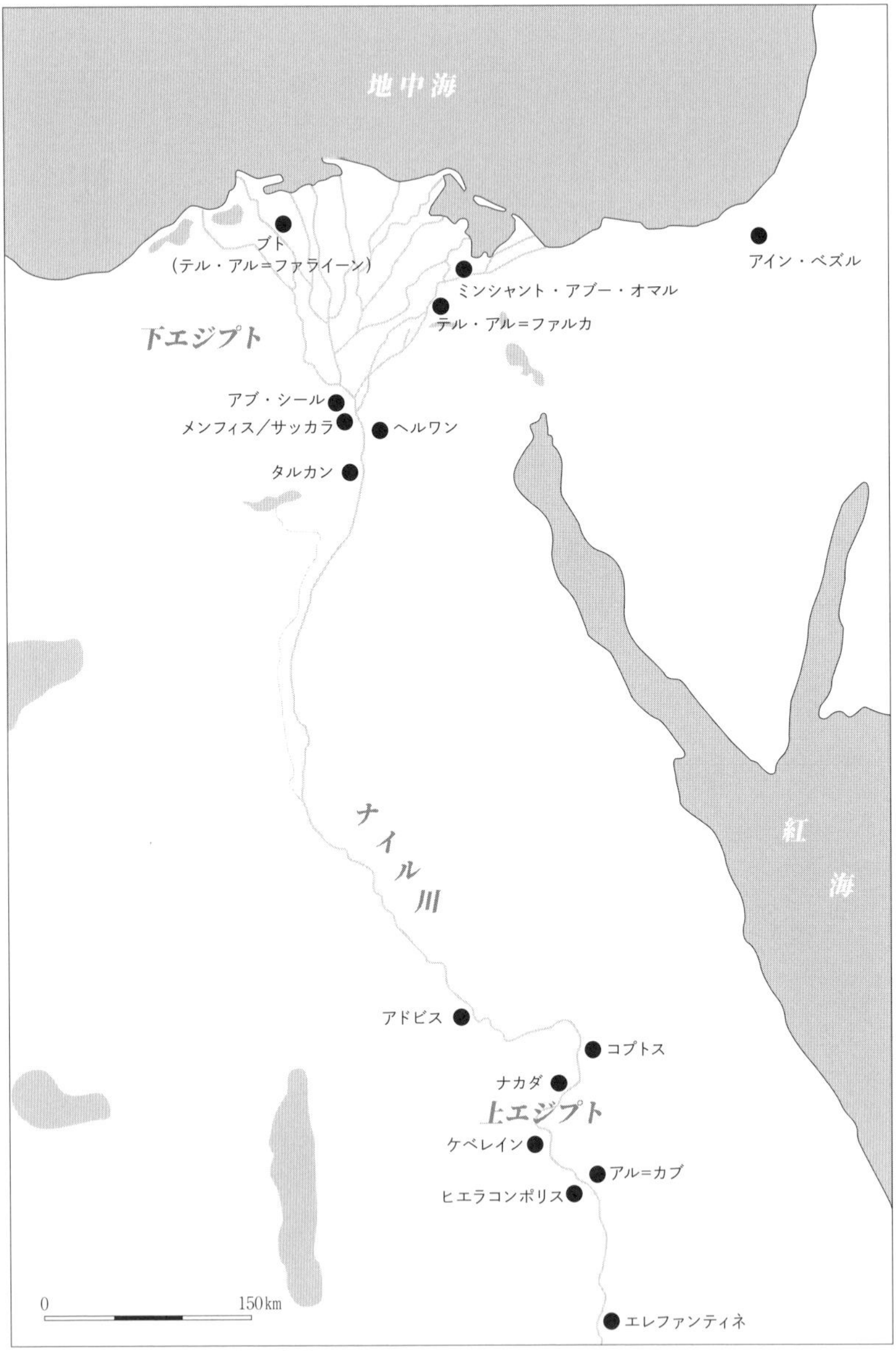

図24　初期王朝時代の主要遺跡

ナルメル王の遺物で最も有名なものは、ヒエラコンポリスのネケンの神殿で発見されたシルト岩製のパレット（化粧板）である（図27）。このパレットでは、ナルメル王が初めて上下エジプトそれぞれの王冠を被って表現されており、このことからナルメル王は上下エジプトを統一した伝説の王「メネス」と同一視された。このパレットの両面には浮彫が施されており、片面には古代エジプト文明3，000年にわたって使われた場面である、王が異民族を棍棒で打ち据える場面が表されている。この場面では、王は上エジプトの王冠である白冠を被り、付け髭をつけ、雄牛の尾を垂らしたキルト（腰布）を身につけている。王の右上正面には、ハヤブサの姿をした王の守護神ホルスが表され、足の片方が人間の腕になっていて捕虜の鼻につながれた縄を引っ張っている。捕虜の体はパピルスが繁茂する湿地帯で表されている。パピルスは下エジプトを象徴する植物なので、これは下エジプトとその住民を表すと考えられる。この図像は、ホルス神が守護する上エジプト王が下エジプトを征服したことを意味すると解釈されている。王の頭上には、四角いセレク（「王宮正面」を象った図像）があり、その中にナマズと鑿が表されているが、これは「ナル

図25　上下エジプトのシンボル

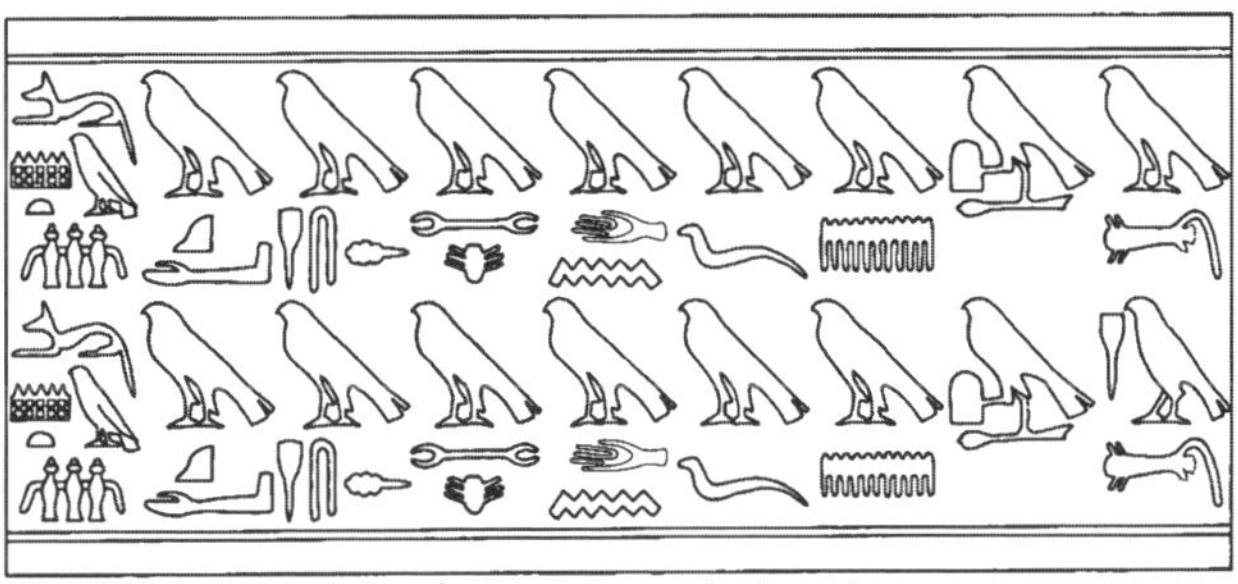

図26　第1王朝のホルス名を刻した封泥の復元図

図27　ナルメル王のパレット

メル」の王名である。このような王名の書かれた四角いセレクの枠の上には通常ハヤブサの姿のホルス神が描かれるので、この種の王名は「ホルス名」と呼ばれる（図26・31・付録276頁）。この「ホルス名」はセレクの上にいるホルス神が王を守護しているだけでなく、王はホルス神の化身であることを示すと解釈されている。さて、王名の両側には、人間の頭を持つ雌牛で表される天空の女神バトの図像がある。もう一つの面には、中央に二頭の首長のライオンとそれぞれの首に縄をかけた二人の人物が表されている。この二頭の首長のライオンの図像は、初期メソポタミアやイラン高原南西部のザグロス山脈沿いに位置したエラムの図像に多く、その影響と思われる。この図像の絡まった首の部分がほぼ円形になっており、ここがアイラインの顔料のもとの方鉱鉛やマラカイト（孔雀石）をすりつぶすための窪みなのであろう。すなわち、こちら側がパレットの表面になる。この場面の下には、雄牛が城壁を壊す場面が示されており、その下に敵の姿がある。雄牛は、王朝時代になると王の力を表すシンボルとして用いられており、これは敵を攻撃する王を示したものと解釈される。最上部には裏面と同じナルメルの王名とバト女神が表されているが、その下に首を切られて横たわる敵の死体と、それらを視察する王とその臣下の姿が示されている。ここで王は下エジプトの王冠である赤冠を被っている。このことから、王は下エジプトを征服し統一を果たしたと解釈されてきた。しかし、このような王が敵を成敗するモチーフは必ずしも実際の戦争を表したわけではなく、むしろ王による世界の支配を示す象徴的なイメージであり、そのまま特定の政治的な事件として読み取ることは難しい。

　ところで、ヒエラコンポリスのネケンの神殿からパレット（化粧板）とともに発見されたナルメル王の重要な遺物に、棍棒頭がある。この棍棒頭も「サソリ2世」のもの（図23）と同様に、サッカーボール大で実用品ではなく儀礼用の象徴的な遺物である。ここにも浮彫で天蓋の下に座る王が捕虜と戦利品の行列を見つめ、下エジプトの都市ブトと上エジプトの都市ヒエラコンポリスに関する儀式を眺める姿が表されている。これらの都市は王の支配する領域の北限と南限を示しているとされ、王は下エジプト王の赤冠を被り高貴な女性と戦争捕虜と捧げられた動物を見物している。動物は楕円形の構造物の中に集められていることから、これが前述のヒエラコンポリスの楕円形の平面プランを持つ「初期神殿」と呼ばれるＨＫ２９Ａの遺構（図18）を描いたものであると指摘されている。ナルメル王の頭上には、ヒエラコンポリスの対岸アル・カブの女神ネクベトが王を守護している姿が表されている。この場面も、ナルメル王による世界の支配を象徴的に示しているのであろう。

　このような比較的大型の遺物に描かれたモチーフは象徴的な意味合いが強いと考えられるが、その他の遺物としては、ナルメル王が下エジプトの人々を攻撃する場面が描かれている小型の象牙製ラベルが数点知られている。「サソリ1世」のＵ－ｊ墓で下エジプトの地名が記された象牙製ラベルやパレスチナの土器が発見されたことから、すでに原王朝に上エジプト原王国の影響力が及んでいたと推測できるが、ナルメル王の象牙製ラベルに描かれた下エジプトの人々を攻撃するモチーフは、同王がかなり積極的に下エジプトに侵入していったことを示しているのかもしれない。

　ところで、ナルメル王の王妃はナカダ出身のネイトヘテプという名の女性とされている。ネイトヘテプ王妃の墓は、自

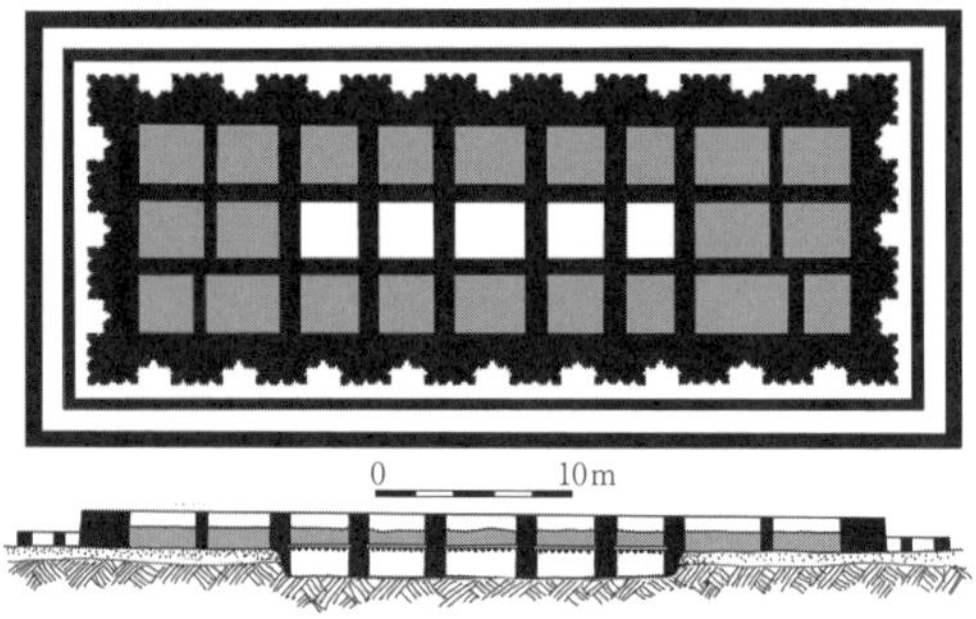

図28　サッカラ、マスタバ墓（3357号墓）

らの出身地であるナカダに造営された。ナカダは、上エジプト原王国が成立する以前からティニス（アビドス）、ヒエラコンポリスと並ぶ上エジプトの主要都市であり、彼女はナカダの支配者の末裔であったと考えられている。このことからイギリスのエジプト学者トビー・ウィルキンソンは、ナルメル王とネイトヘテプの婚姻は、2つの王家の政略上の結びつきであり、広範な政治的合意を形成するための基礎となったと指摘している。

アハ王

アハ王がナルメル王の直接の後継者であることを示す証拠はないが、ナカダのネイトヘテプ王妃の墓からはアハ王の名前が記された遺物が多数出土していることから、彼女はアハ王の母で彼の治世に逝去したと考えられている。つまり、ナルメル王とネイトヘテプ王妃の息子であったと考えられよう。前述のように、ネイトヘテプ王妃の墓から発見されたアハ王の象牙製のラベルには、通常の「ホルス名」の他にハゲワシの姿で表される上エジプトの女神ネクベトとコブラの姿で表される下エジプトの女神ウアジェトで構成される「二女神名」（付録276頁）が初めて現れ、そこには「メン」と記されているため、アハ王こそが伝説の王メネスであるとする研究者もいる。

ナルメル王は、メンフィス地域には痕跡を全く残していないが、メンフィスの主要な墓地であるサッカラにはアハ王の治世の高官の大型マスタバ墓が造営された（図37）。なお、マスタバはアラビア語で「ベンチ」という意味で、プラットホーム状の上部構造を持つ墓をマスタバ墓と呼んでいる。マスタバ墓からアハ王の名を記した多数の遺物が出土したため、発掘したイギリスの考古学者ウォルター・エマリーは、アハ王はサッカラに埋葬されたのであって、アビドスにある墓は彼の空墓であると主張した。しかし、現在では第1王朝の歴代の王墓はアビドスに造営されたというのが定説となっており、エマリーがアハ王墓と指摘したマスタバ墓（3357号墓）（図28）は、高官の墓であると考えられている。マネトによれば、首都メンフィスを建設したのはメネス王であるが、アハ王の治世に初めてメンフィスの墓地であるサッカラに高官が埋葬されたことは、この頃にメンフィスが行政の中心地になったと考えられる。イギリスの考古学者デビッド・ジェフリーズによれば、当時のメンフィスの位置については、現在観光地となっているミートラヒーナ村のメンフィスの遺跡ではなく、サッカラ遺跡に隣接する現在のアブ・シール村のあたりであったという。その周辺でのボーリング調査の成果から初期王朝時代の集落の存在が指摘されている。また、このボーリング調査の結果、当時のナイル川は、現在のナイル川より西に流れており、川の流路の変化に伴い、メンフィスの位置も徐々に東に移動し、中王国時代頃までに現在のメンフィスの遺跡に都市が移動したことが明らかとなった。ヘロドトスによれば、メネス王はメンフィスの真南にダムを建設し、ナイル川の流れを迂回させて、干拓地を首都にしたという。

アハ王の治世にサッカラに高官の墓地が造営されたが、彼自身は伝統に倣いアビドスに王墓を造営した。彼の墓はウンム・アル＝カーブのB墓地に位置し、前王のナルメルの王墓と比べて飛躍的に大規模になった墓の複合体を造営している（図29）。アハ王墓の複合

図29　アビドスの原王朝・初期王朝時代の王墓分布図

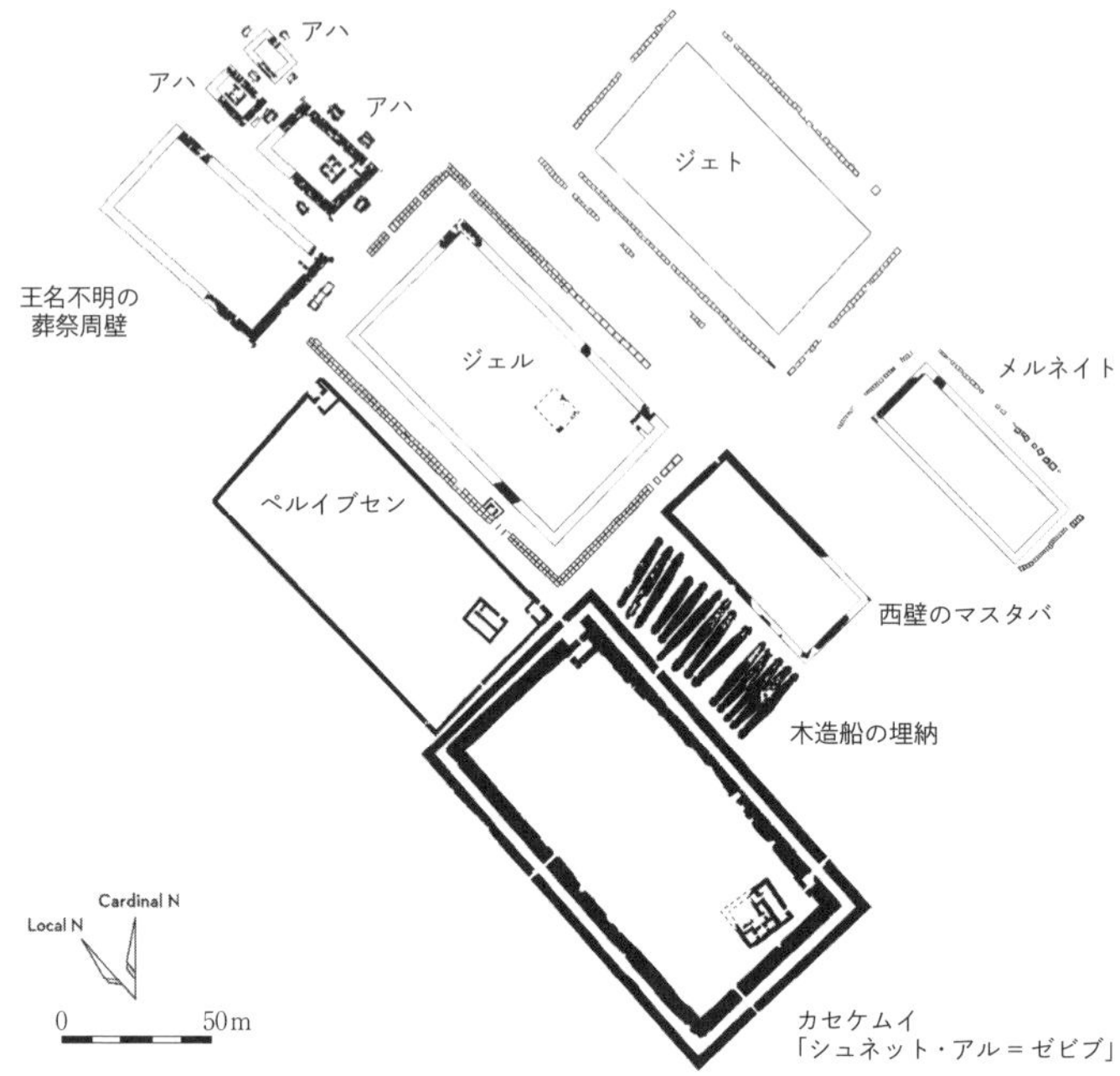

図30　アビドスの初期王朝時代の「葬祭周壁」分布図

体では自らの墓である3つの墓壙に連なるように34基の殉葬墓が北西に展開している。3つの墓壙のうちの1つからは、ベネルイブ（「恋人」の意）の名を記したラベルが出土しており、アハ王の王妃と推測されている。さらに、アハ王はアビドスの耕地に近い低位砂漠に祭祀のための葬祭建造物を造営している（図30）。近年、アメリカ隊によって発掘調査が行われ、葬祭建造物の周囲からも殉葬墓や動物墓が発見された。この葬祭建造物は日干レンガ製でできた矩形の構造物で、通称「葬祭周壁」と呼ばれ、第2王朝の最後まで歴代の王によって造営された。ウンム・アル＝カーブの墓の複合体の規模は、エマリーがアハ王墓としたサッカラの3357号墓より規模が小さいが、アハ王の「葬祭周壁」の規模と合わせて考えるとアビドスのものがアハ王の王墓であるという説には説得力がある。また、中野智章はサッカラの大型マスタバ墓に比べて、シリア・パレスチナで生産されたとみられる「アビドス型水差し」と呼ばれている注口付き彩文土器がアビドスの王墓で集中的に出土していることを明らかにしており、このことも第1王朝の王墓地はアビドスであったことを裏付ける。

ジェル王、ジェト（ウアジ）王、メルネイト王妃

ジェル王は、アハ王の後継者である。「パレルモ・ストーン」の記録から、彼の治世は相当長かったと考えられる。アビドスのジェル王墓出土の木製ラベルには、デルタの主要都市ブトとサイスへの訪問の記録が記録されている。サッカラの高官墓から出土したジェル王の名前のあるラベルには、人間を生贄とする儀式が記録されている。アビドスのジェル王墓には、実際に300人以上の殉葬墓があり、それらのいくつかからは簡素な木棺とステラ（石碑）が出土した。殉葬の習慣は、メソポタミアのウルの王墓でもみられるが、王の死に際し、臣下も来世で仕えるという意味と、王の絶大な権力が葬送儀礼で示されたのであろう。

「パレルモ・ストーン」には、ジェル王が「セチェト」という場所に交易あるいは軍事遠征を行った記録がある。「セチェト」は南パレスチナかシナイ半島に位置すると解釈されているが、明らかではない。いずれにしても、エジプト北東部の境界を超えた地域との関係が広がったのである。事実、ジェル王墓からは、シリア・パレスチナからの輸入土器が大量に出土しており、西アジアとの交易関係があったことを示している。

なお、ジェル王の墓は、後にアビドスのオシリス神の墓とみなされ、オシリスの祝祭である「ウアグ祭」の最終目的地となり、オシリス神の彫像や膨大な奉納品が納められた。

ジェル王の後継者は、コブラのヒエログリフのサインで表されるジェトと呼ばれる王である。研究者によってはウアジと呼ばれており、そちらの方が正しい読みであると考えられている。現在のところ、ジェト王が初めて上下エジプトの王冠（二重王冠）（図25）を被って表された王である。ジェト王の治世は20年に満たなかったとされており、息子のデン王が幼少のため、ジェト王の王妃メルネイト（またはメリトネイト）が摂政としてエジプトを支配したと考えられている。デン王墓から出土した歴代の王名を記した封泥には、デン王の名前の後ろに「王の母、メルネイト」の名が認められる。しかし、後述

図31　ジェト王の碑（「ホルス名」）

図32　ジェト王の象牙製の櫛

するカア王墓から出土した同じく歴代の王の名を記した封泥にはメルネイトの名前がなく、彼女には正当な統治者と同等の地位は与えられなくなっていた。メルネイトの墓は他の王墓とともにアビドスに造営され、その周囲には41人が殉葬された。

ジェト王の墓はアビドスのZ号墓であり、父ジェル王の墓の南西に位置する。ジェト王墓の周囲には、174体が殉葬された。ジェト王墓で発見された最も有名な遺物は、現在ルーヴル美術館に展示されているいわゆる「ジェト王の碑」であり、洗練された彫刻技術とエジプト美術の様式の発展を示す（図31）。これは、王墓の側に置かれていたと考えられている。ジェト王の名が記された遺物でもう1つ重要なものは、船に乗り天空を航行する有翼のハヤブサで表されたホルス神が刻まれた象牙製の櫛である（図32）。天空にいるホルスは、王を守護する太陽神であり、その下に描かれたジェト王の「ホルス名」は、支配を意味する杖ウアスと生命を意味するアンクに囲まれ、地上におけるホルス神であるジェト王を示している。このような古代エジプト人の宇宙観もこの時期に発展していったのであろう。

デン王

デン王は、第1王朝の王の中で最も記録が豊富な王である。近年彼の王墓から発見された石灰岩製の容器には第2回セド祭（王位更新祭）の記録が刻されており、彼の治世が長かったことを示唆する。セド祭とは王の霊力を更新する祝祭で、通

図33　セド祭の様子が描かれたデン王のラベル（札）

常王の治世第30年に第1回が施行され、その後3年ごとにセド祭が行われた（図33）。この祝祭で長い間統治した王の霊力が更新されて活力が復活するというわけである。第2回セド祭の記載が残されていることから、デン王は少なくとも33年統治したと推測される。また、サッカラに造営された初期王朝時代の高官のマスタバ墓の数もデン王の治世のものが最も多い。さらに、サッカラの墓地において十分な場所が確保できなかったとみられ、北のアブ・ロアシュに新しい高官の墓地が設けられたようである。その他、アブ・シール、ヘルワンなどにもデン王の治世の高官墓が造営されており、このことは単に王の治世が長かったことだけではなく、行政機構の変化により高官の数が増えたことも示すと推測されている。

また、デン王は王権を強化するために、「上下エジプト王名（ネスウ・ビティ名）」（付録276頁）を加えた。これは従来、上下エジプトを支配する国王の称号を示すとされたが、最近では、王が人間であって神でもある「二重王」を示す王名であるとも解釈されている。

デン王の治世には、活発な宗教活動があったことが「パレルモ・ストーン」に記されている。デン王は「神々の玉座」と呼ばれる新しい神殿を建立し、エジプト全土の主要な祠堂の訪問、神像の奉納、メンフィスで信仰された聖なる牛アピスの走行儀礼の施行などを行ったことが記録されている。また、ライオンの頭を持つ女神マフデト女神が、王の守護神として篤く崇拝されたようである。

デン王の対外政策については、彼の第2の王名「ゼムティ（「砂漠の者」の意）」が象徴的に示している。この王名から、デン王はエジプトの北東の国境地域に関心を持っていたと考えられる。少なくとも5つのラベルに南パレスチナ遠征の記載があり、同地域のエン・ベゾルのエジプトの建造物からはデン王のものと思われる封泥が発見されている。また、「パレルモ・ストーン」にはデン王が砂漠の遊牧民を成敗したことが記されている。デン王の治世に年代づけられるシリア・パレスチナからの輸入土器も大量に出土しており、彼の治世にこれらの地域との活発な交易関係があったことを示唆する。

デン王は、王墓においても新しい形式を導入した。彼のアビドスの王墓では、初めて入口から玄室までが下降階段でつながるようになった。これにより、副葬品と供物の供給と葬送が容易になった。また、通廊の途中に防御用の封鎖石を設置した。デン王墓の規模は付属墓を含めて53×40メートルあり、玄室の大きさは、15×9メートル、深さが6メートルある。玄室の床には赤色花崗岩と閃緑岩が敷き詰められていた。副葬品には封泥のある多数の壺、石製容器、ラベル、象牙製品、黒檀製品、家具などが含まれ、これまでの王墓と比較して最も入念に造営された墓であった。

アネジイブ王、セメルケト王、カア王

第3王朝のジェセル王の階段ピラミッドの地下室からは、初期王朝時代の王名を記した大量の石製容器が出土しているが、その中にデン王から第1王朝の終わりまでの王名が記されているものがあり、近年アビドスのカア王墓で出土した封泥（図26）によって王の統治順序が確証された。それらによると、デン王の後継者は順にアネジイブ王、セメルケト王、カア王となる。アネジイブ王については、父デン王と比べてほとんど知られていない。

アネジイブ王もアビドスに王墓を造営したが、彼の治世の最も建築的に重要な墓は、サッカラに造営された高官のマスタバ墓Ｓ３０３８である。このマスタバ墓は、上部構造の中に階段状の構造物が含まれており、このような階段状の構造物が後のジェセル王の階段ピラミッドの発想へとつながっていったと考えられている。

セメルケト王については、かつて王権簒奪者であったという見方があった。というのも彼のアビドスの王墓から出土した石製容器では、多くのセメルケト王以前の王名が彼自身の名前に書き換えられているからである。しかし、前述の第1王朝の歴代の王名を記したジェセル王の階段ピラミッド出土の石製容器とカア王墓出土の封泥には、セメルケト王が正統な王として記されているため、そのような説は否定されている。

セメルケト王の治世は、8年半であったと「パレルモ・ストーン」に記載されており、第1王朝で最も短い治世の王だっ

たと考えられている。同じ記録には、王の通常の催事である、王がエジプト全土を隔年で巡幸し、家畜の頭数を数え、農作物の収穫量と租税額を決める「ホルスの巡幸」、「王の臨御」の儀式、神像の奉納の記述のみで特別な治績は記されていない。サッカラの高官のマスタバ墓にもセメルケト王の治世のものがないことは、王の治世が短かったことを反映している。

しかし、セメルケト王のアビドスの王墓（U号墓）は、29×31メートルの規模を誇り、先王のそれを大きく凌ぐ。玄室に接続して付属室が加えられていることから、王の死と同時に殉葬が行われたと推測されている。このことは、王の生前と死後における絶大なる権力を示したものと言える。

第1王朝最後の王、カアは、サッカラの彼の時代の高官のマスタバ墓から出土したいくつかの石製容器に記された第2回セド祭の記録から、少なくとも33年間統治したと推測される。しかし、彼の具体的な治績についてはほとんど知られていない。カア王は、先王に従ってアビドスに殉葬墓で囲まれた墓と、「葬祭周壁」を造営している。30×23メートルの規模を持つカア王のアビドスの王墓は、1993年にドイツ考古学研究所が再調査を行い、日干レンガの玄室が何度も変更され、拡張されたこと、そして、26の殉葬墓があったことが明らかになった。一方、サッカラでは、カア王の治世の高官墓に殉葬墓はほとんどなくなっていった。

カア王の墓の入口付近からは、第2王朝の最初の王、ヘテプセケムイ王の封泥が発見されたことから、マネトの記述のように彼がカア王の後継者となり、第1王朝から第2王朝へのスムーズな王位継承があったとされている。しかし、カア王の死後時間が経ち、ヘテプセケムイ王が王位を正当化するため、カア王墓を整備し、自らの封泥のある供物を奉献したとも考えられる。

第1王朝の最後—「バー」王とスネフェルカー王？

カア王の死後は、政治的に不安定な状況であったと推測される。ジェセル王の階段ピラミッドの地下室から発見された初期王朝時代の王名を記した石製容器の中には、鳥のサインが書かれた「ホルス名」を持つ王名が確認され、便宜的に

「バー」という名で呼ばれている。付帯する銘文がカア王の他の銘文に酷似していることから、ドイツのエジプト学者ヴォルフガング・ヘルクは、これは本来カア王のために記されたもので、「バー」王が転用したと主張している。また、同じくジェセル王の階段ピラミッドの地下室とサッカラの高官メルカの墓からは、スネフェルカーという名の王の名が記された石製容器が出土している。これらの付帯銘文もカア王のものに酷似しており、1点についてはスネフェルカー王の名前が書き加えられたと推測されている。これらのことから、第1王朝のカア王の死後に王権簒奪者がいたという説と、あるいはこれらの「ホルス名」はカア王がある期間採用した別の「ホルス名」であるとする説に分かれている。

第2王朝　第2王朝の最初の3人の王―ヘテプセケムイ王、ラーネブ王、ニネチェル王（前2890〜2686年頃）

カア王から第3王朝のジェセル王までの歴史は詳細が不明で、古代エジプト史最大の謎の1つとされている。第2王朝最初の3人の王名は、現在カイロ・エジプト博物館にあるヘテプディエフという神官の彫像の肩に刻まれている。順に、ヘテプセケムイ王、ラーネブ（あるいはネブラー）王、ニネチェル王と書かれている。最初のヘテプセケムイ王の名は、「2つの力を満足させる」という意味で、つまり上エジプトと下エジプトの力、さらにはそれぞれの守護神であるホルスとセトを満足させるというように解釈される。「和解」というような意味合いがこの王の時代を象徴するのではないかと考えられてきた。前述の「バー」王やスネフェルカー王が実際に存在し、混乱をもたらしたのであれば、それを平定した王だったかもしれない。

ヘテプセケムイ王の墓はアビドスには存在せず、サッカラに初めて王墓を造営したとされている。サッカラのジェセル王の階段ピラミッドの南には第2王朝の王墓が位置するが、そのうちギャラリー墓Bと呼ばれる墓がヘテプセケムイ王墓と推測されてきた。この墓から、ヘテプセケムイ王の封泥が大量に出土したことが根拠となっている。しかし、ヘルクやピーター・ムンローは、同じ墓からラーネブ王の封泥が大量に出土していることから、ギャラリー墓Bは、ラーネブの王墓であると主張している。また、本来のヘテプセケムイの王墓をラーネブ王が拡張したとする説もある。いずれにしても、第2王朝の王は従来のようにアビドスに王墓を造営するのをやめ、サッカラで岩盤に通廊や部屋を多く掘り込んだ地下墓を造営するようになった。地下迷宮のようなこれらの王墓は、数多くの貯蔵室を持ち、来世における王宮を意図したものと考えられている。

ラーネブ王については、ほとんど知られていない。彼の名前の読み方についても見解が分かれており、従来は「ラーは（私の）主である」という意味のラーネブが一般的な読まれ方であったが、近年では「太陽の主」を意味するネブラーであったとする説が提示されている。というのも、この時代には、後に国家神となる太陽神ラーは存在していないからである。なお、ラーネブ王の治世に初めて雌ライオンの頭をもつバステト女神の姿が現れた。

ニネチェル王については、より多くの史料が知られている。「パレルモ・ストーン」によれば、彼の治世は少なくとも35年間あったとされる。特に、治世第5年から第20年（あるいは6年から21年）までについては詳細な記録が読みとれる。この間には隔年の「ホルスの巡幸」、「臨御」の儀式、アピスの走行儀礼、ソカル祭などの様々な祝祭の他に、治世第14年の「シェムラーと北の町の攻撃」などが記されている。全体の傾向として、メンフィス地域での行事が中心であることから、ウィルキンソンは、第2王朝の王の支配は下エジプトに限られていたのではないかと推測している。

混乱の時代─ホルスとセト

ニネチェル王の死後、王権に混乱があり、数人の短命な王が存在したようである、サッカラで出土した石製容器には、ウェネグ、セネド、ネブネフェルという王名が記されており、これらの王がニネチェル王の後継者であったと考えられているが、統治順やその存在自体についても明らかではない。また、これらの王の墓はサッカラにあると考えられているが、その位置は不明のままである。

第2王朝の中頃に、セケムイブという名の王が17年間統治していたとみられる。セケムイブの名は、ハヤブサ姿のホルス神を戴くセレク（「王宮正面」を象った図像）の中に書かれていたが（「ホルス名」）、セケムイブ王はこの王名を改め、上エジプトのナカダの神であるセト神を戴くセレクの中に（「セト名」）、ペルイブセンという王名を新たに採用した。これは王家の守護神がホルスからセトに替えられ、王がセト神の化身とされたことを示す。なぜペルイブセンが伝統を断ち、セト神を強調するようになったかは不明である。この大きな変化は、当時の政治的な状況を示唆するものであったと推測されている。この王名の変化はペルイブセン王が再び王墓をアビドスに造営したこと、彼に関する史料が上エジプト以外の場所で認められないことに関連しているとみられる。ペルイブセン王は上エジプトのみを支配した王で、第1王朝の王家の末裔としてアビドスに王墓を造営したという説や、彼は上エジプトの王権簒奪者で王位を正当化するためにアビドスに王墓を造営したとする説が提示されている。しかし、サッカラにある第4王朝の葬祭神官で「ペルイブセン王の全てのウアブ神官の長官」の称号を持つシェリイの墓の碑文は、ペルイブセン王の墓と「葬祭周壁」がアビドスにあるにもかかわらず、サッカラで同王の死後の祭祀があったことを示唆している。

ペルイブセン王は、新しい王都「ネブトの守護」をセト神が信仰されたナカダの近くに建設したとされる。これは彼が上エジプトを根拠地に活動していたことを示すものであり、「セト名」との関連で興味深い。一方、アビドスの王墓から出土した封泥には、「セチェトの貢物」と記したものがある。「セチェト」は下エジプトの北東デルタの都市名で、後世にセト神が信仰された都市と考えられているが、ペルイブセンがエジプト全土を支配していたかは不明である。

アビドスのペルイブセン王墓（P号墓）は、第1王朝の王墓に比べて規模が極めて小さく、規模は16×13メートルである。ジェル王墓を模倣しており、玄室とそれを囲む付属室が中心に位置し、その周囲を通廊が囲んでいる。ドイツ考古学研究所が2001年と2004年に実施した再調査から、ペルイブセン王墓は短期間に急いで造営されたことが明らかとなった。脆弱な構造だったため、この墓は中王国時代に少なくとも2回修復されたようである。

カセケムイ王

ペルイブセン王の後継者は、再び「ホルス名」のカセケムを採用して、ホルス神への帰依を示した。カセケム王は、ヒエラコンポリスのネケンのホルス神殿に、石灰岩や赤色花崗岩製の石製容器や石灰岩とシルト岩製の自らの座像を奉献している。赤色花崗岩製容器には「叛従」を意味する語の上部に、上エジプトの守護女神ネクベトが立つ姿で表され、「北方の敵と戦った年」と記されている。白冠を被る王の座像の台座には、下エジプトで47、209人の敵を倒したことを記念した銘文が記されている（口絵8）。これらは同じ内戦を示していると考えられる。これは、カセケム王がエジプト全土の支配を回復するために、北方の下エジプトに対して行った統一戦争であろう。そして、王はやがてセレクの上にホルス神のハヤブサとツチブタに似た想像上の動物を描いたセト神が並ぶ「ホルス・セト名」カセケムイと改名する（図34）。カセケムイとは、「2つの力の出現」を意味し、ホルスとセトをそれぞれ守護神とする上下エジプトの支配を示したものと考えられる。

カセケムイ王の名は、ヒエラコンポリスから東地中海のビブロスにまで確認される。ビブロスはレバノン杉を積載するための港湾都市であり、造船のための杉材が供給されたのであろう。事実、アビドスのカセケムイ王の「葬祭周壁」に接してレバノン杉で造られた当時の木造船が発見されている（図30）。周辺地域との関係も活発となり、ヒエラコンポリスから出土した石材ブロックには異国の名称が列挙され、同時代の封泥に初めて「異国の監督官」の称号が記された。

図34　カセケムイ王名（「ホルス・セト名」）

カセケムイ王は、初期王朝時代で最も活発な建築活動を行った王である。彼はアル＝カブ（古代のネケブ）からゲベレインまでの上エジプトの神殿造営を推進し、ヒエラコンポリスではホルス神殿の増築だけでなく、巨大な祭祀用の「砦」を建造した。このヒエラコンポリスの「砦」の門口の浮彫には、儀礼に参列する王の姿が表されている。また、メンフィス周辺のどこかに「メン・ネチェレト」と呼ばれる女神に関わる石造神殿が造営されたことが「パレルモ・ストーン」に記録されている。サッカラのジェセル王の階段ピラミッドの西側に位置する通称「ギスル・アル＝ムディール」と呼ばれる石灰岩製の巨大な矩形の周壁（図37）は、カセケムイ王によって造営されたと推測されており、そうだとするならば、古代エジプト最初の大規模石像建造物はカセケムイ王によるものと言えよう。

カセケムイ王は、ペルイブセン王に続いてアビドスに王墓と「葬祭周壁」を造営した。それらの両方ともアビドスで最大のものである。王墓（図29）は、不等辺四角形で長さ70メートル、幅が10～17メートルで、58の部屋に区画されている。玄室は、化粧仕上げされた石灰岩で造られており、最古の石造の玄室である。副葬品は大量の銅製の道具と容器、石製容器（そのうちいくつかは金箔が被せられていた）、金の帯がある紅玉髄の王笏、銅製の水差しと水盤、フリント製の道具、穀物と果物が詰まった土器、小さな釉薬をかけられた工芸品、紅玉髄のビーズ、道具の模型、籠、大量の印章などが出土している。貯蔵室が多いことから、以前よりはるかに多い副葬品が納められていたことが想定される。「葬祭周壁」は、第2王朝の前半を除きアハ王から歴代の王が造営し続けたが、カセケムイ王のものが最大である（図30・36）。この「葬祭周壁」は、「シュネット・アル＝ゼビブ（アラビア語で「干し葡萄の倉庫」の意）」と呼ばれ、その規模は124×56メートルを計り、世界最古の巨大日干レンガ建造物である（図30・口絵9）。精緻な作りの凹凸を持つ壁は、当時の王宮建築で採用されていたもので、厚さが最大5メートル、高さが約20メートルにも達する。4700年前の建造物が今でも堂々とした存在感を放ち、カセケムイ王の権威を誇示しているような印象を受ける。周壁の内部には区画化された部屋を持つ構造物があったとされるが、アメリカのエジプト学者デビッド・オコナーはその他にも墳丘が築かれていたと推測し、ジェセル王の階段ピラミッドを予示するものと考えていた。近年の彼自身の発掘調査により墳丘は存在しないことが明らかとなったが、この大規模な「葬祭周壁」が、ジェセル王の階段ピラミッド複合体の祖型であったことは確かである。カセケムイ王がこのような大規模な建築活動を成し遂げたのは、この時代に国内が安定し、王権が強化されたからに他ならない。

第8章　古王国時代

初期王朝時代と古王国時代は連続しているが、大きな違いは古王国時代になるとピラミッドが造営されたということであろう（図36）。また、首都メンフィスの重要性が増し、王墓がメンフィスの西の砂漠段丘の墓地であるサッカラ、ダハシュール、ギザやその周辺に造営され続けたことも大きな相違点である。

古王国時代の最初の第3王朝では、ファラオを現人神とする認識が確立した。これは、ジェセル王の階段ピラミッドの出現にも関係しており、ファラオとその他の人間との隔離が明らかに示されたのである。階段状のピラミッドは、現人神である王が来世に昇天するための特別な階段を示したのである。

第4王朝になると、太陽神ラーの影響が色濃くなった。スネフェル王は、原王朝時代に出現したホルス神の姿を戴く王宮の正面（「王宮正面」を象った図像）で表される「ホルス名」に加えて、「太陽のめぐる全ての土地の王」を示す「カルトゥーシュ」と呼ばれる楕円形の王名枠を初めて採用した。また、スネフェル王は、初めて四角錐状の真正ピラミッドの建設に成功し、ピラミッドを王が天に昇る階段から、太陽の光を象徴的に表すものに更新した。つまり、ファラオは太陽神ラーの化身としてみなされるようになったのである。

太陽神ラーの聖地であるヘリオポリスの創世神話によれば、世界は太陽神によって創造され、生命が与えられ、宇宙の秩序が保たれたという。つまりピラミッドは、ファラオとして現れた創造神である太陽神ラーの巨大な記念物であり、民衆は神の化身であるファラオへの祈りと感謝をこめて壮大な建設プロジェクトに参加したのであろう。クフ王の時にファラオの権威は頂点に達し、大ピラミッドを囲んで整然と並ぶマスタバ墓は、現世での中央集権的秩序を示している。

図35　古王国時代と第1中間期の主要遺跡

しかし、次の第5王朝になるとファラオはもはや太陽神ラーの化身ではなく、「太陽神ラーの息子」という思想が確立する。『ウェストカー・パピルスの物語』によれば、第5王朝のファラオは太陽神ラーと交わったヘリオポリスのラー神官の娘の子孫とされている。しかし、実際にはカフラー王の娘ケントカウエス1世を介した王朝交替があったので、王となった子供たちの父を太陽神ラーとすることで正統性を説明したと考えられる。こうした王と太陽神ラーとの関わりを示すために、当時の王は、自らのピラミッドに加え、ほぼ同じ規模の「太陽神殿」を建設するようになった。ちょうど時を同じくして、高級官僚が力を持つようになり古王国時代のファラオの力は徐々に衰退していった。

第3王朝（前2686〜2613年頃）

ジェセル王

ジェセル（「神聖」の意）という名は後世に付けられた名で、第3王朝にはネチェリケト（「その身体が神聖なる者」の意）の名（「ホルス名」と「二女神名」）で呼ばれていた。1990年代に第2王朝の最後の王カセケムイ王のアビドスの王墓でネチェリケトの名前を記した封泥が多数見つかり、埋葬を行った後継者とされたため、ジェセル王が第3王朝の初代の王であることが確定した。ジェセルという名は、ジェセル王の階段ピラミッド複合体の中の「南の祭殿」と呼ばれる建物の礼拝堂の壁に記された、新王国時代以降の訪問者たちのグラフィティ（落書き）の中で階段ピラミッド複合体の所有者とされている。また、ラメセス2世の治世に書かれた「トリノ王名表」には、ジェセル王の名前が赤インクで書かれており、すでに彼がエジプト史において極めて重要な人物と位置づけられていたことがわかる。なお、ジェセル王は28年または29年の間エジプトを支配したとされている。

ジェセル王の最大の業績は、エジプト最古の巨大石造建造物とされる階段ピラミッドを建築家イムヘテプに建設させたことである（口絵10）。これは、階段ピラミッド複合体から出土したジェセル王の彫像の台座にイムヘテプの名前が記されていたことから証明される。イムヘテプは、後世においてメンフィスの主神プタハの息子で、天才とみなされ、賢人とし

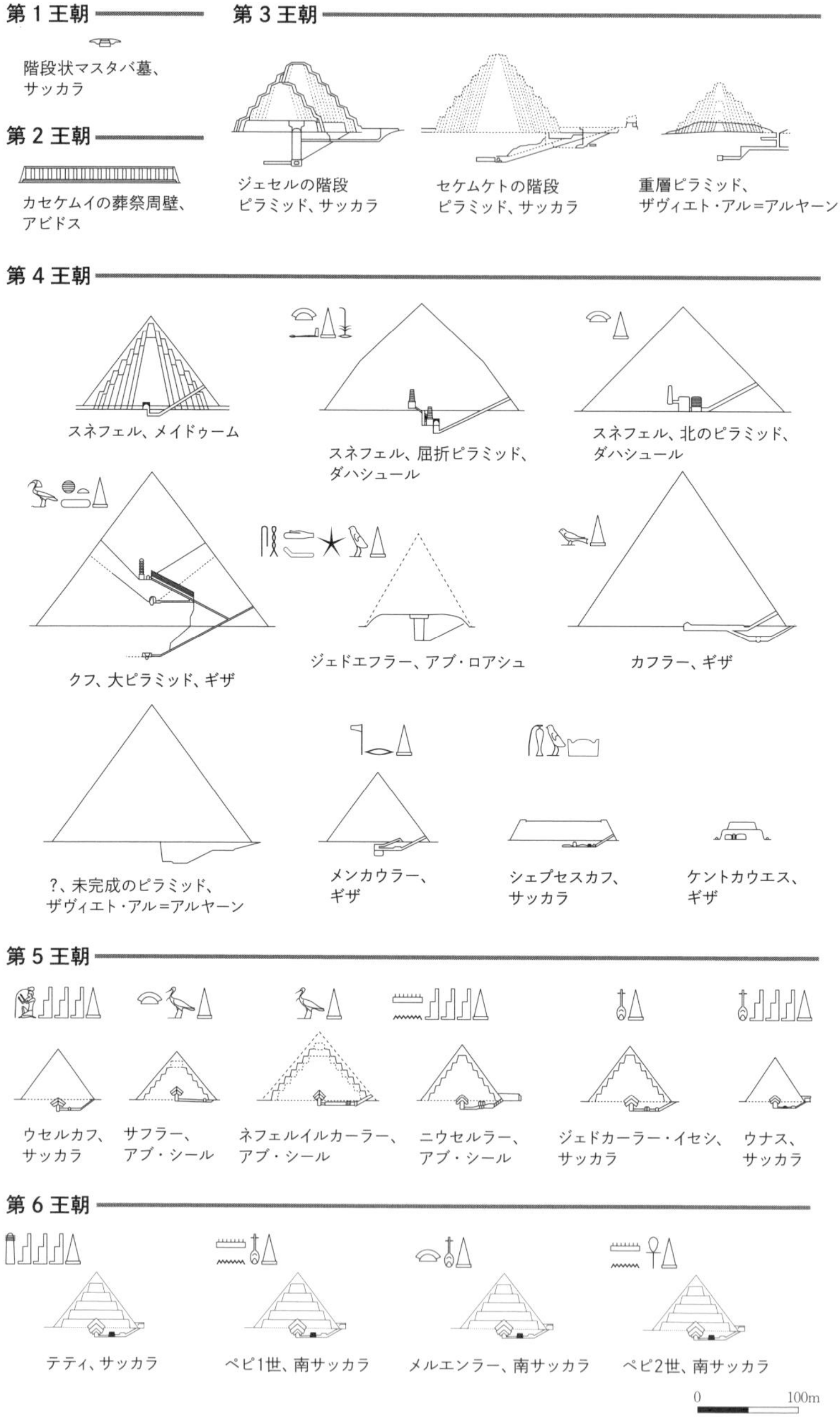
第1王朝
階段状マスタバ墓、
サッカラ
第2王朝
カセケムイの葬祭周壁、
アビドス
第3王朝
ジェセルの階段
ピラミッド、サッカラ
セケムケトの階段
ピラミッド、サッカラ
重層ピラミッド、
ザヴィエト・アル=アルヤーン
第4王朝
スネフェル、メイドゥーム
スネフェル、屈折ピラミッド、
ダハシュール
スネフェル、北のピラミッド、
ダハシュール
クフ、大ピラミッド、ギザ
ジェドエフラー、アブ・ロアシュ
カフラー、ギザ
?、未完成のピラミッド、
ザヴィエト・アル=アルヤーン
メンカウラー、
ギザ
シェプセスカフ、
サッカラ
ケントカウエス、
ギザ
第5王朝
ウセルカフ、
サッカラ
サフラー、
アブ・シール
ネフェルイルカーラー、
アブ・シール
ニウセルラー、
アブ・シール
ジェドカーラー・イセシ、
サッカラ
ウナス、
サッカラ
第6王朝
テティ、サッカラ
ペピ1世、南サッカラ
メルエンラー、南サッカラ
ペピ2世、南サッカラ
0
100m

図36　ピラミッドの変遷（〜古王国時代末）

て、また医学の神として崇拝された。しかし、ジェセル王の治世のその他の出来事については、ほとんど情報がなく、後世の記録に基づいている。例えば、アスワンのセヘル島の岩にはプトレマイオス5世の治世に年代づけられる通称「飢饉の碑」が刻まれており、それによると、ジェセル王は7年間続いた干ばつによる飢饉をアスワンのエレファンティネ島の神クヌムが終わらせたので、それに感謝してクヌム神官に領土を与えたという記録がある。

同時代の資料では、太陽神ラーの聖地ヘリオポリスからジェセル王とその家族が描かれた浮彫が発見されており、同地の太陽神ラーの神殿で建築活動を行ったことが推測されている。また、ジェセル王の建築家であったイムヘテプは、同時にヘリオポリスの太陽神ラーの大司祭でもあった。これらのことは、ジェセル王が太陽神ラーの聖地であるヘリオポリスを当時の宗教の中心地とみなしていたことを示唆する。

サッカラとヘリオポリスでの建築活動以外のジェセル王の重要な治績は、トルコ石と銅の産地であるシナイ半島南部にあるワディ・マガラに遠征隊を派遣したことである。すでに先王朝時代にシナイ半島における活動は認められるが、国家規模の組織的な活動は初めてのことである。ピラミッドの建設には大量の銅製の道具が必要であり、トルコ石は王やエリート層のための装身具製作に必要なものであった。

ジェセル王は自らの墓をサッカラに階段状のピラミッドの形態で造営したため、アビドスには王墓を造営しなかったのは明らかであるが、アビドスの近傍に位置するベイト・アル＝カッラーフには、ジェセル王の時代の大型日干レンガ製のマスタバ墓群が造営された。そのうちのK1墓からは、ジェセル王の名前が記された封泥だけでなく、カセケムイ王の王妃でジェセル王の母とされるニマアトハプが埋葬されたと推測されている。また、その他のマスタバ墓は彼女の一族のものであった可能性が高い。

ジェセル王の階段ピラミッド複合体

「パレルモ・ストーン」によれば、カセケムイ王の治世に「メン・ネチェレト」と呼ばれる石造建造物が造営されたとい

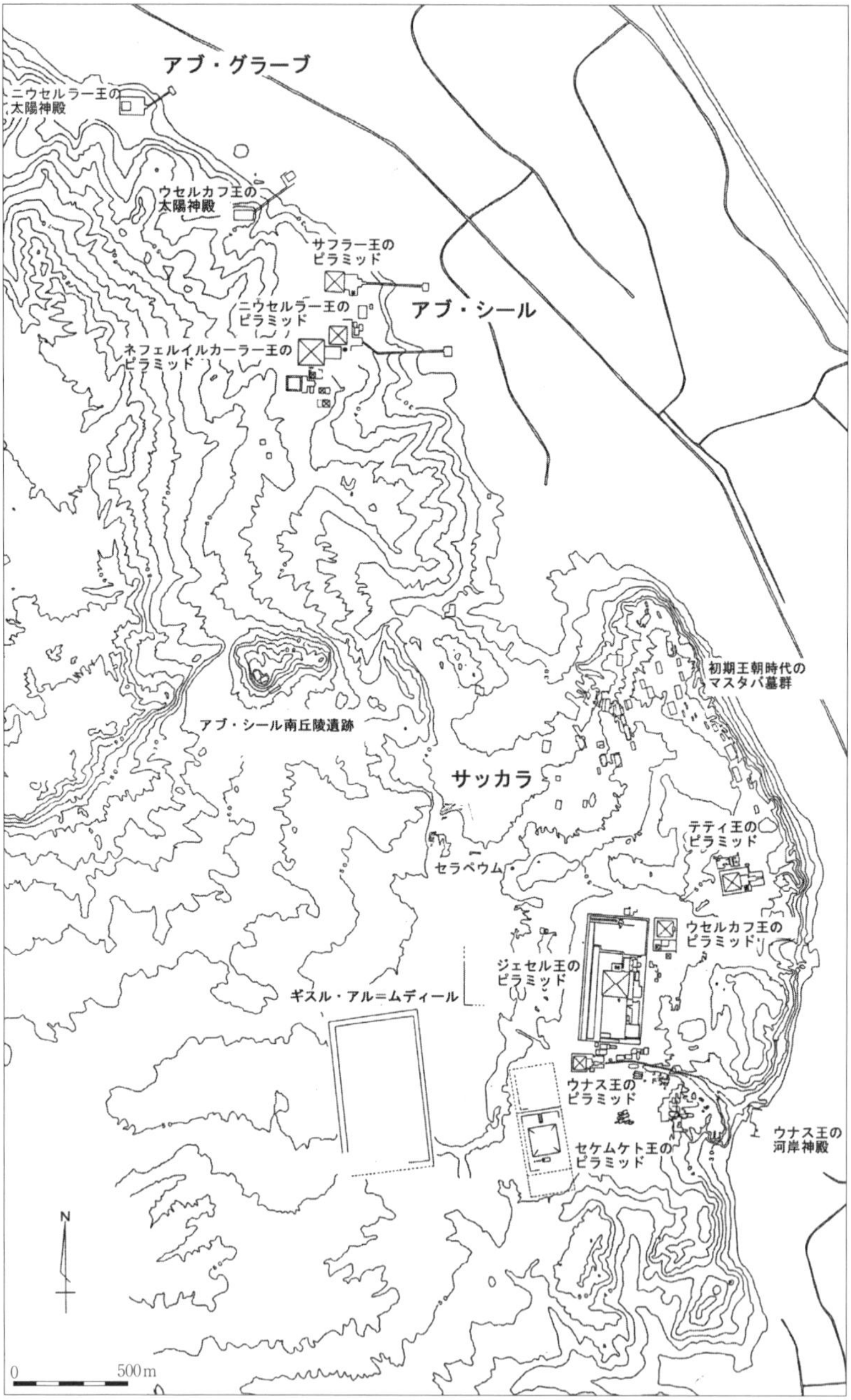

図 37　アブ・シール〜サッカラ周辺遺跡地図

う記録がある。また、サッカラにある巨大な葬祭周壁「ギスル・アル＝ムディール」は、石灰岩の建造物で第2王朝末のカセケムイ王の治世に年代づけられると推定されている。そのため、ジェセル王の即位の直前にエジプトで石造建造物が造営されるようになったのは明らかであるが、その完成度から考えると、ジェセル王の階段ピラミッド複合体が世界最古の大型石造建造物であると言っても過言ではない。

メンフィスの墓地であるサッカラは、前述のように初期王朝時代に高官のマスタバ墓や何人かの王の墓が造営されていた場所で、前述のように第2王朝最後の王カセケムイも当時のサッカラ墓地への進入路であったアブ・シール・ワディの最奥部に葬祭周壁「ギスル・アル＝ムディール」を造営したと推定されている。これは、初期王朝時代の王がアビドスで造営した葬祭周壁と同じ性格の建造物であると推測されている。カセケムイ王の後継者であるジェセル王は、「ギスル・アル＝ムディール」の東側の台地に自らの葬祭複合体を造営したのである（図37）。

図38　アブ・シール南丘陵遺跡、石積み遺構

ジェセル王は、初めに初期王朝時代の王墓の伝統に倣い、1段のマスタバ墓を造営したが、その周りに石灰岩製の周壁を造営させたことにより、マスタバ本体が外から見えなくなったため、一段目の上に階段状にプラットホームを積んで高さを増し、最終的に6段の階段ピラミッドを完成させたという（図36）。使用された石材は、在地の石灰岩が内部に使用され、表面にはナイル川の対岸の石切場トゥーラの良質の石灰岩が使用された。これらの石灰岩は、規格化されており、平積みではなく、日本の城郭の石垣のように角度を約20度傾けさせ、面を合わせたいくつかの層にして、四方からピラミッドの中心部に重力が掛かるように造られている。なお、2002年に吉村作治率いる早稲田大学古代エジプト調査隊がアブ・シール南丘

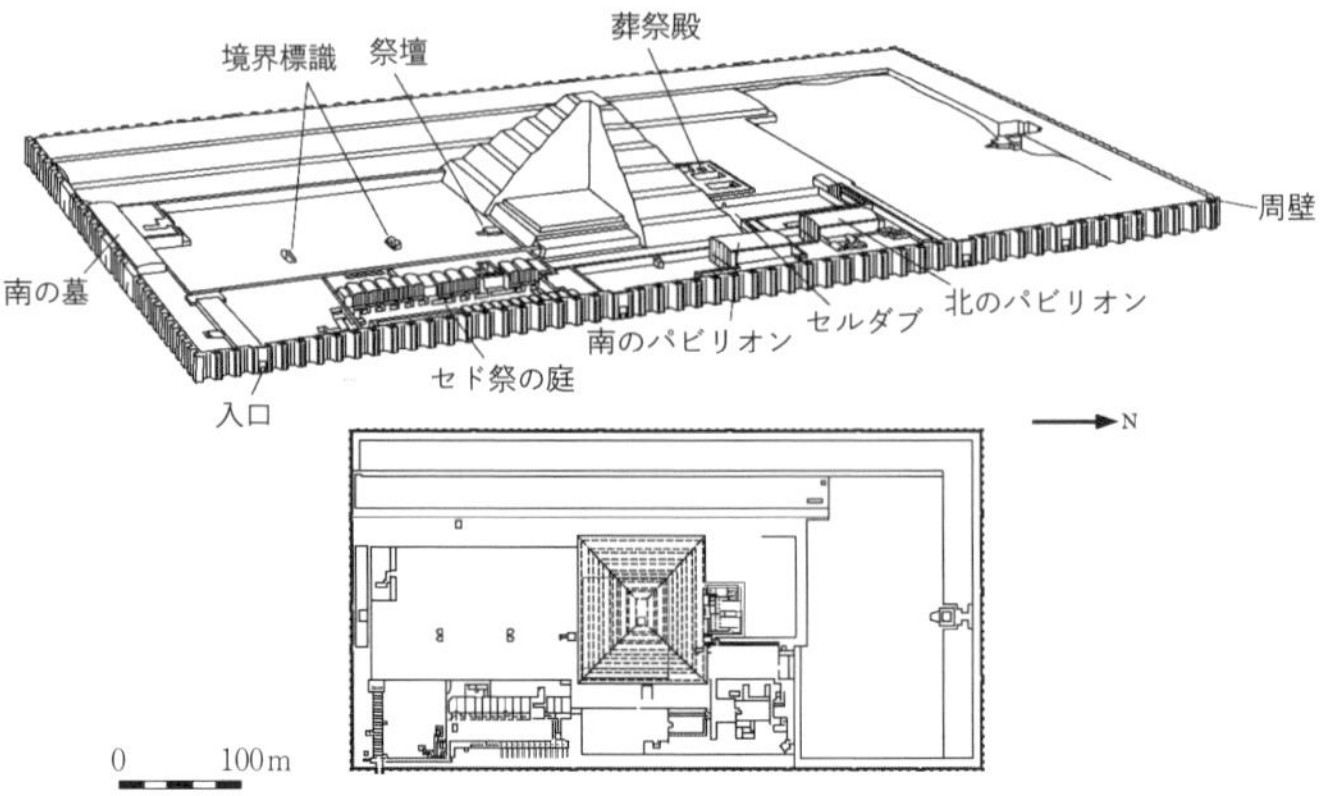

図39　ジェセル王の階段ピラミッド複合体

陵遺跡で発見した石積み遺構は、ピラミッドではないものの、斜面に対して石材を斜めに積んで層状の構造を持つもので、ジェセル王の階段ピラミッドと同じ築造技術を示している（図38）。このことは、石積み遺構がジェセル王の階段ピラミッドとほぼ同時代に造営されたものであることを示唆している。

ところで、ジェセル王の階段ピラミッドは、矩形の平面プランを持つマスタバ墓から発展して階段状のピラミッドを完成させたため、南北の辺の長さが東西のそれよりも長く、平面の寸法は南北140メートル、東西118メートルである（図37・39）。そして、周壁の規模は、南北545メートル、東西277メートルで、外観は当時の日干レンガ製の王宮の正面と同じように凹凸の擁壁を持つものであった。ジェセル王の遺体は、おそらくピラミッドの真下にある赤色花崗岩製の玄室に埋葬されたのであろう。そして、玄室への入口はピラミッドの北側にしつらえられた。というのは、王は死後に北天の不滅の星の1つとして復活し、永遠に王として君臨すると信じられたからである。この信仰に関連して、王の葬祭殿もピラミッドの北側に位置している。その一角には「セルダブ」と呼ばれる彫像安置室があり、壁の穴を覗くとジェセル王の座像が配置されているのがわかる（図40）。この穴はジェセル王の「カー（生命力）」が宿る像が北天の不滅の星の方向を見るために開けられたのである。現在は、レプリカが置かれているが、実物はカイロ・エジプト博物館に展示されている。

周壁内部のピラミッド複合体は、中庭や様々な祭殿や祠堂などの建物から構成される。特に、祭殿や祠堂は実際に機能していた建物ではなくセド祭（王位更新祭）のための日干レンガ製の建物を石で模造したものである。これらの模造建造物は、ジェセル王が来世においても王として君臨し、永遠にセド祭を行うことを願って建てられたものであった。また、中庭の南北に配置されたD字形の構築物は、セド祭の際に王がその周りを走る構築物とされ、エジプトの国土の境界を象徴するものである。王が南北の境界を象徴する構造物の周りを走行することで、王が全土を安定して支配することを意味した。セド祭は、通常は治世の第30年に最初に施行した、王の神的な力と権威を更新するための重要な祝祭であった。それを永遠なものとして石造で作り上げたのが、ジェセル王の階段ピラミッド複合体なのである。

中庭の南には、「南の墓」と呼ばれる施設が存在する。地下構造は、階段ピラミッドの玄室周辺の地下構造に似ている。玄室周囲の地下構造と同じように、壁面には焼き物のファイアンス製のタイルが貼られ、壁龕の部分には、ジェセル王が

図40　ジェセル王座像

図41　ジェセル王のセド祭の走行儀礼

国土の境界を表すD字形の構造の周りを走行する姿が浮彫で表現されている（図41）。この「南の墓」の機能は不明であるが、後のピラミッドの衛星ピラミッドの1つである通称「カーピラミッド」と類似した、遺体の埋葬されない所謂「カー（生命力）」のための「空墓」として機能したと考えられる。

なお、周壁の位置は、周壁の南側に平行して位置する第2王朝の2基の王墓の間のちょうど真ん中が、周壁の南壁の中心部にあたるため、第2王朝の王墓の位置を意識して、自らが後継者であることを示す意図があったと思われる。

ジェセル王の後継者たち

ジェセル王の階段ピラミッド複合体は、当時の王墓の理想的な形態と見なされ、続く王も同様の複合体の造営を試みた。ジェセル王の後継者セケムケト王は、ジェセル王のピラミッドの南西により大規模な階段ピラミッド複合体の建設に着手したが、7メートルの高さで未完成に終わってしまった（図36・37）。周壁には、ジェセル王の階段ピラミッドの造営に携わった建築家イムヘテプの名前が記されていたので、このピラミッドもイムヘテプによって設計されたとみられる。セケムケト王のピラミッドを発見したエジプト人考古学者ザカリヤ・ゴネイムは、玄室への下降通廊を発掘し、金製の腕輪などの副葬品を発見した。玄室には、封鎖されたエジプト・アラバスター製の石棺が置かれ、その上には埋葬時に置かれたと思われる炭化した花輪が載せられたままになっていた。ゴネイムは、1954年に政府高官立会いのもと、石棺を開けると、その中にはセケムケト王の遺体は存在せず、空であった。その後、彼はナイル川で水死体となって発見され、ファラオの呪いであると囁やかれたが、真相は不明のままである。

セケムケト王については、シナイ半島の銅の採掘場であるワディ・マガラにベドウィンの捕虜を棍棒で打ち据える王の姿が碑文とともに残されている。また、エレファンティネ島では、王名のある封印が出土している。「トリノ王名表」には、セケムケト王の二女神名であるジェセルティが王名として記載されており、治世年数は約7年であったと考えられている。

サッカラの北に位置するザヴィエト・アル＝アルヤーンには、同じような未完成の階段ピラミッド（Z500号墓）が造営され、第3王朝に年代づけられているが、造営者は不明である。付近のマスタバ墓からカーバー王の名前が記された石製容器が多数発見されているため、このピラミッドは、カーバー王のものであると推測されている。さらに、ドイツのエジプト学者ライナー・シュタードデルマンは、カーバー王は、第3王朝最後の王とされるフニ王と同一人物であると主張している。

第3王朝にはサナクトあるいはネブカーと呼ばれる王が存在したことが知られているが、彼らがいつの時代の王であったかについては正確にわかっていない。ベイト・アル＝カッラーフのマスタバ墓K2からは、サナクト王の名を記した封泥が多数出土している。また、エレファンティネ島の初期王朝時代の建造物の中からも彼の名前を記した封泥が発見されている。この封泥には、第3王朝末に年代づけられている同地の小型階段ピラミッドに付属する王領地と結びついた行政施設に関連した称号もみられる。このことから、サナクト王は第3王朝の終わり頃に統治した王と推測されている。また、サナクト王は、シナイ半島のワディ・マガラに岩壁碑文を残しており、碑文にはトルコ石に関する最古の言及が見られる。ベイト・アル＝カッラーフ出土の封泥にはサナクトの「ホルス名」が「上下エジプト王名」が書かれた「カルトゥーシュ」に向けて記されており、「カルトゥーシュ」の中の文字は、ネブカーと復元できる。すなわち、サナクト王の上下エジプト王名はネブカーであったと推定される。「アビドス王名表」や「トリノ王名表」では、ネブカーは第3王朝最初の王と記されているが、これまで述べてきた考古学的証拠とは矛盾する。中王国時代に書かれた『ウェストカー・パピルスの物語』には、ネブカー王の治世はジェセル王の後で、かつ第3王朝最後のフニ王の前に位置づけられている。このことも、サナクト（ネブカー）王が第3王朝の末期の王であったことを示唆する。

第3王朝最後の王、フニ

第3王朝最後の王フニについては、第4王朝初代のスネフェル王の直前の王であったことが「プリス・パピルス」とサッカラのメチェンの墓の自伝から証明されている。フニは、それまでメンフィスの周辺地域にしか造営されなかったピラミッドを、エジプト南端の中心地であるアスワンのエレファンティネ島でも造営したとみられる。エレファンティネ島にあるピラミッドは小型の階段ピラミッドで、その他の由来とみられる赤色花崗岩製の円筒形のブロックには、王宮の限定符（表意文字）を持つ「フニの王冠」と刻まれた碑文があり、これは王の祭祀に関連する王宮あるいは建造物のことと指摘されている。エレファンティネ島の小型階段ピラミッドと同規模の小型階段ピラミッドはエジプト各地に分布しており、ファイユームのサイラ、中エジプトのザヴィエト・アル＝マイティーン、南アビドスのシンキ、ナカダの近くのトゥク、ヒエラコンポリスの近くのアル＝クッラ、そして南エドフで発見されている。このうち、サイラのピラミッドのみが後の時代のスネフェル王による造営であることが碑文から知られているが、それ以外は全てフニ王が造営したピラミッドであると考えられている。しかも、これらのピラミッドには埋葬室がない。では、何故フニ王は、エジプト全土にそのような小型階段ピラミッドを造営したのであろうか。これらの小型階段ピラミッドは、王の支配領域を示すマーカーであり、王の祭祀の場あるいは王領地と関連するものと推測されている。上エジプト南部に限れば、小型階段ピラミッドは各ノモスの中心地に1つずつ造営されたことがわかる。このことから、フニ王はエジプトの支配を強化するために、各地域の行政の再組織化に関連して各地にピラミッドを建設したのではないかと考えられている。この場合、ピラミッドは単なる墓ではなく、王権を象徴する記念物として各地に造営され、そこを中心に国家への租税が集積され、中央に運搬されたのではないであろうか。いわば、地方の小型階段ピラミッドが国家の経済基盤を確立するための装置として機能し、第4王朝の巨大ピラミッド建造という国家プロジェクトにつながる道筋がつけられたのではないかと考えられる。

フニ王自身を埋葬する目的で造営されたピラミッドについては、ファイユーム地域のはずれのメイドゥームにピラミッドが造営されたと考えられてきた。このピラミッドは、通称「崩れピラミッド」と呼ばれており、ピラミッドの表面の半分以上が崩壊している。新王国時代の訪問者がピラミッドの葬祭殿に残したグラフィティ（落書き）には、「スネフェル王の美しい神殿」と書いてあり、当時はスネフェル王のピラミッドとみなされていたようである。詳細は後述するが、このピラミッドは本来は7段の階段ピラミッドとして造営され、その後に上から石材を重ねて四角錐の真正ピラミッドに改変したようである。しかし、勾配が急であったために、時期は不明であるが崩落が起きたと考えられている。メイドゥームのピラミッドはフニ王が造営を開始し、最終的にはその後継者であるスネフェル王が完成させたと考える研究者がいる一方で、ピラミッドの名称が「ジェド・スネフェル」であるため、メイドゥームのピラミッドは元からスネフェル王のピラミッドで、フニ王の墓は別の場所にあると考える研究者もいる。チェコのエジプト学者ミロスラフ・バルタは、フニ王の墓はアブ・シールからサッカラにかけてのどこかに造営されたと考えている。

ところで、1960年代に出土地不明な石灰岩製のステラ（石碑）がルーヴル美術館によって購入された。そこにはこれまで知られていなかったカーヘジェトという名の王が神に抱きかかえられる姿で表現されている。様式的には、ジェセル王の階段ピラミッドの地下室のパネルの浮彫に似ているが、より良質の浮彫で施されている。図像表現の斬新さと浮彫の技術の高さから、カーヘジェト王は第3王朝末の王と推測されているが、その他の彼に関する遺物は発見されていない。

第4王朝（前2613〜2494年頃）

スネフェル王

スネフェル王は、第3王朝最後の王フニと側室メレスアンク1世の息子で、クフ王の父にあたる（図42）。スネフェル王は、中王国時代に書かれた『ウェストカー・パピルスの物語』や『ネフェルティの予言』などの文学作品に登場する偉大な王として後世の古代エジプト人にも知られていたが、実際に数々の重要な治績を残している。

スネフェル王の治世は、中央集権化がさらに強化され、行政機構や対外政策について活発な活動がみられる。「パレルモ・ストーン」には、スネフェル王の治世の具体的な活動に関する記述が残されている。治世第13年には、レバノン産の杉材で交易用の船が造られ、1隻は全長100キュービット（約52メートル）あり、他の船の長さは16キュービット（約8.3メートル）あったという。また、ヌビアに軍事遠征を行い、7,000人の男性の捕虜と20万頭のヤギとヒツジを持ち帰った。同じ年には、王宮を建設している。

図42　スネフェル王の碑

スネフェル王は、エジプト全土に町邑（「ニウト」）、35ヶ所の王領地（「フウト」）、そして122ヶ所の家畜の牧草地を設立し、国家による国土の領有化を進めた。これによって、前王のフニ王が各地に小型階段ピラミッドを造営したのと同じように国土の統治を強化し、ピラミッド、神殿、貴族墓の建設、葬祭のための収入を確保することができた。つまり、国土の領有化により、安定した葬祭事業のための経済基盤の確立と王権による支配地域の拡大が強化されたのである。

スネフェル王の活動は、周辺地域への積極的な介入によっても特徴づけられる。前述のように杉材で交易船を造るため、40隻の船団をレバノンに派遣して大量の杉材を輸入した。杉材が積み上げられた港はビブロスで、そこからは第4王朝から第6王朝の王名が刻まれた遺物が多数出土している。また、トルコ石と銅を獲得するためシナイ半島に遠征隊を送ったとされる。シナイ半島のワディ・マガラの岩壁碑文によれば、スネフェル王は当地で神として崇められていたという。ヌビアでは、スネフェル王の治世からブーヘンが植民地化され、エジプト人居留地が建設された。

スネフェル王の3基のピラミッド

スネフェル王は、以上のような多大な治績を残したが、最も注目すべきは、彼の造営した3基のピラミッドである。メイドゥームのピラミッドについては、フニ王が造営を開始したとする説もあるが、前述のようにスネフェル王が建設、少なくとも完成させたと考える研究者が多い。このピラミッドは本来階段ピラミッドであったが、途中から設計を変更し、最初の四角錐の真正ピラミッドの完成を試みた（図36）。階段ピラミッドの築造方法は中心部に向かって石材を傾斜させる「傾斜積み」であったが、そこに「水平積み」の石材が積み上げられた。現在では、真正ピラミッドを試みた外部の表層石が崩落し、そのあとに階段ピラミッド部分の表層が残った姿であるが、完成時には底面が1辺144メートルの正方形、傾斜角は約51度10分、高さ92メートルに及んでいたと推定される。

スネフェル王は、メイドゥームにピラミッドを建設した後、そこから45キロメートル北のダハシュールで2基のピラミッドを造営した。最初に着手したのが、現在「屈折ピラミッド」と呼ばれているピラミッドで、文字通り表層が途中で屈折し、傾斜角が緩やかになっている(図36・43)。「屈折ピラミッド」の建設当時の高さは105メートル、底辺は188メートルであり、傾斜角が途中で約54度から約43度に変更されている。傾斜の急な下半分は、「傾斜積み」で、傾斜の緩い上半分が「水平積み」になっており、このことから真正ピラミッドへの移行の段階を示していることがわかる。

図43　ダハシュールの「屈折ピラミッド」

このピラミッドが途中で屈折した理由については、これまで諸説あった。ドイツのエジプト学者ルートヴィヒ・ボルヒャルトは、スネフェル王が急死したため、事業を大至急終わらせるために、ピラミッドの角度を変更しなければならなかったと主張した。しかし、実際のところ、「屈折ピラミッド」の完成後に、ダハシュールの北に位置する「赤ピラミッド」が造営されたので、この説は成り立たない。イギリスの物理学者クルト・メンデルスゾーンは、メイドゥームとダハシュールのピラミッドが同時に造られたと考え、途中大雨でメイドゥームのピラミッドの外装石が剥がれ落ちたため、ダハシュールのピラミッドも建設途中で急遽傾斜角を緩やかにしたと主張した。また、ピラミッドの形態は宗教的な理由によるもので、2つの傾斜角は上下エジプトを表しているとか、底面を含む9つの面はヘリオポリスの創世神話の9柱神を表しているという説もある。

しかし、現在最も有力な説は、「屈折ピラミッド」を建造した場所が、強固な岩盤ではなく不安定な粘板岩の柔らかい層であり、石材が規則的に積まれておらず、構造もかなり不安定であったため、建設途中に内部に亀裂が入り、傾斜角の設計変更を余儀なくされたというものである。実際、「屈折ピラミッド」内の亀裂には漆喰を埋めて補強した痕跡があり、ダメージを軽減するために、傾斜角を緩やかにすることで石材の量を減らし、「水平積み」にすることで、墓室にかかる重量を軽減しようとしたと考えられる。「屈折ピラミッド」は、ユニークな構造をもっている。ジェセル王の階段ピラミッド以来、ピラミッドの入口は通常北に位置しており、このピラミッドにも北に入口があるが、それに加えて西側にも入口が作られている。北の入口は、地上から高さ12・2メートルの位置にあり、そこから下降通廊で高い持ち送り式天井を備えた2つの部屋につながっている。北の入口は、王が死後に北極星の周囲の不滅の星になるという北辰信仰に関連するものである。西の入口は北の入口よりも高く、地上から33メートルの位置に穿たれ、下降通廊を通じて持ち送り式天井の玄室につながっている。この玄室は天井が未完成で、壁には赤色顔料でスネフェル王の名前が書かれていた。さらに、この玄室は、北の入口の玄室とつながっている。なぜ西に新たに入口を作ったかについては不明であるが、真正ピラミッドを建設する志向は、太陽信仰と結びつくものであり、太陽が沈む西側に死せる王の向かう場所が設定された可能性も考えられる。ただし、最終的にはこのピラミッドにはスネフェル王は埋葬されなかった。

「屈折ピラミッド」の東側には供物奉献の場があった。そこには南北に巨大なステラ（石碑）が配され、表面にはスネフェル王の名前と称号が刻されていた（図42）。ピラミッドは参道を通じて北東に位置する神殿につながっている。以前は、この神殿は河岸神殿と呼ばれていたが、この神殿からさらに耕地側に参道が続いていることが最近になって明らかになり、発掘調査を行っているドイツ考古学研究所の研究者は「彫像神殿」と呼んでいる。この神殿は、古代エジプト神殿発達史の中でも極めて重要で、中庭、列柱、彫像といった後代に見られるピラミッド葬祭殿の様々な特徴を備える。東西の壁には、上下エジプトの各地からの供物を運ぶ女性の姿が良質な浮彫で表され、第4王朝の美術の最盛期の作品とされている。

近年のドイツ考古学研究所による発掘調査では、「彫像神殿」の北側にはその前身遺構となる日干レンガ製の遺構が同じ軸線上に造営され、周囲にはエジプト国外に由来する杉の木などが植樹されていたことが明らかとなっている。また周囲には、住居址と思われる遺構が物理探査で確認されている。さらに、「彫像神殿」の東側には一直線上に日干レンガで造られた参道が確認され、その先には人工的な港湾施設も確認された。今後の発掘調査により、スネフェル王時代のダハシュールの様相がより明らかになるであろう。

スネフェル王は、「屈折ピラミッド」の約2.5キロメートル北の場所にもう1基のピラミッドを建設した。このピラミッドは通称「赤ピラミッド」あるいは「北のピラミッド」と呼ばれている（図36）。「屈折ピラミッド」での教訓を活かして、今度は強固な岩盤の上にピラミッドを建設し、しかも傾斜角は、完全な真正ピラミッドを完成するために緩やかな「屈折ピラミッド」の上半分の43度を採用した。最終的には、高さ１０５メートル、底辺２２０メートルの安定したピラミッドが完成した。入口は、北面の地上から28メートルの高さに位置し、そこから下降通廊で玄室につながっている。玄室は初めて東西に長辺を持つ平面プランをもち、西壁際に王の石棺が置かれた。この形態の玄室が、その後の古王国時代の王のピラミッドの玄室の標準となった。

このピラミッドの石材の表面には、赤色顔料でスネフェル王の治世年を書き残したグラフィティ（落書き）が多く発見されており、これに基づけばピラミッドは17年で完成したという。このピラミッドの東側には、「屈折ピラミッド」の供物奉献施設のようなシンプルなものではなく、日干レンガの壁と列柱、彫像室を備えた葬祭殿がある。しかし、それは未完成に終わった。また、衛星ピラミッドも参道も設置されていない。河岸神殿については、想定される位置は推測されているが、まだ調査は行われていない。

スネフェル王は、メイドゥームとダハシュールの3基のピラミッドの他に、前述のようにサイラの小型階段ピラミッドを造営した。全てのピラミッドの体積を合わせれば、息子クフ王の大ピラミッドのそれを遥かに凌ぐ。階段ピラミッドから真正ピラミッドへの移行の実験が試みられた時代であるが、それによりスネフェル王はエジプト全土の実質的な支配を進めた。イデオロギー的にも「太陽のめぐる全ての土地の王」を示す「カルトゥーシュ」を採用し、太陽神の化身として絶対的な権力を確立した。これは、続く息子のクフ王に受け継がれたのである。

クフ王

クフ王は、スネフェル王とヘテプヘレス1世の息子である。クフという名前は、クヌム・クウエフウイを短くしたもので、「クヌム神が私を護りますように」という意味である。クヌム神は創造神の一種であるが、クフ王とクヌム神の関係については明らかではない。クフ王は、初めてギザ台地にピラミッドを造営した王で、大ピラミッドの建造者として知られているが、完全な形で残っているクフ王の像は、イギリスの考古学者ピートリーがアビドスのオシリス神殿で発見した高さ7.5センチメートルの象牙製の小像（図44）と早稲田大学古代エジプト調査隊がアブ・シール南丘陵で発見したテラコッタ製のライオン女神像の横に立つ2体の像、スフィンクスの顎の下に足だけが残された像の計4体にすぎない。テラコッタ製のライオン女神像の側面にはクフ王の「ホルス名」、メジェドゥが、背面にはクフの名前が刻まれている。また、スフィンクス像の前足の間にもクフの名が彫られている。これらは全てカイロ・エジプト博物館に展示されている。

図44　クフ王座像

クフ王の治績については、大ピラミッドの造営があまりにも有名であるが、エジプト各地に彼の足跡が残されている。ピラミッド建設のための赤色花崗岩を切り出したアスワンのエレファンティネ島の碑文には、「王は遥かこの南の地に関心があった。すなわち良質の赤色花崗岩を切り出すために」と書かれている。また、方解石の採石地ハトヌブや泥岩の採石地ワディ・ハンママートでも、書記の書き残したグラフィティ（落書き）にクフ王の名前が記されている。これらはピラミッド建設などに用いるために、エジプト各地の主要な採石地で活発な採掘活動があったことを示している。クフ王は、シナイ半島のトルコ石鉱山と銅山に遠征隊を派遣しており、ワディ・マガラにはクフ王が二重王冠を被りシナイ半島のベドウィンを打ち据えている図像が表されている。対外国との関係については、クフ王はビブロスと活発な交易関係を結び、銅製の道具や武器、あるいはレバノン杉の獲得のために遠征隊を派遣している。おそらく、「太陽の船」のような大型木造船の造船に必要だったと思われる。

図45　メレルの日誌

近年、エジプトの紅海沿岸にてクフ王の時代の港湾施設遺跡が発見された。ワディ・アル＝ジャルフと呼ばれるこの遺跡は、エジプトからシナイ半島あるいは南のプント（現在のスーダンからエリトリアの紅海沿岸地帯）への海洋ルートの拠点であった港の址である。この遺跡は19世紀から知られていたようであるが、本格的な調査が開始されたのは２０１１年で、フランス隊によって港湾施設とクフ王の治世のエジプト最古のパピルス文書の破片数百点が発見された。これらのうち10点は比較的保存状態が良く、クフ王の治世第26年の日付が記され、船の船員や港の労働者への物資の供給方法が記録されていた。特に注目されるのは、クフ王の大ピラミッドの建設に関わったメレルという人物の日誌で、彼の数ヶ月にわたる日々の活動が記録されている（図45）。また、クフ王の名前は同港湾施設から出土したいくつかの石灰岩製の石材にも記されている。この港湾遺跡は、シナイ半島のトルコ石鉱山および銅山へのルートの起点とされ、この『メレルの日誌』というパピルス文書には、これらの運搬された原材料のリストが記されているだけでなく、対岸のシナイ半島の西側の紅海沿岸の港についての言及もあり、考古学的に確認できる古代エジプト最古の航海ルートが明らかとなっている。

ところで、大ピラミッドを建造したクフ王は後世においてどのように見られていたのだろうか。ヘロドトスは、クフ王を暴君だったとしているが、そのような伝承を裏付けるクフ王の時代の証拠は発見されていない。暴君でなければあのような壮大な建造物を造ることはできなかったであろう、という根拠のない推測によるものなのかもしれない。

クフ王の大ピラミッド

クフ王がギザに古代エジプト史上最大のピラミッドを造営したことは、あまりにも有名であり、今日でも多くの研究者の関心を惹きつけてやまない（口絵11・図36・46）。クフ王がギザにピラミッドを造営した理由については謎とされてきたが、スネフェル王のピラミッド建設の教訓から岩盤が安定し、ナイル川の氾濫原からアクセスのしやすいギザ台地がピラミッド建設に最適な場所となったのであろう。また、太陽神ラーの聖地であるヘリオポリスや首都メンフィスとの距離というのも重要な要素だったと思われる。

クフ王のピラミッドは、建設当時の高さが146・6メートル、底辺は230メートルあり、約200万〜300万個に及ぶとされる石材を積んで造営されたと考えられている。使用された石材の多くはギザ台地で採掘される石灰岩であるが、表面の化粧石は良質の石灰岩の石切り場がある対岸のトゥーラ産の石灰岩で、「王の間」と呼ばれる玄室などにはアスワン産の赤色花崗岩が使われている。ピラミッドの入口は、これまでと同様に北面に位置するが、やや中心から西側にずれている。スネフェル王の3基のピラミッドでは、基本的に入口から下降通廊を下り玄室に到達するが、クフ王のピラミッドの内部構造はより複雑な様相を呈している。クフ王のピラミッドでは、下降通廊は地下深くに伸びており、一番奥には未完成の「地下の間」と呼ばれる空間がある。そして、下降通廊の途中から上昇通廊があり、途中から水平通路を通じて切妻型の屋根を持つ通称「女王の間」に通じる。さらに、上昇通廊の先には、天井までの高さが8・74メートルにも達する「大回廊」があり、その先に「王の間」と呼ばれる玄室が位置する。

このように大ピラミッドの内部には3ヶ所の部屋が確認されている。では、なぜ3つの部屋が作られているのであろう

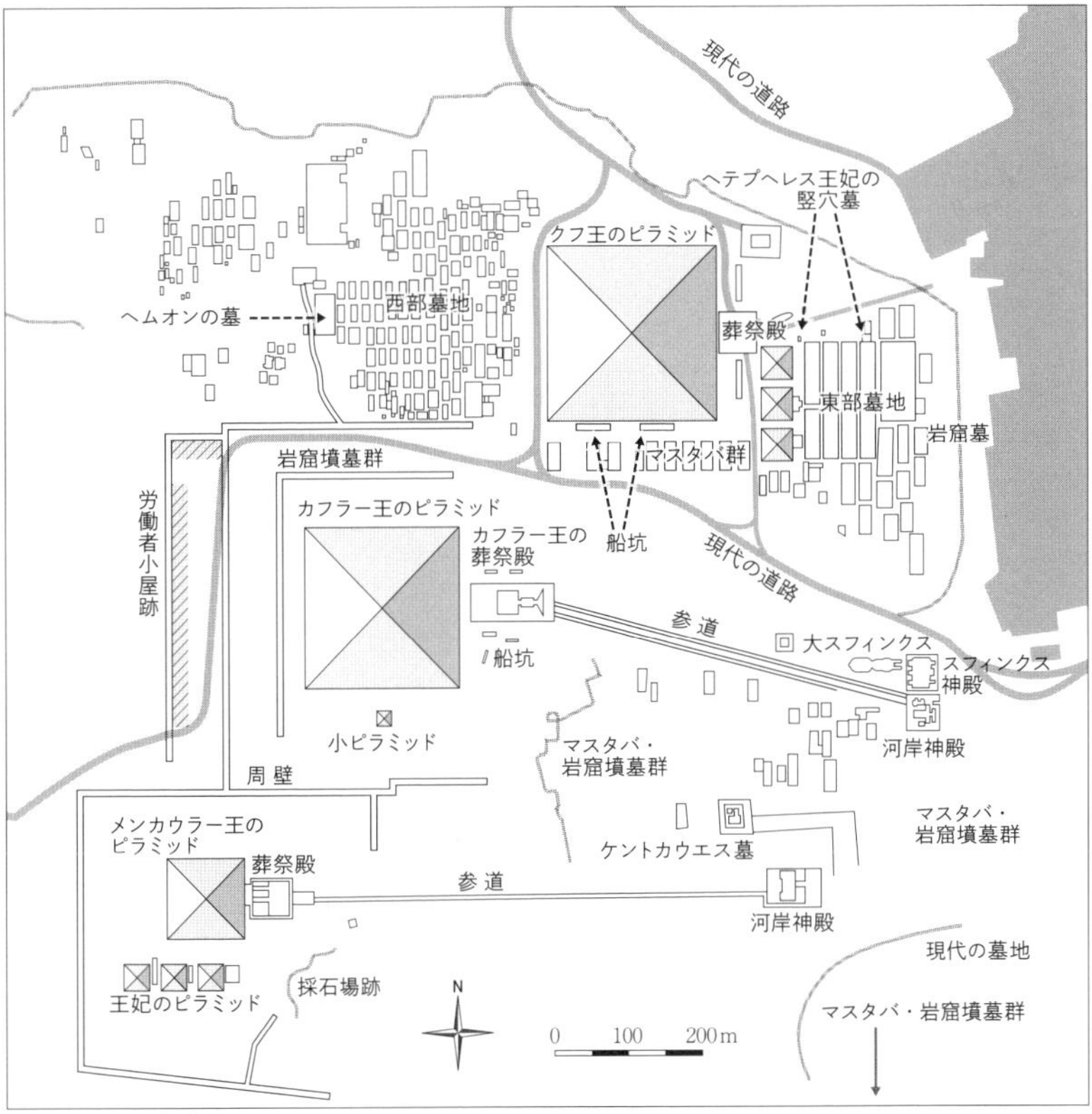

図46　ギザ遺跡地図

か。マーク・レーナーは、「地下の間」は地下の洞窟を意味し、「女王の間」はクフ王の彫像が置かれた場所で、「王の間」はクフ王が埋葬された場所であると主張している。一方、これらの3つの部屋は、全て玄室として作られたものであり、途中2回設計変更があったため、結果的に3つの部屋ができてしまったという説もある。つまり、「地下の間」は最初に計画された玄室、「女王の間」は次に設計された玄室、そして最終的には「王の間」が玄室となったということである。「地下の間」は未完成であるが、西側に掘削の痕跡があることから、スネフェル王の「赤ピラミッド」のように東西に長軸を持つ玄室を造営する試みがあったのであろう。また、「王の間」も「女王の間」も「通気孔」と呼ばれる小さな穴が上方に傾斜して南北に伸びているが、「女王の間」の「通気孔」は途中で終わってしまっている。このことは、おそらくクフ王のピラミッドは、ある時期「女王の間」の「通気孔」が閉ざされた場所に表面が位置し、計画を変更して、さらなる高みを目指したため、結果的に「通気孔」を閉じてしまったと推測できる。このような内部構造をめぐる謎は尽きない。1980年代にはフランス隊が、女王の間に通じる通廊の西側に未知の空間があると発表し、それを確証するため吉村作治率いる早稲田大学古代エジプト調査隊が物理探査により、通廊の存在を指摘した。また、近年では名古屋大学などの国際チームが宇宙から降り注ぐ素粒子（ミューオン）の観測により、「大回廊」の上方に巨大な空間が存在する可能性を指摘している。

クフ王のピラミッド複合体については、スネフェル王のピラミッド複合体からのさらなる発展が見られる。ピラミッドの東側には、以前よりも規模の大きい、床に玄武岩が敷き詰められた葬祭殿が位置し、ナイル川の氾濫原に接する位置に造られた河岸神殿と長い参道でつながっている。河岸神殿には波止場が設けられ、そこまでナイル川から水路が引かれていたとみられる。大ピラミッドに接して、葬祭殿の南東には衛星ピラミッド（「カー・ピラミッド」）と王妃たちのピラミッドが3基ある。王妃たちのピラミッドの東側の参道沿いには、クフ王の母でスネフェル王の王妃ヘテプヘレス1世の墓がある。この墓は、アメリカの考古学者ライズナーが未盗掘の状態で発見した。家具調度品類をはじめとする良質の遺物が発見されたが、彼女の遺体は発見されなかった。

大ピラミッドの東側と南側には、合計5基の船坑が設置されている。その中でも特に重要なのは南側の2つの船坑で、東側に位置するものには長さ約40メートルにも及ぶレバノン杉製の船が解体された状態で埋納されていた（口絵12）。この船は復元され、現在船坑を覆う太陽の船博物館に展示されている。西側の船坑の船は、現在、吉村作治を隊長とする東日本国際大学とエジプトの合同チームによって取り上げられ、修復作業が継続されている。これらの船坑に埋納された船の目的については、明確な答えは出ていない。通説としては、それらが太陽神ラーの船（太陽の船）を表すとするものである。第5王朝に出現する「ピラミッド・テキスト」には、太陽神が乗った2隻の船、つまり日中の天空を航行するための「昼の船」と夜の地下世界を航行するための「夜の船」についての記述がある。しかし、単純に後世の史料と結びつけて解釈することには慎重であるべきである。

さて、クフ王のピラミッドの葬祭殿は、現在は玄武岩製の床の一部があるだけで、装飾や彫像も残されていない。残された遺構の平面図から、創建時には列柱付きの中庭とその奥に彫像が備えられた壁龕があったことが明らかである。中王国時代第12王朝の初代の王アメンエムハト1世がリシュトに造営したピラミッドの内部には、古王国時代のピラミッドの葬祭殿のブロックが多数再利用されており、この中からクフ王の葬祭殿や参道由来の浮彫が発見されている。その中には供物を運ぶ人物、船団、家畜などを表したものもある。これらの浮彫の破片から、クフ王のピラミッド葬祭殿と参道は、良質な石灰岩を壁面に貼り様々な浮彫で装飾されていたことが推測される。これらの浮彫のある石材は、おそらく中王国時代第12王朝までには廃墟となって崩れていたもので、アメリカのエジプト学者ハンス・ゲーディケが主張するように、アメンエムハト1世が古王国時代の王との結びつきを強めたいがために、自らのピラミッドの建材として再利用したと思われる。

大ピラミッドの東側には、王族のマスタバ墓が、西側には高官のマスタバ墓が整然と配置され、それはあたかも現世での王を中心とする中央集権的国家を投影したかのようである（図46）。団地のように計画的に配置されたこれらのマスタバ墓は、王から下賜される形で造営されたと考えられている。ダハシュールのスネフェル王の治世の高官のマスタバ墓群でもこのような規格化がすでに認められるが、ギザのクフ王の治世のマスタバ墓群でさらに発展した様相を示している。初期王朝時代の王墓においても王の埋葬室を取り囲むように、殉葬墓が配され、初期国家の王の権力が誇示されたが、クフ王のピラミッドを取り囲む王族と高官のマスタバ墓群の様相は、まさに高度な官僚機構が発達した成熟国家の強大な王権を示すものである。当時は、王族や貴族は死後も王に仕えることによって来世で再生復活し、永遠の生命が保証されると考えられていたのである。

ジェドエフラー王

ジェドエフラー王は、クフ王の息子でクフ王の後継者である。クフ王の大ピラミッドの南側にある第1の船の船坑の蓋石にはジェドエフラー王の名前が記されており、クフ王の後継者であったことは明らかである。ただし、最初のクフ王の後継者のカワブ王子が早逝し、ジェドエフラーは未亡人となったカワブ王子の妻、ヘテプヘレス2世と結婚し、王位継承の正統性を強化したと考えられている。ジェドエフラー王は自らのピラミッドをギザ台地から北へ約8キロメートルの地点にあるアブ・ロアシュの丘陵の頂部に造り、海抜では父クフ王の大ピラミッドの高さを凌駕し、最も高い位置にあるピラミッドを造営した（図36）。さらに、この場所は太陽神ラーの聖地ヘリオポリスのほぼ真西に位置している。ジェドエフラー王は、名前にラーを初めて含めた王で、「ラーの息子」と名乗った最初の王でもあった。このことから、王はもはや太陽神ラーの化身ではなく、息子として位置付けられ、王の立場が以前よりも低くなったことが推測される。ジェドエフラー王のピラミッドは、ほとんど石材が残っておらず、地下通路と玄室の屋根も残存していないため、近年まで未完成と考えられていたが、1995年から2005年にかけてのスイス隊による発掘調査の結果、ピラミッドは当時完成していたと結論づけられた。

カフラー王

カフラー王は、クフ王とヘヌトセン王妃の息子で、ギザに第2ピラミッドを建設した（図36・46）。彼は、アブ・ロアシュにピラミッドを造営したジェドエフラー王と異母兄弟の関係にあり、研究者の中には一時的に2人の間に対立があったのではないかとする意見もある。

カフラー王はギザ台地の最も標高の高い場所にピラミッドを造営したので、見た目ではクフ王のピラミッドより高く見える。ジェドエフラー王までは、ピラミッドは処女地に造営されていたが、カフラー王は初めて先王の隣にピラミッドを造営した。これについては、カフラー王はジェドエフラー王と違ってクフ王の正統な後継者ではなかったので、父の隣にピラミッドを造ることによってその正統性を示したと考えられる。

カフラー王のギザの第2ピラミッドは、建設当時の高さが、143・5メートル、底辺は215メートルである。クフ王の大ピラミッドとは異なり、基礎に近い部分の化粧石には赤色花崗岩が使われ、途中からトゥーラ産の良質の石灰岩が用いられている。現在でも頂上に化粧石が残っている。したがって、ピラミッドは2色の外観を呈していた。基礎に近い部分を花崗岩で覆ったのは、花崗岩が硬質であるため頑丈であり、墓室への侵入を防ぎやすかったことと、その赤い色からしばしば太陽信仰を象徴するとされていたことなどが理由として考えられる。また、ピラミッドの構造上の欠陥を補おうとしたものであるとする説もある。

内部構造はクフ王の大ピラミッドほど複雑ではなく、地上から高い部分に部屋は存在しない。入口は北側に2ヶ所あるが、ピラミッドから少し離れた場所の地面にある入口と、地表面から11・5メートルの高さに位置する入口の2つがある。それぞれの入口から下降通路があるが、前者の入口の下降通廊は、一旦地下室に降りてから上昇通廊になり、後者の入口からの下降通廊の延長線上にある水平通廊につながっている。前者の入口の下降通廊の底にある部屋は、最初計画された玄室の場所で、設計変更があったと考えられる。そして、この水平通廊は、ピラミッドの中心に位置する玄室につながっている。玄室は切妻式で、東西に長軸を持つ、矩形の平面プランを持つ。石棺は西壁際に置かれている。

カフラー王のピラミッドの東側にも葬祭殿が位置しており、クフ王の葬祭殿よりも規模が大きい。幅56メートル、奥行き111メートルの規模で、石灰岩で核が造営され、部屋の表面を花崗岩か方解石が覆っていた。入口広間、中庭、5つの彫像室、至聖所から構成されており、中庭には高さ4メートルの彫像が12体納められていたと考えられている。これは、後代のピラミッド葬祭殿の標準プランとなった。この葬祭殿と参道でつながっている河岸神殿は、良好な保存状態で残っている。河岸神殿は、1辺が44・6メートルの正方形で、石灰岩で核が造られているが、その上を花崗岩の石材が覆っている。内部には、花崗岩の列柱と方解石を敷いた床で構成された逆T字形の広間があり、23体のカフラー王の座像が配置されていた（口絵13）。彫像はホルス神に護られたカフラー王を示し、そこには理想化されたラー神と同一視されたホルス神の化身としての力強い王の姿が表現されている。

ギザの「大スフィンクス」は、カフラー王のピラミッドの参道と河岸神殿のすぐ脇に位置していることから、カフラー王の治世に造られ、その顔もカフラーに似せて彫られたと考えられている（口絵14）。この正面の東側には「スフィンクス神殿」が建てられた。この神殿は、ちょうどカフラー王の葬祭殿の北隣に位置する。平面プランは、カフラー王のピラミッド葬祭殿の列柱付き中庭とほぼ同じで、24本の柱と12体の彫像が配置されていた。ユニークな点は、東西それぞれの中央に至聖所がある点であり、これらは朝夕の太陽の礼拝のための神殿であると推測されている。神殿の向きは太陽の方位に合わせて決定されたとみられ、マーク・レーナーによれば夏至と冬至に神殿の中央に太陽の光が射す現象が見られるという。王の頭部を持つライオンの姿をしている「大スフィンクス」は、太陽神の象徴と考えられており、太陽と合体した王の姿、あるいは神殿で供物を捧げる王の姿とも解釈されている。スフィンクスという名称は、古代エジプト語の「シェセプ・アンク」のギリシア語訛りであるが、新王国時代になると「大スフィンクス」は「ホルエムアケト（「地平線にいるホルス神」の意）」と呼ばれ、太陽神ラーと王権の守護神ホルスが習合したラー・ホルアクティ神の化身と考えられた。つまり、「大スフィンクス」は王権と太陽神の関わりを示すものであり、スフィンクス神殿は一種の太陽神殿であったと考えられる。

メンカウラー王

メンカウラー王はカフラー王とカメレルネブティ1世の息子で、ギザの第3ピラミッドを造営した（図36・46）。メンカウラー王の治績に関する同時代史料はほとんどない。メンカウラー王の王妃は王族のカメレルネブティ2世で、2人の間にはクウエンラー王子がいたが、ヘロドトスによれば、メンカウラー王はブトのウアジェト神の神託によって余命6年と告げられたので、毎日宴会をして過ごし、残りの人生をうまく倍の12年にしたという。これに対し、『エジプト史』を記したマネトはメンカウラー王の治世を63年としている。しかし、同時代史料では最長の治世年は11年となっている。

メンカウラー王のピラミッドは、創建時の高さが66メートルと大ピラミッドの半分にも満たない。また、底面は、102・2×104・6メートルで、基底部の面積は、クフ王の大ピラミッドの4分の1以下しかない。このピラミッドもカフラー王のピラミッドと同じように、基礎部に近い部分の外装には赤色花崗岩の石材が用いられているので、建設時の外観は2色であった。メンカウラー王のピラミッドが急激に小型化したことについて、多くの研究者が様々な解釈をしてきた。先代の王のピラミッド建設に財政が逼迫し、人材不足となったためという説、ピラミッド本体よりも葬祭殿や河岸神殿に建設の重点が移ったという説、そして、メンカウラー王がピラミッドを建造した場所には、クフ王やカフラー王のピラミッドと同じ面積のピラミッドを造営するに足る岩盤がなかったとする説がある。葬祭殿や河岸神殿に建設の重点が移ったとする説の根拠は、ピラミッドの規模に対し、葬祭殿や河岸神殿の規模は、クフ王やカフラー王のものとさほど変わらないという点にある。しかし、これらのメンカウラー王の建造物は石造ではなく日干レンガ製であるため、かつてのような力はなくなったと見る方が妥当であろう。

メンカウラー王のピラミッド葬祭殿は、巨大な石灰岩ブロックを使用して建設が開始されたが、最終的には日干レンガ製の建造物となった。その平面プランはほぼ正方形であり、内部からは等身大よりも大きな王の彫像の破片が出土し、1体がボストン美術館で復元されている。河岸神殿も日干レンガで急造された。入口区画、中庭、至聖所、倉庫から構成されており、アメリカのハーバード大学・ボストン美術館合同調査隊により、膨大な数の彫像が出土した。特に有名なのは硬砂岩製の三体像（トリアード）と呼ばれるメンカウラー王と二柱の神々の像であり、4点が完形で発見されている（図47）。この河岸神殿は、後にナイル川の氾濫の水量の増加により崩壊したが、第6王朝に再建され、内部には住居も造営された。

図47　メンカウラー王の三体像

シェプセスカフ王

メンカウラー王の後継者シェプセスカフ王の治世は、わずか4年であった。彼は祖父、父にならいギザにピラミッドを建造することはせず、南サッカラに王墓を造営した（図36）。それは、おそらくギザに新たな王墓を造営する土地がなかったからであろう。現在マスタバ・ファラオンと呼ばれるこの王墓は、上部構造の完成形が巨大な石棺の形態であった。しかし、内部構造はそれまでのピラミッドの構造を踏襲しており、本来はピラミッドとして建設される予定であったが、王が短命であったため急遽設計を変更した可能性も考えられる。一方、異母兄妹で第5王朝初代の王ウセルカフの王妃ケントカウエス1世は、ギザにマスタバ墓を造営しており、内部構造はシェプセスカフ王の墓のそれに酷似している。そして、彼女こそが次の第5王朝への交替で重要な役割を果たした。

第5王朝の開始とケントカウエス1世（前2494〜2345年頃）

第5王朝の開始については、中王国時代第12王朝に書かれたとされる『ウェストカー・パピルスの物語』の伝承に綴られている。物語に登場する魔術師ジェディは、王宮に招かれ、クフ王の前で、太陽神ラーとその神官の娘の間に三つ子が生まれ、彼らが新しい王朝の王になり、クフ王の王朝は孫の代で終わることを予言する。三つ子の名はウセルカフ、サフラー、ネフェルイルカーラーで、それぞれ順番に王になるであろうと語っている。

しかし、前述のように第4王朝から第5王朝への交替で重要な役割を果たしたのは、メンカウラー王の娘ケントカウエス1世であった。ケントカウエス1世は、第5王朝初代のウセルカフ王の王妃で、これによりクフ王から分かれた2つの家系が統合された。ケントカウエス1世は、ギザのメンカウラー王のピラミッドの北西約50メートルの位置に大型のマスタバ墓を造営している（図36）。このマスタバ墓は、岩山を切り崩し、その上に石灰岩のブロックを積んだ2段構造になっている。2段目の部分はシェプセスカフ王の墓と同じように石棺の形態をしており、これらはほぼ同時期に造営されたと考えられている。この墓の碑文には、「二人の上下エジプト王の母」という称号が書かれている。

一方、アブ・シールの第5王朝のネフェルイルカーラー王のピラミッドの側にも同じケントカウエスという名の王妃の

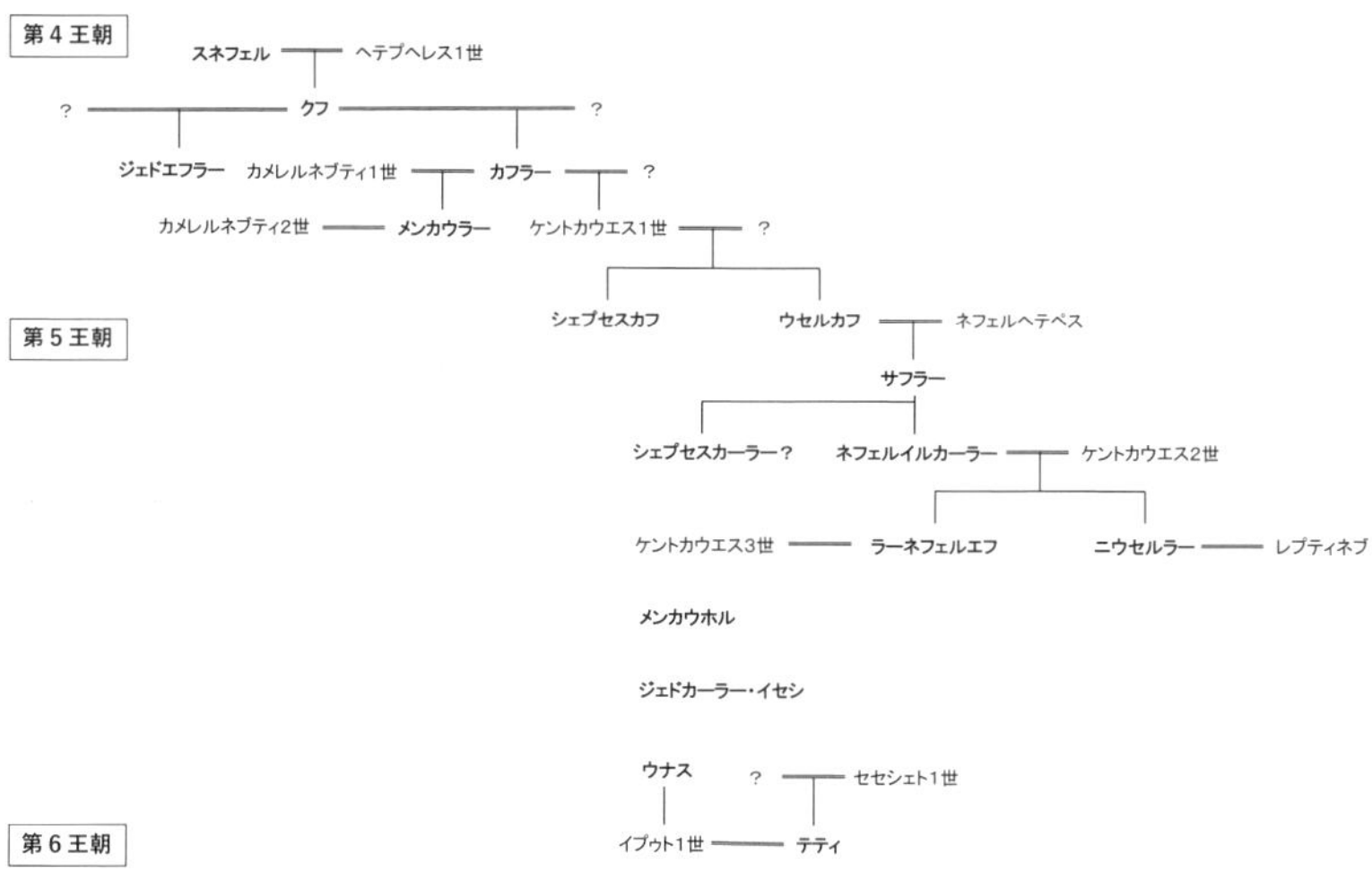

図48　第4王朝・第5王朝王朝略系図

ピラミッドがあり、そこにも同じ称号が書かれているため、最近まで、ギザとアブ・シールのケントカウエスの墓は同一人物のものであると考えられていた。しかし、近年の発掘調査によりギザのケントカウエスの墓は第4王朝末のケントカウエス1世のもので、アブ・シールのケントカウエスの墓は、ネフェルイルカーラー・カカイ王の王妃ケントカウエス2世の墓であることが明らかになった。チェコのエジプト学者ミロスラフ・ヴェルナーは、ケントカウエス1世、2世の両方が持つ「二人の上下エジプト王の母」という称号は、彼女たちがそれぞれ後に王となった双子の母であったと推測している。ケントカウエス1世の場合は、ウセルカフ王の王妃ではなくシェプセスカフ王とウセルカフ王の母と解釈している。さらにヴェルナーは、ケントカウエス1世はメンカウラー王の娘ではなく、カフラー王の娘でメンカウラー王の妹であると推測し、メンカウラー王には後継者がいなかったので、彼女が王位継承の鍵を握っていたとしている。ただし、彼女の夫に関しては依然として明らかではない。

ウセルカフ王

シェプセスカフ王の弟であるウセルカフ王は、ジェセル王の階段ピラミッド複合体に接するように、その北東にピラミッドを造営した（図36・37・49）。これは、ウセルカフ王による伝統回帰の表明として解釈

図49　ウセルカフ王像頭部

されている。ウセルカフ王のピラミッド複合体では葬祭殿がピラミッドの南側に位置し、日中は太陽の光が中庭を照らすような構造になっている。彼のピラミッドの参道があったと思われる場所は、末期王朝時代からプトレマイオス朝時代のバステト女神の神殿、ブバスティオンの断崖の南側に位置していたと考えられているが、最近ブバスティオンから彼の時代の高官ウアフティの岩窟墓が発見され、美しい彩色レリーフが残されている。

ウセルカフ王は、アブ・シールに初めて太陽神殿を造営した（図37）。このことは、ファラオはもはや太陽神ラーの化身ではなく、ラーを父と崇め、息子として君臨するようになったことを示唆する。第5王朝の王のうち少なくとも6人の王が、この太陽神殿を造営したことが『アブ・シール文書』から知られている。そのうち、遺構が確認されているのは、ウセルカフ王の太陽神殿とアブ・グラーブのニウセルラー王の太陽神殿の2基のみである。ウセルカフ王がなぜ太陽神殿をアブ・シールに建設したのかは明らかではないが、これが契機となって以降アブ・シールが第5王朝の王墓地となった。

サフラー王

サフラー王は、第5王朝第2代の王でウセルカフ王の息子である。サフラー王は、古王国時代で最も重要なファラオの一人と考えられており、彼の時代は第5王朝の最盛期とみられている。サフラー王は、レヴァントと呼ばれる現在のシリア、レバノン地域との交流を強化し、杉材などを獲得した。また、紅海沿岸の南方のプントへ最初の遠征隊を派遣し、乳香、マラカイト、琥珀金などを入手した。シナイ半島へも遠征隊を派遣し、トルコ石の鉱山や銅山で活発な採掘活動を進めた。

サフラー王は、初めてアブ・シールにピラミッドを造営した王としても知られる（図36・37・50）。このピラミッドはウセルカフ王の太陽神殿の近傍に位置した。サフラー王のピラミッドは、第4王朝のものよりはるかに小さいが、様々な石材を使用し、参道と葬祭殿は、約1万平方メートルにわたって美しい彩色浮彫で装飾された。また、初めてナツメヤシ形柱で葬祭殿を飾った。このピラミッド複合体は、個々の建造物と施設全体が調和のとれた設計であった。『アブ・シール文書』にはサフラー王の建設した太陽神殿「ラーの野」が記されているが、考古学的には確認されていない。将来アブ・シールで発見される可能性がある。

ネフェルイルカーラー・カカイ王

サフラー王の王位を継承したのは、息子のネフェルイルカーラー・カカイ王である。ネフェルイルカーラー・カカイ王は王妃ケントカウエス2世との間に双子をもうけたとされており、それぞれラーネフェルエフ、ニウセルラーと名づけられた。

ネフェルイルカーラー・カカイ王より、王の誕生時から持つ「誕生名（上下エジプト王名）」の前に太陽神ラーの息子であることを示す「即位名」が記されることが通例となった。また、この王はラー、ホルス、ハトホルなどの様々な神々に莫大な寄進をしたことが知られている。ネフェルイルカーラー・カカイ王のピラミッド葬祭殿（図37）からは、いわゆる『アブ・シール文書』が出土し、神殿の活動記録、勤務表、備品リストなど古王国時代の経済と行政の実態が明らかとなっている。

前述のように、ヴェルナーによれば、ネフェルイルカーラー・カカイ王の王妃ケントカウエス2世もケントカウエス1世と同様に双子を生んだということであるが、その双子はラーネフェルエフとニウセルラーで二人とも王位を継承した。

ラーネフェルエフ王とニウセルラー王

ラーネフェルエフ王の治世は短く、彼のピラミッドは上部構造が未完成のままとなり、

図50　アブ・シール、サフラー王のピラミッド

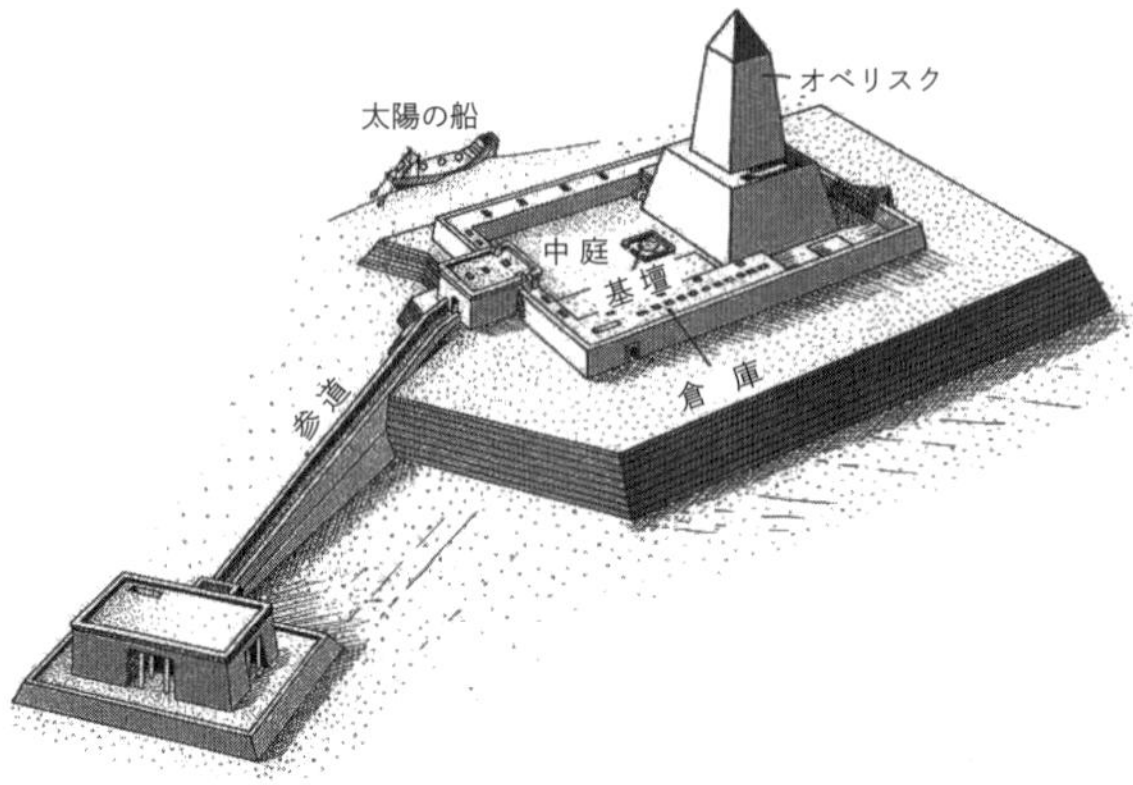

図51 アブ・グラーブ、ニウセルラー王の太陽神殿復元図

最終的にはマスタバ墓の上部構造となった。葬祭殿は日干レンガ製で粗末なものであるが、近年のチェコ隊の発掘調査により、パピルス文書、彫像、石製容器、封泥、ファイアンス製の象嵌などの様々な遺物が発見されている。

弟のニウセルラー王の治世には、社会および国家において大きな変化がみられた。彼の治世は第5王朝の中でも比較的長く、30年あまりも続いたとされる。特に重要な治績としては、アブ・グラーブに造営した太陽神殿(図37・51)が挙げられる。第5王朝の9人の王のうち6人が太陽神殿を造営したことが当時の史料から知られているが、前述のように遺構が確認できるのはウセルカフ王のものとニウセルラー王のもののみである。

ニウセルラー王の太陽神殿複合体の構造は、基本的にピラミッド複合体の構造とよく似ている。砂漠と耕地の際には河岸神殿があり、参道を通じて神殿本体につながっている。神殿本体の奥には太陽神ラーの聖なる石ベンベンを表すオベリスク状の構造物があり、その前に祭壇と中庭を持つ。かつてニウセルラーの太陽神殿のオベリスクの高さは約65メートルあったと推定されていたが、近年の調査によりこれまでの推定より低かったと結論づけられている。この中庭を囲む形で倉庫や通廊が造られ、通廊の壁にはセド祭(王位更新祭)やエジプトの自然環境を表した浮彫が施されていた。神殿の南側には、木材と日干レンガで「太陽の船」を表す舟形の構造物が造られていた。

ニウセルラー王の治世には高官の力も増大し、役職も世襲制になる傾向が強くなった。加えて地方も中央から独立する傾向が強くなり、この時代に上エジプト地域の州侯を管理するための「上エジプト長官」が任命された。また、この時代にはナイル川の水位が著しく低下し、経済に大打撃を与えたことが明らかとなっている。

サッカラへの帰還―メンカウホル王、ジェドカーラー・イセシ王、ウナス王

メンカウホル王の治世は短く、再びサッカラにピラミッドを造営した以外にはあまり知られていない。その後継者ジェドカーラー・イセシ王は、行政改革を行った王として知られている。彼は地方豪族の強大化を抑えるため、各州知事を自らが属する1つの州のみの責任を負う者とし、以前のように1人の州知事が同時にいくつかの州を同時に管理することを禁じた。また、彼は上エジプトで経済的に重要な第10州、第15州、第20州を管理する行政組織を設立した。一方で、この時代から高官が自身の墓を王都の近くではなく彼らの根拠地に造営するようになった。このような状況から、王は次第に独立しつつある高官や地方行政の管理を強化するが、高官はますます王権から距離を取るようになっていったことが窺える。ジェドカーラー・イセシ王は、南サッカラにピラミッド複合体を建設した（図36）。近年チェコ隊による本格的な発掘調査が開始され、近傍からは同時代の高官クウイの極彩色の壁画が残るマスタバ墓が発見されている。

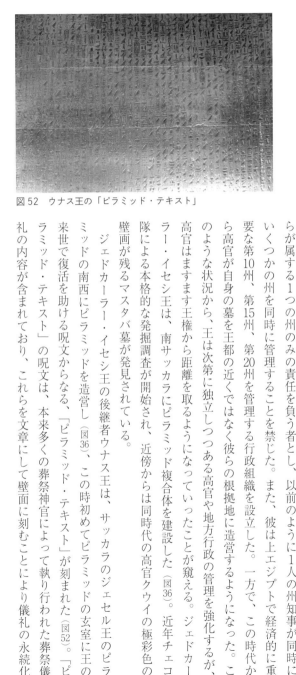

図52　ウナス王の「ピラミッド・テキスト」

ジェドカーラー・イセシ王の後継者ウナス王は、サッカラのジェセル王のピラミッドの南西にピラミッドを造営し（図36）、この時初めてピラミッドの玄室に王の来世で復活を助ける呪文からなる、「ピラミッド・テキスト」が刻まれた（図52）。「ピラミッド・テキスト」の呪文は、本来多くの葬祭神官によって執り行われた葬祭儀礼の内容が含まれており、これらを文章にして壁面に刻むことにより儀礼の永続化

が試みられた。結果として、葬祭神官の数を激減させたのである。つまり、「ピラミッド・テキスト」は、当時の王権と貴族の間の権力闘争において王権を強化するものであった。呪文は、王の死後に無事に来世を旅し、神々の一員となり来世で生命を得ることなどを保証したものである。

ウナス王は、貴族の独立を制御する策を打ち立てたとされる。彼は第2の宰相や地方貴族を首都に常駐させて彼の支配下におき、中央政府による地方支配を強化した。驚くべきことに、彼の治世の高官の墓は地方では発見されていない。

第6王朝（前2345～2181年頃）

第6王朝は、まさに古王国時代の衰退期であった。中央政府の権威、王権の概念や正統性が揺らぎ続けた時代である。一方、地方豪族は富を蓄積し、ナイル川の氾濫の水位の低下にとともに、彼らの絆は強まり、役職は世襲制となった。これにより、王国の経済力が弱まり、王の活動も大きく制限されるようになってしまった。

王権は弱体化し、王宮における権力闘争が常態化した。ペピ1世の暗殺計画やマネトの記録によるテティ王の暗殺などが具体的な事件として挙げられる。このような状況にあって王は数々の施策を試みたが、ほとんどが失敗に終わった。

テティ王とウセルカーラー王

第6王朝初代の王はテティ王である。彼の父は不明であるが、彼の母はおそらくセセシェト1世であると推測されている。正妃はウナス王の娘イプウトで、彼女との間にペピ1世をもうけた。またもう一人の王妃クイトとの間にはテティ王の直後の短命の王、ウセルカーラーをもうけた。彼の治世にはメレルカとカゲムニという有能な宰相がいたが、二人ともテティ王の娘婿で、テティ王のピラミッドに接してマスタバ墓を造営することを許された（口絵17）。

テティ王の治世には、いくつかの貴族墓で墓主の名前が削除されるだけでなく、王が墓自体を他の人物に割り当てるという前代未聞のことが起きた。これは本来の墓主が来世で存在できなくなるような行為である。このことは、王が王宮において敵対勢力と対立していたことを示唆するものと解釈されている。マネトによれば、テティ王は30年の治世の後、王宮の護衛に暗殺されたという。ただし、この暗殺事件については、同時代史料では証明できていない。

テティ王の後継者は、テティ王とクイト王妃の息子であるウセルカーラー王である。この王の治世は1年あるいは数年であったと考えられている。ウセルカーラーを文字通り訳すと、「ラー神のカーは力強い」という意味であり、ラーの力を強調していることがわかる。このことから、バルタは太陽神ラーの崇拝に関して宮廷の内部対立があったことを示唆すると指摘している。

ペピ1世

次のペピ1世は約50年間統治したとされている（図53）。彼は王権を強化するためにアビドスの有力貴族クウイの2人の娘、アンクエンエスペピ1世および同2世と結婚し、上エジプトの支配を手中に収めた。アンクエンエスペピという名前は、「ペピは彼女のために生きますように」という意味であり、明らかに王権が衰退していることを示唆する。彼女らの兄弟ジャウは宰相となり、アビドスが宰相の拠点となった。

ペピ1世のピラミッド複合体は南サッカラに造営され、少なくとも8基の王妃のための小型ピラミッドを含んでいた。彼のピラミッド複合体は、「メンネフェル・ペピ（「確固たるはペピの美」の意）」と呼ばれたが、これが東側に位置する集落全体を指すようになり、後の「メンフィス（メンネフェル）」の語源となった。メンフィスは、第1王朝のアハ王によって建設され、「イネブ・ヘジ（「白い壁」の意）」と呼ばれていたが、以降「メンネフェル」がこの地域の中心都市の呼称となった。

図53　ペピ1世像

ペピ1世のピラミッド複合体の8基の王妃のための小型ピラミッドが示すように、ペピ1世には多くの王妃がいたため、彼は後宮による陰謀の対象となっていたが、暗殺を事前に食い止めることができた。陰謀を企てた高官と宰相ラーウェルの処分については不明であるが、審理を行ったのは唯一の裁判官に任命された高官ウェニであったことが彼の墓に記された自伝から知られている。ウェニは自伝の中で、宰相よりも王と親密な関係を持つ自らの卓越した立場を強調している。後宮によるペピ1世とその父テティ王の暗殺計画から、当時の王を取り巻く状況が窺える。

メルエンラー王

ペピ1世の後継者、メルエンラー王は、ペピ1世と王妃アンクエンエスペピ1世の息子である。彼は王位につくと、叔母で義母であるアンクエンエスペピ2世を王妃に迎え、ペピ2世をもうけた。メルエンラー王の約10年の治世に、上エジプトの各地で高官の墓地が発展したことが知られている。高官が王権から独立していった一方で、文字史料からメルエンラー王がアスワンまで旅をし、ヌビアの各部族の族長と会い、朝貢を受けていたことが知られる。

ペピ2世

ペピ2世は第6王朝5代目の王で、古王国時代で最長の約60年もの間ファラオとして君臨したとみられる。かつてこの王の統治年数は94年とも言われていたが、ヒエラティックの数字の6と9は似ているため、おそらく書記が混乱して間違えた可能性が高く、64年程度が通説となっている。いずれにしても、ペピ2世が長い年数を統治したことは確かなようである。彼の長い治世は、まさに古王国時代が徐々に衰退に向かう時期で、治世の終わりには経済が悪化し、政治的な腐敗もとどまることがなかった。ペピ2世は、メルエンラーと王妃アンクエンエスペピ2世の息子で、父が治世第10年頃に早逝した後にファラオとなった。ペピ2世が即位したのはわずか10歳ほどの時だったと考えられている。治世の最初は、幼い王を支えるために、母アンクエンエスペピ2世が摂政として統治していた（口絵18）。また、ペピ2世が幼少にしてファラオになったということは、当時のアスワンの知事ハルクフが王の名代として行った南方の南スーダンへの遠征で、ピグミー（矮人）を連れてきて幼い王を喜ばせたという内容からも明らかである。

ペピ2世の治世には、多くの行政改革が行われたことが知られている。治世の前半は、宰相職はアビドスのクウイ一族によって独占された。これは、明らかにペピ1世がクウイ一族の女性と婚姻関係を結んだことに起因している。ペピ2世の治世第25年と第35年の間に「南の州侯」の称号がなくなり、上エジプトの全ての州侯は「南の宰相」の直属となった。また、王はテーベ（現ルクソール）、メイル、そしておそらくアビドスに租税を集積する穀倉庫を建設させ、これらの地域の州侯は「穀倉長」の称号を持つようになった。治世の後半には、地方の州侯が地方神殿の神官を管理するようになり、「神官の監督官」の称号が新設された。一方で、州侯はこれまで所持していた「南の地の監督官」の称号を失い、この称号はメイルの州侯のみに認められた称号となった。以上のような行政改革から、中央政府が上エジプトの遠隔地域の支配に苦心していたことが窺える。

ペピ2世の治世のおそらく末期に、アビドスを中心とする上エジプト第13ノモスの州侯クウイは、自身の名前を王だけに許されていた「カルトゥーシュ（王名枠）」に記した。このことはクウイが自らを支配者とみなしていたことを示唆する。さらに彼はピラミッドに匹敵する巨大墳丘を持つ墓をダーラに造営し、埋葬させた。クウイは、メイルとディール・アル＝ゲベラウイを政治的拠点都市としたようである。このことは、すでにペピ2世の在位中に王権がかなり弱体化し、脅かされていたことを明確に示している。

古王国時代の衰退については、官僚組織が肥大化し国家経済を圧迫したこと、気候が悪化し、飢饉が続き食料生産高が減少したことなどが挙げられるが、ペピ2世の長期政権は、中央政府による行政の停滞を招いただけでなく、王の治世が長かったため後継者となる予定だった息子が次々と早逝してしまい、王の死後、次の王が即位する際に混乱が起きたようである。彼の没後、古王国時代は急速に衰えていった。

マネトによると、ペピ2世の死後メルエンラー2世が王位を継承したが、わずか1年で他界したため、ニトクリスという名の女王が支配したとされる。しかし、このエジプト最初の伝説の女王の考古学的証拠はなく、その存在は否定されている。

古王国時代の崩壊

古王国時代の崩壊の要因は、多くの研究者によって議論されてきた。これまで第6王朝の地方豪族の勢力の増大によるメンフィス以外の地域での不安定な状況、官僚の数の増加による財政の圧迫、ナイル川の増水の水位の急激な低下とそれによる飢饉が要因として指摘されている。また近年バルタによって、生物の種は徐々に進化するのではなく、区切りごとに突発的に進化していき、小集団が突発的に変化することで形態的な大規模な変化が起きるとする進化生物学の理論である『断続平衡説』を導入した説が唱えられている。バルタは、古王国時代には5つの多面的効果のみられる画期があったという。それは古い順にジェセル王の治世、スネフェル王の治世、シェプセスカフ王とウセルカフ王の治世、ニウセルラー王の治世、ジェドカーラー・イセシ王の治世であり、それぞれの時代に大きな変化があった。古王国時代全体を通して見ると、以前は古代エジプト国家を劇的な成功に導いた要因（ピラミッドをはじめとする巨大建造物の造営や官僚制度の導入など）が徐々に否定的なものに変化し、それが古王国の衰退と最終的な崩壊につながったとバルタは指摘する。つまり、システムの形成段階ですでにシステムの最終的な終焉に寄与する主要な内部要因の根源が検出できるという。

従来の研究では、単一の要因による説明が多く、なかでも経済的な要因が主流であった。古王国時代後半や第1中間期の貴族墓の銘文に飢饉があったことが記され、古王国時代の後半に乾燥化が進んだとする説が提示されていたからである。しかし、貴族墓の銘文にある飢饉の言及は、被葬者の自伝の中でかなり意図的に誇張されて記されており、客観的な史料とするには問題が多い。また、地方における墓地の拡大は地方豪族の独立を示す現象として説明されてきたが、ある程度は中央政府によって彼らの権力が維持されていたとも指摘されている。しかし、明らかにペピ2世の治世の後には、王の建造物の急激な減少と王権の急速な衰退により混乱が続いたのである。古王国時代の崩壊の理由は1つの要因によるものではなく、前述の諸要因を含めた様々な要因によるものであり、古王国時代を支える政治的構造は新しい変化に対応することが不可能だったという考え方が主流となり、究極的には中央集権的な国家の崩壊に結びついたとされている。しかし、近年では、従来支持されてきた気候の悪化が主な要因であるとする説や崩壊そのものの存在を否定する説も提示されており、今後もさらなる議論が続くであろう。

第9章　第1中間期

第1中間期

第6王朝の最後の王ペピ2世の60年余に及ぶ長い統治の後、古王国時代は終焉を迎えた。この間に、中央集権国家体制は崩壊していった。その表れとして、ヌビアや紅海沿岸で反乱が起こったため、それを鎮圧する遠征隊が派遣されるなど、内外の情勢は不安定になった。ペピ2世の死後、王とは名ばかりで、各地で州侯と呼ばれる地方支配者が勢力を持つようになり、エジプト国内は混乱した。このような国土が一人の王のもとに統一されていない不安定な時代を、エジプト学では中間期と呼んでいる。

古王国時代直後の時代は、古代エジプト史における最初の中間期なので第1中間期と呼ばれている。第1中間期は、特に混乱が著しい古王国時代と同じくメンフィスを都とする第7王朝・第8王朝の前半期と、ファイユームに近いヘラクレオポリスを都とする第9王朝・第10王朝と、テーベ（現ルクソール）を都とする第11王朝の上下エジプトの2つの王朝が並立する後半期に分かれる。しかし、中間期とはあくまでも王権側からの見方であって、国土が一つの王朝によって支配されていなくても、地方都市では活力ある社会発展がみられたという。古王国時代のピラミッドのような巨大建造物の造営がなくなったことは、社会システムの崩壊を示唆するが、社会の下部では文化的伝統を維持し、上エジプトの地方都市では活力ある社会発展がみられた。ファン・モレノ・ガルシアによれば、第1中間期はエジプトの社会と文化の崩壊というよりは、活動の中心とダイナミズムの（一時的な）移動によって特徴づけられるという。つまり、古王国時代の王宮を中心とする社会から、地方都市を中心とする社会への変化があったという。地方都市では、たとえばエドフで市街地や街路の拡大が考古学的に確認され、交易も拡大し、前期青銅器時代および中期青銅器時代の地中海、西アジア、ヌビアといった周辺地域での国際的な交易ネットワークの一部に組み込まれた。

第7王朝・第8王朝（前2181～2160年頃）
メンフィスの王朝の衰退

紀元前3世紀に『エジプト史』を記した神官マネトによれば、第7王朝はメンフィスの70人の王が70日間統治したという。これが事実だとすれば、第7王朝は1年も満たない王朝だったということになるためこの記述は疑問である。第7王朝と第8王朝の首都はメンフィスにあったとされているため、これらの王朝を古王国時代に含める研究者もいる。また、第7王朝と第8王朝の王統譜や境界についても研究者の間で一致していない。ところで、この時代から約900年後にアビドスのセティ1世の葬祭殿に刻まれた「アビドス王名表」には、9人の王の名前が記されている。第7王朝の初代ネフェルカーラー王は、母をサッカラにあるペピ2世の妃イプウトのピラミッド葬祭殿の倉庫に埋葬しており、もはやファラオは自分の家族の墓すら造ることができなくなるほど力を衰退させたようである。また、同じくサッカラではこの時代に墓泥棒が横行していたという記録も残っている。まさに王の権力が弱体化し、治安も悪化した時代だった。

第8王朝もまたメンフィスを都としたようである。「アビドス王名表」によれば、第8王朝は6人の王が在位しており、このうち5代までは「トリノ王名表」と一致する。「トリノ王名表」に記された王の在位年数を見ると、1年と半月から4年と2ヶ月であり、王は頻繁に変わっていたと言える。これらの第7王朝、第8王朝の王で考古学的に裏付けられるのは、南サッカラに小型のピラミッドを造営したカカラー・イビ王くらいである。小規模であってもピラミッドを建設したということとは、この王が古王国の伝統を継承しようと努めたことを示すのであろう。

第8王朝の王は、勢力を拡大した上エジプトの有力な地方支配者と結びつくことによって、王権を強化したようである。これは、第6王朝の政策を踏襲したものであった。初代ウアジカラー王は、コプトスの州侯シェマイを上エジプトの長官に任命し、上エジプトの22のノモス（州）を統轄させた。このシェマイは影の実力者となり、第5代のネフェルカウホル王の長女と婚姻し、宰相にまで登りつめた。このように、王権の実体はなく、地方の有力者が支配する時代だった。

第7王朝と第8王朝は合わせて11年の王朝にすぎなかったが、かろうじて全エジプトの支配者としての王の地位は保っていた。しかし、第8王朝の終わりと共にエジプト王国統一以来のメンフィスを中心とした王朝は完全に終わりを告げることになる。

第9王朝・第10王朝（前2160〜2025年頃）

ヘラクレオポリスの2つの王朝

マネトによれば、第9王朝・第10王朝は185年間にわたり、18あるいは19人の王によって統治されたという。しかし、ほとんどの王の名前がわかっていないだけでなく、名前の知られている王の統治順序も明らかではない。

マネトは、第9王朝はケティという名の王が統治したと述べている。このケティ1世の出自に関しては全くわかっていない。同時代の史料は「ケティの王朝」と言及しているため、第9王朝はケティ1世によって開始されたことはほぼ間違いないだろう。この王朝は、ファイユームの少し南に位置するヘラクレオポリスという町を中心にしていたため、ヘラクレオポリス王朝とも呼ばれている。この他、上エジプトのいくつかの場所で発見された州侯の碑文などによれば、この王朝の支配権は他の地方支配者に承認されていたようだ。しかし、ケティ1世の治世の末にはテーベ（現ルクソール）の州侯アンテフが自立して王の称号を名乗り、テーベで第11王朝を並行して樹立した。

第10王朝もヘラクレオポリスを首都とし、下エジプトを中心に支配していた。第10王朝の第3代、ケティ3世は、教訓文学で有名な『メリカラー王への教訓』を記したメリカラー王の父とされている。ケティ3世は、上エジプト第10州まで北上してきたテーベの第11王朝の第2代アンテフ2世の軍を撃破し、アビドスを占領した。結局は、アビドスの北の国境線でテーベの王朝との休戦を行った。これにより、ケティはデルタ地帯に目を向けるようになり、レヴァント地方から移

図54　アンテフ2世の碑

住してきた遊牧民を退け、町を建設した。またシリアとの交易も活発化したようである。『メリカラー王への教訓』では、ケティ3世はメリカラー王に対し、このような繁栄を維持するためにも、テーベと友好関係を保つよう忠告している。しかし、ヘラクレオポリスの王朝はテーベの王朝との対立を強めていった。

第11王朝　最初のテーベの王朝（再統一前・前2125～2055年頃）

古王国時代のテーベは、上エジプト第4ノモスの州都ではあったが、特に重要でもない地方の町であった。しかし、ヘラクレオポリス王朝が始まってまもなく、テーベ地域の支配者であった神官長が次第に勢力を伸ばしていった。なかでも、大アンテフと呼ばれる州侯は、上エジプト第6ノモスのデンデラまで支配していたようである。

大アンテフの息子メンチュヘテプ1世も父親が築いた勢力を維持したが、実際に最初にテーベの王朝を打ち立てたのは、メンチュヘテプ1世の息子、アンテフ1世であった。アンテフ1世は、自らの「ホルス名」を「二国を和解させる者」という意味のセヘル・タウイと名乗り、第11王朝初代の王として即位した。しかし、アンテフ1世の勢力はテーベとその周辺に留まるだけであった。北のヘラクレオポリス王朝に対抗できた最初の王は、アンテフ1世の兄弟のアンテフ2世である（図54）。彼は自らがエジプト全土の王であると主張し、アビドスでヘラクレオポリス王朝と戦闘を交えた。また彼は比較的多くの記念建造物を残し、アスワンのエレファンティネ島にあるサテト神殿の増改築も行っている。アンテフ2世の後継者、アンテフ3世の時代は比較的平和であったが、その次のメンチュヘテプ2世の時代にヘラクレオポリスと激しく対立することになった。

内戦のはじまり

テーベからアスワンのエレファンティネまでの領土を掌握した第11王朝のアンテフ2世は、自ら上下エジプト王を名乗り、北のヘラクレオポリスの第10王朝と本格的に対立することになった。アンテフ2世は、テーベのアメン神（図96）とアルマントのメンチュウ神への信仰を篤くすることで、王権の正統化を認められていたようである。このような政治的背景をもとに、中部エジプトのティニスの町を併合し、アンテフ2世の支配はアシュートの州の境界にまで及んだ。しかし、アシュートの州侯たちは第10王朝の名誉を護ろうとし、争いの中心はティニスに移った。ティニスでは、この時から約60年、戦争のために窮乏が続いたという。その後、アシュートの支配者テフィビは、ヘラクレオポリスの王朝に忠誠を尽くす軍を派遣し、ティニスをテーベの支配から奪還した。しかし、アンテフ2世の軍はこれに応戦して、勝利を挙げ、北進してアクミームまで領土を広げた。その後、しばらく休戦状態が続いたが、アンテフ2世の孫、メンチュヘテプ2世の治世になると、ヘラクレオポリスの王朝とテーベの王朝との対立が決定的になった。

メンチュヘテプ2世のエジプト再統一

メンチュヘテプ2世の治世第14年に、ティニスで反テーベ王朝の反乱が起こり、再び南北の対決が始まった。この時までにテーベの王朝は下ヌビアの資源と傭兵を手中におさめ、ヘラクレオポリス王朝のメリカラー王に対して優位であった。ティニスでの反乱をきっかけに、メンチュヘテプ2世の軍隊はアシュートを攻撃して勝利し、つづく8年間に中部エジプトのヘルモポリスなどの州侯を自らの配下とした。その後、メリカラー王の死後まもなく、治世第21年にヘラクレオポリスは陥落し、メンチュヘテプ2世はエジプトを統一した（口絵19・図56）。この後テーベがどのようにして下エジプトを支配するようになったのかはあまり明らかではないが、メンチュヘテプ2世が全国を巡行した際、敵対した州侯は追放され、王の任命

図55　メンチュヘテプ2世葬祭殿

図56　メンチュヘテプ2世、メンチュヘテプ2世葬祭殿出土

した州知事に替えられた。ただし、メンチュヘテプ2世に協力した中エジプトの諸侯は、その地位をある程度保証され、ベニハッサンなどで豪華な岩窟墓を造営し続けた。

　メンチュヘテプ2世の再統一に始まる時代は、中王国時代と呼ばれる。首都はテーベに置かれ、宮廷は基本的にそれまでの第11王朝の制度を維持した。統一戦争後の行政において、宰相が最も重要な職務であり、第1中間期を通じて分裂していた地方の行政組織は再統合された。メンチュヘテプ2世は、王権確立のために精力的に活動し、統一国家の安定化に尽力した。王は死後、テーベ西岸のディール・アル＝バフリーの壮麗な葬祭複合体に埋葬された（図55・56・口絵28）。この建造物は、断崖を背にしたテラスと列柱廊の組み合わせで知られ、のちに北隣に造営されたハトシェプスト女王の葬祭殿のモデルとなった。

第10章　中王国時代

古王国時代の中央集権的な国家は徐々に崩壊する一方で、地方の豪族が権力を持つようになり、地方都市を中心とする社会に変化していった。このような状況の中でヘラクレオポリスを中心とする第10王朝とテーベ（現ルクソール）を中心とする第11王朝の戦闘で、最終的に勝利したのは第11王朝のメンチュヘテプ2世だった。彼によってエジプトは再統一されたものの、依然として地方豪族の力が強く、中王国時代の前半は地方分権の様相を呈していた。そのため、首都をテーベからエジプト全土を戦略的に統治できるファイユームに近いイチタウイに遷した。そして、最終的に中央集権的な国家を再構築したのはセンウセレト3世であった。この時代に地方豪族の権力は弱体化した。一方、シリア・パレスチナからの遊牧民の侵入やヌビアでの交易路の安全の確保も重要な課題であり、特にヌビアの一部を併合し、戦略的な場所に要塞を築いた。しかし、第13王朝になると地方が再び勢力を盛り返し、最初の異民族の王朝が樹立するなど再び国が分裂し第2中間期となった。

第11王朝（エジプト再統一後・前2055～1985年）

中王国時代のはじまり

エジプトの再統一に成功したメンチュヘテプ2世は、以後没するまで30年にわたって中央集権体制の回復に努めた。再統一の戦争の際に、メンチュヘテプ2世に敵対した州侯は滅ぼされたが、彼に協力した中部エジプトの地方豪族はその地位を保証され、ベニハッサンなどに大型の岩窟墓を造った。

新しい統一王朝の中心は、メンチュヘテプの本拠地テーベであり、宰相、上下エジプトのそれぞれの長官、財務長官などの重要な役職は、王族を中心とするテーベの出身者で占められた。建築活動も盛んになり、エジプト各地の採石場での

図57　中王国時代と第2中間期の主要遺跡

石材の採掘が再開された。また、以前ヘラクレオポリスの宮廷に仕えていた優秀な職人たちは、テーベに移され、王の庇護のもとに古王国時代以来のメンフィス様式の芸術作品を再興した。

対外的には、西部砂漠に勢力を広げていたリビア人を追いやってオアシスを支配下に収め、ヌビアや紅海へ通じるワディ（涸谷）を確保し、ヌビアやプント（現在の紅海沿岸の南スーダンやエリトリアのあたり）と活発な交易を行った。

メンチュヘテプ2世の後継者、メンチュヘテプ3世や4世の治世も、エジプト各地で活発な建築事業が進められた。メンチュヘテプ3世は、ルクソール西岸のターリフ地区の西側にある岩山に自らの王墓と神殿を造っている。これは、1997年にハンガリー隊によって発見され、新王国時代に王家の谷ができる約500年前にルクソール西岸の岩山の中に王墓が造られていたことを示している。

メンチュヘテプ4世のことはあまりわかっていないが、治世第2年に、コプトスと紅海を結ぶワディ・ハンママートに遠征隊を送ったことが知られている。彼は自分の石棺とその蓋の石材を得るために、約4、000人を派遣したという。この遠征隊を率いた指揮官は、やがて次の王となる宰相アメンエムハトだった。アメンエムハトは、宰相だけでなく様々な重要な役職を独占し、力を強めていった。

第12王朝

アメンエムハト1世（前1985〜1773年頃）

アメンエムハトはセンウセレトという名の男性とネフェルトという名の女性の間に生まれた子供で、王家とは血のつながりのない人物であった（口絵20）。第12王朝はこのアメンエムハトが樹立したと考えられているが、どのようにして王になったかは不明である。一説によると、彼はクーデターによって王朝を始めたという。確かにメンチュヘテプ2世以降、急速に中央集権体制に戻されたため、地方豪族たちが敵対して、アメンエムハトを担いだとも考えられる。もう一つの説は、メンチュヘテプ4世の王権は弱く世継ぎがいなかったので、宰相であったアメンエムハトがアメンエムハト1世として王になったというものである。いずれにしてもアメンエムハトの王としての正統性は弱かった。

王家出身でないアメンエムハト1世は、自らの王位の正統性を示す根拠を示さなければならなかった。このような状況の場合、古代エジプトではしばしば王自らの王権を正統化する筋書きが用意された。たとえば、第5王朝のファラオたちは『ウェストカー・パピルスの物語』にあるように、太陽神ラーがラーの神官の妻に産ませた子供であったと書かれている。また、王として君臨する正統性に乏しかった第18王朝のハトシェプスト女王は、アメン・ラー神と母イアフメスの間に生まれた神の娘として王位継承を正統化している。アメンエムハト1世の場合は、『ネフェルティの予言』という文学作品に、彼がどのようにしてファラオになったかが述べられている。この物語では、古王国時代第4王朝のスネフェル王の前で、ネフェルティという名の神官が未来を予言する。この神官は、いずれ社会が混乱し、内戦や異民族の侵入により国土は悲惨な状態に陥るが、やがて上エジプトにアメニ（アメンエムハトの通称）という名の王が現れ、エジプトを救うだろうと述べる。つまり、アメンエムハト1世によって第1中間期の混乱から国土が回復され、平和と繁栄の時代を迎えるという予言である。

アメンエムハト1世の名前の意味は、「アメンは先頭にいる」である。アメンとは「隠れたる者」という意味で、テーベのカルナクを聖地とする神の名前である。第11王朝は、メンチュヘテプという名の王からもわかるように、アルマントの主神メンチュウを守護神といていたが、第12王朝ではテーベの主神アメンが王家の守護神となり、急速に力を示していった。

新都の建設

アメンエムハト1世は、繁栄の時代であった古王国時代と結びつけることによっても自らの正統化を強化したようである。彼は、メンフィスの南約30キロメートルのファイユームの入口に、「アメンエムハト・イチタウイ（「アメンエムハトは二国を掌握する者」の意）」と命名した新都を建設した（図57）。これは、イチタウイと呼ばれ、現在のアル＝リシュト村のあたりと推測されているが、正確な位置は確認されていない。メンフィスからファイユームあたり一帯は、古王国時代以来首都が建設された場所であり、イチタウイの建設はデルタと上エジプトの両地域を支配するのに地政的に適していたのである。

また、ファイユームはこの頃穀倉地帯として発展し、経済的に重要な地域になったとみられる。イチタウイを中心に物質文化も発達し、アメンエムハト1世の息子センウセレト1世の治世には土器が規格化し、エジプト全土に広がっていった。

アメンエムハト1世は治世第5年頃にテーベに建設中であった王墓を放棄し、イチタウイのそばのリシュトにピラミッドを造営した。第8章（101頁）で述べたように石材には、ギザのクフ王のピラミッドの葬祭殿やサッカラのピラミッドの葬祭殿あるいは高官のマスタバ墓の石材が再利用された。これは、石を奪ったというよりアメンエムハト1世が古王国時代の記念建造物との結びつきを持ちたかったために、すでに崩壊していた古王国時代の王や高官の記念建造物の石材を再利用したと主張する研究者もいる。

共同統治

アメンエムハト1世の治世は、一見順調に事が進んだようであるが、依然として地方豪族は影響力を維持しており、いつでも政権が脅かされうる状態であった。このような状況から王位継承を確実なものとするため、アメンエムハト1世は治世の第21年に長男のセンウセレトを共同統治者に任命したと考えられている。この後、共同統治の習慣は第12王朝の後継者たちが踏襲しただけでなく、新王国時代でも採用されることがあった。父王の生前に息子を共同統治者として王に任命する仕組みであるため、クーデターが起きても王朝が変わらず政権を維持できる合理的なシステムである。研究者の中には第12王朝の共同統治の存在を否定する者もいたが、特にアメンエムハト3世とセンウセレト3世の共同統治の存在を示す史料が複数発見されており、共同統治の存在は否定できない。

センウセレト1世

アメンエムハト1世は治世第30年頃に、王宮で何者かの手で暗殺され生涯を終えた。息子の共同統治者センウセレト1世（図58）は、このときリビアに遠征に行き外国軍と戦っていたので、命をとりとめた。センウセレト1世は、直ちにイチタウイの王宮に戻り、暗殺者を成敗し、王位を維持した。共同統治のシステムは機能したのである。アメンエムハト1世の暗殺事件については、『アメンエムハト1世の教訓』と『シヌヘの物語』（口絵21）という文学作品に記されている。

センウセレト1世は単独の統治者となり、対外政策に力を注いだ。彼は治世第10年に最初のヌビア遠征を行い、その8年後に第2カタラクト（急湍）を超えて進軍し、ブーヘンにエジプトの領土の南の国境線を引いた。これに伴い、セムナ、ブーヘンなどに要塞を建設し、交易を守る守備隊を駐屯させた（図59）。第2カタラクトの南までヌビアを手中に収めたセンウセレト1世は、埋蔵されている黄金を採掘するだけでなく、アメジスト、

図58　センウセレト１世とプタハ神

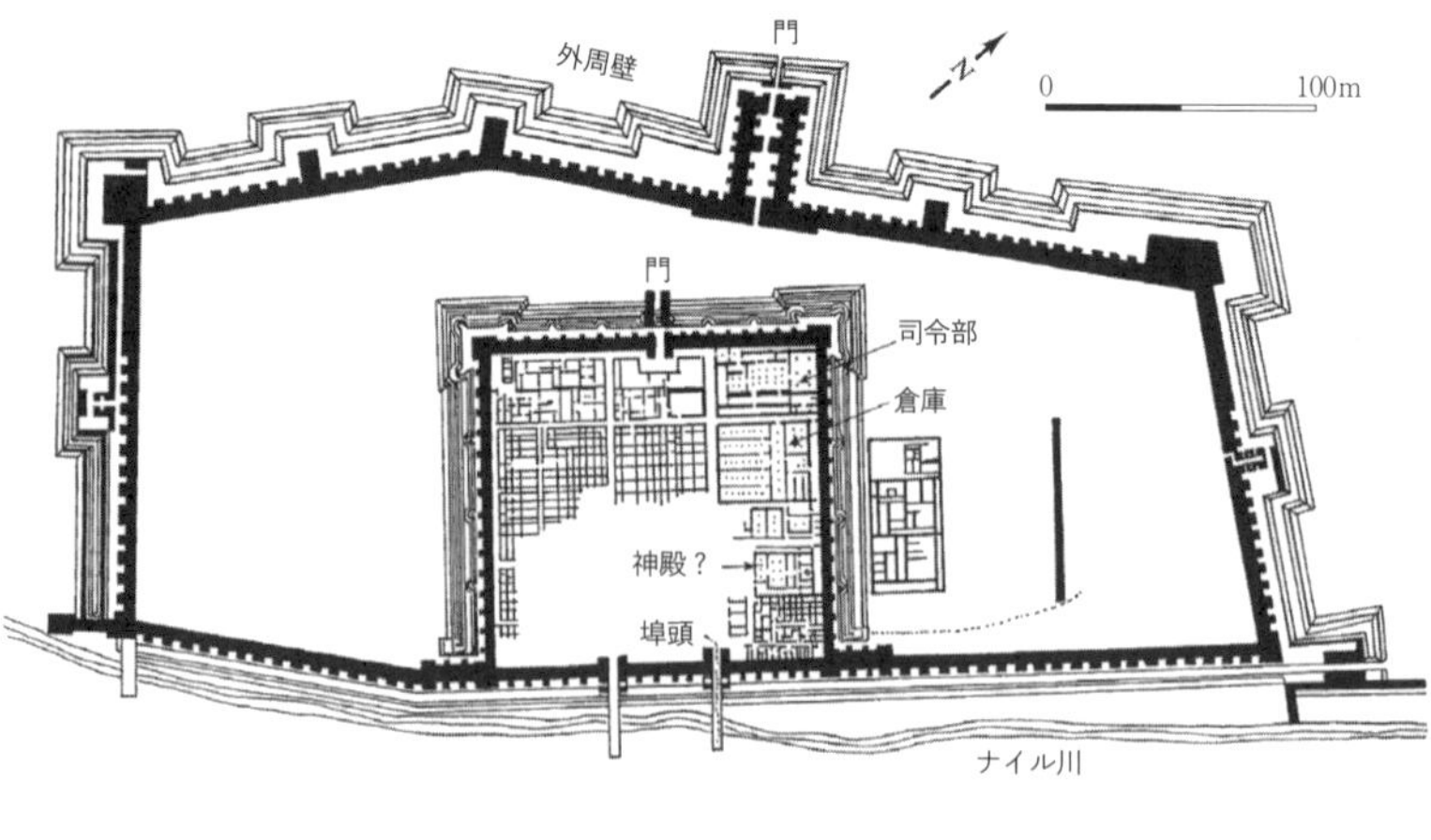

図59　ブーヘンの要塞平面図

トルコ石、銅、片麻岩などを得た。西アジアに対しては、父アメンエムハト1世が遊牧民の侵入を防ぐために「支配者の壁」と呼ばれる要塞群を建設したが、センウセレト1世はこれを維持し、シリアとの交易隊も守られた。特に北シリアのウガリトからセンウセレト1世の銘入りの遺物が出土することから、シリアとの交流が活発だったことが裏付けられる。

センウセレト1世は、父に倣って多くの建築事業を行った。彼の建造物は、北はタニスから南は下ヌビアまでエジプト各地に造られた。テーベでは、カルナクのアメン大神殿を建設し、方解石製の美しいキオスク（祠堂）を造っている（図60）。このキオスク（祠堂）は治世第31年のセド祭（王位更新祭）を記念して造られた。センウセレト1世のピラミッドは父と同様にアル＝リシュトに建設され、それは古王国時代のピラミッド複合体を彷彿とさせる構造であった。ピラミッド葬祭殿は第6王朝の葬祭殿と同じ平面プランであり、周壁は第3王朝のジェセル王の階段ピラミッドの周壁のような壁龕が連続する周壁であった。

図60　センウセレト1世のキオスク（祠堂）

アメンエムハト2世とセンウセレト2世

センウセレト1世は単独治世の第35年に生涯を閉じ、王位は息子のアメンエムハト2世（図61）に譲られた。アメンエムハト2世の治世に関する記録はあまり残っておらず、建築活動もそれほど盛んではなかった。しかし、メンフィス出土の年代記の碑文の破片からアメンエムハト2世が西アジアに積極的に進出し、少なくともパレスチナの2つの都市を攻撃していることがわかる。戦争捕虜はエジプトに連行され、王のピラミッドで雇用されたという。この頃に年代づけられた銀製品の宝物がアル＝トードから出土しており、地中海世界との交易活動が活発であったことを示唆する。アメンエムハト2世は、新都イチタウイではなく古王国時代からの墓地であったダハシュールにピラミッドを造営した。

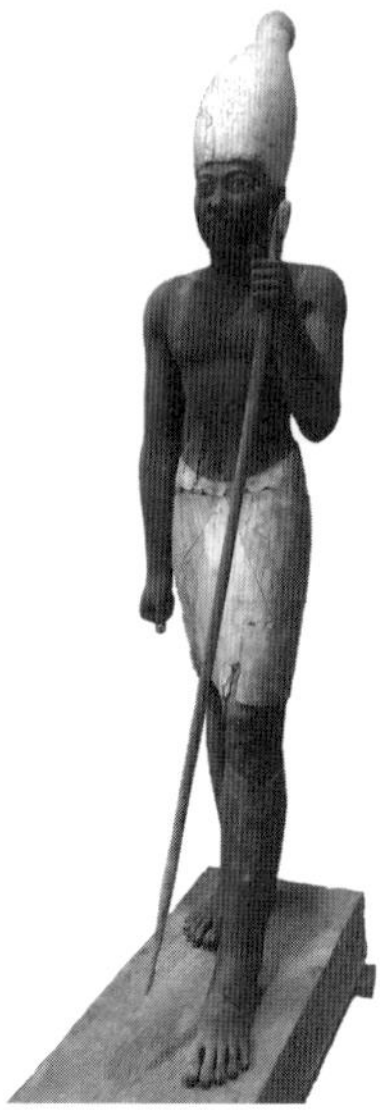

図61　アメンエムハト2世またはセンウセレト2世の像

アメンエムハト2世の後継者、センウセレト2世の時代は平和と繁栄の時代であった。西アジアとの交易はとりわけ盛んで、シリア各地から同王の名前が刻まれた遺物が多数出土している。センウセレト2世の治世に軍事遠征の記録は確認されていない。そのかわりに広大な農地を有するファイユーム地域の干拓を開始したことが知られている。センウセレト2世は依然として力を維持していた地方豪族に対抗するために、王権の経済的基盤を固めようとしたのである。経済の基盤である農地を地方の豪族から奪うことは困難であったため、内陸湖カルーンのあるファイユームを今日バハル・ユーセフの名で知られる運河によってナイル川と結んだ。この事業は、アメンエムハト3世の治世に完成し、これ以降、現代に至るまでファイユームはエジプト有数の穀倉地帯になっている。

センウセレト3世

第12王朝第5代のファラオ、センウセレト3世（口絵22）は、先代の治世に北上してきたヌビアの諸部族を撃つため、治世第8年、10年、16年の3度にわたって軍事遠征を行い、第2カタラクトのセムナに国境を定めた。そして、セムナの周辺に強固な要塞を建設し、領土の南端を強化した。西アジアに対しては、センウセレト3世自らがパレスチナへ攻め入り、シェケムの町を奪ったという。ヘロドトスの『歴史』にはアジアからヨーロッパにまで進軍した伝説のエジプト王「セソストリス」が出てくるが、この人物の原型はセンウセレト3世であると考えられている。

センウセレト3世の時代までに中央集権化が進み、地方豪族は次々に力を失っていた。彼らは、もはや大型の岩窟墓を造営しなくなり、王のピラミッドの傍に墓を造るようになった。センウセレト3世はさらに中央集権体制の確立に努め、抜本的な行政改革を断行した。王の治世の後半には、エジプト全土は、下エジプト、中エジプト、上エジプトの3つの行政区に区分され、それぞれに「ワレト」と呼ばれる地方行政監視のための部局を設置し、宰相の管轄下に置いた。また、特定の部局や官僚への権力の集中を防ぐため、ひとつの事項を決めるにも、複数の部局による監査方式がとられた。そして、全ての最終決定の権限は宰相が握ることによって、部局同士の対立は克服された。こうして、王の権力が高度に集中した中王国時代の官僚国家体制が完成したのである。

センウセレト3世は、ダハシュールにピラミッドを築いただけでなく、初期王朝時代のファラオの墓地があるアビドスに地下墳墓を造営した。最近のアメリカ・ペンシルヴァニア大学の調査により、センウセレト3世はダハシュールのピラミッドに埋葬されず、アビドスに造られた王墓に埋葬されたと考えられている。

アメンエムハト3世

アメンエムハト3世（口絵23・24）は、平和で繁栄した国家を父センウセレト3世から譲り受け、50年の長きにわたって国王として君臨した。まさに中王国時代で最も繁栄した時代が彼の治世である。官僚制が確立し、内外の不安要素は払拭され、王権は確固たるものとなった。ヌビアでは、セムナの国境線を強化し、金、黒檀、象牙などのアフリカの産物がもたらされた。シリアのビブロスの支配者はエジプトの役人とみなされ、交易はアナトリア、バビロニアまで広がった。これにより、レバノン杉、オリーブ油、ワイン、銀、シリア人の奴隷などがエジプトに運ばれたのであった。

アメンエムハト3世の治世には、ファイユームの干拓事業が完成した。ナイル川からの水の量を調節するための水門、堤防、水路などの建設により、6、800ヘクタール以上の農地が開かれたのである。こうして、王家の財政は豊かになった。王はファイユームに力を注ぎ、ピラミッドをダハシュールだけでなくファイユームのハワラにも建設している（図62・63）。ハワラのピラミッドの葬祭殿は、その迷路のような構造から、ギリシア人に「ラビリンス（迷宮）」と呼ばれた。アメンエムハト3世は死後、ハワラのピラミッドに埋葬されたという。

図62　ダハシュール、アメンエムハト3世のピラミッド

図63　アメンエムハト3世のピラミッド、キャップストーン

第12王朝の終わり

アメンエムハト3世の時代は第12王朝の最盛期であったが、彼の後継者の時代に王権は急速に衰えていった。アメンエムハト3世の次に王位を継承したのはアメンエムハト4世で、アメンエムハト3世の息子とも孫とも言われているが、確かなことはわかっていない。アメンエムハト4世とセベクネフェルウ王妃の間には世継ぎが生まれず、王の死後はセベクネフェルウが女王として君臨した。セベクネフェルウ女王についての資料は少ないが、興味深い彼女の頭部が欠損した彫像がルーヴル美術館にある（図64）。女王は、女性特有の衣装の上から通常ファラオが身につける腰布を着け、ネメス頭巾を被っている。後述するように、ファラオとして男装した第18王朝のハトシェプスト女王は、セベクネフェルウ女王の彫像から何らかの暗示を受けたのかもしれない。セベクネフェルウ女王の治世はわずか4年あまりと言われている。彼女の死により第12王朝は終焉を迎えた。

第13王朝（前1773〜1650年以降）

中王国時代最後の王朝

第13王朝は第12王朝に引き続き、ほとんどの王がピラミッドを建設し、イチタウイを首都とした王朝である。第13王朝を中王国時代に含める研究者もいるが、第2中間期に含める研究者もいる。第12王朝と第13王朝の大きな違いは、第13王朝では王が比較的長年にわたって統治することはなく、短命な王が次々と交替した。しかし、宰相を筆頭とする官僚機構は比較的安定して維持されていたため、少なくとも王朝の初期は第12王朝に引き続き南はヌビアの第2カタラクト（急湍）付近までを支配していた。つまり、この時代の実質的な支配者は王ではなく宰相であった。第12王朝のセンウセレト3世の作り上げた中王国時代の官僚機構は、完成されたシステムであったため、頂点に位置するファラオを失っても、事実上の官僚機構の統括者である宰相の下で自立的に国家を運営できたのである。

第13王朝の王については、「トリノ王名表」では36人の王が記録されているが、第13王朝の王の家族関係に関する証拠はほとんど残っていない。そのため、第13王朝が1つの王家によって構成されていたかは不明である。家族関係は部分的に知られているが、何人かの王は官僚出身であったと考えられている。第13王朝の初代はウエガフ王、第2代セベクヘテプ2世と続くが、第3代イケルネフェルト・ネフェルヘテプ王以降は安定した王朝では記録されるナイル川の水位の記録がないので、政治的に不安定な時代だったと思われる。カイロ・エジプト博物館に展示されている見事なカー（生命力）の木製彫像（口絵25）で有名なアウイブラー・ホル王は、この少し後の時代の王であり、この彫像が納められていた王墓はフランス人考古学者ド・モルガンがダハシュールで未盗掘の状態で発見した。アウイブラー・ホル王の次はケンジェル王で、ダハシュールの北部にピラミッドが造営された。

図64　セベクネフェルウ女王像

第13王朝の中頃は短命な王が続いていたが、セベクヘテプ3世の治世から比較的安定した時代が続いたようである。セベクヘテプ3世はエジプト全土を5年間統治し、上エジプトからデルタに至る各所に碑文を残している。彼の後継者ネフェルヘテプ1世の治世は、活気のある時代であった。彼はシリアの重要な交易の拠点であるビブロスの支配者にも王として認知され、ヌビアの第1カタラクトの南にも碑文を残している。しかし、ネフェルヘテプ1世はエジプト全土を支配していたわけではなかったようだ。彼の治世にはデルタ地帯の東部では、アヴァリス（現、テル・アル＝ダブア）で独自の支配者が統治し始めていた。さらに、2代後のセベクヘテプ4世の治世ではヌビアで反乱が起こり、領土の一部はヌビアで勢力を伸ばしていたケルマを中心とするクシュ王国の一部になってしまっていた。そして、遂にイチタウイを都とする第13王朝は、メルネフェルラー・アイ王を最後に終焉を迎えた。これをもって中王国時代が終わり、第2中間期が始まると考えられている。

第14王朝（前1773～1650年頃）

実態の不明な第14王朝

マネトの『エジプト史』によれば、第14王朝はデルタ地帯のクソイスを首都として76人の王が統治したとされているが、デンマークのエジプト学者キム・レホルトは「トリノ王名表」パピルスには56人の王名しか記載されておらず、首都は後に「ヒクソス」の都となるアヴァリスであったとしている。第14王朝のアヴァリスについては、次章の「ヒクソスの都アヴァリス」と「ヒクソスの王たち」の項目を参照されたい。後述するように第14王朝は、シリア・パレスチナ系の王朝と考えられている。第14王朝の王についての同時代資料は、スカラベ（タマオシコガネ）形印章の裏面に刻まれた王名が知られており、西方セム語の名前や現在のシリアからサウジアラビア北部に広がるステップ地帯を原住域としたアムル人の名前、あるいはネヘシ（「ヌビア人」の意）という名前を持つ王もいる。しかし、これまで第14王朝の王と考えられてきた人物の中には第15王朝後半のデルタ地帯の地方豪族も存在すると指摘する研究者もいる。レホルトによれば、第14王朝の支配領域は、下エジプトのデルタ地帯のみで、西はアトリビス、東はブバスティスまでの範囲であったという。また彼は、第14王朝は第12王朝末期に勃興したと主張しているが、多くの研究者は第13王朝のセベクヘテプ4世の治世後に勃興したと考えている。以上のように第14王朝の実態については依然として不明な点が多い。

第11章　第2中間期

第2中間期

第2中間期は、中王国時代の後の混乱による不安定な時代の呼称である。第1中間期との大きな違いは、エジプトで初めて周辺地域から移住してきた異民族の末裔による王朝、「ヒクソス（「異国の支配者たち」の意）」王朝による支配があったということである。文字史料によれば、第2中間期には50人以上の支配者がいたという。これらのほとんどは数点の遺物に記された銘文から知られるのみであり、この時代の末期にようやく王名の記された記念建造物が認められる。前述のように第13王朝の途中から1つの王権によるエジプト全土の統一が維持できなくなり、イチタウイを都とする第13王朝が滅びると、エジプトはいくつかの小国のような形に分裂した。最終的に下エジプトは東デルタのアヴァリス（古代エジプト名「フウトワレト」、現代名テル・アル＝ダブア遺跡）（図66）を首都とする「ヒクソス」第15王朝が支配し、上エジプトは、テーベ（現ルクソール）の第17王朝が限られた範囲を支配した（図67）。

第15王朝（前1650〜1550年頃）

謎の民「ヒクソス」

第2中間期の主役は、西アジア系の異民族「ヒクソス」である。「ヒクソス」とは、古代エジプト語で「異国の支配者たち」を意味する「ヘカウ・カスウト」がギリシア語で訛ったものである。これは、ギリシアの歴史家がエジプトの歴史を著した際に、西アジア人の支配者を意味する言葉として使ったものなので、古代エジプト人が彼らをそう呼んでいたわけではない。古代エジプト人は、「ヒクソス」の都があった東デルタのアヴァリスの人々を「アアムウ（西アジア人の意）」と呼んでいた。

マネトは、「ヒクソスは不意にエジプトに侵入し、容易に征服、町々を焼き払い、神殿を破壊し、人々を虐殺し、妻子を奴隷にした」と記し、武力によってエジプトを征服したとしているが、最近では支配のプロセスは緩やかで平和的であったと考えられている。第13王朝の初期には、パレスチナあるいはレヴァントの人々の集落がデルタ地帯の東端部に存在していたことが考古学的に確認されている。つまり、王権が次第に弱まるにつれて、デルタ地帯の防衛が顧みられなくなり、西アジア系の遊牧民が国境を越え、デルタ地帯に定住するのが容易になり、これに乗じて西アジア、特にシリア・パレスチナのセム系の人々が自分たちの支配者を王として、アヴァリスを都とする第15王朝が成立したと考えるべきである。

「ヒクソス」の起源については、今日でも多くの議論が続いている。スカラベ（タマオシコガネ）形印章に記された「ヒクソス」の王と高官の名前と同時代の西アジアの人物名との比較から、セム系あるいはセム系と北メソポタミア周辺に居住していたフリ系の混合と考える研究者がいる。考古学的には、後述するテル・アル＝ダブア遺跡の初期の層位では、北レヴァントの物質文化との共通性がみられ、ロバを合葬する埋葬習慣はシリアや北メソポタミアでもみられる（図65）。また、同遺跡から出土した西アジア系の人物を表した彫像は、エブラやアララクで類例が見られるという。しかし、依然として「ヒクソス」の起源については確証できていない。

テル・アル＝ダブアはアヴァリスか？

「ヒクソス」について記載したエジプトの文献史料には曖昧な点や、偏見に満ちたものが多いため、この時代の研究は考古資料に基づくものが主流である。東デルタの遺跡テル・アル＝ダブアでは、中王国時代に西アジアの人が定住していたことが明らかとなっており、そこは同時代の文字史料でも「アジア人労働者のキャンプ」と記されている。住居の形態もエジプトのものとは異なり、死者も住居内に埋葬され、エジプト人の習慣とは明らかに異なっていた。また、彼らはチャリオット（戦闘用二輪馬車）、複合弓、湾刀、短剣、小札鎧などの新しい武器や馬をもたらした。

マンフレッド・ビータックを隊長とするオーストリア隊は1960年代よりテル・アル＝ダブアを発掘し、そこでネヘシという名の王の碑文が記された建造物の一部を発見した。ネヘシ王は、「トリノ王名表」に記述があり、第14王朝の最後の王と考えられている。また、他の証拠から「セト神に愛されし者、アヴァリスの支配者」という称号を持っていたことが知られている。このことから、テル・アル＝ダブアが「ヒクソス」の都アヴァリスと考えられている。

「ヒクソス」の都アヴァリス

「ヒクソス」の都アヴァリスがあったとされるテル・アル＝ダブア遺跡は、デルタ地帯の北東部に位置する古代のペルシウム支流に接し、大きな湖に一部を囲まれた自然の丘陵上の約2平方キロメートルを占めていた（図66）。なお、新王国時代第19王朝には、約2キロメートル北に位置するラメセス2世が建設した首都ペルラメセス（『旧約聖書』の「ピラメス」、現在のカンティール遺跡）が広がっていた。

テル・アル＝ダブア遺跡は青銅器時代の大規模集落における居住形態の変化を通時的に辿ることのできるエジプトでは稀な遺跡である。1941年にエジプト人エジプト学者ラビブ・ハバシュが初めてこの遺跡をアヴァリスと同定し、1966年からオーストリア隊

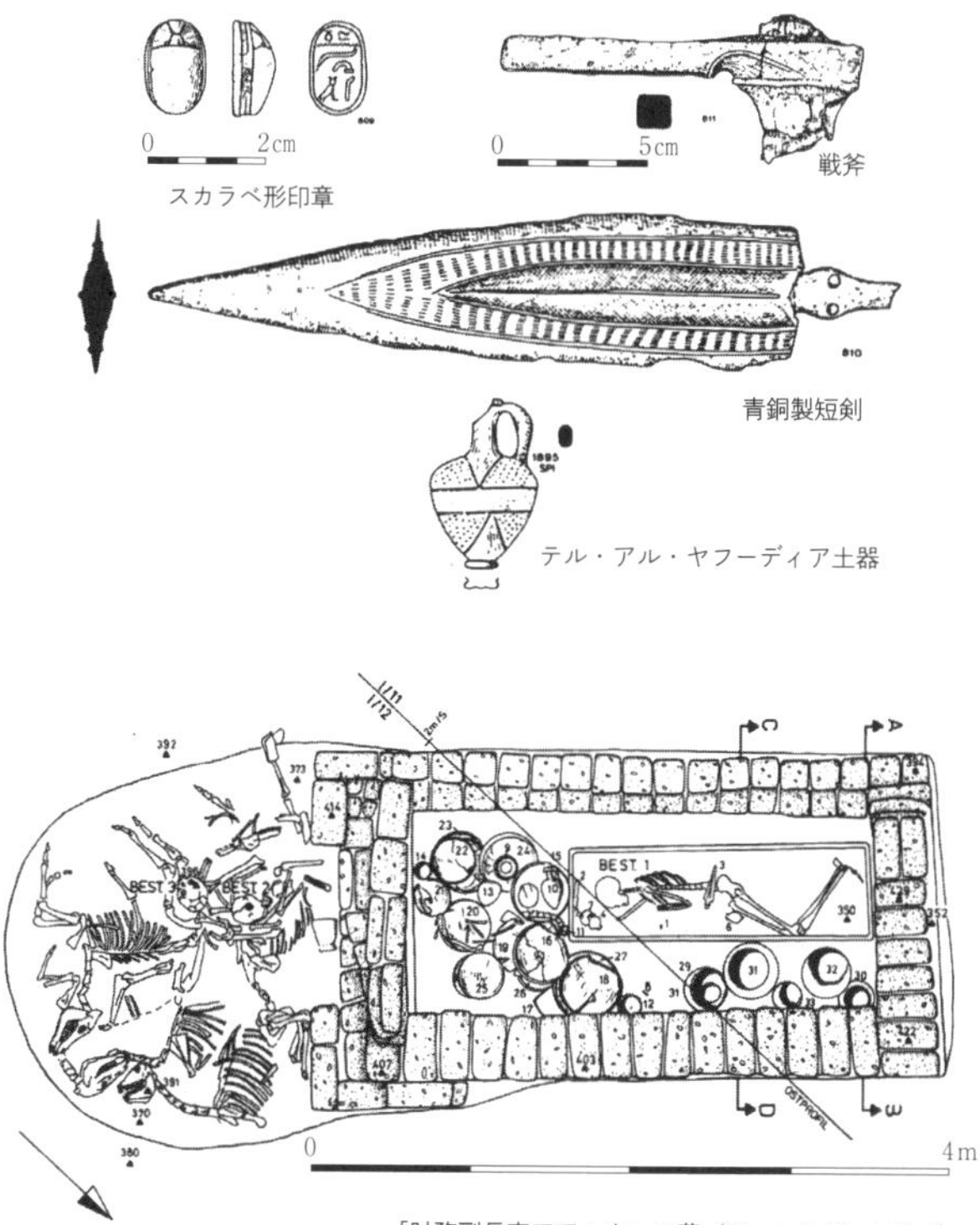

「財務副長官アアムウ」の墓（Tomb A/Ⅱ-Ⅰ-No.5）

図65 「ヒクソス」の埋葬

が発掘調査を継続してきた。彼らの調査成果によれば、第1中間期に最初の集落が形成され、中王国時代第12王朝にアメンエムハト1世が王家の直轄地とし、神殿を造営した。その後、第12王朝末から第13王朝初期にかけて人口が増加し、西アジア系の人々の集落が出現したという。シリア様式の3つの部屋に区画された家屋、集落内の埋葬、武器を伴う埋葬など、エジプト化したシリア・パレスチナの中期青銅器時代の物質文化が見られるという。後述のように第14王朝にこの地は王朝の首都となり、アヴァリスが建設された。そして、シリア・パレスチナの天候の神バアルがエジプトのセト神と習合し、王朝の神として崇拝された。第15王朝には「ヒクソス」王朝の首都となり、都市の規模は4平方キロメートルに拡大した。同時代のシリアの都市ウガリト、ビブロス、ハツォルよりも大きく、地中海世界最大の都市として発展した。港湾都市として発展したことから、キプロスからの輸入土器がこの頃に増加し、武器も銅製から青銅製に変化した。神殿は、シリア・パレスチナ様式の神殿とエジプト様式の神殿が共存しており、エジプト文化と西アジア文化が融合して発展した。また、エズベト・ヘルミ地区では、軍事要塞施設や王宮が建設された。第18王朝のイアフメス王によりアヴァリスが陥落した後は、都市の中心部は放棄され、軍事要塞も破壊されたが、

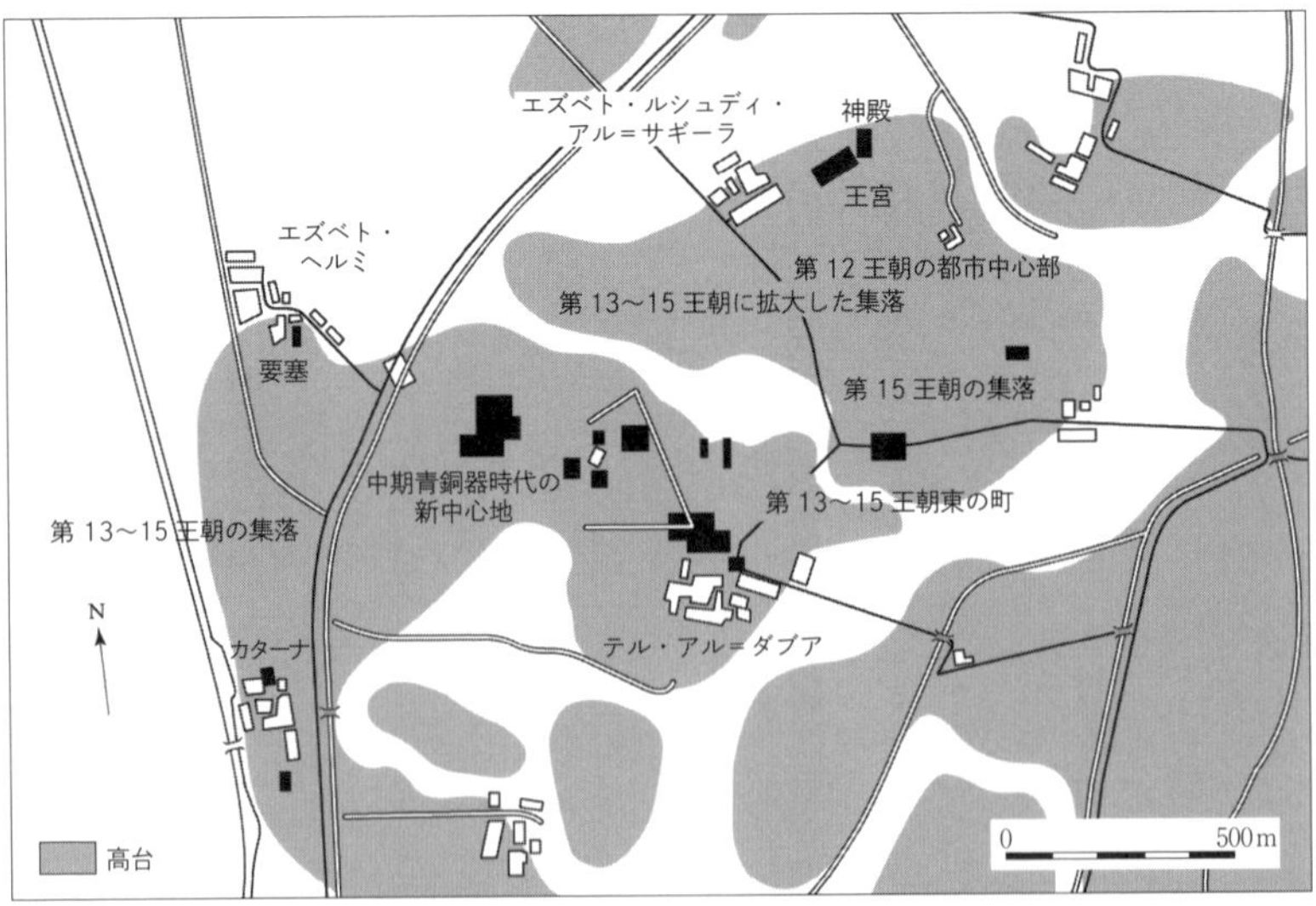

図66 テル・アル＝ダブア遺跡

トトメス3世の治世に再びエズベト・ヘルミ地区に王宮が建設されたと考えられている。

「ヒクソス」の王たち

「ヒクソス」のエジプト支配の実態はあまり明らかにされていない。テル・アル＝ダブア（アヴァリス）などのデルタ地帯の遺跡で発見された建造物の碑文から、イチタウイを首都とする第13王朝のセベクヘテプ4世の治世頃に、アヴァリスには前述のネヘシ王が君臨し、セト神を崇拝していたことがわかっている。セト神はオシリス神を殺した邪悪の神として、エジプトでは忌み嫌われていたが、「ヒクソス」の人々が北シリアの天候の神バアル・ゼフォンをエジプトに導入してセト神と習合させて崇拝していたようである。ネヘシ王の名前を記した記念建造物の出土地を調べてみると、彼の時代の「ヒクソス」は東デルタのアヴァリス周辺を支配下に置いていたに過ぎなかったことがわかる。

「ヒクソス」の歴史について詳細に記した文字史料は残っていないが、「ヒクソス」の王の名前を記したスカラベ形印章が数多く発見され、100人以上の王名が知られている。それらの王名のほとんどは、「トリノ王名表」にも記されている。リホルトによれば、それらの王名はマネトの記した第14王朝から第17王朝までの4つの王朝に分類され、第14王朝と第15王朝は下エジプトのアヴァリスを首都とし、第16王朝と第17王朝は上エジプトのテーベを首都としたという。これに従うと、ビータックがアヴァリスで第13王朝の王宮としている遺構は、第14王朝に属すると考えられる。「トリノ王名表」に現れない王の中には、「異国の支配者（ヘカ・カスウト）」と名乗るセケルヘルという王がいるが、彼の名前を記した建造物の一部がアヴァリスから発見されている。ビータックは、彼をマネトの『エジプト史』でメンフィスを征服した王とされているサリティスと同一人物と推測している。

第16王朝（前1650～1580年頃）

上エジプトの第16王朝

「トリノ王名表」は、第2中間期の王名を知る数少ない文字史料であるが、王の統治順に関する情報の信憑性は低い。マネトの『エジプト史』においては、この時代についての特定の王の治績についての記述はなく、王朝単位で記述している。アフリカヌスが引用したマネトの記述には、第16王朝には32人の「牧人王」が存在すると記録され、エウセビウスの記述には、第16王朝はテーベの王朝で5人の王がいたと記録されている。以前、第16王朝は「小ヒクソス」と呼ばれ西アジア系の王朝とされてきたが、1997年にリホルトは、マネトの第16王朝は15人の王が存在したテーベの王朝であり、第17王朝の前の王朝にあたると主張した。うち5人の王には同時代史料が存在する。ただし、第16王朝は上エジプトを中心とする王朝であるものの、必ずしもテーベを中心として支配していたとは限らず、何人かの王はアビドス、アル＝カブ、エドフを根拠地としていたとも考える研究者もいる。ネブイリラウ1世の時代が第16王朝の最盛期であったが、「ヒクソス」の第15王朝に脅かされ、ジェドメス1世の治世に「ヒクソス」に対して反乱を開始したと考えられている。

図67　第2中間期末のエジプト

アビドス王朝

アビドス王朝は、第15王朝（「ヒクソス」）と第16王朝と同時期に並立したアビドスの王朝とされている。ドイツのエジプト学者デトレフ・フランケが最初にアビドス王朝の存在を提唱し、リホルトが発展させた。彼は、「トリノ王名表」の第16王朝の欄に続く16人の王がアビドスを根拠地とする上エジプトの王朝であることを主張している。「トリノ王名表」に記載された王のステラ（石碑）がいくつかアビドスで発見されていたが、2014年にジョセフ・ウェグナー率いるアメリカのペンシルヴァニア大学の調査隊がウセルイブラー・セネブカイ王の墓を同地で発見し、第2中間期にアビドスを根拠地とする王朝が存在したことが指摘された。しかし、第12王朝のセンウセレト3世は首都をイチタウイに置く一方で、アビドスに王墓を造営したため、ウセルイブラー・セネブカイ王はテーベの王家の王でアビドスに墓を造営したと推測する研究者もいる。

第17王朝（前1580～1550年頃）

テーベの第17王朝

マネトの『エジプト史』によれば、第17王朝には43人の「ヒクソス」の王と43人のテーベ（現ルクソール）の王が含まれるとされているが、個々の王名は記録されていない。また、「トリノ王名表」には第17王朝の部分が残存していない。初代のラーヘテプ王はアビドスとコプトスの神殿の修復を行い、第6代のセベクエムサエフ王はワディ・ハンママートに採石の遠征隊を派遣したことが知られている。またこの王は、カルナクのアメン大神殿に建造物を残している。その他の第17王朝前半期の王に関する史料は断片的で、第20王朝に書かれた「アボット・パピルス」（図110）と呼ばれる墓泥棒の裁判文書に、第17王朝の5人の王の墓が記録されている。5つの王墓は、古い順にネブケペルラー・アンテフ7世（図68）、セケムラー・アンテフ8世、セベクエムサエフ2世、セケンエンラー・タアア王、カーメス王のものである。これらの王墓の正確な位置はわからなくなっていたが、2001年にカイロのドイツ考古学研究所の調査隊は、ルクソール西岸クルナ村のドゥラ・アブー・アル＝ナガー地区でネブケペルラー・アンテフ7世の王墓を発見した。アンテフ7世の王墓は、日干レンガ製のピラミッドをもつ礼拝堂と地下埋葬室からなる比較的粗末な王墓である。2012年にはフランス隊がカルナクのアメン大神殿域内のプタハ神殿近傍で、これまでに知られていなかったセナクトエンラー・イアフメス王の名前が記された門を発見し、この王がセケンエンラー・タアア王の父であったことが判明した（図75）。セケンエンラー・タアア王、カーメス王については後ほど詳述する。ところで、第17王朝の王家の副葬品のいくつかは19世紀に発見されており、金銀を

図68　ネブケペルラー・アンテフ7世の金張り木棺

あしらったものも多い（図68）。しかし、テーベの第17王朝は、「ヒクソス」が下エジプトを支配していたことにより、レヴァント地域から輸入される良質な木材を手に入れることができず、エジプト現地の木材で副葬品を作らざるを得なかった。

「ヒクソス」のエジプト支配

「ヒクソス」は、第15王朝にデルタ地帯東部からパレスチナ南部を直接支配していたが、それ以外のエジプト各地では宗主権を行使し、地方有力者に貢納の義務を負わせ、彼らの勢力を押さえつけていた。テーベの第17王朝もこのような地方の一支配者にすぎなかった。一方、行政においては、有能なエジプト人の官僚に実務を委ねたようである。また第15王朝はヌビアのクシュ王国やエーゲ海地域、西アジアと活発な交易を展開し、アヴァリスは東地中海の交易の中心地として発展した。

第15王朝のキアン王は、テーベ（現ルクソール）の南のゲベレインに神殿を建立している。ただし、これはキアン王がテーベまで直接支配していた証拠とはならない。ゲベレインの州侯が「ヒクソス」に服従していたからである。キアン王は、マネトの『エジプト史』を引用したフラティウス・ヨセフスの記述のイアンナスと同一視され、19世紀の研究者は、彼をアペピ王の後継者として位置づけた。しかし、近年のアメリカの考古学者ナディン・メーラーによるテル＝エドフの発掘調査により第13王朝のセベクヘテプ4世銘入りの封泥とキアン王の封泥が複数個同じ層から共伴して出土したことで、第15王朝初期の王であることが証明された。

「ヒクソス」の最盛期は、アアウセルラー・アペピ王の治世であった。彼の治世に「ヒクソス」の支配圏は最大となった。彼と戦闘を交えたテーベの第17王朝のカーメス王は、アペピ王のことを「レテヌウ（シリア）の族長」と呼んでおり、このことから彼がシリア・パレスチナ出身であることが示唆されている。第19王朝末期のサリエ・パピルスに書かれた『セケンエンラー王とアペピ王の争い』と呼ばれる物語によれば、アペピ王がテーベの第17王朝に使者を送り、われているカバの鳴き声がうるさくて王の眠りを妨げるので殺すようにという要求を出したという。これは、テーベの神殿で飼アメン大神殿の神殿域に飼われていたカバを侮蔑したものとして解釈されている。また、同じ第19王朝の記録には「彼はセト神を主として仰ぎ、セト神以外は他のいかなる神々も崇拝しなかった」と記されている。しかし、実際のところアペピ王は支配を効率よく進めるために書記・学術の発展に力を注ぎ、自らを「ラーの書記、トト自身に教えられた者」と呼んでいる。また彼の治世第33年には当時の高度な数学の知識を記した『ラインド数学パピルス』も編纂されている。支配を拡大・充実させるためには、学問や科学技術を振興することが必要だったのであろう。

「ヒクソス」の支配者はアペピ王の治世までに「上下エジプト王」と称していたが、実際彼らの支配領域の南端は中部エジプトのヘルモポリスで、国境線はその少し南のクサエであった。アペピ王の治世には、テーベの第17王朝が「ヒクソス」に対抗できる体制を整え、激しい独立戦争を開始した。

戦いのはじまり

北の「ヒクソス」から重い貢納の義務を負わされ、南のクシュ王国の脅威にさらされていたテーベの第17王朝は着々と軍事力と自信を取り戻し、セケンエンラー・タアア王の時に独立戦争を開始した。前述の『セケンエンラー王とアペピ王の争い』によると、「ヒクソス」王アペピは、テーベのアメン神殿の聖池で飼われていたカバの鳴き声がうるさいので殺せと理不尽な要求をしてきたので、セケンエンラー・タアア王は戦いを決意したという。これは、「ヒクソス」王がテーベの王に対して、いかに横暴な態度で振る舞っていたかを示している。

テーベから北に約10キロメートルの場所にあるディール・アル＝バッラースには、セケンエンラー・タアア王の治世頃から造営された王宮址がある。セケンエンラー・タアア王は、この王宮に巨大な日干レンガ製の厚い壁を築き、対「ヒクソス」の防衛に備えた。この遺跡では王宮の周囲に集落も発見されており、そこからヌビアのケルマに特徴的な土器が大量に出土していることから、戦士として名高いケルマのヌビア人を傭兵として雇っていたと考えられている。この遺跡は、セケンエンラー・タアア王が対「ヒクソス」戦争のために建設した前線基地だったと考えられている。

ディール・アル＝バフリーの「王家のミイラの隠し場」(ディール・アル＝バフリー第320号墓)からは、セケンエンラー・タアア王のミイラが発見されており、現在エジプト文明博物館に展示されている。彼の額には戦斧による激しい打撃を受けた傷があり、頭部や首にも数箇所傷を負っており、今でも見る者に痛々しさを感じさせる(図69)。1970年代初頭に行われた遺体の法医学的調査により、それらの傷跡と当時の「ヒクソス」の典型的な斧頭の寸法が一致するという結果が得られ、この王が「ヒクソス」との戦いで戦死したことが立証された。斧頭の角度から、王が打撃を受けたときはすでに倒れてこんでいたようである。イギリスのエジプト学者ガリー・ショーの研究では、傷は戦闘時に負ったものではなく、敵に捕らえられ、最終的に殺害される際に負ったものと推測され、2021年にザヒ・ハワスとサハル・サリームによるミイラのCTスキャンに基づく3D画像の分析結果から証明された。

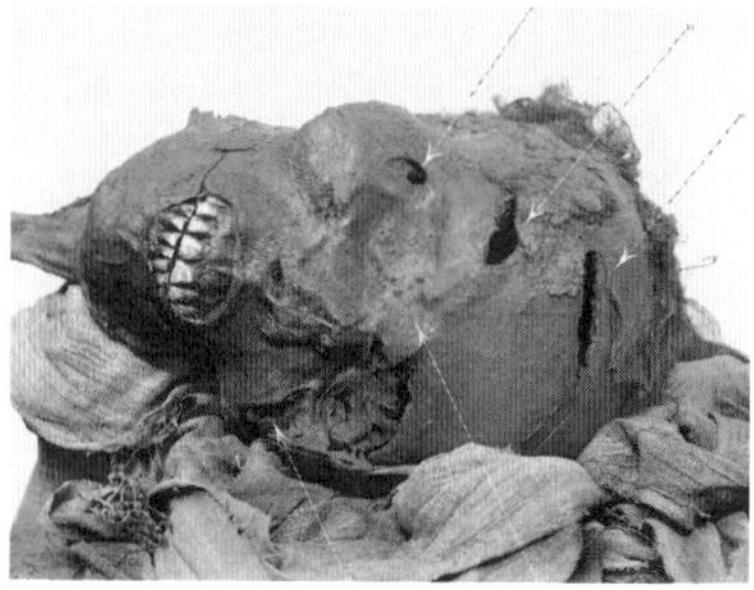
図69　セケンエンラー・タアア王のミイラ

勇敢王カーメス

第17王朝はセケンエンラー・タアア王の時代に「ヒクソス」と中部エジプトのクサエを境界として一時的に休戦状態に入ったが、次のカーメス王は再び戦闘を開始した。王朝の守護神アメン神の総本山であるカルナクのアメン大神殿に奉納された治世第3年の日付を持つカーメス王の碑(図70)によると、対「ヒクソス」との戦争を再開するか平和的に共存するかを決める御前会議が開かれ、王は「ヒクソス」との共存を主張する臣下の意見を抑え、戦争を再開した。カーメス王はまず「ヒクソス」の同盟者である中部エジプトのヘルモポリス侯のテティを破り、バハリヤ・オアシスに部隊を派遣し南のクシュ王国の王への親書を携えた「ヒクソス」王の使者を捕らえ、クシュ王国と共同でテーベへの挟み撃ちをたくらんでいた「ヒクソス」の計画を事前に防ぐことができた。カーメスの軍隊はさらに「ヒクソス」の都アヴァリス周辺まで進撃して勝利し、戦利品をテーベに持ち帰った。この時、アヴァリスの町そのものは攻撃されず、「ヒクソス」がダメージをどのくらい受けたか定かでない。ただし、カーメス王の軍事行動によって上エジプトは「ヒクソス」の手から解放されたことは確かである。また、ヌビアのブーヘンの碑文によると、カーメスは対クシュ王国の遠征も行った。対「ヒクソス」戦争が記された石碑の日付もブーヘンの碑文の日付も治世第3年であり、それ以降の記録が全く発見されていないことから、カーメス王は早逝したと考えられる。そして、「ヒクソス」支配からの解放のための最終戦争は、甥のイアフメスにバトンタッチされることになった。

ケルマのクシュ王国

テーベの第17王朝が手を焼いたのは北の「ヒクソス」だけでなく、南のヌビアで強力な国家をもつケルマのクシュ王国であった。クシュ王国は第3カタラクト（急湍）の南に位置するケルマを首都とし、中王国時代にエジプトの支配下にあったアスワンの南のヌビアの全てを支配していた（図67）。ケルマの王国はエジプトの古王国時代頃から存在し、エジプトの第2中間期にあたる時期に繁栄を極め、熱帯アフリカ最古の都市文明とされている。ケルマの人々は、文字を持たなかったが、支配者は巨大な墓を築き上エジプトから手に入れた品々で墓を満たす力を持っていた。近年のシャルル・ボネを隊長とするスイスの調査隊による発掘調査で、ケルマの都市の様相が明らかとなってきた（図71）。ケルマの中心には王宮があり、その傍にある「西のデフファ（ヌビア語で「日干しレンガ建築」の意）」と呼ばれる巨大な日干レンガ製の建造物は神殿と考えられている。その他に工房地区、公共建造物、住居などの存在が確認され、都市の北北西には3万基あまりの墓から構成される墓地がある。墓地には「東

図70　カーメス王の碑

図71　ケルマ遺跡地図

のデフファ」と呼ばれる建造物があり、これは王家の葬祭殿と考えられている。ケルマの墓では、エジプトのような遺体をミイラにする習慣がなく、墓は墳丘で覆われた円墳墓である。王族の墓は巨大な円墳墓で、最大の墓は直径90メートルの規模である。王墓は殉葬を伴い、最大で332体の殉葬が確認された。墓からは、独特なブラックトップ（黒頂土器）が多数出土しており、上部の黒と下部の赤茶色の間をパープル・グレイの波打つ横縞で分ける特徴的な配色が特徴となっている。また、青銅製の道具、武具、化粧道具を製作する技術も発達していた。

ケルマの人々は、主に牧畜を生業とし、弓術を得意とする戦士であり、有能な軍人としてたびたびエジプト軍で傭兵として重用されたことが知られているが、第2中間期にはテーベの第17王朝に戦いを挑むほどの強力な国家になっていた。数年前に大英博物館の調査隊がルクソールの南のアル＝カブで発見したセベクナクト2世の岩窟墓の碑文には、第16王朝あるいは17王朝にクシュ王国を筆頭とするヌビアの連合軍がアル＝カブ付近まで進攻してきたことが記されている。また、アスワンのエレファンティネ島にある聖人として崇められた第6王朝のヘカイブ（本名はペピナクト）の祠堂が放棄され、サテト神殿が破壊されたのは、クシュ王国の勢力の勃興によるものと推定されている。第2中間期の末期の状況に関して、これまではテーベの第17王朝と北の「ヒクソス」との対立ばかりが強調されていたが、第17王朝は南からの脅威にもさらされていたのである。前述のカーメス王の戦勝碑に記されているように、その後クシュ王国の王は「ヒクソス」の王と連合し、テーベの第17王朝を挟み撃ちにする計画を企てた。

第12章　新王国時代第18王朝

エジプトは歴史上初めて異民族支配を経験したことにより、西アジアや地中海世界との関係が密接になっただけでなく、それまでナイル川流域を中心として展開していたエジプト史の方向性が、新王国時代になると西アジアや地中海世界との関わりによって決定されるようになる。

西アジアでは、北メソポタミアを中心にミッタニ（ミタンニ）王国（紀元前16～13世紀）がシリア・パレスチナに勢力を拡大し、エジプトは西アジアからの侵略を防ぐため、シリア・パレスチナを傘下におさめ、エジプト本土の「防壁」にすることが第18王朝の西アジア政策の基本方針となった（図72）。また、シリア・パレスチナは西アジアと地中海世界の交易の要地でもあり、そこを勢力圏に組み入れることが重要であった。また、ヌビアへの軍事遠征を継続し、当地を植民地化して直接統治し、金をはじめとする資源を確保した。

テーベ（現ルクソール）（図73）の第17王朝に連続する第18王朝は、守護神であるアメン神への信仰を篤くし、カルナクのアメン大神殿（口絵26・図74）への寄進とそこでの神殿の増築が歴代の王の主要課題となった。また王位継承においてもアメン神の神託に左右されたのである。このことから、アメン神殿の神官団が莫大な富を蓄積し政治的な影響力を持つようになっていった。その結果として王権とアメン神官団との対立が激化するようになり、最終的にアクエンアテン王により太陽神アテンを新たな国家神とする宗教革命が断行される。しかし、革命は失敗に終わり、ツタンカーメン王の時代にアメン神を中心とする伝統的な宗教への本格的な信仰復興が開始された。

第18王朝のもう一つの大きな特徴は、排他的な王家である。血統を重んじ、兄妹間の婚姻関係が継続された（図75）。こ

図72　新王国時代のエジプト

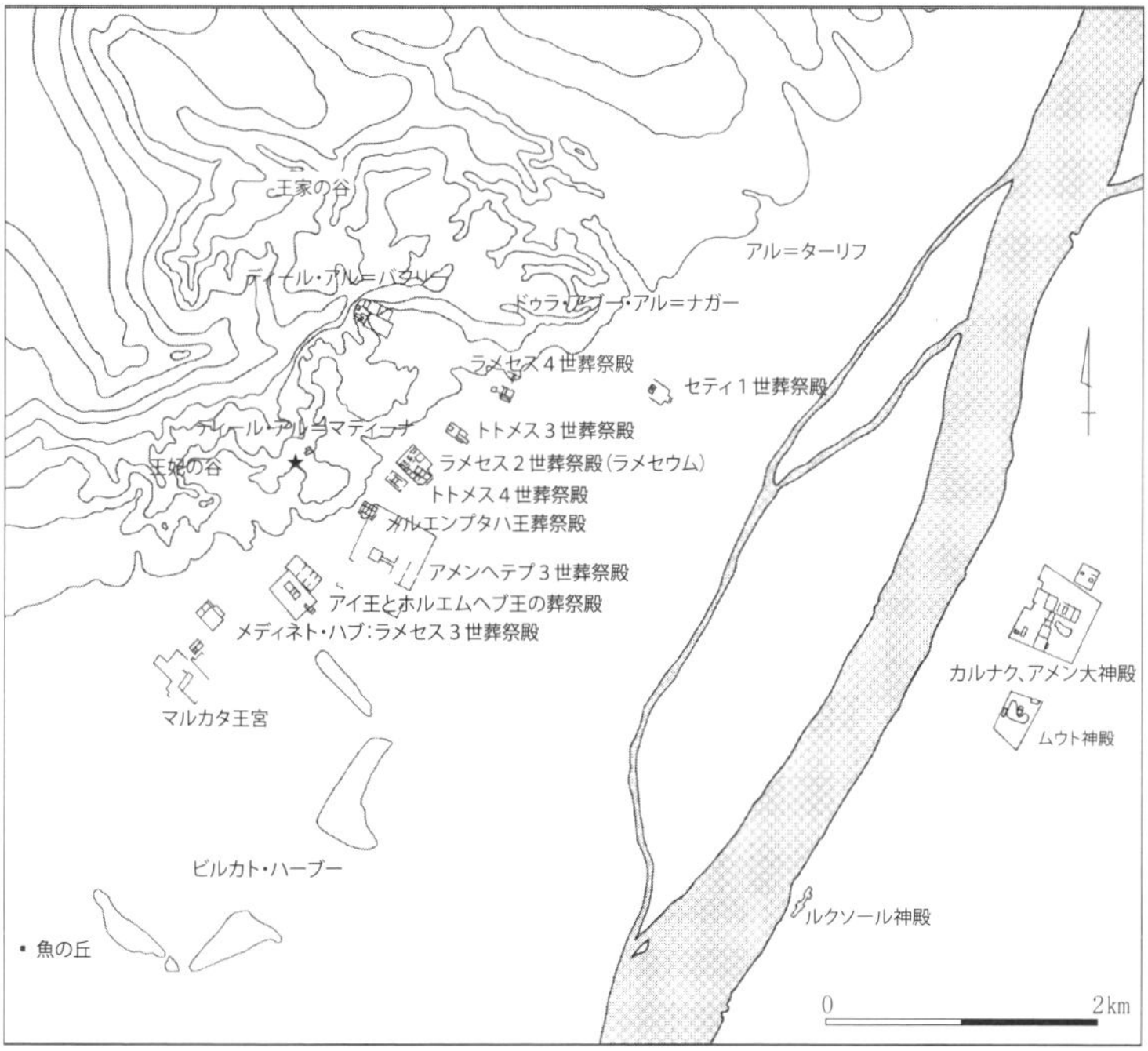

図73　テーベ（ルクソール）遺跡地図

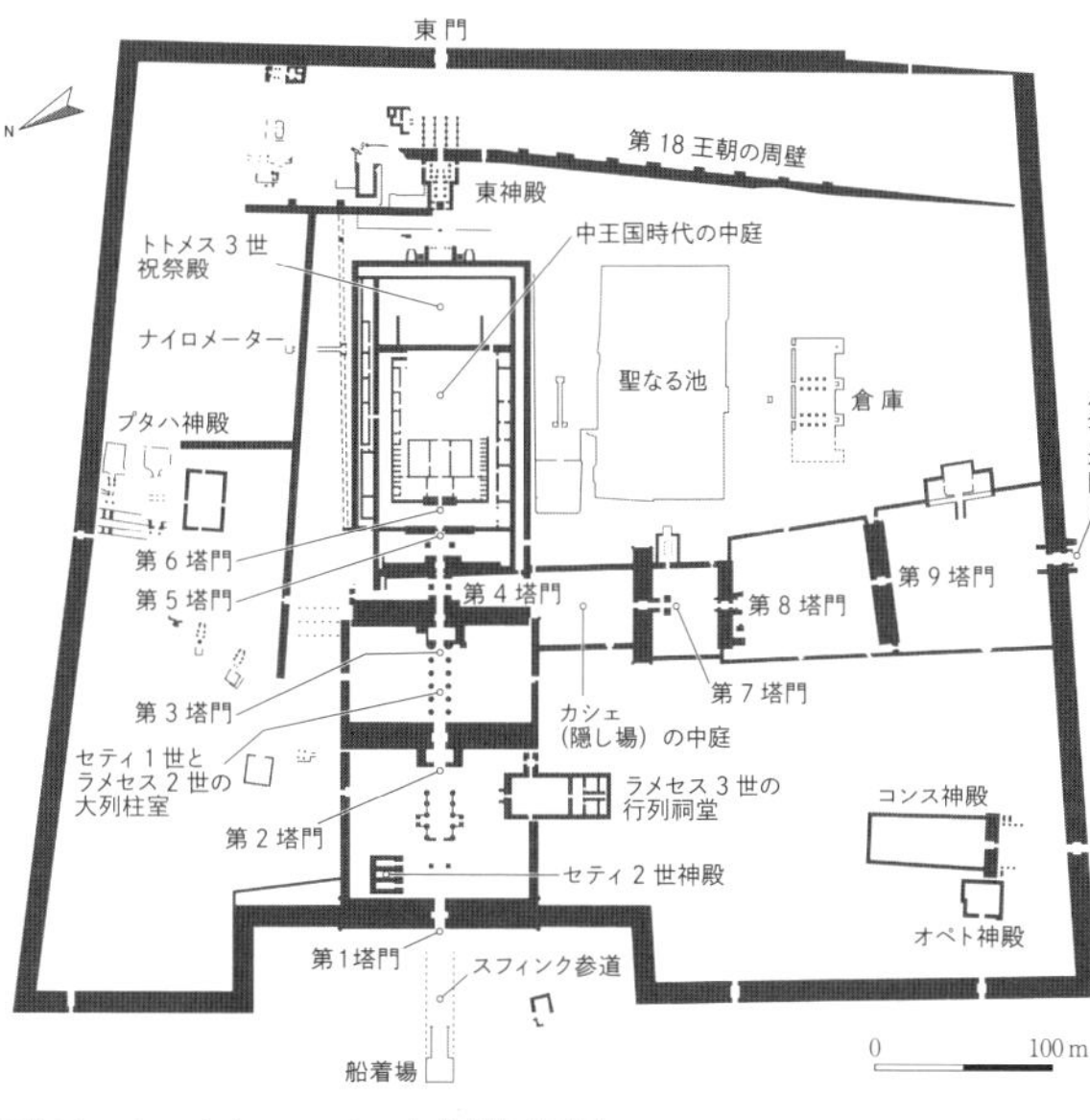

図74　カルナク、アメン大神殿平面図

れは王の正統性を示さなければならなかったためであった。皮肉なことに、このことは王位継承問題に影を落とし、ツタンカーメン王の死によって王家が途絶えた。

第18王朝（前1550〜1295年頃）

イアフメス王と第18王朝の樹立

「ヒクソス」の都アヴァリスを陥落したのは、カーメス王の甥イアフメス王であった。イアフメス王の水軍に所属し軍功をとどろかせたアル＝カブ出身の船長アバナの息子イアフメスの自伝碑文によると、イアフメス王はまず「ヒクソス」直轄領であったメンフィスを占領し、アヴァリスへの攻防を5回も繰りかえし、治世第10年にようやく陥落を成し遂げたという。アバナの息子イアフメスは、碑文で次のように語っている。「アヴァリスを略奪し、私は略奪品、男1人と女3人、つまり人間4人を連れ出した。そして、彼らを奴隷にするようにと王から賜った」。しかし、イアフメス王はアヴァリス陥落だけでは安心できなかった。「ヒクソス」の領土の北西部のパレスチナには残存勢力が存在し、反撃の恐れがあったからである。イアフメス王は治世第11年にパレスチナ遠征を開始し、「ヒクソス」の最後の拠点であるシャルーヘン（現在のガザ地区あたり）を3年かけて占領した。激しい戦闘の後、ついに「ヒクソス」はエジプトから放逐された。こうして、イアフメス王は、新王国時代第18王朝を創始し、上下エジプトは再び統一国家となったのである。余談ではあるが、ユダヤの歴史家ヨセフスは、「ヒクソス」はエジプトから追放された後にエルサレムの町を築いたと述べており、これに基づき「ヒクソス」が『旧約聖書』「出エジプト記」でモーセに率いられてエジプトから脱出したヘブライ人であるとする説が出たほどである。

「ヒクソス」の放逐に成功し勢いづいたイアフメス王は、次に南のヌビアに対処しなければならなかった。ヌビアでは依然としてケルマを中心とするクシュ王国が勢力を維持しており、これを服従させなければならなかった。彼は第3カタラクト（急湍）近くにあるサイ島まで遠征したが、途中エジプト国内でテティアンという名の北部の州侯が反乱を起こしたため、引き返さざるをえなかった。イアフメス王は反乱を鎮圧した後、国土の安定に努めた。前述のアバナの息子イアフメ

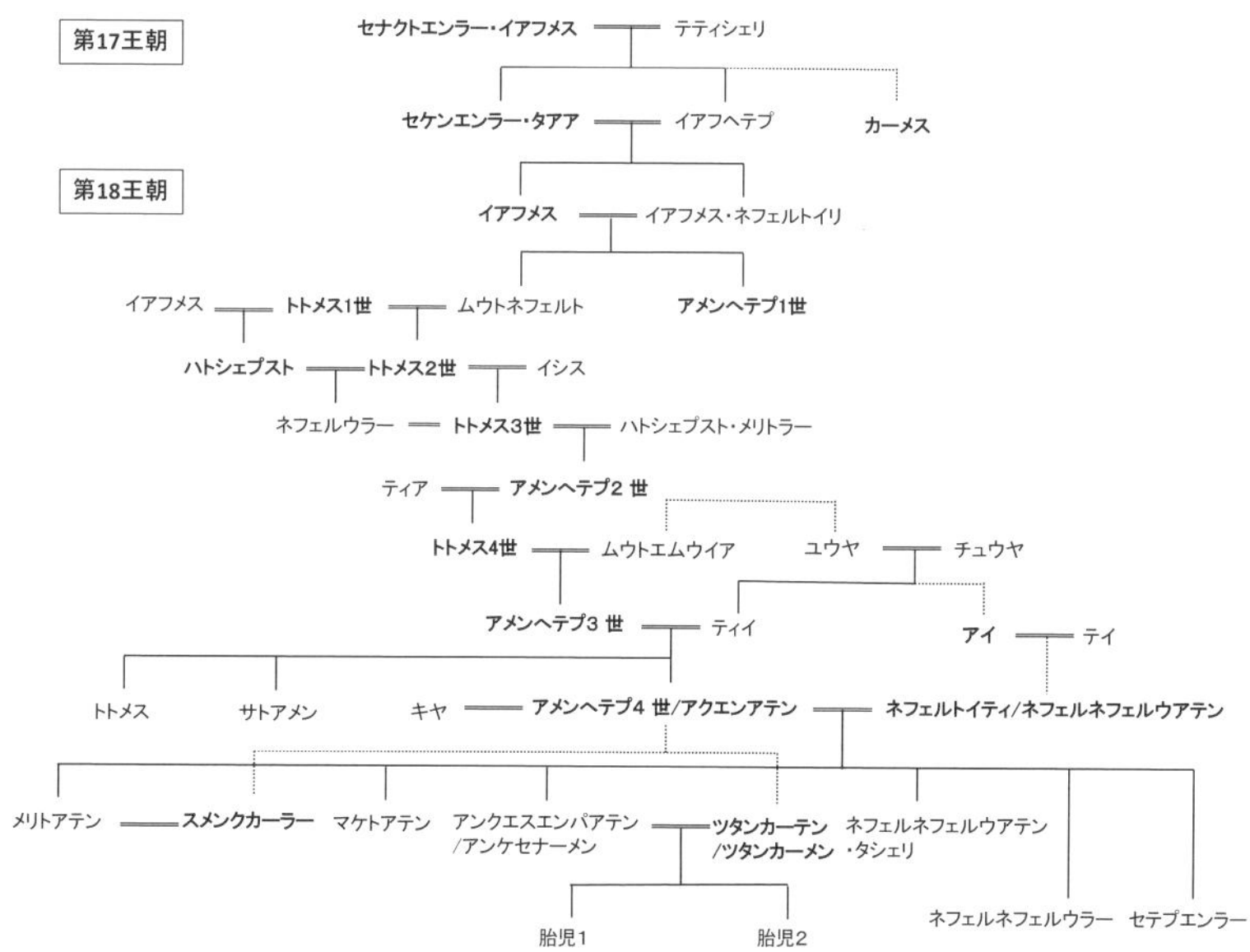

図 75　第 17 王朝・第 18 王朝王家略系図

スの自伝碑文によれば、王は地方の州侯に土地を与えてその支持を確かなものにしようとしたようである。また、イアフメス王は神殿建設事業を進め、テーベ、アルマント、アビドスなどに記念建造物を残した。彼は治世中エジプト各地に多数の碑文を残したが、その中に彼の祖母とされるテティシェリに対する崇敬を示したものがある。第17王朝後半の王妃は、際立った権力を持ち大王妃と呼ばれ、アビドスのイアフメス王の葬祭殿の傍には、テティシェリやイアフメス王の妻イアフメス・ネフェルトイリの記念建造物が発見されているが、それらは王の建造物に勝るとも劣らないものである。また、イアフメス王の母イアフヘテプとイアフメス・ネフェルトイリは、最初に「アメン神の妻」の称号を名乗った王妃であり、テーベのアメン神の妻として絶大な権力を行使した。

　イアフメス王はアビドスの葬祭殿の背後にピラミッドを造営し、さらにその奥の砂漠に地下埋葬施設を造ったが、彼のミイラはディール・アル＝バフリーの「王家のミイラの隠し場」で発見されている。イギリスのエジプト学者ウォーリス・バッジが大英博物館のために彼のシャブティ像1体を購入しているが、テーベではイアフメス王の王墓は未だに発見されていない。しかし、同王はテーベ西岸のドゥラ・アブー・アル＝ナガー地区に埋葬されたと考えられている。

アメンヘテプ1世の治世

アメンヘテプ1世は父イアフメス王と同じように幼少期に即位したため、治世の初めは母のイアフメス・ネフェルトイリが摂政として幼少のアメンヘテプ1世を支えた。アメンヘテプ1世は、まずイアフメス王が再統一したエジプトの領土を確固とするため、治世第8年にヌビア遠征を行い、支配を強化するためにサイ島に要塞を建設した。エジプトの対「ヒクソス」戦争に参加したアバナの息子イアフメスの自伝碑文によると、アメンヘテプ1世は「ケメト（「エジプト」の意）の境界を広げる」決意を固めていたという。アメンヘテプ1世のヌビア平定により、多くの黄金や物資がエジプトにもたらされ、エジプトの経済は豊かになりつつあった。

このような富を背景に、アメンヘテプ1世はテーベのアメン神の総本山であるカルナクのアメン大神殿（口絵26・図74）をはじめとする諸神殿の建設、増築を精力的に実施した。カルナクでは、特にセド祭（王位更新祭）のレリーフで飾られた石灰岩製の巨大な門や方解石製の聖堂を建立している。これらは、近年カルナクのフランス・エジプト合同調査隊によってカルナク神殿の野外博物館に復元された。テーベ西岸では、遺構の基礎部しか現存していないが、ディール・アル＝バフリーにピラミッドを持つ日干レンガ製の葬祭殿を建設した。また、アメンヘテプ1世は死後に母イアフメス・ネフェルトイリとともに神格化され、新王国時代の王墓建設職人の町ディール・アル＝マディーナで篤く崇拝された。このことから、ディール・アル＝マディーナの町はアメンヘテプ1世の時代に作られたと考えられている。

アメンヘテプ1世の時代には、宗教においても大きな変化があった。この頃、王の死後の来世での復活を記した宗教テキスト『アムドゥアト書（冥界にあるものの書）』が作られた。このテキストは、太陽神の船が冥界を12時間にわたって航行し、最後に東の空から復活をするというものである。また、ファラオと太陽神を同一視する呪文である『太陽神への連禱』もこの時代に作られた。王は毎日復活する太陽神とみなされたのである。さらに古王国時代の『ピラミッド・テキスト』や中王国時代の『コフィン・テキスト』の流れを汲む『死者の書』（図76）も大部分がこの時代に編纂され、この時代以降のエジプトの中心的な来世観を記した文書になった。

アメンヘテプ1世の王墓地については諸説あり、決着がついていない。ツタンカーメン王墓を発見したハワード・カーターは、ルクソール西岸のドゥラ・アブー・アル＝ナガー地区の裏山に穿たれたシャフト（竪坑）墓を彼の墓であるとし、1990年代にドイツのエジプト学者ダニエル・ポルツは、同じドゥラ・アブー・アル＝ナガー地区で彼が発見した大型岩窟墓がアメンヘテプ1世の王墓であると考えている。また、王家の谷第39号墓をアメンヘテプ1世の王墓とする説もある。現在では、ポーランドのエジプト学者アンドレ・ニヴィンスキーがディール・アル＝バフリーのハトシェプスト女王葬祭殿の裏の崖にアメンヘテプ1世の王墓があると考え、発掘調査を継続している。これらの王墓地の根拠は、第20王朝のラメセス9世の治世に記された「アボット・パピルス」（図110）にあるアメンヘテプ1世の王墓の位置に関する記述によるが、研究者によって解釈が異なる。

図76『死者の書』

第17王朝末から第18王朝初期にかけての王家の女性

新王国時代の王族のミイラが数多く発見されたディール・アル＝バフリーの「王家のミイラの隠し場」からは、王だけでなく王家の女性のミイラも多く発見されている。その中でもとりわけ目立つのが、第17王朝末から18王朝初期の王家の女性のミイラである。第17王朝末から第18王朝を通じて王家の女性は、王以外の男性と婚姻関係を結ぶことができなかったが、彼女たちは極めて重要な地位にあったようである。

まず、第17王朝末を見ると、テティシェリ王妃は、セケンエンラー・タアア王とイアフヘテプ王妃を生み、二人の間にカーメス王、イアフメス王、イアフメス・ネフェルトイリ王妃が誕生した。そして、イアフメス王は妹のイアフメス・ネフェルトイリと結婚し、イアフメス・アンク王子とアメンヘテプ1世をもうけている。このように王女たちの結婚は王との婚姻に制限されていたが、新しく国土を統一した第18王朝の王権を安定させるための戦略だったのであろう。

第17王朝末から第18王朝初期の王家の女性の中には「大王妃」として頭角を現し、夫や息子の治世に絶大な権力を持つ者がいた。たとえば、イアフメス王の母イアフヘテプは、「王の娘、王の妹、偉大なる王妃、王の母」の称号を持っていたことが、ディール・アル＝バフリー出土の木棺に記された銘文からわかる。イアフメス王は治世第18年の石碑の中で、母イアフヘテプが上エジプトの平和に寄与したことを讃え、次のように記している。「彼女こそ、様々な儀式を挙行してエジプトを庇護した者である。彼女はエジプトの兵士たちに心を配り、彼らを護った。逃亡者を連れ戻し、脱走兵を再び集結させた。上エジプトを平定し、謀反人どもを追放した」。イアフヘテプ王妃は「ヒクソス」の放逐に専念していた息子のイアフメス王を助け、内政を担当していたと考えられる。彼女はアメンヘテプ1世の治世まで生き、影響力を維持していた。

イアフメス王の妃イアフメス・ネフェルトイリも絶大なる権力をふるった。カルナクのアメン大神殿に建立されたイアフメス王の「寄進碑」には、イアフヘテプ王妃と同じように「王の娘、王の妹、偉大なる王妃、上下エジプトの女主人」の称号を持つだけでなく、「アメン神の妻」の称号が記されている。彼女は、この称号を授けられた最初の王族の女性である。イアフメス・ネフェルトイリは王妃の称号以上に「アメン神の妻」の称号を多用していることから、この称号はかなり重要な地位を示していると考えられる。実際、この称号は彼女の実の娘イアフメス・メリトアメンやハトシェプスト女王などにも引き継がれた。この称号は、かつてはアメン神の妻として「王権を継承する女性」を意味する称号と考えられ、王が即位を正統化するために結婚しなければならない相手を指すと考えられていたが、現在ではアメン信仰に関わる神官職であったと解釈されるようになった。しかし、イアフメス・ネフェルトイリ王妃の権力が卓越していたことは事実である。「アメン神の妻」は自らの土地を持ち、経済的、宗教的にも独立していたという。また、イアフメス王がアビドスに祖母テティシェリの記念建造物を造る際、イアフメス・ネフェルトイリ王妃に承認を求めたという碑文さえある。イアフメス・ネフェルトイリ王妃は死後に神格化され、息子のアメンヘテプ1世とともに篤い信仰を受けた。彼女は第18王朝の母とも呼べる人物である。

トトメス1世の治世

アメンヘテプ1世は22年の長い治世にもかかわらず、世継ぎがいなかった。後継者のトトメス1世はセニセネブという女性の息子で、父の名は不明である。トトメス1世はイアフメスという名の女性を正妃に迎えたが、彼女の出自もよくわかっていない。ただし、彼女の名前からしてアメンヘテプ1世の王家の一員である可能性がある。そのため、トトメス1世は彼女との婚姻によって王としての正統性を主張できたと考えられる。

トトメス1世は先代のアメンヘテプ1世が築いたヌビアの領土を南に広げ、第3カタラクト（急湍）のトンボスの南に境界を定めた。トンボスは、クシュ王国の首都ケルマから北へわずか30キロメートルの場所である。トトメス1世はケルマの東の砂漠をさらに南下し、第4カタラクトと第5カタラクトの間のクルガスに石碑を残している。これで、エジプトのヌビア支配は確かなものとなった。

エジプトは「ヒクソス」を駆逐して自信をつけたものの、再び西アジアから強大な勢力が出現してエジプトを脅かすのではないかと危惧していた。トトメス1世の時代には、シリアでフリ人系のミッタニ王国が力を伸ばしてきた。周囲の国が強国になる前にその芽を摘み取っておくというのが、第18王朝初期のエジプトの軍事政策であったため、トトメス1世は西アジア遠征に着手した。彼は海路でシリアの貿易港ビブロスまで進み、そこから陸路を北進した。途中オロンテス川河畔のニイイで象狩りを行ったという記録がある。最終的にはユーフラテス川河畔のカルケミシュに軍事侵攻の記念碑を建て、この王がレヴァント地方のかなりの地域の支配権を手に入れたとされている。しかし、近年ではトトメス1世はミッタニ王国の優れた軍事技術に驚愕し、実質的な攻撃には至っていなかったと考えられている。

トトメス1世は、カルナクのアメン大神殿で精力的な建築活動を行った。今日のカルナクのアメン大神殿の姿は、トトメス1世の建築以降の姿であるといっても過言ではない（口絵26・図74）。彼は2つの塔門を建設し、最も外側の第4塔門に前に赤色花崗岩製の巨大な2本のオベリスクを建てた。またアメンヘテプ1世の建てた方解石製の聖堂を完成させ、先代からの王位継承の正統性を示した。また考古学的には確認されていないものの、トトメス1世がメンフィスに構えた王宮がツタンカーメン王によって利用されたことがツタンカーメン王の「信仰復興碑」から知られている。その他、トトメス1世はヌビアからエジプト全域にわたって記念建造物を残している。

トトメス1世の建築家であったイネニの墓の碑文によれば、トトメス1世の墓は岩山の崖で秘密裏に造営されたという。この記述により、これまでトトメス1世によって初めて王家の谷に王墓が造営されたと言われているが、確かなことはわかっていない。トトメス1世の名前を記した石棺は王家の谷（図81）の2つの王墓で発見されているが、どちらもトトメス1世の王墓ではない。1つ目の墓はハトシェプスト女王の墓（王家の谷第20号墓）であり、もう一つの墓はトトメス3世が造営したトトメス1世の再埋葬墓（王家の谷第34号墓）である。しかも、ハトシェプスト女王は自らの葬祭殿に父トトメス1世の葬祭祠堂を造っている。後述するように、トトメス2世の死後に即位したトトメス3世の摂政となったハトシェプストは、王として即位した後に自らの王位の正統性を示すために、自身の墓に父のトトメス1世を再埋葬したと考えられる。しかし、女王の死後しばらくしてから女王の存在を抹殺したトトメス3世がトトメス1世の墓を新たに用意し再埋葬したのであろう。つまり、本来のトトメス1世の王墓はまだ発見されていないと考えられる。ハトシェプスト女王とトトメス3世の関係については後述する。

トトメス2世の治世

トトメス2世の治世は、わずか約3年であった。トトメス2世は、トトメス1世とアメンヘテプ1世の娘ムウトネフェルト王妃の息子で、王位継承を強固とするために異母妹のハトシェプストを王妃に迎えた。第18王朝の王位継承には、王の姿を借りた国家神アメンが、王妃と合体することによって、アメン神の聖なる血を受け継いだ次王が生まれるという基本原理があった。アメン神の血統を純粋に保つためには、王妃には嫡出の王女、つまり王と同じ王妃から生まれた同腹の姉妹を選ぶのが理想であったが、王妃から王子が生まれなかった場合は、嫡出の王女と結婚することによって、王位を継承した。トトメス2世の場合は、トトメス1世の第1王妃イアフメスの第1王女であるハトシェプストと婚姻することにより王位を継承した。

トトメス2世の治世は短かったため、西アジアへの積極的な軍事遠征は行われていない。南パレスチナに遠征したが、これは遊牧民に対する威嚇行動のようなものであった。しかし、南のヌビアでの絶え間ない反乱を徹底的に鎮圧し、ケルマのクシュ王国に最終的に止めを刺した。これにより、トトメス1世が第3カタラクト（急湍）まで広げたエジプト領は揺るぎないものになり、以後新王国時代末までヌビアで大規模な反乱は起こらなかった。

トトメス2世の記念建造物はほとんど残っていないが、王はヌビアでの功績があったため、ヌビアから同王に関する建造物が比較的多く出土している。テーベ（現ルクソール）で唯一良好に確認できるものは、カルナクのアメン大神殿第4塔門の前庭部に建てられた石灰岩製の門である。この門は後世に破壊され、アメンヘテプ3世の治世に第3塔門の基礎に再利用されたが、現在カルナクのアメン大神殿の野外博物館で復元されている。レリーフには主にトトメス2世とハトシェプスト王妃が描かれているが、中にはハトシェプスト王妃が単独で表現されているものもある。この建造物は次の王トトメス3世の治世第1年、すなわちハトシェプスト女王が摂政であった頃に完成したのだが、ハトシェプストは王妃の頃にすでに傑出した立場にあったことを示している。

トトメス2世は、ハトシェプスト王妃の間にネフェルウラーという王女をもうけたが、王子はできず、王妃イシスとの間に王子（のちのトトメス3世）をもうけた。彼は正妃ハトシェプストの野望を感じ取っていたかのように、生前に息子のトトメス3世を後継者にすると宣言し、3年の治世の後に他界した。トトメス2世のミイラはディール・アル＝バフリーの

「王家のミイラの隠し場」から見つかっているが、彼の墓はまだ発見されていない。

ハトシェプスト王妃から女王へ

トトメス2世の妻であり妹でもあるハトシェプスト王妃は、「偉大なる王妃」だけでなく「アメン神の妻」の称号を持っていた。彼女は、大王妃イアフメス・ネフェルトイリから宗教的な役割を引き継ぎ、記念建造物でもトトメス2世の王妃というよりは「アメン神の妻」として自らを表し、権力を手中に収めていたのである。また、ルクソール西岸の王妃の谷から南西にあるワディ・シカット・タカ・アル＝ザイドの切り立った崖の中腹に単独の岩窟墓を造り、石棺も用意した。しかし、最終的に彼女はファラオとして王家の谷に墓を造営した。

短命の王トトメス2世を継承したのは、息子のトトメス3世であったが、幼少であったためトトメス2世の正妃でトトメス3世の正妃ネフェルウラーの母であるハトシェプストが摂政として実権を握った。そして、摂政であったにもかかわらず、自らを「マアトカーラー（「真理はラー神のカーである」の意）」と名づけ、通例では王名が記される「カルトゥーシュ（王名枠）」内に名前を記した。第18王朝初期の高官イネニは、この時の状況を自らの自伝碑文で次のように記している。「王（トトメス2世）の息子（トトメス3世）が父王のものであった二国（上下エジプト）の王座につき、父に代わって支配者となった。先王の姉にして尊き王妃ハトシェプストが、自らの計画に基づき、二国のまつりごとを行った。神から来たりし神の優れた種である王妃に、エジプトはつつしんで従い仕事に励んだ」。しかし、ハトシェプストは摂政では飽き足らず、父王トトメス1世が在位中に自らを後継者に指名し、母イアフメスはアメン神により新しい王を宿すとされたと主張し、トトメス3世の治世第7年頃に自ら王として即位した。以後、22年間トトメス3世の共同統治王として権力をふるった。ハトシェプストはトトメス1世とイアフメスから生まれた嫡出の王女であり、「アメン神の妻」の称号を持っていたことから王位を継承するために自らを正当化することができたのである。彼女の前例は、第12王朝のセベクネフェルウ女王にあり、女王として即位するのに大きな障害はなかったのである。ただし、ファラオは本来ホルス神の化身として男性の姿をすることになっているため、ハトシェプストは自ら男装してファラオとしての正統性を誇示しなければならなかった（口絵27）。

トトメス3世とハトシェプスト女王の共同統治

トトメス3世とハトシェプスト女王は、約15年間共同統治を行った。彼らはエジプト王としての権力を分かち合っていたようで、共同統治時代に敵対関係にあったという証拠は残っていない。記念建造物には、2人は男性の兄弟のファラオとして描かれ、通常はハトシェプスト女王がトトメス3世の前に描写されている（図77）。また、ハトシェプスト女王はトトメス3世の治世年を年号として採用していた。二人の王に同時に仕えた高官の多くも、ハトシェプスト女王が姿を消した後のトトメス3世の単独統治時代に重用されている。この共同統治時代には、後のトトメス3世の単独統治時代のような活発な軍事遠征は実施されなかったが、ハトシェプスト女王は1度ヌビアに遠征隊を派遣したようである。

ハトシェプスト女王のプント遠征

ハトシェプスト女王は軍事力を駆使するよりも、南方のアフリカの異国から珍しい動植物や貴石を入手することに力を注いだ。その異国は古代エジプト語でプントと呼ばれる場所で、現在の南スーダンからエリトリアにかけての紅海沿岸であると考えられている。このプントへの遠征隊の交易の様子は、ハトシェプスト女王がディール・アル＝バフリーの崖下に造った葬祭殿の第2テラスの南側の柱廊の西壁に描かれている（図78）。

図77　オペト祭を行うハトシェプスト女王とトトメス3世

図78　プントの女王（右から2番目）

そこには、大きな体格のプントの女王の姿、アフリカの産物、今日のアフリカの伝統的な住居に見られるような高床式の家屋、そして巨大な船にのった遠征隊の航行の様子などが見られる。プントはエジプトにおいて特に神に捧げる乳香と呼ばれる香木の産地として有名であり、ハトシェプスト女王の葬祭殿スロープ前には左右対称に乳香の木が植えられていた。

図79　ミノア人（模写）

クレタ島との関係

ハトシェプスト女王とトトメス3世の共同統治の時代に、テーベ西岸の複数の貴族墓の壁画にエーゲ海のクレタ島からのミノア人（ケフティウ人）（図79）の使節団が描かれている。

1990年代に、「ヒクソス」の首都アヴァリスのあったテル・アル＝ダブア遺跡のエズベト・ヘルミ地区から大量のフレスコ画の彩画片が出土し、クレタ島のクノッソス宮殿の壁画のモチーフと同じようなモチーフを構成していたことが明らかとなった。中でも「牛跳び」と呼ばれるモチーフは猛牛の上を跳ぶ人物の様子が描いたものであり、当時の地中海世界での様々な図像に採用された。その他に聖獣グリフィンなどの図像も描かれていた。これらの彩画片は、ハトシェプスト女王とトトメス3世時代に当地に造営された王宮の壁画を装飾していたことが明らかとなっている。同じような王宮の装飾は、イスラエルのテル・カブリ遺跡やシリアのアララク遺跡でも発見されており、「国際様式」と呼ばれている。当時地中海世界における交流が活発となり、エジプトもその影響を多大に受けていたと考えられる。

ハトシェプスト女王の建築活動

ハトシェプスト女王は、先代の第18王朝の歴代の王が残した記念建造物をはるかに凌ぐ規模でエジプト中に記念建造物を造営した。なかでも、テーベにおける建築活動には目を見張るものがある。西岸では、有名なディール・アル＝バフリーの葬祭殿（口絵28）をはじめ、メディネト・ハブのアメン小神殿、王家の谷の王墓、東岸では、カルナクのアメン大神殿やムウト神殿などの神殿群、ルクソール神殿、そして両神殿をつなぐ参道が建設されたのである。これらは、ハトシェプスト女王が始めた「オペト祭」や「谷の祭」などのアメン神の祝祭のためであった。

ハトシェプスト女王葬祭殿では、彼女の王としての正統性と治績を全面に示し、前述した父王トトメス1世が生前に彼女を王に任命したという碑文や女王の「聖なる誕生」、そして対岸のカルナクのアメン大神殿に設置したオベリスクの採石、プントの遠征が表された。葬祭殿の外には女王の巨像が列をなして設置され、力強い男装のファラオとして表現された。

カルナクのアメン大神殿では、アスワンから切り出した一対の赤色花崗岩のオベリスク、神殿の南玄関である第8塔門、神殿の内陣でアメンの聖船が安置された赤の聖堂をはじめとする主要な建造物を造営した。なお、赤の聖堂は近年復元され、現在カルナクのアメン大神殿の野外博物館でその壮麗な姿を見ることができる。ハトシェプスト女王は、新王国時代の祝祭都市テーベの聖なる景観を作り上げたと言っても過言ではない。

ハトシェプスト女王と宰相センエンムウト

ハトシェプスト女王が掌握した絶大なる権力の背後には、センエンムウト（あるいはセンムウト）と呼ばれた人物の力があった。センエンムウトはそれほど高くはない身分の人物の子供で、彼はトトメス1世の治世に印綬官などの称号を持つ中級の官吏だった。彼はトトメス2世の治世に王女ネフェルウラーの養育係に任命され、王家との結びつきを深めた。そして、トトメス2世の死後、未亡人ハトシェプストの世話役になり、彼女の即位と同時に影響力を強めていった。カルナクのアメン大神殿にハトシェプスト女王のためのオベリスクを建立し、ディール・アル＝バフリーに女王の葬祭殿を造営したのもセンエンムウトである。ハトシェプスト女王の葬祭殿やカルナクのムウト神殿の壁面

図80　センエンムウト像

には自らの姿を表してさえいる。また、彼は複数のハトシェプスト女王の娘ネフェルウラーを抱く姿の彫像を作り、女王との密接な関係をアピールした（図80）。センエンムウトは、自らディール・アル＝バフリーの女王の葬祭殿の前庭部の下に潜り込むような長い通廊からなる墓を造営したほどである。あの世でもハトシェプスト女王に仕えたいという気持ちの表れなのであろうか。

ハトシェプスト女王の王墓と最期

ハトシェプスト女王は、女王になると王家の谷に自らの王墓（王家の谷第20号墓）を造営した（図81）。ハトシェプスト女王の墓は、王家の谷の東側の崖の麓にある。最初は、崖の東側にあるハトシェプスト女王葬祭殿の至聖所の地下に玄室が位置するように岩窟墓を掘削する予定であったが、固い岩盤につきあたり、最終的にはU字形を描くプランとなった。ツタンカーメン王墓を後に発見したイギリスの考古学者カーターがこの墓を発見し、内部で珪岩製の石棺を2つ発見している。一つはハトシェプスト女王自身のものであるが、もう1つは、女王が父トトメス1世の再埋葬のために用意したものである。女王は、父を再埋葬することによって王位を正統化したのである。

女王は、自らの治世第22年に歴史から姿を消した。ハトシェプスト女王の死因は不明であるが、近年ザヒ・ハワスによればハトシェプスト女王のものであるとされるミイラは糖尿病を患っていたという。

図81　王家の谷（東谷）

トトメス3世の帝国建設

ハトシェプスト女王との共同統治時代に政治の表舞台に出ることのなかったトトメス3世（口絵29）は、治世第22年頃の女王の死後、単独統治を開始する。共同統治の時代、外国との関係はハトシェプスト女王主導によるプントとの交易が中心であり、西アジアへの軍事遠征は行われていなかった。この間、シリアのミッタニ王国は、対エジプト同盟を結成し、パレスチナ南部を除くレヴァント地域の大部分はミッタニの勢力下となってしまった。つまり、エジプトは侵攻される危機に瀕していたのである。

そこで、トトメス3世は単独統治直後の治世第23年に西アジアへの遠征を開始した。この第1回遠征以降、治世第42年まで17回にわたって毎年西アジア遠征を行ったことから、トトメス3世は古代エジプトのナポレオンと呼ばれている。これらの遠征の記録は、『トトメス3世年代記』としてカルナクのアメン大神殿の壁面に刻まれている。

この年代記には、トトメス3世の軍事作戦がこれまでのファラオのようなエジプトの国土を侵略から護るような防御的なものではなく、軍事遠征を積極的に展開し、征服地を植民地として領土を広げることを目的としていたことが書かれている。

『トトメス3世年代記』のエピソード

『トトメス3世年代記』には、トトメス3世の遠征中の様々なエピソードが記録されている。まず第1回遠征で、奪取された南パレスチナのメギドを奪還する作戦を行った。エジプト側からメギドに到達するルートは3つあるが、2つは容易なルートで、1つは一列縦隊で進むしかない狭い道であった。将官たちはトトメス3世に容易なルートでの進軍を勧めたが、王はアメン・ラー神の御加護があるとして、自身の安全などほとんど気にかけず、小隊の先頭に立って、困難な狭い道を進んだ。敵軍は王が容易な道から来るものだと信じていたようで、意表を衝かれたのである。トトメス3世の軍は敵軍の軍団のど真ん中に現れたのである。敵軍は大打撃を受け、7ヶ月の包囲の末、降伏し、トトメス3世に忠誠を誓った。『トトメス3世年代記』によるとメギドの戦いでの勝利により戦車894台、鎧200点、2,000頭の馬、2500頭の動物を敵から手に入れたという。トトメス3世はさらに北進し、治世第33年には最大規模の第8回遠征を敢行する。エジプト軍はシリアのアレッポとカルケミシュ近郊で勝利し、ミッタニ軍を追ってユーフラテス川の東岸に

図82　西アジアの敵を攻撃するトトメス3世

渡った。この遠征により、バビロニア、アッシリア、ヒッタイトの各王はトトメス3世に使者を送り、シリアに対するエジプトの優位を承認した。ただし、ミッタニ王国を中心とする都市連合が反撃の機会を窺っており、最終的には第17回遠征のカデシュ占領でエジプトのシリア支配が確立した（図82）。

トトメス3世は、17回の遠征で350を超える都市を征服したという。彼はこれらのシリア・パレスチナの都市を植民地として、3つの属州に分割した。南からカナン州、ウピ州、アムル州で、それぞれに総督として「北の異国の監督官」が派遣された。その他の都市は、エジプト王に忠誠を誓った君侯が支配し、ある程度の自治が認められた。

トトメス3世はヌビアにも軍事遠征を行い、第4カタラクトのナパタまで征服し、ヌビアを下ヌビアと上ヌビアに分け、それぞれに「クシュの王子」の称号を持つヌビア総督を補佐する副総督を置いた。この頃から年間約300キログラムの黄金がヌビアからエジプトにもたらされたという。こうして、トトメス3世はエジプトをシリアからヌビアにいたる古代西アジア・北アフリカ世界最大の帝国として作り上げた（図72）。

トトメス3世の建築活動

トトメス3世はハトシェプスト女王とトトメス2世の娘ネフェルウラーと婚姻関係にあったので、王位継承の点では問題はなかった。しかし、ネフェルウラー王妃はトトメス3世が単独統治を開始する前に他界していたので、ハトシェプスト・メリトラーを第1王妃とし、彼女との間にアメンヘテプ2世をもうけた。トトメス3世は、ハトシェプスト女王との共同統治時代にすっかり影を潜めてしまったため、自らの存在を広く認知させる必要があり、エジプトとヌビアの各地に精力的に神殿を建設したと言われている。

これらの建築事業の中でも、特にカルナクのアメン大神殿は豪奢を極めた。というのも、度重なる西アジア遠征の戦利品がアメン大神殿に寄進されたからである。トトメス3世は、単独統治開始直後に至聖所の奥にあったアメンヘテプ1世の礼拝堂を移築し、自らの祝祭殿を建造した。祝祭殿の目的は、治世第30年のセド祭（王位更新祭）を通じてトトメス3世の王権を更新することであった。この祝祭殿の柱は斬新な形をしており、王の西アジア遠征時の野営天幕用の支柱を模したものと言われている。また、列柱室の背後には小部屋があり、その壁には治世第25年の遠征でシリアから持ち帰った珍しい動植物が描かれている。トトメス3世は治世の後半には、至聖所の周辺を改築し、治世第42年には自らの西アジア遠征の成功をアメン・ラー神に捧げるために、前述の『トトメス3世年代記』として壁面に刻んだ。同王は第6塔門と第7塔門を増築し、壁面を西アジアで征服した都市のリストを記した碑文で埋め尽くし、自らの武勲を讃えた。

テーベ西岸では、トトメス3世はメディネト・ハブのアメン小神殿を完成させ、その少し北に父トトメス2世の葬祭殿を建設した。自身の葬祭殿は、耕地の縁辺に造営した。また、ディール・アル＝バフリーには、ハトシェプスト女王葬祭殿とメンチュヘテプ2世葬祭殿の間の高台に「神聖なる地平線」と呼ばれる神殿を建設した。王家の谷の崖面の奥には彼の王墓（王家の谷第34号墓）が造営された。その平面プランは、途中で左に直角に曲がっており、初めて通廊の途中に防御用のシャフト（竪坑）がしつらえられた。また、玄室は長円形の「カルトゥーシュ（王名枠）」形をしており、壁面には『アムドゥアト書』が描かれた。トトメス3世はハトシェプスト女王によって女王の墓（王家の谷第20号墓）に再埋葬された祖父トトメス1世の遺体を再び運び出し、新たにトトメス1世の墓（王家の谷第34号墓）を用意した。トトメス3世の正妃ハトシェプスト・メリトラーは、王妃であるが王家の谷に自らの墓を用意した（王家の谷第42号墓）。以降、第18王朝の正妃や王族は王家の谷に埋葬された。ただし王の側室の墓は、王家の谷の南西に位置するワディ・シカット・タカ・アル＝ザイドのワディ（涸谷）に造られた。トトメス3世の西アジア出身の3人の王妃の墓は、ここで豪華な副葬品とともに発見されている。

トトメス3世とアメンヘテプ2世の共同統治

トトメス3世は50代の半ば頃の治世第51年に息子のアメンヘテプ2世を共同統治王に任命し、他界するまでの約2、3年の間、共にエジプトを治め王位継承をスムーズにした。ところで、トトメス3世はアメンヘテプ2世との共同統治開始前の治世第46年頃に、組織的にハトシェプスト女王の記録の削除を開始した（図83）。かつてこのような記録の削除はトトメス3世によるハトシェプスト女王への怨恨によるものとされていたが、この時までに、ハトシェプスト女王が歴史から姿を消してから25年が経過しており、怨恨説は否定されている。また、ハトシェプスト女王はトトメス3世の治世の年号を採用していたことを考えると、王権を簒奪したとは言えない。トトメス3世によるハトシェプスト女王の記録の削除の理由については、トトメス3世は息子のアメンヘテプ2世にスムーズに王位を譲るために、女性が王になった前例を歴史から削除する必要性があったと考えられている。ハトシェプスト女王の家系の残党に、王位継承が可能な女性が存在した可能性もある。古代エジプトでは、オシリス神話にあるように男性がホルス神の化身として王位を継承することが習わしとなっていた。ハトシェプスト女王は、この習わしを逸脱していたため、女王の存在を認めることはトトメス3世からアメンヘテプ2世への王位継承にとって不都合だったのであろう。

図83　削られたハトシェプスト女王の姿

アメンヘテプ2世の治世

トトメス3世は治世第54年に他界した。レヴァント地域はトトメス3世の軍事遠征によってエジプトの支配下におさまっていたが、彼の死を聞くとレヴァント地域の諸都市が反乱に打って出た。アメンヘテプ2世の単独治世の最初の課題は、これらの反乱諸都市を鎮圧することであった。

アメンヘテプ2世は、治世第7年と第9年に西アジアに出征した。王は北パレスチナに進軍し、シリアのオロンテス川を越えて戦い続け、反乱軍を破り、反目した約30の都市国家を再び服属させた。王は反乱の首謀者7人の死体を自らの船の舳先につるして凱旋し、遠征の成功を誇示したという。そして、大量の戦利品と多数の外国人捕虜を獲得し、戦利品をカルナクのアメン大神殿に寄進し、捕虜は奴隷として建設労働に従事させた。アメンヘテプ2世の治世の晩年は平和的で、ミッタニ王国とは平和共存の関係を築いた。

図84　チャリオットから銅の塊を射るアメンヘテプ2世

父トトメス3世同様に、アメンヘテプ2世は武勇に長けたファラオであった。アメンヘテプ2世は、自分の肉体の強靭さを誇りにし、武術に優れていたという。現在ルクソール博物館にあるカルナクのアメン大神殿出土の花崗岩の石碑には、疾走する戦闘用2輪馬車から、銅の的を寸分たがわず矢で射るアメンヘテプ2世の姿が描かれている（図84）。また、王は約9メートルの櫂を自在に操り、普通の漕ぎ手の6倍のスピードで船を漕ぐことができたという記録もある。もともとファラオの記録はかなり誇張されているが、この時代には英雄的なイメージが当時のファラオの王権にとって重要な要素であったことがわかる。

アメンヘテプ2世は、父トトメス3世と同様にエジプトとヌビアの各地で活発な建築活動を行った。ギザでは、ホルエムアケト（「地平線のホルス」の意）神としての大スフィンクスに捧げた神殿を造営した。また、アメンヘテプ2世は大スフィンクスの顎髭の下に自らの彫像を配置した。早稲田大学古代エジプト調査隊が発掘調査を行ったアブ・シール南丘陵遺跡の最頂部では、アメンヘテプ2世が日干レンガの建造物を造営した。南北に延びた矩形の遺構は空壕に囲まれ、当時の王宮の壁画のモチーフに特徴的な壁画の破片や良質の青色彩文土器などが出土している。これは、王の休憩場所として機能していたと推測される。アメンヘテプ2世は、父トトメス3世との共同統治の時代か単独統治の時代にカルナクのアメン大神殿のハトシェプスト女王の建造物で彼女の名前と図像を削除しただけでなく、建造物の周囲を別の石材で覆い隠した。彼女が建立したオベリスクの台座の部分の女王の碑文は厚い壁で隠された。カルナクのアメン大神殿におけるアメンヘテプ2世独自の建造物としては、セド祭（王位更新祭）殿が挙げられる。建造時には第8塔門の前に配されていたが、のちのホルエムヘブ王の治世に解体され、第19王朝セティ1世によって第9塔門と第10塔門の間の中庭の東側に移築された。アメンヘテプ2世は、カルナク神殿北部に位置するメンチュウ神殿を造営した。彼はカルナクの北に位置するメーダムードのメンチュウ神殿でも増築を行ったため、後のメーダムードとカルナクの間の参道の建設に影響を与えた可能性が示唆されている。

王家の谷に造営されたアメンヘテプ2世王墓（第35号墓）は第20王朝末に盗掘を受けたが、現代に発見された際、彼の遺体は石棺の中で王の愛用品と思われる複合弓と共に眠っていた。このことは、王が武術に秀でていることが当時の王権にとって重要であったことを示している。ところで、発掘時にこの王墓で発見されたのはアメンヘテプ2世の遺体だけではなかった。他に再埋葬された8人のファラオ、3人の女性、そして1人の男児の遺体が埋葬されていた。後の第3中間期第21王朝の神官たちは、アメンヘテプ2世王墓を墓泥棒から王族の遺体を守るための隠し場所としたのである。

トトメス4世の治世

アメンヘテプ2世は在位中に後継者を指名していなかったため、アメンヘテプ2世の死後は、次の王位継承をめぐって混乱があった。最終的に王位についたのはトトメス4世であった。ただし、彼の母ティアもアメンヘテプ2世の正妃ではなかったようであり、アメンヘテプ2世の記念建造物には一度も姿が表されていない。そのため、トトメス4世は自らのファラオ王位継承の正統性を必要とした。トトメス4世は治世第1年にギザの大スフィンクスの足元に石碑を立て、自らのファラオとしての正統性を主張したのである。この碑文は、『夢の碑文』（図85）と呼ばれている。それによると、若き王子トトメスは砂漠に狩に出かけスフィンクスの陰で眠った。すると夢の中で、スフィンクスの姿をした太陽神ラー・ホルアクティが現れ、「巨大な石灰岩の我が体を埋めている砂を取り除けば、汝は王になるであろう」と予言した。トトメス王子は砂を直ちに取り除き、トトメス4世として即位したとある。

大スフィンクスの『夢の碑文』の最も重要な点は、トトメス4世を王に任命したのは、ハトシェプスト女王やトトメス3世のようにテーベのアメン神ではなく、ヘリオポリスを聖地とする太陽神ラー・ホルアクティであったということである。確かに、トトメス4世はアメン神の妻とみなされた正妃の息子ではないので、アメン神によって即位することはできなかった。そのため、彼はラー・ホルアクティと王権の結びつきを強めようとした。ラー・ホルアクティ神によって王が決まることはテーベのアメン神官団にとっては脅威であり、アクエンアテン王に至るその後の王権と国家宗教の関係の変化を暗示していると考えられる。

図85　トトメス4世の『夢の碑文』

トトメス4世の治世は約10年という短いものであったが、それまでのファラオと同じように、エジプト全土で活発に記念建造物の増築を行った。なかでも、カルナクのアメン大神殿では、アメンヘテプ2世の時代に重要になった南北の軸線中心からナイル川に向けた東西の軸線をより重要にし、第4塔門の前に木製金張りの門と柱を造り、第4塔門を改造した。現在この塔門は、カルナク神殿の野外博物館に復元されている。さらに、トトメス4世はカルナクのアメン大神殿の東の最奥部に約32メートルのオベリスク（現在ローマにある「ラテラノ・オベリスク」）を立て、太陽神信仰を促進した。

外政においては、アメンヘテプ2世の時代にすでにミッタニとの平和的共存関係が構築されていたが、さらに関係を強固にするために同盟条約を結んだ。トトメス4世は同盟のしるしとして、ミッタニ王アルタタマの王女を王妃として迎えている。こうして、ミッタニとエジプトの同盟を軸に、シリア・パレスチナをめぐる国際情勢は安定した。この時代からは、贈り物の交換や政略結婚によって古代西アジア世界の秩序が維持された。

王家の谷に造営されたトトメス4世王墓には、トトメス3世王墓やアメンヘテプ2世王墓のような王が太陽神ラーとして夜の世界を航行し東の空から復活することを示した『アムドゥアト書』の壁画は描かれておらず、玄室は母岩がむきだしになっている。これは彼の治世が短かったため施工が間に合わなかったのであろう。玄室の前室のグラフィティ（落書き）には、ホルエムヘブ王の治世第8年以前に視察団によって盗掘で荒らされた墓が修復されたことが記されている。

アメンヘテプ3世

トトメス4世の死後、王位は彼と側室ムウトエムウイアとの息子アメンヘテプ3世（図86）が継承することとなった。かつてムウトエムウイアは、トトメス4世がミッタニ王国から迎えた王女だとする説が唱えられていたが、アクミームの有力貴族ユヤの一族であったという説もある。ムウトエムウイアは正妃ではなかったため、アメンヘテプ3世はハトシェプスト女王のように自らの誕生神話を作り上げる必要があり、ルクソール神殿に母ムウトエムウイアとアメン・ラー神が合体し、王が誕生したことを描かせている。

アメンヘテプ3世は10歳頃に即位したと考えられている。治世第2年には、中部エジプトのアクミームの有力貴族ユヤとチュウヤの娘、ティイと婚姻したことがいわゆる結婚スカラベから知られており、若くして王妃を迎えた。このことは、アメンヘテプ3世の即位直後から、ティイの両親であるユヤとチュウヤが王の背後で強い影響力を持っていたことを示している。また、第18王朝の前半は、正妃は決まって王の姉妹であったが、ティイとの婚姻は、アメンヘテプ3世がこれまでの習慣を無視したことになる。さらに、ティイ王妃が従来の王妃と大きく異なる点は、アメンヘテプ3世の建造物や彫像などでティイ王妃はつねにアメンヘテプ3世と並んで表現されたということである。北スーダンのセディンガではティイはハトホル女神の化身として神格化されたほどであり、王の神聖な配偶者として重要視された。

ティイ王妃は、知られているだけでも2人の息子と4人の娘を生んでいる。息子の姿はアメンヘテプ3世の在位中には目立たないが、アメンヘテプ3世は晩年に娘のサトアメン王女を妃にしたようである。アメンヘテプ3世王墓（王家の谷第22号墓）の玄室には、本来王と王妃ティイの部屋が用意されたが、側室の1つが改造され王妃ティイの部屋と同規模になったことから、サトアメンの部屋を付け加えたことを示していると考えられている。

アメンヘテプ3世の治世には、かつてのような西アジア諸国との軍事衝突はなくなり、トトメス4世以来の平和外交政策が継続された。特にシリアのミッタニ王国との同盟の絆は、ミッタニの王女がアメンヘテプ3世の妃に迎えられることで強化された。また、バビロニア、アルザワの王女もアメンヘテプ3世の妃となり、政略結婚による同盟関係とヌビアから大量にもたらされた黄金を気前よく贈ることによって、エジプトの西アジア植民地支配は維持された。しかし、王の治世の後半には、『アマルナ文書』が示すように、西アジアの政治的状況が不安定となってきた。政略結婚の効果も、支配者の代替わりごとに新しい婚姻がなければ効果はなく、一方エジプト側は西アジア諸国に王女を与えることを拒否したため、ミッタニ以外との政略結婚は1回で終わってしまった。

図86　アメンヘテプ3世像頭部

アメンヘテプ3世の建築活動

アメンヘテプ3世の治世後半の25年間は、大規模な建築活動、豪奢な宮廷生活、豊かな芸術に特徴づけられる。第19王朝のラメセス2世は建築王の異名を持つが、ラメセス2世は以前の王の建造物を自分のものに改ざんすることが多いので、アメンヘテプ3世こそが建築王の名を持つにふさわしいファラオだったと言える。

アメンヘテプ3世は、デルタから上ヌビアにわたる広大な地域に記念建造物を造営した。それは、ただやみくもに神殿や聖堂を造るのではなく、近年アメリカのエジプト学者オコナーが指摘しているように、自らが君臨するテーベを中心とする宇宙を創造するように、象徴的な意味を持つ要所に意図的に記念建造物を造営した。つまり、アメンヘテプ3世はエジプト全土を巨大な祝祭空間にしたのである。

特にテーベでは、アメンヘテプ3世による祝祭空間の建設は顕著であった。メムノンの巨像（口絵30）の背後にあるアメンヘテプ3世葬祭殿に立つ巨大な石碑には、アメンヘテプ3世がテーベに造営した記念建造物の計画が事細かに記されており、テーベを太陽神の化身としてのアメンヘテプ3世を中心とする宇宙とその神聖なる王権を表現するための祝祭都市にすることが示されている。東岸では、カルナクのアメン大神殿に第3塔門とナイル川に通じるスフィンクス参道を造り、のちにラメセス2世によって完成される大列柱室を計画した。また、オペト祭でカルナクのアメン・ラー神が訪れる南のルクソール神殿を改築し、巨大なパピルス柱の柱廊、自らの誕生神話を描かせた部屋や至聖所などを造った。また治世末に病気治癒を祈願して、ムウト神殿に約600体のセクメト女神像を奉納している。

西岸では、これまで造営された葬祭殿をはるかに凌ぐ規模の葬祭殿を建造した。ただし、現在では第1塔門前の「メムノンの巨像」が目立つだけである（口絵30）。アメリカのエジプト学者ベッツィ・ブライアンによれば、葬祭殿の完成時には内部に天空の星座を現す動物や神々の像が配され、あたかも地上における天上世界のような表現がされていたという。それを裏付けるかのように、現在葬祭殿の発掘を行っているホリーグ・スロウジアンは、葬祭殿の基礎部などから巨大なカバの像をはじめとする数々の彫像を発見している。

アメンヘテプ3世は、治世第30年のセド祭（王位更新祭）の儀式のために西岸のマルカタに王宮を造営し、現在ビルカト・ハーブーと呼ばれる巨大な池を掘らせた（図73・87）。早稲田大学古代エジプト調査隊は、1974年1月にマルカタ南の「魚の丘」コム・アル＝サマックで、アメンヘテプ3世のセド祭の儀礼のために造営されたと思われる彩色階段を伴う日干レンガ製建造物を発見した。また、同調査隊は1985年からマルカタ王宮の調査を行い、王宮装飾の一部を復原した。

2021年には、エジプトのザヒ・ハワスのチームがマルカタ王宮の北で工房などを含む大規模集落を発見した。

上述のようにアメンヘテプ3世は、テーベだけでなくエジプト全土にバランスよく大規模な神殿を造営した。北からデルタのブバスティス、アトリビス、中部エジプトのヘベヌ、ヘルモポリス、ヌビアではエレファンティネ島、セディンガ、ソレブ、セセビ、カワに建築活動の跡を見ることができる。ソレブ、セディンガでは、アメンヘテプ3世は太陽神アメン・ラー神とともに、自らを月神として祀らせた。

こうした建築事業の遂行のために、家柄に関係なく実力のある有能な人物が抜擢された。特に代表的な人物としてハプの子アメンヘテプがいる。彼は徴兵書記として建築活動に参加し、その功績により要職を歴任し、ついには、テーベ西岸に王と同じように葬祭殿の造営を許可された。ハプの子アメンヘテプは、ジェセル王の階段ピラミッドを設計したイムヘテプとともに賢者となり、プトレマイオス朝時代には神格化された。

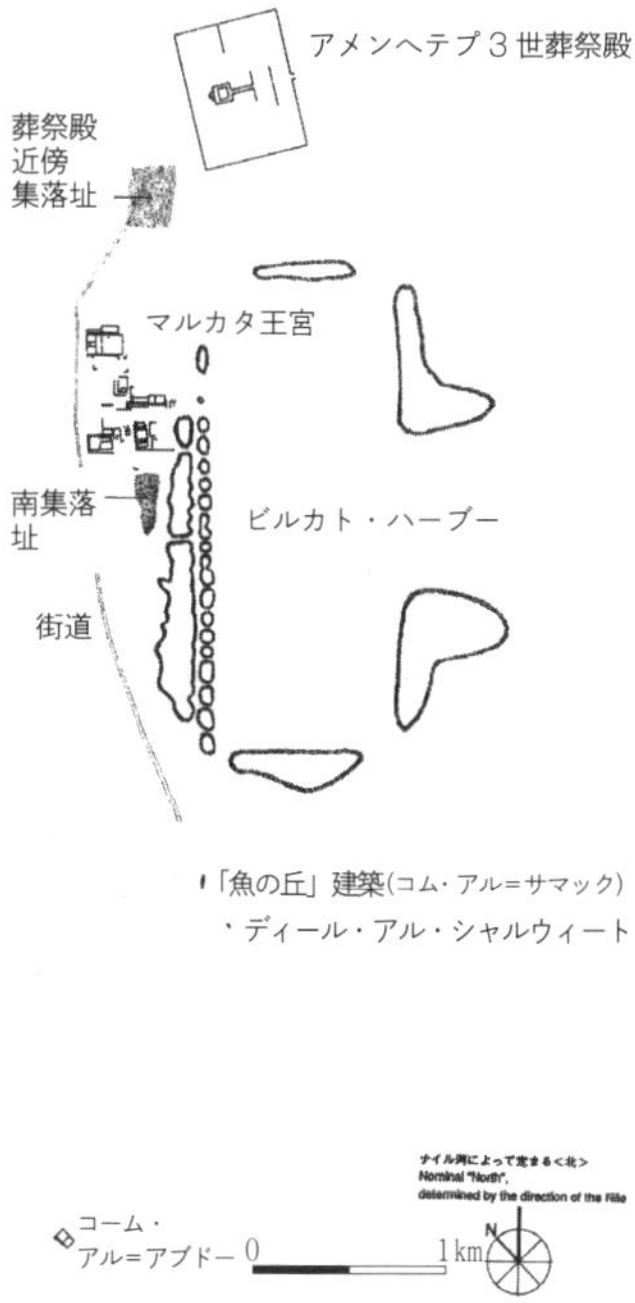

図87　マルカタ王宮全体図

「太陽王」アメンヘテプ3世とアテン神

アマルナ宗教革命を断行することになるアクエンアテン王(アメンヘテプ4世)は、「悪しきこと」が祖父トトメス4世の治世に始まったと記している。この「悪しきこと」とは、王権に対するアメン神官団の影響力の増大である。このことを示唆するかのように、トトメス4世は、従来のようにアメン神の神託により即位したのではなく、ギザの大スフィンクスの姿をした太陽神ラー(またはラー・ホルアクティ神)の神託により即位したのである。

やがてアクエンアテン王によって唯一神になる太陽

神アテンは、もともとは天空に輝く日輪のことを指していたにすぎなかったが、トトメス4世の治世に初めて神として表現されるようになった。トトメス4世のスカラベには、王がアテン神となって西アジアを征服したと記されている。

アメンヘテプ3世が治世第11年に、王妃ティイのためにアクミームに造営した人口湖を祈念したスカラベは、湖に浮かべられた王の船の名を「輝けるアテン」と記している。また、アメンヘテプ3世は自らの王宮の名前を「ネブマアトラー（アメンヘテプ3世の即位名）はアテンの輝き」と呼んでいることから、アメンヘテプ3世とアテンとの関わりは強かったと考えられる。このような太陽との強い結びつきから、アメンヘテプ3世は「太陽王」とも呼ばれている。

近年、アメンヘテプ葬祭殿付近で発見された石碑には、アメンヘテプ3世がハヤブサ頭の神で表されたアテン神を礼拝する姿で描かれており、アテン神は息子のアメンヘテプ4世が初めて崇拝したのではなく、アメンヘテプ3世の治世末から崇拝されたことが明らかとなっている。

アメンヘテプ3世とアメンヘテプ4世の共同統治説

アメリカのエジプト学者レイモンド・ジョンソンは、アメンヘテプ3世が第1回セド祭（王位更新祭）を行った治世第30年以降に急速に太陽神との結びつきを強くし、自らを太陽神と同一視して表現していることから、アメンヘテプ3世の治世の終わりに、同王が神格化されたと主張している。さらにジョンソンは、アメンヘテプ4世（アクエンアテン王）が、父アメンヘテプ3世をアテンとみなし、現人神として崇拝していたと述べている。つまり、ジョンソンの説では、アメンヘテプ4世はアメンヘテプ3世の在位中に即位し共同統治を行っていたということになる。ジョンソンは、アメンヘテプ4世が、アメンヘテプ3世がセド祭の準備をしていた治世第26年に共同統治王として即位し、2人の王が12年間共同統治をしていたとしている。彼は、アマルナの貴族の墓や石碑にアメンヘテプ3世とティイ王妃が描かれていることから、アクエンアテンがアマルナに遷都した後もアメンヘテプ3世が生存していたと考えている。この一説は一見合理性があるように思えるが、今のところアメンヘテプ3世と4世（アクエンアテン）が共同統治をしていたという確証はない。さらにアメンヘテプ3世は、在位中ヌビアで月神として崇拝されていたことが知られているが、エジプト本土で神として崇められていたことを示す証拠はない。というのも約100年後、在位中に神格化されたラメセス2世のように、神殿で捧げ物を受ける神として表現された彫像も造られていないのである。ほとんどの研究者は、このような共同統治説を受け入れていない。

アメンヘテプ3世の死と埋葬

アメンヘテプ3世治世の最後の記録は、マルカタ王宮出土のワイン壺に記された治世第38年の日付であり、アメンヘテプ3世はこの年の直後に他界したと考えられている。王の遺体は、王家の谷・西谷の王墓に埋葬された。アメンヘテプ3世の王墓は、第18王朝の王墓の中で最大規模を誇り、極彩色の壁画が残されていたが、その真相は研究者の間でも知られていなかった。早稲田大学古代エジプト調査隊は1989年からアメンヘテプ3世王墓の調査を開始し、王墓の内部と外で発掘を行い、王の埋葬の一端を知ることができる数多くの副葬品を発見した。さらに、2001年より日本外務省の信託基金により、ユネスコとエジプト考古庁と共同で王墓の壁画の保存修復作業を実施しており、約3,350年前の美しい壁画が鮮やかに蘇った。修復された壁画を見ると、古代エジプトの黄金時代が偲ばれる（口絵31）。

第18王朝の行政組織と貴族墓

新王国時代第18王朝の行政組織の実態については、貴族の岩窟墓の壁面に刻まれた碑文が最も重要な史料となっている。被葬者は名前の他に生前の役職を記しており、しばしば伝記碑文も残している。第18王朝初期の高官に関する情報はあまり豊富ではないが、第18王朝中頃までには王の側近達がテーベやサッカラのネクロポリスに埋葬されたことが明らかとなっている。彼らは宰相、南の異国の監督官、王の布告官、財務長官、王の養育係、市長、アメン大司祭、将軍など様々な称号をもっていた。

ハトシェプスト女王やトトメス3世の治世では、これらの中でも特に大臣やアメン大司祭の役職が有力貴族に独占されていたことが明らかである。大臣ウセルアメンをはじめとするトトメス3世の治世の高官は、本来は王だけに許された

『太陽神の連禱』や『アムドゥアト書』で装飾された墓を持つまでになり、ハトシェプスト女王の娘ネフェルウラーの養育係センエンムウトは、墓を2基所有し、一つの墓の天井には後の王墓に見られるような天体図が描かれたほどである。

アメンヘテプ2世の治世になると、父トトメス3世と王自身の軍事遠征に貢献した者が重臣となった。彼らは幼少時から、「王の養育所」で王とともにチャリオット（戦闘用二輪馬車）の操縦やその他の武術を学んだ学友であった。たとえば、ヌビアを支配した「南の異国の総督」の称号を持つウセルサテトは、アメンヘテプ2世の幼少時からの友人である。また、アメンヘテプ2世の宰相アメンエムオペトと彼の弟でテーベ市長であるセンネフェルは、早くから王家との強いつながりをもち、繁栄を享受した。二人ともシェイク・アブデル・クルナの丘に巨大な岩窟礼拝室を持つだけでなく、王家の谷に墓を造営することを許された。

トトメス4世の治世になると、かつてのような軍人優先の行政は姿を消し、伝統的な由緒ある貴族出身の官僚が権力を握るようになった。というのも、エジプトと西アジア諸国との関係も比較的安定したため、軍人階級が圧倒的な力を握ることはなくなったからである。高官の中には、トトメス4世との個人的な関係で力を得たものもいた。家令チャヌニは、トトメス4世と親子のような関係であったようで、トトメス4世を「真の育ての親」と呼んでいる。

アメンヘテプ3世の治世では、テーベ以外の場所での高官の記念建造物が知られるようになる。王の宝庫長セベクメスとその息子セベクヘテプは、テーベとアルマントの間にあるリズィカトに墓を造営し、宰相の1人アペリアの墓はサッカラにある。ただし、メンフィス市長の墓を含め、高官の墓のほとんどはテーベ西岸に造営された。宰相ラーメス（ラモーゼ）と宰相アメンヘテプは、それぞれ良質の石灰岩の岩盤に穿った壮麗な墓を残している（口絵32）。王の穀倉長カエムハト、王妃ティイの宝庫長ケルエフ、そして王の後宮の長ウセルハトもテーベに繊細なレリーフで装飾された岩窟墓を造営している。さらに前述のようにアメンヘテプ3世に最も信頼されたハプの子アメンヘテプは、同王から葬祭殿を造営することを許されたほどであった。このようにアメンヘテプ3世の時代には、国家の繁栄を背景に強力な官僚組織が確立し、高位の役人の墓もそれまでの第18王朝のものをはるかに凌ぐ豪華なものであった。

アメンヘテプ4世

アメンヘテプ3世の後継者は、アテン神を国家神とする宗教革命を行ったアメンヘテプ4世（アクエンアテン王）（口絵33）であるが、本来はアメンヘテプ3世の嫡男でメンフィスのプタハ神大司祭であったトトメス王子が王位を継承することになっていた。しかし、トトメス王子は早逝してしまったため、次男のアメンヘテプ王子が後継者となったのである。アメンヘテプ4世が王子の頃の記録は、アメンヘテプ3世の治世第30年の第1回セド祭（王位更新祭）から使用されたマルカタ王宮から出土したワイン壺の封泥のスタンプにあり、そこには「真の王の息子」と記されている。このような記述を残した遺物がマルカタ王宮から出土していることを考えれば、前述のようなアメンヘテプ3世とアメンヘテプ4世による12年もの長い共同統治があったとは考え難い。

アメンヘテプ4世もそれまでのファラオの慣例に従いテーベのアメン神によって即位したことが、同王の名前を記したスカラベから知られている。しかし、実際はアメン神を裏切り、治世の最初から別の神を信仰した。その神とは、後に日輪で表現される太陽神アテンであった。アメンヘテプ4世は、アメン神の総本山であるカルナクのアメン大神殿域内に、アテン神の神殿の建設を開始したのである。この太陽神の名は、最初「生きるアテン（日輪あるいは太陽球）であるシュウの名によって地平線で歓喜するラー・ホルアクティ」（アテン前期名）と呼ばれ、やがてこの長い神の名は、王名のように「カルトゥーシュ（王名枠）」の中に記されるようになった。そして、長い神の名は省略され「生きるアテン」あるいは「アテン」と呼ばれるようになった。この神は、最初に従来のヘリオポリスの太陽神であるラー・ホルアクティ神と同じように、日輪を頂くハヤブサの頭をもつ男性の姿で表されたが、アメンヘテプ4世はこの図像表現を放棄し、日輪が光を放ち、その光線の先端にある手が生命の印アンクをかざし与えている姿で描かせた（図88）。古代エジプトの神々で、人間や動物の姿をとらない唯一の神が現れたのである。祭祀の対象は神像でなく、天空に輝く太陽とその光だったからである。

アメンヘテプ4世がカルナクに造ったアテン神殿の1つ「ゲム・パアテン」はセド祭用の神殿であり、アメン大神殿の東

図88　アテン神を礼拝するアクエンアテン王とその家族

側に造られた。神殿の石材は、上エジプト南部のゲベル・アル＝シルシラの砂岩の石切り場から切り出され、完成を早めるために、1つの石材の大きさは幅52×高さ22×奥行き26センチメートルで、労働者が肩に載せて運べるほどの規格にした。この規格の石材は「タラタート」と呼ばれ、宗教革命を推進したアクエンアテン王の治世、つまりアマルナ時代の建築の特徴となっている。宗教革命が失敗したのち、この神殿は解体され、アメン大神殿の増築された建造物の内部の詰め物として再利用された。これらの石材の一部は復元され、ルクソール博物館に展示されている。アテン神殿の遺構そのものは、カナダのトロント大学を中心とするアクエンアテン神殿プロジェクトが、巨大な王像で囲まれた広大な中庭を確認したが、それ以外の遺構の詳細についてはわかっていない。

タラタート石材の研究により、アメンヘテプ4世は、その他にフウト・ベンベン（「ベンベン石の館」）と呼ばれる記念建造物を建てたことが知られている。ベンベンとは、天地創造の際に原初の海から現れた丘であり、ヘリオポリスの太陽信仰とも深いつながりがあることから一種の太陽神殿と考えられる。フウト・ベンベンでは、ネフェルトイティ王妃（口絵34）が単独で表現されている。通常、エジプトの王妃は主人であるファラオと共に描かれるため、これはネフェルトイティ王妃が独立して王にも劣らないほどの力があったことを表している。ただし、これはネフェルトイティがアメンヘテプ4世と共同でエジプトを統治していたことを示すのではなく、アメンヘテプ4世とネフェルトイティ王妃の役割がヘリオポリスの神学のように、アトゥム神の2柱の子供であったシュウ神とテフヌト女神の役割に相当することを表すものと考えられている。やがて、アメンヘテプ4世はアクエンアテン（「アテンに有益なる者」の意）に改名し、宗教革命を強力に推し進めていった。

新都アケトアテン

アメンヘテプ4世は、治世の初年に新しい国家神アテンの信仰を育成するために精力的に活動していたが、アメン神の聖地であるテーベにいたため、それほど大きな影響を与えられなかった。真の改革は、治世第4年に決定した新都アケトアテン（「アテンの地平線」の意）（現在のテル・アル＝アマルナ）（図89）の建設から始まる。アメンヘテプ4世はテーベのカルナク以外にもエジプト国内やヌビアの各地に次々とアテン神殿を建設していたが、いずれもその地域の主神の神殿域やその傍らに建てられていた。新たな国家神アテンには、アテン神が主神である聖地を創らなければならなかった。アケトアテンの境界碑には、新都の建設のことが次のように述べられている。「見よ、アテン。アテンは永遠の記念物として彼のために作るよう欲している。今、余にそれ、文字通りアケトアテンに関して命じたのはアテン、余の父である。…（中略）…アケトアテンを発見したのは王である。それはいかなる神々、王、女王、人々に属さない、知られていない」。このようにアメンヘテプ4世は、いかな

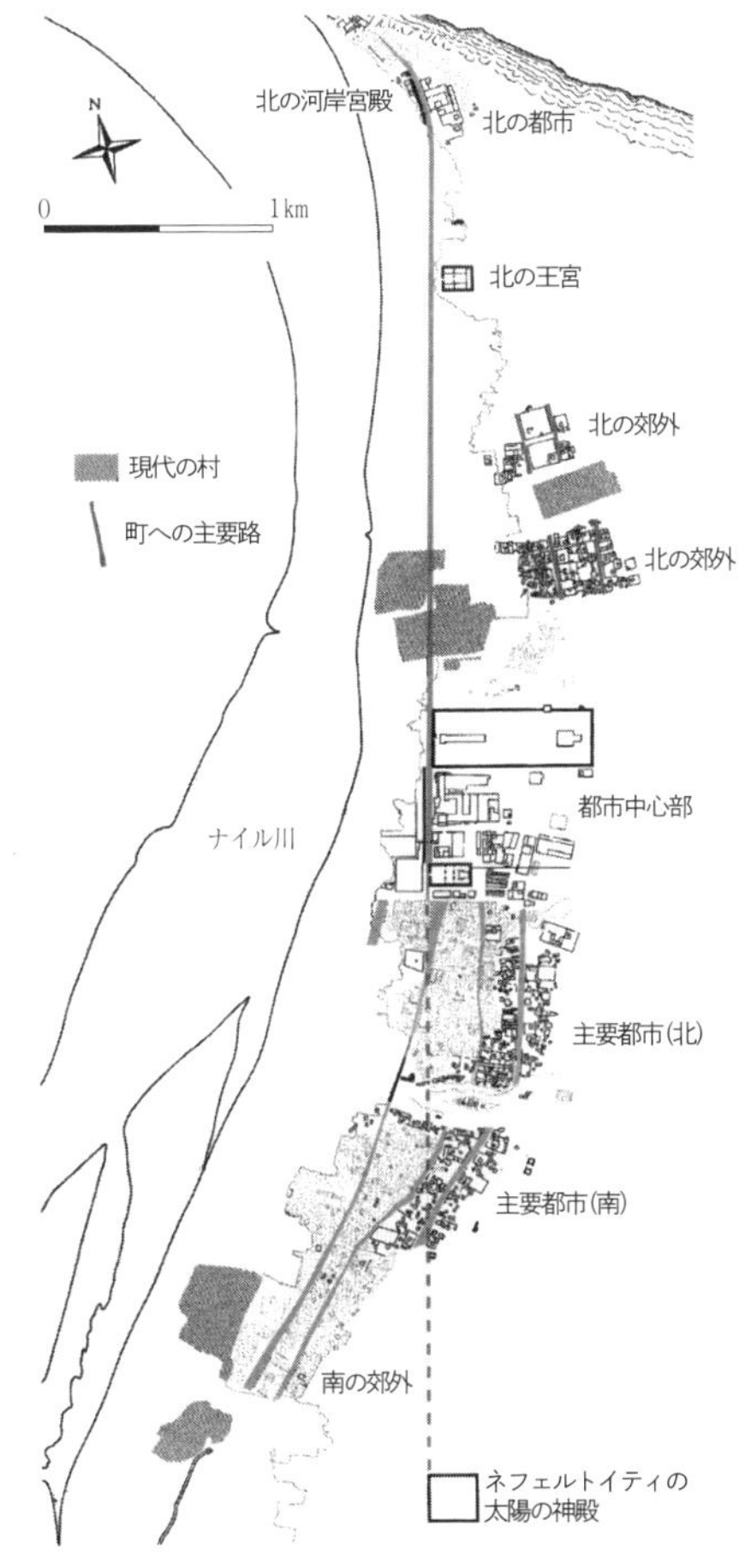

図89　アマルナ遺跡地図

る神々や人々にも属さない処女地に新都を建設した。

新都に選ばれたのは、中部エジプトの上エジプト第15州のナイル川東岸に位置するテル・アル＝アマルナと呼ばれる場所である。ここは、ちょうど従来の第18王朝の中心地であったテーベとメンフィスの中間にあたり、古代エジプトの伝統的な創世神話の1つである『ヘルモポリス神話』が作られたヘルモポリス（現在のアシュムネイン）近傍に位置する。新都の建設地は、北と東と南を砂漠台地の断崖に囲まれ、西にナイル川が接しているので、防衛にも非常に適した場所であった。源頼朝が三方を山に囲まれた鎌倉に幕府を建設したのと同様に、新しい都の建設はその防衛が死活問題だった。アメンヘテプ4世は旧来の伝統的な信仰を絶ち、大きな革命を断行するため、このような場所が必要であったのだろう。そして、興味深いことにアケトアテンの町を表す壁画には、数多くの軍人が登場する。このことから、新都はいつでも反乱軍に対処できる体制であったことが推測される。さらに重要なのは、東側の段丘の中央にはワディ（涸谷）があり、毎朝そこから昇る太陽が神殿や王宮のある都市の中心に当たるように設計されていたことである。ワディの中央から昇る太陽の姿は、まさにヒエログリフで地平線を表す「アケト」そのものであり、新都はある種の劇場空間として設計されたと考えられる。また、南北約6キロメートルにわたって広がる平坦な低位砂漠は、王宮や大神殿を含む大規模な都市の建設を可能とし、西岸に広がる肥沃な耕地は、都市で生活する人々への食料供給に適していた。

治世第4年ペレト（播種季）第4月第4日、アメンヘテプ4世は、王妃ネフェルトイティと長女メリトアテンそして廷臣を従えて、新都建設予定地を訪問し、建設工事の起工式を行った。建設作業は急ピッチで行われ、治世第6年までの2年間でアテン大神殿や王宮などを含む都市中心部の大部分が完成した。治世第6年ペレト（播種季）第4月第13日には、王は再びテーベから新都アケトアテンを公式訪問し、遷都の開始を宣言した。こうして、アケトアテンに大規模な人口の流入がはじまった。

アメンヘテプ4世からアクエンアテンへ

アメンヘテプ4世は治世第4年と第6年の間に、自らの誕生名をアメンヘテプ（「アメン神は満足する」）からアクエンアテン

（「アテン神にとって有益なる者」）に改名し、アメン神との決別とアテン神への帰依を宣言した。王妃ネフェルトイティの名前にも、ネフェルネフェルウアテン（「アテン神の美はうるわしい」）という形容辞が追加された。この間に、アテン神のセド祭（王位更新祭）が挙行された。アマルナの西岸の境界碑には、治世第8年アケト（氾濫季）第4月第30日、アケトアテンの境界を変える意思のないことを誓う儀式が行われたことを示す銘文が付け加えられている。これによって遷都が完了した。このアマルナ遷都によって、アクエンアテン王はテーベのアメン神を中心とする伝統を完全に断ち、革命に邁進していくことになる。第18王朝の前半は、度重なる西アジア遠征によって富を蓄積することができたが、後半は平和外交の時代となり、周辺地域から巨万の富を集めることはできなくなった。このような状況で、神殿に富を蓄積したアメン神官団から王の側に富を集中させることがこの革命の意図であったのではないかと考えられる。

進化するアテン神

アクエンアテン王と王家一族が正式に新都アケトアテンに移住した後、アテン神を国家神とする宗教革命はさらに激しさを増した。アクエンアテン王がアメンヘテプ4世と名乗っていた治世の初期には、アテン神の公式名は、「アテンであるシュウの名によって地平線で歓喜するラー・ホルアクティ」（アテン前期名）であったが、アマルナ遷都後の治世第9年には、公式名は「アテンとして帰ってきた父ラーの名によって、地平線で歓喜する地平線の支配者ラー」（アテン後期名）となり、前期名に記されたシュウやホルアクティの名前は消えて、ラーだけが残され、アテンがラーの新しい姿と宣言されている。つまり、アクエンアテン王は伝統的な多神教の中でのヘリオポリス神学の考えを捨て去り、ラーが新しい太陽神アテンとして出現したと考えたのである。また、アテン後期名ではアテン神とアクエンアテン王の関係が父と息子の関係であることも強調されている。

アメン神への迫害

おそらくアテン神の後期名の宣言と同時期に、アメン神をはじめ伝統的な神々とその神官団に対する迫害が開始され

図90　削られたアメン神の姿、アメンヘテプ3世葬祭殿壁面

た。アメン神の名と図像は、ピラミッドやオベリスクの頂から小さなスカラベにいたるまであらゆる記念物から削除された（図63・90）。また、アメン神の彫像もことごとく破壊された。父アメンヘテプ3世の誕生名のアメンも当然のごとく削られ、時折誕生名はラーの名を含む即位名の「ネブマアトラー」に書き換えられることもあった。アメン神の妻であるムウト女神の名も削られ、ムウト女神を表す禿鷲で表現される「母」という単語は、禿鷲の記号は表されず、単語の音価を示す「単子音文字」のみで表現されるようになった。古代エジプトでは、名前の抹殺はその存在の完全な抹殺を意味したので、このことは、アメン信仰の完全なる禁止を意味したのである。さらに、エジプト全土とヌビア中のアメン神殿が閉鎖された。

迫害はアメン神だけでなく、他の伝統的な神々にも及んだ。ただし、伝統的な神々への迫害はアメン神への迫害ほど激しくなかった。地方の神殿ではアメン神の図像や名前は完全に削られたが、他の神々の図像と名前は残された。ただし、かつてのような地方神殿での祝祭は施行されなくなった。また、神々が多数いるのではなく、アテン神のみであることを示すため、神の複数形「ネチェルウ」のヒエログリフは削られ、単数形に改められた。そして、アクエンアテン王が好んで用いたマアト（「真理」「真実」「秩序」の意）の語がマアト女神の記号で表現されることはほとんどなくなり、マアトを表すダチョウの羽や表音文字だけで示された。

アマルナ時代の庶民の信仰

国家宗教は、アメン神をはじめとする伝統的な多神教を否定しアテン神を中心とするものに変わったが、庶民は、これまでと同様にベス神やタウェレト女神など豊穣、出産などに関する伝統的な神々を崇拝し続けたようである。というのも庶民の集落からは、伝統的な神々のアミュレット(護符)など民間信仰を表すものが出土しているからである。ただし、庶民にとって衝撃的なことは、エジプト全土でアメン神をはじめとする伝統的な神々の祝祭が施行されなくなったことであった。古代エジプト祝祭では通常、神殿の至聖所に安置されている神々の像が舟形の神輿に載せられ、民衆の前に姿を見せる貴重な行事であった。庶民は、祭りの間に神々に直接願い事を祈ることで希望を持つことができたのである。しかし、彼らはその機会を奪われた。エジプト全土の神殿での伝統的な祝祭の停止は、アマルナ宗教革命の失敗につながったといっても過言ではない。

アテン信仰が生まれた背景

アクエンアテン王が信心したアテン信仰は、同王が突如として生み出したものではなく、第18王朝の宗教思想の流れの中から生まれてきたものである。確かにテーベのアメン神が国家神として崇拝されていたが、当時の宗教思想の潮流を形成していたのは、ヘリオポリスの太陽神信仰であった。というのもヘリオポリスは、古代エジプトで最初に天地が創造された場所と考えられたからである。ヘリオポリスは、古くは古王国時代第3王朝から太陽神ラーの聖地として知られ、太陽神ラーは、太陽信仰の象徴とされたピラミッドに代表されるように古王国時代の最高神であった。新王国時代第18王朝になってもラー神の権威は維持され、王の即位名には、「ネブマアトラー」のように必ずラー神の名前が含まれた。ヘリオポリスの神学によれば、ラー神こそが唯一の神であり、他の神々はラー神から生まれ、ラーの身体の一部が変化したものであり、全ての神々にラー神の力が含まれていると考えられた。上エジプトの一地方都市であったテーベのアメン神の力が増大するにつれて、それに唯一対抗できたのは唯一ラー神となった。アテンは、ラー神の一部である日輪の姿として出現したものであり、万物の力の源としての太陽神ラーよりも、日輪とそこから万物に降り注ぐ光がアテンとして信仰されたのである。

アテン信仰の教義

アテン信仰の教義は、王自らが作ったとされる『アテン讃歌』に記されている。この讃歌ではアクエンアテン王の信仰の告白として、万物を創造し、恵みの光を降り注ぐ太陽神アテンが高らかに賛美されている。アテン信仰の基本的な信条を知るためにその一部を紹介しよう。

「汝、天空の光の場所(地平線)に美しく照々たり。
汝は生けるアテン、原初に生けるもの、
汝、東方の光の場所に昇り、
汝が美をもって全土を満たし給う。
汝が光は大地を包容し、
汝はラーなり、しかして全土の窮極を支配す。
汝、愛する息子のため、全土を締結し給う。
汝、遙遠に離るるも、しかも汝が光は大地の上にあり、
汝、人々の面輪にあれど、しかも汝が進路を目視すべからず」

このようにアクエンアテン王は、地平線上に輝く眼に見える実際の太陽とその光こそが全世界に生命と繁栄を与えたと考えたのである。

アテン信仰の教義のなかで特徴的なのは、アテン神がエジプト人だけでなく、異国の人々、しいては全人類に恵みを与えたという点である。従来の国家神アメンは、もともと上エジプトの一都市のテーベの信仰であり、郷土色が強すぎたため、繁栄を極めながらも西アジアの諸国をも支配下に入れたエジプト帝国において普遍性を保つことが難しかった。一方で、太陽をその由来とするアテン神は帝国全体に受け入れられる普遍性をもっていた。確かに太陽はどこへ行っても見ることができる。アクエンアテン王は、帝国の支配をスムーズにするために一種の世界宗教の樹立を目論んでいたのかもしれない。テル・アル＝アマルナで発見された楔形文字が記された粘土板、『アマルナ文書』(図91)には、シリア・パレスチ

ナの都市国家の支配者からエジプト軍を派遣するよう要請があったにもかかわらず、アクエンアテン王は軍隊を送らず、アテン神の祝福を与え、平和を説いている。これは、アテン信仰が広大なエジプト帝国において普遍的な宗教になることを試みていたためと考えられる。

アマルナ王家の女性と家族

ネフェルトイティ王妃

アクエンアテン王の正妻は、絶世の美女と称されるネフェルトイティであった（口絵34）。ネフェルトイティの出自に関しては、ミッタニ王女説やアクミームの貴族でアクエンアテン王の後見人であったアイの娘という説などがあるが、確かなことはわかっていない。ただし、彼女は治世の初期からアクエンアテン王と対等の立場で表されており、高貴な家柄の出身者であったと推測できる。さらに、王がアメンヘテプ4世からアクエンアテンに改名した際に、ネフェルトイティ王妃の名前も「ネフェルネフェルウアテン」に変わる。彼女の地位はさらに高くなり、アクエンアテン王の治世第12年頃には、王の背後ではなく王と同じ大きさで王と重なるように並んで表現され、王と同じ王冠を被るまでになった。

彼女はアクエンアテン王との間に少なくとも6人の王女を産んだが、治世第13年頃に3人の王女が他界した。かつて、ネフェルトイティ王妃は3人の王女が亡くなった後に歴史から姿を消したとされていたが、近年ベルシャ近郊のディール・アブー・ヒンニスで発見されたアクエンアテン王の治世第16年の日付のグラフィティ（落書き）には、彼女の名前が確認されており、彼女がアクエンアテン王の治世の最末期まで生存していたことが明らかとなっている。後述するアクエンアテン王の治世末の共同統治者となったネフェルネフェルウアテン女王は、ネフェルトイティ王妃であった可能性が高い。

図91　アマルナ文書

キヤ王妃

第2王妃のキヤは、アマルナで初めて姿を現した。彼女もミッタニの王女と思われていたが、名前はエジプト人の名前である。しかし、ラメセス2世のヒッタイト出身の王妃もエジプト語の名前をもっていたので、これだけでは判断が難しい。キヤ王妃の称号は、「大いに愛されし妻」で、他のハーレムの女性やネフェルトイティ王妃との違いを際だたせるために付けられた称号と考えられる。いくつかの資料から、キヤ王妃はアクエンアテン王の治世第9年から第10年くらいまでの間に王の寵愛を受けていたことがわかる。アマルナ由来のレリーフ・ブロックの中には彼女とアクエンアテン王のみしか描かれないものが複数発見されており、彼女の傑出した地位が窺える。しかし、治世第11年頃になると、キヤ王妃は姿を消し、アマルナの神殿や王宮に描かれた彼女の図像は第1王女メリトアテンのそれに改ざんされた。

図92　メリトアテン王女像頭部

アクエンアテン王の娘たち

アクエンアテン王とネフェルトイティ王妃の間には6人の娘がいたと考えられているが、中でも傑出していたのは第1王女のメリトアテンである（図92）。彼女は治世の初期からアクエンアテン王とネフェルトイティ王妃の背後に描かれ、ネフェルトイティ王妃が歴史から姿を消す直前には、アクエンアテン王の「偉大なる王妃」の称号を得ている。そして、ネフェルトイティ王妃が姿を消した後、メリトアテンは王室のファーストレディの地位に就いた。そして、謎の王スメンクカーラーの王妃となるが、スメンクカーラーは治世わずか1年ほどで姿を消してしまった。メリトアテンは、当時の西アジア諸国との外交文書である『アマルナ文書』に登場し、アッカド語でマヤティと呼ばれ、王に匹敵する立場の人物としてシリア・パレスチナの臣侯から様々な懇願を受けている。

第3王女のアンクエスエンパアテンは、姉のメリトアテンが王妃の称号を得た後に第1王妃の姿で表されるようになった。ツタンカーメン王の王子の時代の証拠である、いわゆる「ヘルモポリス・ブロック」にはアンクエスエンパアテンの名前がツタンカーテン（正式にはトゥトアンクアテン、後にツタンカーメンに改名）と共に記されており、即位する前に婚姻関係にあった可能性も考えられる。アマルナの放棄以後に残った唯一の王女となり、ツタンカーテンの即位とともに王妃になった。その他の王女、マケトアテン、セテプエンラー、ネフェルウラーは、治世第13年頃に他界し、ネフェルネフェルウアテン・パシェリについてはあまり記録が残っていない。アマルナ時代の女性については謎が多く、いまだに議論が続いている。

アクエンアテン王の治世の晩年

アクエンアテン王の治世第9年以降の出来事は不明瞭である。治世第12年には、西アジア、ヌビア、エーゲ海諸島をはじめとする諸外国から使節団がアケトアテンを訪問し、貢租献上の儀式が行われた。同じ頃、アクエンアテン王の母でアメンヘテプ3世の王妃であったティイが、娘バケトアテンを連れてアケトアテンを公式訪問した。この治世第12年を境に、アクエンアテン王の治世は陽から陰へと転じた。治世第13年以降には、第2王女マケトアテンが他界した。

さらにこの頃、スメンクカラーという名の王がアクエンアテン王の共同統治王として即位している。この王の素性は不明であるが、アクエンアテン王の長女メリトアテンを王妃に迎え、王になったと考えられる。ただし、彼はわずか1年足らずで姿を消している。スメンクカラー王の死後、ネフェルネフェルウアテン女王がアクエンアテン王の共同統治王として即位した。

アクエンアテン王は、おそらくネフェルネフェルウアテン女王の即位の直後に他界し、アケトアテンの東のワディ（涸谷）の奥地に埋葬された。王墓からは破壊された石棺片、カノポス櫃、シャブティ像などが多数出土しており、王の埋葬後に大規模な破壊活動があったと推測される。

アマルナ宗教革命の失敗

一貫した論理性と世界宗教を目指したアテン信仰は、アクエンアテン王の死と共に急速に影響力を失っていった。というのも、アテン神への祭祀を行う資格があるのはアクエンアテン王のみであり、アテン神への崇拝はアクエンアテン王を通じてしか行うことができなかったからである。一方、アテン信仰は、アメン神をはじめとする伝統的な神々を否定した。伝統的な神々の神殿は閉鎖され、祭儀は施行されず、人々が神々を信じる拠り所がなくなってしまったのである。また、伝統的な冥界の支配者であるオシリス神の存在も否定され、人々が来世で得ると信じられた永遠の生命が否定された。アテン信仰では、死者はオシリス神のいる西方の来世に行くのではなく、東方のアケトアテンの生の空間に生き続けると考えられたが、この思想は人々には受け入れられなかった。

さらに、アクエンアテン王の治世には、ヒッタイトが北からシリアに進出し、エジプトの盟友であったミッタニがヒッタイトの属国になってしまう。また、ヒッタイトの勢力が及ばない地域においても都市国家間の争いは激しくなり、臣従たちは書簡を送りアクエンアテン王に争いの調停を求めたが、王は外交に関心を示さなかったので、貢租の収入は滞り、エジプト領の駐留軍には不満が広がった。こうした状況の原因もアテン神に帰せられ、アテン神は信用を失っていったのである。

短命の王スメンクカーラー

アクエンアテン王の晩年には、スメンクカーラーとネフェルネフェルウアテンという名の王がいたことが知られている。理由は定かではないが、アクエンアテン王はスメンクカーラーを共同統治王に任命し、アクエンアテン王の長女メリトアテンが王妃となった。この王の治世年を記すワイン壺は治世第1年のものだけで、彼の名を記した記念建造物がほとんど残っていないことから、王は短命であったと考えられる。スメンクカーラー王の即位名は、「アンクケペルウラー」であるが、次に共同統治王となるネフェルネフェルウアテン王も同じ即位名を持っていた。このことから、スメンクカーラーは途中でネフェルネフェルウアテンと名前を変え、2人は同一人物であるとする研究者もいる。ただし、ネフェルネフェルウアテンの即位名には、「アンクケペルウラー」あるいは女性形の「アンケトケペルウラー」に必ず形容辞が加えられている。

謎の女王ネフェルネフェルウアテン

ネフェルネフェルウアテン女王の即位名は、「アンケトケペルウラー」と女性として記され、「彼女の夫に有益なる者」という形容辞も記されることがあることから、女王であったと考えられている。さらに、ネフェルネフェルウアテンという名前はネフェルトイティ王妃の形容辞に使われていたので、イギリスの研究者を中心としてネフェルトイティ王妃がアクエンアテン王の治世の末期に、ネフェルネフェルウアテン女王として即位し最初はアクエンアテン王と共同統治をしたとする説が提示されている（図93）。

ネフェルネフェルウアテン女王の単独治世には、すでにアメン神を中心とする古代エジプトの伝統的な神々の信仰が復興した。テーベ西岸のパイリの墓（139号墓）にはネフェルネフェルウアテン女王の治世第3年の日付のあるグラフィティ（落書き）が残されており、彼女の治世にはテーベ西岸でアメン神殿が再興されたことがわかる。つまり、アクエンアテン王の宗教革命は、彼の死によりすでに終焉を迎えていたのである。ネフェルネフェルウアテン女王の墓は発見されていないが、ツタンカーメン王墓の副葬品の中には、元々ネフェルネフェルウアテン女王の埋葬のために製作され、その後ツタンカーメン王に再利用されたものが多く確認されている。

図93　アクエンアテン王とネフェルネフェルウアテン女王のステラ（石碑）

ツタンカーテン王子

黄金のマスク（口絵35）をはじめとする豪華な副葬品で有名なツタンカーメン（トゥトアンクアメン）王を知らない人はいないが、彼の生涯と生きた時代についてはあまりわかっていない。ツタンカーメン王はツタンカーテン（トゥトアンクアテン）王子としてアマルナの王宮で生活し、次の王位を約束された皇太子であったが、アクエンアテン王の死後すぐに王位を継承せず、ネフェルネフェルウアテン女王が約3年単独統治した。そして、最後に残ったアマルナ王家の人物がツタンカーテン王子とアンクエスエンパアテン王女（のちのアンケセナーメン王妃）であった。

ツタンカーテン王の即位

近年、ザヒ・ハワスを団長とするエジプト考古最高評議会のチームがツタンカーメン王のミイラのCT（コンピュータ断層撮影）スキャンを行い、王の死亡年齢を分析したところ、18歳前後という数値が示された。王墓から出土したワイン壺に記された王の治世の最後の年が治世第10年なので、逆算するとわずか8歳で即位したことになる。ツタンカーメンには、アクエンアテン王の死後の混乱した国土を統治するのは困難だったと思われる。幼少の王と王妃の後見人は、アクエンアテン王の治世より王家に絶大な影響力を持っていた「神の父」の称号を持つアイで、摂政あるいは国王代理として実質的な政治を司っていたのは大将軍ホルエムヘブ（図94）であった。また、財務長官マヤは、アクエンアテン王が独占していた富を再分配し、伝統的な多神教の復興を推進した。このように、ツタンカーメン王の時代は王の実質的な権力が弱く、高官主導で国土が治められたのである。サッカラにあるツタンカーメン王の乳母マヤの墓には、マヤの膝の上に腰掛けたツタンカーメン王の背後に高官の姿が描かれている（図95）。

先代のネフェルネフェルウアテン女王は、アメン神殿の活動を再開したが、実質的な信仰復興はツタンカーメン王の治世からであった。王は即位して間もない時期にはツタンカーテンと名乗っていたが、しばらくしてこの名の他にツタンカーメン（「アメンの生きる似姿」）という名を同時に持つようになった。ほとんどの研究者は、ツタンカーテン王が治世の第4年にツタンカーメン王に改名したとしているが、王は治世の最初は2つの信仰を並存させるために2つの王名をもっていたと筆者は考える。というのも、ツタンカーメン王の黄金の玉座（口絵36）、法座、そしてチャリオットの装飾にはツタンカーテンとツタンカーメンの名前の両方が記されているからである。もし、ツタンカーテン王が王名を完全に変えたのであれば、アテンを含む名前を完全に改め、ツタンカーメンに書き直していないのは不可解である。ツタンカーテン王が完全にツタンカーメンに改名した時には、王妃アンクエスエンパアテンもアンケセナーメンに改名した。ツタンカーテン王は、即位してまもなくアケトアテンを放棄し、メンフィスに都を遷した。そして、テーベは再び宗教の中心地となり、王はアマルナ時代に閉鎖されていたカルナクのアメン大神殿とルクソール神殿を復興した。さらに、アメン神への忠誠の証として、両神殿で行われたテーベにおけるアメン神の最大の祝祭である「オペト祭」を復活させた。

ツタンカーメン王の信仰復興

ツタンカーメン王の治世にアメン神を中心とする伝統的な多神教が復興し、エジプト各地の諸神殿は活動を再開した。この信仰復興については、カルナクのアメン大神殿で出土したツタンカーメン王の「信仰復興碑」に記されている。この碑文はおそらく治世第4年の日付が記されていたと考えられ、それまでに成し遂げられた信仰復興の事業が記されたと考えられる。「信仰復興碑」によれば、ツタンカーメン王は、アマルナ時代に閉鎖していた各地の伝統的な神々の神殿を再開させるだけでなく、各神殿でアクエンアテン王の治世に破壊された神殿や神像を修復し、新たに増築や神像などを製作させたという。特に自らの容貌を持つアメン神の像を数多く製作し、ツタンカーメンの名前の意味の通りの「アメンの生きる似姿」を表現した（図96）。また、アマルナ時代に王権に集中していた富をエジプ

図94　ホルエムヘブ将軍
（サッカラ、ホルエムヘブ墓）

図95　ツタンカーメン王を抱く乳母マヤ、
（サッカラ、マヤ墓）

図96　ツタンカーメン王を守護するツタンカーメン王の容貌を持つアメン神の像

ト全土の神々の諸神殿に分配し、地方豪族の子弟から神官を任命したと記されている。さらに別の碑文では、信仰の復興には莫大な費用を要したため、ツタンカーメン王の治世第8年には各地の神殿を復興するためにエジプト全土で租税が取り立てられたという記録がある。

　アメン神の信仰は復興したが、アメンヘテプ3世の治世のようなアメン神官団が王権を脅かすものではなく、ラー神、プタハ神などの他の重要な神々も等しく崇拝された。もちろん、アテン神も排斥されたわけではなく、神々の中の1柱の太陽神として崇拝された。このように、ツタンカーメン王の治世では、大将軍ホルエムヘブや財務長官マヤなどの高官が中心となって特定の神だけに権力が集中することを避け、バランスのとれた信仰復興を進めたのである。

ツタンカーメン王の死と埋葬

　ツタンカーメン王は、信仰復興のシンボルであったが、その人生は短命であった。前述のとおり、最近の王のミイラ調査の結果、死亡年齢は18歳位と考えられている。死因は不明であるが、左足の皿の下に骨折があることから死亡前に何らかの事故があったと指摘されている。一説には王が戦闘中に2輪馬車から落ちたというのがあるが、実際のところよくわかっていない（口絵37）。いずれにしても、ツタンカーメン王は、治世第10年頃に18歳位の若さでこの世を去った。ちょうどツタンカーメン王が他界した頃、エジプト軍はヒッタイト軍とシリアのカデシュ付近で衝突した。ヒッタイトの史料『スッピルリウマ1世の治績』には、ツタンカーメン王の死が報告されており、未亡人となったエジプトの王妃（アンケセナーメン）がヒッタイト王スッピルリウマ1世に王子の1人を婿としてエジプト王にしたいと提案している。しかし、エジプト王として迎えられるはずであったヒッタイトの王子ツァナンツァは、エジプトへの旅の途中で暗殺されたという。この史料の中でアンケセナーメンは、自分の下僕を夫にしたくないと述べており、王位継承者を失ったエジプトは危機的状況にあったのであろう。なお、未亡人となったエジプトの王妃をネフェルトイティとする説もある。

ツタンカーメン王は、突然の死により王家の谷の本来貴族のために造られた墓に埋葬された。おそらく、ツタンカーメン王は王家の谷・西谷に王墓を用意していたが、王の死の際には玄室まで完成されていなかったのであろう。ツタンカーメン王が西谷に造営した墓は、その後アイ王の墓（王家の谷第23号墓）となったと考えられる。ところで、ツタンカーメン王墓の玄室の壁には、オシリス神となって死したツタンカーメン王に口開けの儀式を行うアイ王の姿が描かれている（図97）。

図 97　ツタンカーメン王墓玄室

口開けの儀式は、通例では死者に対してその息子が執り行うものであり、両者の結びつきが前提となる。つまり、アイはツタンカーメン王の口開けの儀式を行うことによって王位継承の正統性を示したのであろう。ツタンカーメン王の棺に納められた花や副葬品の果物類から判断すると、王が墓に埋葬されたのは3月から4月の間と考えられる。しかし、前述のヒッタイトの史料によると、ツタンカーメン王が他界したのは真夏であり、この記録が正しければ、王位継承の問題によって同王の埋葬が延期された可能性がある。頭部に黄金のマスク（口絵35）を被せられたツタンカーメン王のミイラは5,000点以上の豪奢な副葬品と共に埋葬され、その墓はほとんど盗掘から免れた状態で発見された。

アイ王

ツタンカーメン王の死後、老臣アイが王位についた。ベルリンのエジプト博物館には未亡人のアンケセナーメン王妃とアイ王の名前を記した指輪が収蔵されているが、これはおそらくアイ王の治世の初期にアンケセナーメン王妃と共同で統治が行われていたことを示すものと思われる。また、アイ王は未完成であったツタンカーメン王の葬祭殿を完成させ、そこでツタンカーメンを息子と呼び、王位継承の正統性を示した。こうして、アイは王としての権威を確立していった。しかし、未亡人アンケセナーメン王妃は突如として歴史から姿を消してしまった。一方、ツタンカーメン王の治世に摂政、国王代理などの称号をもっていた大将軍ホルエムヘブは、ツタンカーメン王の治世の行政の最高権力者であったが、アイ王の治世になってしばらくすると政権中枢から排除された。アイ王は、根拠地の中部エジプトのアクミームの縁者である将軍ナクトミンを「王の息子」、「摂政」として、王位継承者に任じ、ホルエムヘブが王になる道は閉ざされたかのように見えた。

ホルエムヘブ王

老年のアイ王はわずか在位4年で他界し、王位継承者に任命されていた将軍ナクトミンが即位する予定であったが、政権中枢から排除されていたホルエムヘブが政権を奪取し王位についた。ホルエムヘブ王は即位後、アイ王への復讐としてアイ王墓の壁画を破壊し、メディネト・ハブのアイ王の葬祭殿を自分の葬祭殿として改築した。そしてアイ王の関係者を一掃し、自らの政権を確立した。ホルエムヘブが即位できた最大の理由には、ツタンカーメン王の治世に行政の最高権力者として、そして何よりもエジプトの西アジア領にヒッタイトが侵入した際、軍人としての手腕をふるったことが考えられる。ホルエムヘブ王は、アマルナ宗教革命の後に混乱した国内の行政と経済の再建を最重要課題とした。ホルエムヘブ王の勅令によると、官僚の規律は乱れ、租税を着服・横領し、不正な請求によって私腹を肥やしていたという。ホルエムヘブ王はこのような不正行為を正し、自らの配下である軍人から官僚や神官を任命し、アマルナ時代のような成り上がり者ではなく、世襲貴族こそが有能な官僚の源であるとし、世襲貴族の権利を尊重した。

ホルエムヘブ王は、ツタンカーメン王の治世から始まったアメン神を中心とする伝統的な宗教の復興政策を継続した。彼は国家神としてのアテン信仰を否定し、アマルナ、カルナク、メンフィスのアテン神殿を解体し、それらの石材を伝統的な神々の神殿の増築のために再利用した。しかし、アテン神そのものは太陽神の1つとして細々と崇拝された。

第13章　新王国時代ラメセス朝（第19王朝・第20王朝）

「ヒクソス」の放逐後、西アジアとヌビアに積極的に軍事遠征を行い、版図を広げた第18王朝は、その末期に北シリアの領土の一部を失い、ヒッタイト王国の脅威に晒されることになった。このような状況において第19王朝は、ヒッタイトをはじめとする周辺諸国からの侵略に対して応戦するような防御的な軍事遠征を継続することになった。ヒッタイトだけではなく、リビア人、「海の民」などの民族移動に伴う周辺民族の侵入にも対処しなければならず、国力は疲弊した。エジプトの国力の源泉であった金の埋蔵量も枯渇していった。後期青銅器時代に構築された各国間の交易ネットワークは崩壊し、気候悪化による飢饉や度重なる王家のスキャンダルもあってエジプトは衰退に向かっていったのである。

なお、第19王朝の王家と第20王朝の王家の間には血縁関係はないが、この時代にラメセスと名乗る王が歴代のファラオとして君臨したため、エジプト学では第19王朝と第20王朝をまとめて「ラメセス朝」と呼んでいる。

第19王朝（前1295～1186年頃）

宰相パ・ラメセスからラメセス1世へ

ツタンカーメン王の治世の実質的な支配者であったホルエムヘブ王は軍人からファラオになり、アマルナ時代の痕跡を悉く抹殺して信仰復興を推進した。ホルエムヘブ王の右腕としてこの改革を進めたのは、宰相パ・ラメセスであった。宰相パ・ラメセスは、デルタ地帯東部のかつての「ヒクソス」の都であったアヴァリス出身の軍人で、対シリア・パレスチナの軍事拠点である東デルタの軍事要塞シレ（チャルウ）の司令官を務め、エジプトの対西アジアの軍事政策に大きく貢献した。ホルエムヘブ王は自らが軍人出身だったので、このような有能な軍人を登用し、政権の安定化に努めた。

パ・ラメセスは宰相としてだけでなく摂政としても王の強い信頼を受け、ホルエムヘブ王の治世の国政に大きく関与した。ホルエムヘブ王には王子がいなかったので、パ・ラメセスは後継者に指名され、王の死後ラメセス1世として即位し、第19王朝を樹立した。しかし、ラメセス朝と呼ばれる第19王朝、20王朝のファラオたちは、ホルエムヘブ王を王朝の創始者と考えたようである。

ラメセス1世は、即位した時にすでに50歳を超えており、かなり高齢であった。そのため治世もわずか2年にすぎなかったが、活発な建築活動を行った。ラメセス1世は、アビドスとヌビアのブーヘンに神殿を造営し、カルナクのアメン大神殿の第2塔門の建設を完了した。また、スーダン国境付近のワディ・ハルファにも石碑を残している。

ラメセス1世の王墓とミイラ

ラメセス1世は、わずか2年の治世の間に王家の谷に王墓を造営したため、その規模はかなり小さい。壁面は、ホルエムヘブ王墓と同じような「門の書」と呼ばれる宗教文書の場面で構成されている。壁画や赤色花崗岩製の石棺の仕上げも埋葬までの時間が少なかったせいか、やや粗雑である。内部からは、ツタンカーメン王墓で出土したものと同じような番人像が発見され、現在は大英博物館に所蔵されている。同王のミイラは、長い間知られていなかったが、近年カナダのナイアガラ・フォール博物館に収蔵されていることがわかり、数年前にエジプトに返還され、現在ルクソール博物館の新館に展示されている。ミイラはセティ1世やラメセス2世のミイラに特徴的な鍵鼻をしており、このことがラメセス1世のミイラである根拠となったが、このミイラが実際にラメセス1世のものであるかどうかは、定かではない。

セティ1世

ラメセス1世の王位を継承したのは、息子のセティ1世であった。セティ1世は、父王の治世にすでに宰相の座にあり、エジプト北部の軍事要塞の司令官も兼任し、実質的な権力を手中に収めていたので、即位はスムーズであったと考えられる。しかし、低下した国力を回復するために、国内では活発な建築事業に着手した。セティ1世の時代は再生と復興の時代であり、そのような時代を担うファラオとして「誕生をくりかえす者（＝復興する者）」という称号を得ている。

アマルナ時代に閉鎖され荒廃したエジプト各地の伝統的な神々の神殿の復興は、ツタンカーメン王の時代より国政の重要な課題であったが、これを徹底してやり遂げたのがセティ1世であった。セティ1世は、南はアスワンから北はデルタ東部まで全土の神殿の復興事業を行い、アマルナ時代の都アケトアテン（テル・アル＝アマルナ）の破壊を命じた。セティ1世は、また神殿の復興と破壊を受けた神々の図像の修復だけではなく、テーベ（現ルクソール）、アビドス、メンフィス、ヘリオポリスといった各地の主要都市で大規模な建造物を造営した。テーベ東岸カルナクのアメン大神殿では、ホルエムヘブ王と父王ラメセス1世によって着手された大列柱室（図74・口絵38）の建設を継続した。この大列柱室には、幅102メートル、奥行き53メートルの空間に、124本のパピルス柱が林立している。最終的には息子のラメセス2世が浮き彫りを施して完成させたが、セティ1世の貢献は大きい。セティ1世はカルナクの対岸に自らの葬祭殿を造営し、アメン神の重要な祝祭の一つである「谷の祭り」の新しいルートを作った。

冥界の神オシリスの聖地であるアビドスでは、セティ1世は特に力を入れ、最大規模のオシリスの空墓（オシレイオン）とそれに伴う葬祭殿を造営した。セティとは、「セト神の君」という意味であり、セト神はオシリス神を殺した敵と考えられたことから、セト神を信奉する名前をもつセティ1世はオシリス神に特別の配慮を払う必要があったにちがいない。実際のところ、アビドスの葬祭殿に刻まれたセティ1世の「カルトゥーシュ」にはセトの文字がセト神の姿ではなくオシリス神の姿で表現されている。ところが、同神殿の図像にある王の腰布の先端部にはセト神の顔が小さく描かれている。また、セティ1世がアビドスに葬祭殿を建設したもう1つの理由として、古代エジプト最初期のファラオたちが埋葬されたアビドスに自らの葬祭殿を造ることにより、先王との結びつきや、ひいては自らの王権の強化を意図したためと考えられる。実際にセティ1世は、葬祭殿内部の壁面に歴代のファラオの王名表（「アビドス王名表」）を残した（図5）。

セティ1世が造営したオシリス神の「空墓」はオシレイオンと呼ばれ、天地創造の場を表した「原初の丘」と「原初の水」が

図98　セティ1世王墓玄室

表されている。現在は地下水位の上昇により、床の部分が浸水しているが、巨大な柱は荘厳な威容を誇っている。「空墓」とは実際の墓ではなく、オシリス神の聖地アビドスに造られた死後の供養のための施設で、中王国時代から習慣となっていた。

付属する葬祭殿はオシレイオンの東にあり、これまでテーベ西岸の王の葬祭殿がアメン神の神殿として造営されたのに対し、ここでは、7つの至聖所を持ち、セティ1世、アメン・ラー神、ラー・ホルアクティ神、プタハ神、オシリス神、イシス女神、ホルス神が同じように祀られている。このような複数の神々への祭祀は、第18王朝のようにアメン神のみに力が集中することを避け、バランスを保つことを意図したものと思われる。

セティ1世王墓

セティ1世の在位中最大の建設事業には、王家の谷の王墓（第17号墓）（図98）の造営が挙げられる。これは、1817年に、ジョヴァンニ・バッティスタ・ベルツォーニが発見したもので、王家の谷の王墓のうち最大規模を誇る。全長は約

図99　セティ１世の北シリア遠征、凱旋の図

140メートル以上あり、冥界を主題とする美しい彩色レリーフが見事である。特に玄室天井の北天の星座図と南天の星のリストは、古代エジプトの天文学の貴重な資料である。王の石棺には、初めて方解石（エジプト・アラバスター）製の人型棺が採用された。玄室の中央からはさらに地下に続く通廊が続いており、ザヒ・ハワスが近年この部分の発掘を行った。

北シリアの奪還に向けて

セティ1世は治世第1年に南パレスチナに遠征し、「シャスウ」と呼ばれる遊牧民を駆逐し、北上して新しい王に対する忠誠の誓いをレヴァントの臣侯たちにたてさせたようである。しかし、セティ1世は、アマルナ時代に奪われた北シリアの領土を奪還することを最大の目標としていた。セティ1世の北シリア遠征の様子は、カルナクのアメン大神殿の大列柱室の北側の外壁西側にレリーフで表現されている（図99）。この部分にはセティ1世の重要な軍事遠征の記録が描かれており、上段に北シリアのカデシュとアムルの戦い、中段にリビア遠征、下段にヒッタイトとの戦いが示されている。セティ1世はカデシュを奪還し、アムルを回復したようであるが、この領土奪還は一時的なものであった。結局、息子のラメセス2世が再度領土奪還に挑戦することになり、それが有名なカデシュの戦いとなるのである。

セティ1世とラメセス2世の共同統治

セティ1世が何年王位についていたかは定かではないが、おそらく10数年の治世だったと考えられている。セティ1世は治世の末に、王位継承をスムーズにするために、皇太子であるラメセス王子を共同統治王に任命した。これによりラメセス2世（口絵39）が即位する。実際のところ、ラメセス王子はセティ1世の国王代理として王の職務をこなしてきており、次の王として王位継承を約束されていたのである。アビドスの碑文には、次のようなラメセス2世の回想が記されている。「子供のわたしを腕に抱いて民衆の前に姿を表すとき、父（セティ1世）はこう言っていた。『この子を王にせよ。私がこの世にあるうちにそれが成就せんことを』」

共同統治の開始直後、ラメセス2世はヌビアに第1回目の軍事遠征に行っている。現在はアスワンの新カラブシャ島に移築されたベイト・アル＝ワリ神殿には、若いラメセス2世が2人の王子を伴って遠征に行った様子が描かれている。1人目の王子は皇太子のアメンヘルウェネミィエフで、2人目の王子はカエムワセトである。ヌビア人はラメセス2世に成敗され、南方の珍しい物産を貢物として運んでいる様子が神殿の壁面に表現されている。

カデシュの戦い

ラメセス2世は父セティ1世の意思を受け継ぎ、治世第4年に最初のシリア遠征に臨んだ。これによりヒッタイトに奪われた北シリアのアムル州を再びエジプトの支配下に治めることができた。しかし、ヒッタイト王ムワタリ2世は、すぐさまエジプトに奪われたアムル州を取り返そうとしたため、ラメセス2世は翌治世第5年に本格的な軍事遠征を始めた。これが、有名な「カデシュの戦い」をクライマックスとする遠征である（図100）。

この軍事遠征では、エジプト史上最大規模の総勢約2万人の兵が召集されたという。軍は各隊5,000人のアメン、ラー、プタハ、セトの4軍団からなり、カデシュを目指した。一方、ヒッタイト王ムワタリ2世は、エジプトよりさらに大きな軍勢を集めていたという。それは、約1万8,000人と1万9,000人の2つの軍団と、2,500台の戦車隊という恐るべき戦力であった。ヒッタイト軍は、カデシュの城の外に陣をしいていた。ムワタリ2世はエジプト軍をだまそうと、脱走兵と称するベドウィンをわざとエジプト軍に捕らえさせ、ヒッタイト王が、エジプト軍を恐れて北のアレッポから南下できていないと嘘を伝えさせた。しかし、その後エジプト軍は、ヒッタイトのスパイを捕らえ尋問したところ、ヒッタイト軍がカデシュのすぐ外で強大な軍勢で待ち構えていることを知り、ラメセス2世は驚いて、後続の軍団に急いで合流するよう命令した。だが、この時にヒッタイトの2、500台の戦車隊がカデシュの横を流れるオロンテス川を渡り、後続のラー軍団を襲撃した。意表をつかれたラー軍団は、混乱したままラメセス2世のいる野営地に逃げ込み、エジプト軍は大混乱に陥った。

この時、ラメセス2世自身も孤立したが、アメン神の加護を念じつつ、単身で戦車を駆って奮戦し、後から投入された1、000台の戦車隊をオロンテス川に追い落としたという。このような武勇伝から、ラメセス2世はこの戦いの記録を自らのプロパガンダとして多くの神殿に刻ませた。しかし、実際にはエジプト軍は敗北した。このラメセスの武勇伝は虚偽であり、歴史を都合よく修正したものである。ラメセス2世は当初の目標であったカデシュの征服を果たせず、帰路の途についた。カデシュの戦いの後、ラメセス2世は治世第18年までに4回の西アジア遠征を試みたが、大勢は変わらなかった。

図100　カデシュの戦いのレリーフ、ラメセス2世葬祭殿（ラメセウム）

世界最古の和平条約

カデシュの戦いの3年後にムワタリ3世が亡くなり、その息子ウルヒ・テシュブと弟のハットゥシリの間で王位継承をめぐる争いが起きた。ウルヒ・テシュブはムルシリ3世と名乗り即位したが、ハットゥシリがムルシリ3世を追放し、ラメセス2世の治世第16年にハットゥシリ3世としてヒッタイト王になった。ムルシリ3世は、アッシリアとバビロニアの支援を取り付けて

図101　タニス遺跡

返り咲きを試みたが、失敗に終わり、ラメセス2世の治世第18年にエジプトへ逃れた。このことにより、エジプトとヒッタイトの関係は再び悪化した。ところが、ラメセス2世の治世第21年に、エジプトとヒッタイトは積年の対立を捨て、和平同盟条約を締結した。この頃北部メソポタミアの強国、アッシリアが勢力を拡大しヒッタイトの脅威となっていたため、ヒッタイト王がエジプトの支援を取り付けたいと思ったのであろう。条約の内容は、エジプト側の史料とヒッタイト側の史料で矛盾している。カルナクのアメン大神殿とラメセウムに刻まれた記録によると、ハットゥシリ3世はエジプトに講和を求め使者を送ってきたという。ヒッタイト側の粘土版には、ラメセス2世が休戦を求めてきたと記述してある。条約では、領土不可侵、相互軍事援助、政治的亡命者の引渡しと免責の3つが大きな柱であった。現存する「国際条約」としては世界最古のものである。これ以降、両国の平和な関係が維持され、治世第34年には、ハットゥシリ3世の娘がラメセス2世と結婚した。この娘は、エジプト名マアトホルネフェルウラーと名付けられた。

新都ペルラメセス

ラメセス2世は、北のデルタ地帯に新都ペルラメセスを建設した。このペルラメセスは『旧約聖書』の「出エジプト記」で言及されているヘブライ人が重労働を課されたとされたピラメスであると考えられている。「出エジプト記」には労役を課されたヘブライ人がモーセに率いられてエジプトを脱出し、カナンの地をめざすことが記されている。しかし、出エジプトに関するエジプト側の記録は残っておらず、ハリウッド映画の「十戒」のように「出エジプト」の時代のエジプト王がラメセス2世かどうかは明らかではない。ペルラメセスの場所については、長い間タニス遺跡（図101）であると考えられていた。

しかし近年のドイツ隊の調査によって、「ヒクソス」の都アヴァリスのあったテル・アル＝ダブア遺跡の数キロ北に位置するカンティール遺跡がペルラメセスであることがわかった。「ヒクソス」はアヴァリスにセト神殿を建設したが、それから400年をセティ1世が記念したことをラメセス2世がいわゆる400年記念碑（図102）に記録しているため、ペルラメセス建設以前に当地の整備は始まっていたとみられる。ペルラメセスは、ラメセス2世の治世にはオベリスクが屹立する壮大な都市であったが、現在はその痕跡もない。というのも、神殿のブロックやオベリスクは、第21王朝にそこから少し北にあるタニスに運ばれたからである。しかし、近年のカンティール遺跡での物理探査によって、ペルラメセスの都市の規模や神殿、王宮などの施設のプランも明らかになっており、ペルシウム支流の島に建設された巨大な都市であることが明らかとなっている。ペルラメセスは、要塞都市シレ（チャルウ）とパレスチナにつながる戦略的に重要な場所であっただけでなく、軍事拠点と国際交易の中心地であった。ペルラメセスでは、バアル、レシェプ、フウロン、アナト、アシュタルテ、ケデシュなどの西アジアの神々が信仰されたことが知られ、都市には多くの外国人が居住していた。彼らの中には高官になる者もいたが、職人はエジプトへの技術移転に貢献した。たとえば、ヒッタイト式の楯などの軍事技術が導入されたことが考古資料から明らかになっている。2003年にはアッカド語の粘土版文書片も出土しており、ヒッタイト王トゥドハリヤ4世の治世のヒッタイトとの外交書簡と考えられている。

図102　400年記念碑

ラメセス2世の建築活動

ラメセス2世は「建築王」と呼ばれているが、実際には中王国時代からの歴代のファラオが建造したエジプト中の記念建造物に自らの名前を彫らせているので、王自身が造らせた建造物は並外れた数ではない。いずれにしても、

図103　ラメセス2世葬祭殿（ラメセウム）

ラメセス2世自らも数多くの神殿を造営したのも疑いもない事実である。

ラメセス2世は、テーベでは、父セティ1世が建設を開始したカルナクのアメン大神殿の大列柱室（口絵38・図74）を完成させ、アメンヘテプ3世が大規模に増築したルクソール神殿に第1塔門（口絵40）と第1中庭を加えた。テーベの西岸では、セティ1世の葬祭殿を完成させ、巨大な葬祭殿ラメセウムを建造した（図103）。アビドスでは、セティ1世葬祭殿を増築し、その西側に自らの神殿を建てている。ヘルモポリスでは、廃墟となったアマルナの神殿の石材を再利用して、トト神殿を増築した。このほかエジプト各地の神殿で建築活動を繰り広げた。しかし、ラメセス2世の治世の後半には建造物の築造技術の簡素化がみられ、国力の低下が窺える。

ラメセス2世はヌビアで自らを神格化し、神殿で奉納した神と共に祀らせている。主要なヌビアの神殿は、ベイト・アル＝ワリ、ゲルフ・フセイン、ワディ・アル＝セブア、ダッルなどにある。しかし、中でも最大の神殿はアブシンベルに造営した大小2つの神殿である。大神殿は、高さ約20メートルの4体のラメセス2世座像が正面に掘り出された神殿である（口絵41）。大神殿にはアメン神、ラー・ホルアクティ神、プタハ神とともに神となったラメセス2世が祀られ、至聖所にはこの4体の神像が並んでいる。大神殿の北側には、ラメセス2世がネフェルトイリ王妃とハトホル女神に捧げた小神殿がある。いずれの神殿も、1960年代にユネスコのヌビア遺跡救済キャンペーンにより、ブロックに切り分けられたのち、アスワン・ハイダム建設後にできたナセル湖の水の届かない崖上に移築された。

ラメセス2世の家族

ラメセス2世は、セティ1世が他界する10年ほど前に、すでに二人の王妃を娶っていた。それは、ネフェルトイリとイシスネフェルトである。ネフェルトイリは、ラメセス2世の治世第24年に没するまで第1王妃の座にあった。テーベ西岸の王妃の谷にある彼女の墓はゲティ財団の出資でイタリアの保存修復師によって修復され、鮮やかな色彩が保たれている。イシスネフェルトは、ネフェルトイリの死後に第1王妃の座についた。ネフェルトイリには、皇太子アメンヘルウェネミイエフ（アメンヘルケペシュエフ）王子のほかに3人の息子と2人の娘がいる。一方で、イシスネフェルトはラメセス王子、カエムワセト王子、王位を継承したメルエンプタハ王子などを生んだ。ラメセス2世には、その他に数十人の側室がおり、子供の数は百数十人とも言われている。また、娘のうち4人はラメセス2世の妻になった。

1995年には、アメリカ人考古学者ケント・ウィークスが王家の谷でラメセス2世の王子たちの墓を発見した。これまでに、100以上の墓室が確認されている。

世界最古の考古学者、カエムワセト王子

図104　カエムワセト王子像

ラメセス2世の王子の中で最も有名なのは、カエムワセト（図104）である。カエムワセトはラメセス2世の第4王子で、メンフィスのプタハ神の大司祭を務めた。彼は世界最古の考古学者、エジプト学者と呼ばれている。というのも、彼は古代の記念建造物に造詣が深く、その修復に熱心であったからである。サッカラの第5王朝のウナス王のピラミッド南面上部には、彼の修復碑文が刻まれている。また、ラメセス2世のセド祭（王位更新祭）の組織運営や、サッカラのセラペウム

における聖牛アピスの埋葬にも関与している。

早稲田大学古代エジプト調査隊は、1991年にセラペウムの北西1キロメートルに位置するアブ・シール南丘陵遺跡頂部でカエムワセトの葬祭殿を発見した。葬祭殿は精巧なレリーフで装飾されていたことがこれまでの調査で明らかになっている。また、2009年にはカエムワセト王子の葬祭殿の北東約40メートルの地点で、彼の娘イシスネフェルトの墓が発見された。

ラメセス2世の死と埋葬

ラメセス2世は、治世第62年に約90歳の高齢で没した。ラメセス2世王墓（王家の谷第7号墓）は、長さでは父セティ1世王墓に及ばないが、面積はほぼ同規模である。約180平方メートルの規模の巨大な玄室には本来8本の角柱があったが、今では著しく崩壊している。近年、フランス隊が発掘調査と保存修復作業を行っており、内部からは良質の副葬品の破片が出土している。

ラメセス2世のミイラは、第21王朝の初めにアメン神官団によってディール・アル＝バフリーのカシェ（「王家のミイラの隠し場」）に移送され、1881年に発見された。ミイラの保存状態は極めて良好であり、現在はエジプト文明博物館に所蔵されている。

メルエンプタハ王

ラメセス2世は約90歳の長寿であったため、最終的に王位を継承したのは、第13番目の王子メルエンプタハであった。王子といっても彼はすでに50代から60代の年齢になっていた。メルエンプタハ王は、12年エジプトを統治したとされている。ラメセス2世の治世の末期は、比較的平和な情勢であったが、メルエンプタハ王の即位後は次第に情勢が変化してきた。まず、王は同盟国であるヒッタイトが飢饉に陥ったので、救援の食料を送った。そして、メルエンプタハ王の治世の最も重要な事件は、治世第5年に起きた。すでにラメセス2世の治世にデルタ地帯の西端に対リビアへの防御用の軍事要塞が建設されたことからわかるように、以前からリビア人が徐々にデルタ地帯に侵入していたが、この年に首長メリウイ率いるリビアの諸部族と「海の民」の連合軍が侵攻を開始したのである。「海の民」とは、飢饉により食料の豊かな地中海沿岸に定住地を求めていたエーゲ海や小アジア半島に起源を持つ民族の集団である。彼らは、前13世紀から12世紀にかけてシリア・パレスチナとエジプトへの移住を試みた。エジプトは肥沃な地域だったため、これらの民族集団は移住を企てたのであった。メルエンプタハ王は、リビアと「海の民」の連合軍を撃退し、6、000人以上を殺し、9、000人以上の捕虜を得た。また、同王は同年にパレスチナ遠征を行った。通称「イスラエル碑」(図105)と呼ばれるメルエンプタハ王の戦勝記念石碑には、歴史上初めて「イスラエル」の名が記されている。ただし、これは国家の名前ではなく人々の名前として記されている。多くの研究者はメルエンプタハ王をモーセの出エジプトの際のエジプト王と推測しているが、王の治世にすでにカナンにイスラエルの民がいたことになり、この説の信憑性は低いと考える。

図105　イスラエル碑

メルエンプタハ王は高齢で即位したので、急いで王墓や葬祭殿の建設にとりかかったと思われる。メルエンプタハ王葬祭殿の建設労働者は、近傍のアメンヘテプ3世の葬祭殿の建材を再利用して葬祭殿を造った。前述の「イスラエル碑」は、アメンヘテプ3世の石碑の裏に刻まれたものである。王の墓は王家の谷に造営され、何重もの巨大な石棺が王の遺体を覆った。そのうちの1つの石棺は、第3中間期第21王朝のプスセンネス1世によって運び出され、彼のタニスにある王墓で再利用された。現在は、カイロ・エジプト博物館に所蔵されている。

第19王朝末のファラオたち

メルエンプタハ王の死後、王位継承に混乱があったようである。彼の長男セティ2世が王位を継承することになっていたが、アメンメセスという人物が王位を簒奪し、少なくとも上エジプトを数年間統治した。一説によるとセティ2世の治世第3年か第5年にアメンメセスが王位を簒奪したという。アメンメセスの出自は不明であるが、彼の母タカトはラメセス2世の娘、あるいはセティ2世の妻であったとする説がある。アメンメセスをヌビア総督メスウイと同一人物であるとする説もあるが、これについても確証はない。セティ2世はアメンメセスとの内戦で勝利した後、王権を奪還した。そして、彼はアメンメセスの王名を改ざんし、敵と罵った。セティ2世は治世第6年に没し、息子のシプタハが王位を継承した。ただし、シプタハはセティ2世の正妃タウセレトの子供ではなく、妾のシリア人の王妃の子供で、しかも病弱で小児麻痺を患っていた。そこで、未亡人のタウセレト王妃はシプタハ王の摂政となり、シリア人の大法官バイと手を組んで政治の実権を握った。バイは、しばしばシプタハ王とタウセルト王妃とともに描かれ、アスワンで発見された石碑には自らを「(シプタハ)王を彼の父の玉座に確立させた」者とまで豪語している。シプタハ王の死後、タウセレトが女王として王位を継承した。彼女はバイに支えられ、2年間単独統治を行った。そして、第19王朝は、彼女の死と共に終焉を迎えた。タウセレトは王妃の時に夫セティ2世の墓(王家の谷第15号墓)の南側に墓(王家の谷第14号墓)を造営し、その隣にはバイが自らの墓(王家の谷第13号墓)を造った。タウセレト女王とバイの墓が並んでいることも彼らの密接な関係を示している。

第20王朝(前1186～1069年頃)

セトナクト王

第19王朝の最後の女王タウセレトの死後の状況は明らかでないが、第20王朝の初代の王セトナクトがエレファンティネ島に建てた石碑と、ラメセス4世の治世に書かれた「大ハリス・パピルス」にその状況を暗示する記述がある。石碑には、

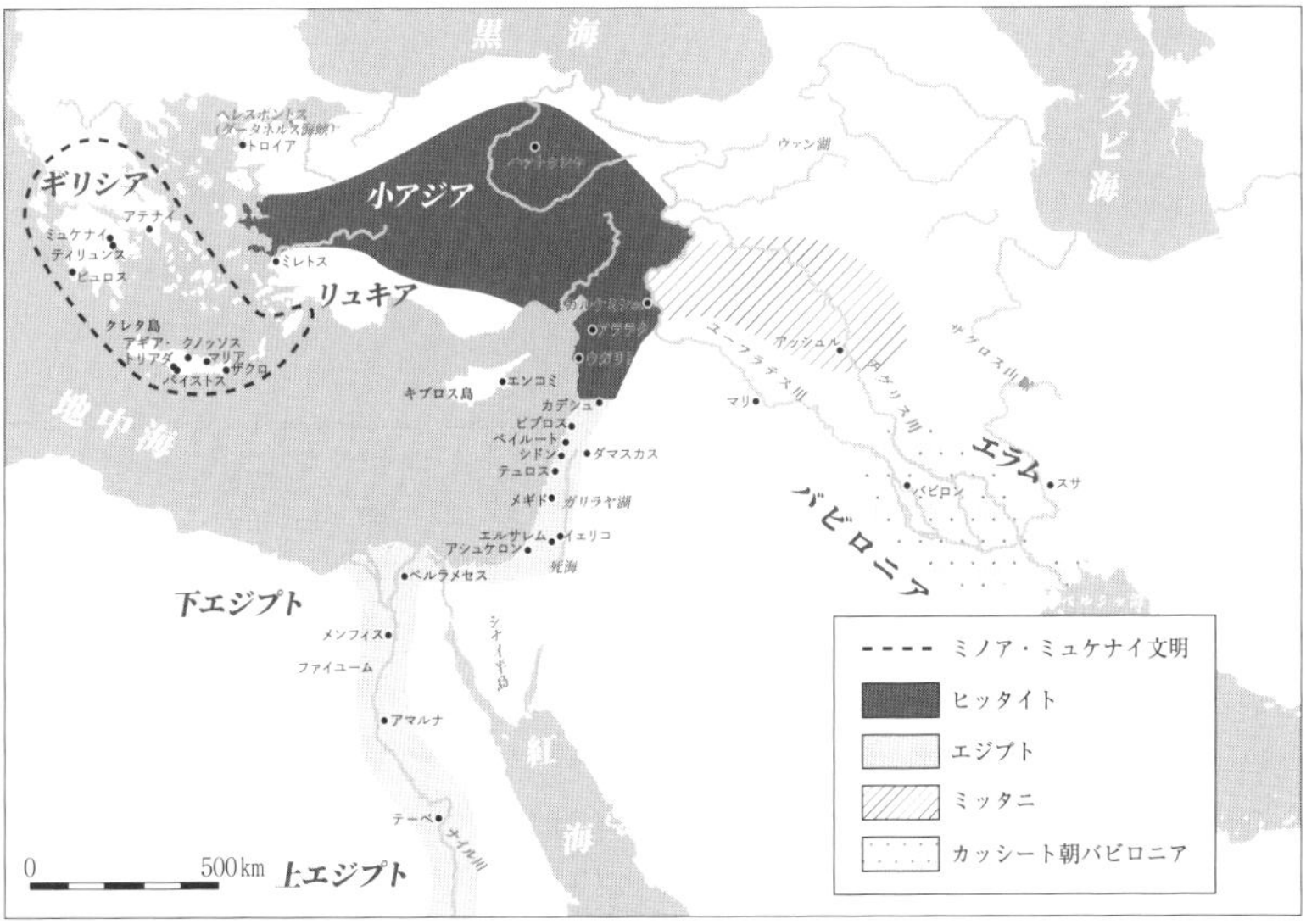

図 106　後期青銅器時代の古代エジプト・西アジア・地中海

セトナクトによる西アジア人による反乱の鎮圧が記され、パピルスには、イルスウ（「成り上がり者」の意）と呼ばれるシリア人が権力を掌握してエジプトが無政府状態になり、神々への崇拝が停止されたため、神々はセトナクトを王に選んだと記されている。これらの記述から、タウセレト女王の死後、かつて権力を分かち合っていたシリア人の大法官バイが実権を握った可能性がある。そして、政権を奪取したのがセトナクトだったのであろう。セトナクト王の治世はわずか3年であったが、生前に息子のラメセス（3世）を共同統治王に任命し、同王の死後にラメセス3世の単独統治が始まった。

　セトナクトは、アメンメセス王墓（王家の谷第10号墓）の南隣に自らの墓を造営したが、通廊の掘削中にアメンメセス王墓に貫通してしまったため墓（王家の谷第11号墓）を放棄し、最終的にはタウセレト女王の墓を奪い、改ざん・拡張して自らの墓とした。

ラメセス3世と「海の民」、リビア人の侵入

　ラメセス3世は、ラメセス2世とは全く血のつながりもないが、過去の偉大なファラオ、ラメセス2世の名前にあやかり、自らも「ラメセス」と名乗った。ラメセス3世は、ラメセス2世を手本とし、数々の重要な功績を残したので、古代エジプト最後

図107 「海の民」との海上の戦いのレリーフ

ラメセス3世と「海の民」、リビア人の侵入

の偉大なファラオとみなされている。即位後最初の数年間は平和な時代が続いたが、治世第5年にリビア人が西部デルタに侵入してきた。これは、ラメセス3世のリビアに対する政治介入が原因で、相手はリビア、メシュウェシュ、セペドの諸部族の連合軍であった。リビア軍はラメセス3世の軍勢に敗退し、戦死者12,500人、1,000人以上が捕虜となった。しかし、敗北にもかかわらず、リビアとメシュウェシュはデルタ西部のカノポス支流付近まで定着し、攻撃と略奪を繰り返したという。

治世第8年には、ラメセス3世治世における最大の戦い、「海の民」との戦いがあった。かつてメルエンプタハ王によって撃退された「海の民」は、新たな民族を主体として勢力を挽回し東地中海地域を席巻した。アルザワ、アラシア（キプロス）、カルケミシュを滅ぼし、北シリアのアムル地方からエジプトに向かって陸と海とで地中海沿岸を南下していった（図106）。ラメセス3世はエジプトの国境線で侵入してくる「海の民」を迎え撃つことになる。

ラメセス3世と「海の民」との戦いは、テーベ西岸メディネト・ハブのラメセス3世葬祭殿の壁面に碑文と図像で記されている。碑文には、以下のように記されている。

「異国は、自分たちの島々で陰謀を企てた。争いの中、たちどころに土地は失われ、人々は追い散らされた。彼らの武器の前に抵抗できる土地はなかった。ハッティ（ヒッタイト）からコーデ、カルケミシュ、アルザワ、アラシヤの先まで一度に切り取られた。アムルのとある所に陣営が設置された。彼らはそこの住民を根だやしにし、その地はかつて存在したこともなかったようだった。彼らはエジプトに向かって進んできたが、その行く手には炎が用意されていた。彼らは、ペレセト人、チェケル人、シェケレシュ人、デネン人、ウェシェシュ人の連合であり、大地のいたるところに手を伸ばし、彼らの心には自信と確信があった。『我々の計画は成功するだろう！』」

葬祭殿の北壁には、大きく描かれたラメセス3世が数多くの船に乗って攻めてきた「海の民」を弓で射る様子が表現されている。このレリーフには初めてエジプトの海軍も描かれており、海上で海の民と戦闘する様子が詳細に描かれている（図107）。「海の民」との戦いのためにラメセス3世は、西アジアに駐屯しているエジプト軍を召還して国境線に配備した。また、ペルシウム支流の河口に軍船の壁を築いて、「海の民」の進軍を水際で食い止めた。こうして、ラメセス3世の軍は陸戦、海戦ともに勝利し、エジプトは「海の民」の脅威から逃れた。

戦いの後、「海の民」の一部は侵入とは異なる形で結果的に目的であるエジプトでの定住を果たすことができた。シェルデン、トゥルシャといった部族の戦争捕虜の一部は、傭兵として仕えた。またペレセト、チェケルの部族は、ベドウィンからの防備のためパレスチナ南部の海岸地方に入植された。ちなみに、パレスチナという地名は、ペレセト（フリスティア人、『旧約聖書』のペリシテ人）に由来する。

「海の民」の撃退後の数年間は安定した平和な時代が続いたが、リビア人が再び西部デルタで活発な動きを見せた。治世第5年の侵入は略奪を目的としたものであったが、治世第11年にはエジプトへの定住を試みて侵入してきた部族はメシュウェシュと呼ばれるリビアの部族で、家族、家畜ぐるみでエジプトに入り込んできたのである。ラメセス3世は今回もリビア人の軍勢を破り、2,000人以上を殺したと記録されている。これにより、エジプトは豊かな戦利品を得、テーベのカルナク、アメン大神殿に莫大な富が寄進された。この戦いの様子も、メディネト・ハブのラメセス3世の葬祭殿の壁面に描かれている。葬祭殿には、その他にヒッタイトとの戦いやシリア遠征、ヌビア遠征などの軍事遠征の記録が残されているが、これらはラメセス2世の葬祭殿(ラメセウム)から複写したもので、実際にあった戦争ではない。

ラメセス2世を模倣したラメセス3世

ラメセス3世は、かつての偉大なるファラオ、ラメセス2世にあやかり様々なことを模倣した。彼は、ラメセス2世のラメセウムに似せてテーベ西岸に巨大な葬祭殿を建造した。現在、メディネト・ハブと呼ばれる広大な葬祭殿複合体(口絵42)は、古代エジプトで最後の大規模な建造物である。幅約210メートル、奥行き約300メートルの巨大な日干レンガの周壁の中の中心に、奥行き約150メートルのラメセス3世葬祭殿がある。ラメセス3世は即位後ただちにこの葬祭殿の建設を開始し、治世第12年までには完成させたようである。前述したように、葬祭殿の壁面にはリビアおよび「海の民」に対する先の3度の戦争の様子がレリーフで詳細に描かれた。

ラメセス3世がラメセス2世の真似をしたのは葬祭殿だけではない。自らの即位名を、「ウセルマアトラー・メリアメン」とし、この名はラメセス2世の即位名「ウセルマアトラー・セテプエンラー」とほとんど同じである。また、自分の王子にもラメセス2世の王子と同じ名前をつけた。アメンヘルケペシェフ、パラーウェネミィエフ、セトヘルケペシェフ、カエムワセトと全く同じ名前である。これらの王子の墓は、メディネト・ハブの背後に位置する王妃の谷に造られ、美しい彩色レリーフで装飾されている。

ラメセス3世の治世の社会と経済

ラメセス3世の治世前半には戦争の勝利によって国力を回復し、首都ペルラメセスの拡大、第18王朝のハトシェプスト女王以来のプント遠征などもあったが、第19王朝末の混乱から脱しきれておらず、国内的には大きな問題を抱えていた。各地で役人の腐敗や職権の乱用などがあり、ラメセス3世は各地の神殿を監視し、立て直さなければならなかった。そのため、ラメセス3世は戦争によって得た富を諸神殿に寄進した。また、ラメセス3世は第19王朝の王家の末裔ではなかったため、アメン神官団の支持を得て王権を維持しなければならなかった。この結果、エジプトの全耕地の3分の1は神殿領となり、しかもそのうちの4分の3はテーベのアメン大神殿の所領となった。これにより、王とアメン神官団のバランスが崩れ、王権が経済をコントロールできなくなってしまったのである。さらに、気候の変化、作物の不作などが伴い、ラメセス3世の治世末期には穀物の価格が高騰した。そして、このような経済状態の悪化や官僚の腐敗から、治世第29年にはディール・アル＝マディーナの王墓造営職人への給与が遅配し、記録に残る世界最古のいわゆる「ストライキ」が起こった。労働者たちは、全員仕事を放棄し、トトメス3世葬祭殿の背後やラメセウムに座り込んで抗議したという。そして、遅配は治世第31年、第32年にも起きた。ただし、これらの遅配が地域的な問題によるものなのか、国家的な問題によるものかは不明である。

ラメセス3世の暗殺

ラメセス3世は、王妃の数でもラメセス2世に倣ってか、複数の王妃がいた。加えて、正妃をもたず、皇太子も指名しなかったため、王妃たちは虎視眈々と権力の座を狙う機会を探っていた。裁判記録によると、王妃の1人ティイは、自分の息子ペンタウェレトを王位にすえることを企て、ハーレムや王宮の関係者と共謀して王の暗殺を計画した。ラメセス3世が祭礼のため葬祭殿を訪れる機会を狙って暗殺を実行することになっており、凶器となる短剣の他に、呪術に使う蝋人形や巻物を準備していたが、陰謀は未然に発覚し、加担した者は裁判にかけられた。裁判記録によると32人が取り調べられ、全員有罪で22人が死刑、ペンタウェレト王子を含めた残る10人が自害を強いられた。ティイ王妃の裁判記録は残っていないが、死罪は免れなかったであろう。事件はこれだけでは落着せず、この事件を担当した裁判官のうち3人を含む5人の役人や軍人が、被告である門番の妻たちや将軍と宴会を開いていたことが発覚した。1人は自殺し、3人が鼻と耳をそがれ、1人は叱責だけで済んだ。

これまでラメセス3世の死因については、暗殺だったのか自然死だったのかは不明であったが、2012年にラメセス3世のミイラをCT（コンピュータ断層撮影）で分析した結果、彼の喉元は鋭利な刃物によって切り裂かれ、これが致命傷と

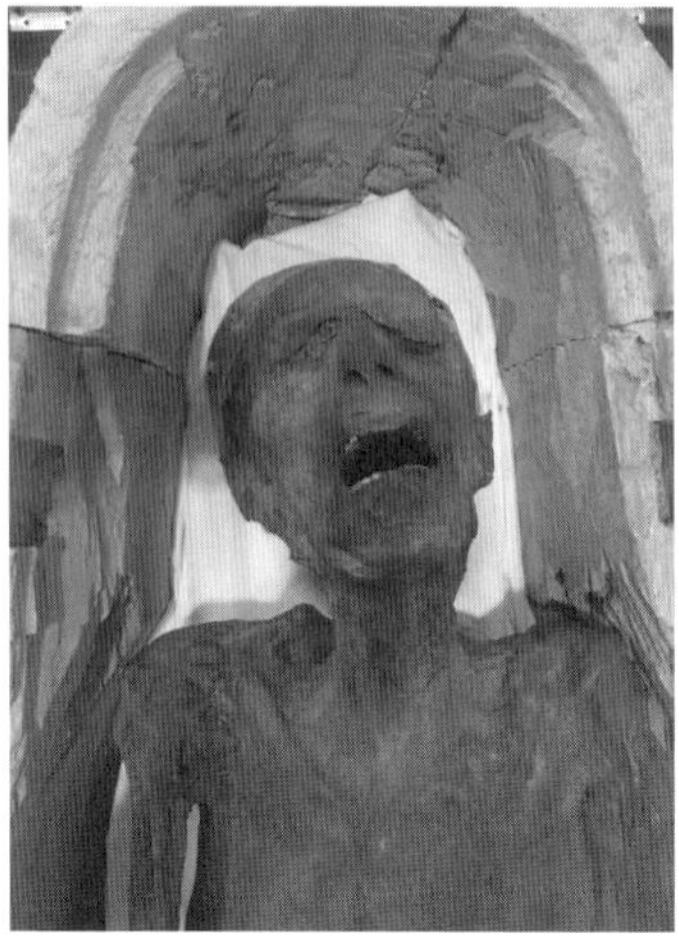

図108　ペンタウェレト王子の「叫ぶミイラ」

なって命を落としたことが判明した。ミイラのCT画像によると、ラメセス3世の気管と主幹動脈は裂けており、傷は左右7センチメートルにわたり、深さは脊椎にまでほぼ達していたという。またこの傷によって、首の前面部の軟組織は完全に傷んでいた。さらに、ラメセス3世のミイラの足の親指も切り落とされたことも明らかとなった。これらによって、ラメセス3世が暗殺されたことが科学的に判明したのである。また、「叫ぶミイラ」と呼ばれるペンタウェレト王子のミイラ（図108）は、絞首刑に処されたままミイラとなったとされており、苦悶の表情を示している。

ラメセス3世は、父セトナクトがアメンメセス王墓の南隣に造営した岩窟墓を再利用し、自らの墓（王家の谷第11号墓）とした。墓には通常貴族の墓のモチーフとなるハープ弾きの図像が描かれており、かつてヨーロッパの探検家や研究者に「ハープ」弾きの墓とも呼ばれた。ラメセス3世の石棺は、現在蓋がイギリスケンブリッジ大学のフィッツウィリアム博物館に、本体がルーヴル美術館に収蔵されている。

ラメセス4世の治世

ラメセス4世は、ラメセス3世の5番目の王子で、父王の治世第22年に皇太子となった。彼は治世のはじめに、積極的に王墓や葬祭殿の建設などの事業に取り掛かった。ディール・アル＝マディーナの王墓造営の労働者の数も、造営を急がせるためにかつての倍の120人に増やしている。ラメセス4世王墓の設計図は、イタリアのトリノ・エジプト博物館に所蔵されており、実際の王墓の寸法とほぼ一致するだけでなく、それぞれの部屋の用途も記されている。またラメセス4世は、ワディ・ハンママートの硬砂岩の採石場に6回遠征隊を送っている。このワディ・ハンママートの採石場の地図は、現存するエジプト最古の地図であり、現在イタリアのトリノ・エジプト博物館に収蔵されている。この地は、エジプト有数の採石地であるが、第19王朝のセティ1世以来採掘が行われていなかった。また、ラメセス4世はトルコ石の採石場で有名なシナイ半島にも遠征隊を送った。しかし、このような活発な建築活動にもかかわらず、ラメセス4世はわずか7年の治世でこの世を去り、王墓と葬祭殿の完成を見ることはできなかった。皮肉にもラメセス4世は、アビドスの石碑に、「私にラメセス2世の67年の治世の倍の長さの治世を賜りますように」と願っていた。

ラメセス4世の治世では、ディール・アル＝マディーナの王墓造営職人への給与が再び遅配となった。彼らへの月給の配給に際しては役人とともに当時のアメン大司祭ラメセス・ナクトが同行していることから、国家によって支給されるのではなくアメン神殿が彼らの給与をある程度支給するようになったことが示唆されている。またラメセス・ナクトの息子で「アメン所領の執事」だったウセルマアトラー・ナクトは、中エジプトの王領地の大部分を管理していたことが知られている。これらのことから、上エジプトにおいてテーベのアメン大司祭の一族が王権に代わり政治的な影響力を拡大していったと考えられている。

ラメセス5世とラメセス6世

ラメセス4世の死後、息子のラメセス5世が王位を継承したが、天然痘を患い、わずか4年の治世で他界した。ラメセス4世の弟、ラメセス6世は、甥のラメセス5世が造営した王墓（王家の谷第9号墓）と葬祭殿を奪い、拡張した。ある文字史料には、ディール・アル＝マディーナの王墓造営職人が、「敵を恐れて」王家の谷のラメセス5世王墓の掘削を止めたという記録がある。かつて「敵を恐れて」の「敵」は、ラメセス5世の王墓を横取りしたラメセス6世で、この記述は、王位簒奪の状況を示すものであると考えられていたが、近年では西部砂漠からテーベに侵入してきた「リビア人」を指すとされている。つまり、リビア人が次第にエジプト国内を脅かすほど治安が悪くなっていたのである。また、あるオストラコンには、ラメセス5世の埋葬がラメセス6世の治世第2年に行われたとある。このことからラメセス5世はラメ

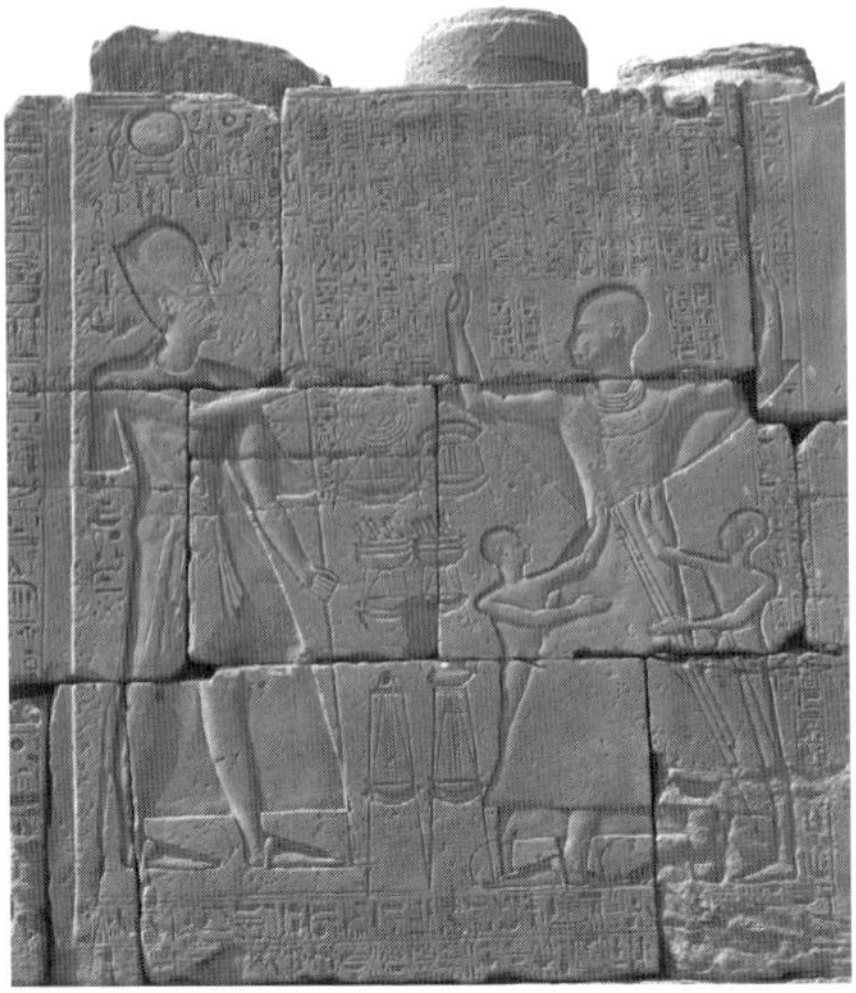
図109　ラメセス9世とアメン大司祭アメンヘテプ

セス6世の治世中に他界したのではないかという説があったが、これは、ラメセス6世がラメセス5世王墓を奪ったため、他の埋葬地が見つかるまで葬儀が行われなかったことを意味している。一説によると、ラメセス5世の埋葬はリビア人の襲撃による治安の不安定により延期されたという。ラメセス5世のミイラは、アメンヘテプ2世の王墓の「王家のミイラの隠し場」から発見されているが、本来遺体を納めていた石棺は発見されていない。新たにラメセス5世に用意された墓が見つかっていないのか、それともラメセス6世が再利用したのかは明らかではない。ラメセス6世王墓の内部は極彩色の壁画で装飾されており、特に玄室の蒲鉾状の天井一面に描かれた「昼の書」と「夜の書」のヌウト女神の図像は当時の王墓の壁画において傑出したものである(口絵43)。

なお、ラメセス6世の治世の間にエジプトは西アジアに対する宗主権を失った。シナイ半島のトルコ石銅山は放棄され、東の国境線はパレスチナから東部デルタの端まで後退した。エジプトの国力はますます衰退していった。

ラメセスの名をもつ最後の王たち

エジプトに再び繁栄が訪れるように、ラメセス2世にあやかってラメセスの名を歴代受け継いだものの、それとは裏腹に、エジプトの国内情勢は悪化しつつあった。ラメセス6世の後を継いだラメセス7世の時代には、穀物の価格が急騰し、社会が不安定になっていった。次に再びラメセス3世の息子のラメセス8世が王位についたが、その治世は6年間と短かった。なお、ラメセス8世の王墓とミイラは未だに発見されていない。

図110　アボット・パピルス

ラメセス9世の19年にわたる治世に、エジプトはますます不安定な時代となっていった。テーベでは、リビア人の遊牧民の侵入が絶えず、ディール・アル＝マディーナの王墓建設労働者のストライキも頻繁に起こった。ラメセス9世の記念建造物は、デルタ地帯に集中しており、王が主に下エジプトの統治に力を注いでいたことが窺える。このことが逆に、テーベのアメン大司祭が上エジプトで勢力を伸ばした一つの要因となった。カルナクのアメン大神殿にはラメセス9世とアメン大司祭アメンヘテプが同じ大きさで描かれており、このことからアメン大司祭の権力が王と同等であることを顕示するものと考えられている（図109）。そして、次のラメセス10世の治世は9年と考えられているが、この王についてはほとんど何も知られていない。

墓泥棒の横行と裁判

エジプト国内の混乱とともに治安が悪化し、泥棒が横行するようになったことは、すでに第1中間期の記録に述べられているが、新王国時代第20王朝末のエジプトでも社会不安は深刻な状況であった。この時代の墓泥棒に関する記述は、「アボット・パピルス」（図110）など大英博物館所蔵のパピルスに残されている。このパピルスには、ラメセス9世の治世第16年に墓泥棒によって荒らされたテーベ西岸、ドゥラ・アブー・アル＝ナガー地区の第17王朝の王墓や貴族墓の査察と、容疑者の裁判の様子が記されている。

ラメセス9世の治世第16年当時のテーベは、デルタのペルラメセスにいる王に代わって、上エジプトの宰相カエムワセトが治めていた。そしてテーベ東岸の市長はパセル、西岸の市長はパウェルアアがそれぞれ勤めていた。これら二人の市長はライバル関係にあったという。そこで、東岸の市長パセルは、西岸の墓地で墓泥棒が横行していることを聞きつけ、西岸市長のずさんな管理を追及するため、宰相カエムワセトに告発する。そこで特別調査委員会が設置され、第17王朝の王墓のあるドゥラ・アブー・アル＝ナガー地区周辺の墓の調査が実施された。その結果、東岸の市長パセルが告発した墓はほとんど荒されていなかったため、パウェルアアを西岸市長の座から引きおろす陰謀であったことが判明したが、それ以外の墓が荒らされている事が明らかとなった。その中には第17王朝のセベクエムサエフ王墓も含まれていた。そこで、西岸市長パウェルアアは容疑者を逮捕し、百叩きの拷問で白状させ、処刑した。また、翌治世第17年には、前年に荒らされていないという報告のあったラメセス3世の王妃イシスの墓が荒らされていることが判明し、ディール・アル＝マディーナの労働者の副班長2人を含む9人が逮捕された。このことから、当時王家の墓を造営していた職人も墓泥棒になるほど治安が悪化していたことがわかる。

テーベの混乱

ラメセス11世の治世をもって、第20王朝は幕を閉じる。彼の30年に及ぶ治世は、まさに混乱の時代であった。テーベ西岸では、王家の谷の王墓で墓泥棒が横行していただけでなく、王の葬祭殿までもが荒らされていた。また、リビア人の侵入や襲撃が絶えず、「ハイエナの年」と呼ばれる飢饉もあった。このような状況からテーベの人々は、巨大な周壁で囲まれた安全なメディネト・ハブに移住せざるを得なくなった。ディール・アル＝マディーナの集合住宅に住んでいた王墓造営労働者も、メディネト・ハブに住居を構えた。

ラメセス11世の治世第11年には、このように混乱したテーベの秩序を回復させるために、王の命によりヌビア総督のパネヘシがテーベを支配するようになった。しかし、パネヘシは莫大な富を背景とするアメン神官団と対立するようになり、治世第17年から第19年の間にアメン大司祭アメンヘテプを追いやった。アメン大司祭アメンヘテプは、ラメセス11世に助けを求め、事実上の内戦状態となった。対して、パネヘシは王に反旗を翻し、中部エジプトの北部まで進撃するが、ピアンク将軍の率いる国王軍に破れ、ヌビアに撤退してしまった。ピアンク将軍はパネヘシの「ヌビア総督」の称号を引き継ぐだけでなく宰相となり、アメンヘテプの死後にはさらにアメン大司祭の称号を得た。

新紀元とアメン神官王ヘリホル

パネヘシの死後、義理の息子ヘリホル（図111）がパネヘシの持つ全ての称号を継承した。そして、ラメセス11世の治世第19年に、独自の年号「ウヘム・メスウト（「誕生の更新」すなわち「再生」の意）」を採用した。これは、新紀元と呼ばれている。そして、アメン神の息子コンス神の神託を利用して、アメン神の神権国家を樹立する。これにより、上エジプトはアメン大司祭が支配するという体制になった。カルナクのコンス神殿にあるレリーフは、ヘリホルをラメセス11世と同じ高さで描き、「アメン大司祭ヘリホル」の名を「カルトゥーシュ」内に刻んでいる。つまり、ヘリホルが王であることを宣言したのである。ラメセス11世はこれを鎮圧することができず、広大な耕地、数多くの家畜、町などの莫大な資産を所有するアメン神官団になす術もなかった。双方は暗黙のうちに互いの支配圏を認め合っていたようである。ラメセス11世とヘリホルの治世は6年間重なった。ヘリホルは、ラメセス11世の死後7、8年統治したようである。

図111　ムウト女神に供物を捧げる神官王ヘリホル

ヘリホルは、墓泥棒の被害を受けたセティ1世やラメセス2世のミイラを安全な場所に移送し、カルナクのアメン大神殿の修復やコンス神殿の建設など精力的な建築活動を展開した。また新紀元の第5年には、アメン神の祝祭用の聖船を造るための木材を調達するため、部下でアメン神官であったウェンアメンをシリアのビブロスに派遣した。その報告は、『ウェンアメン航海記』の名で知られている。この物語からは当時のエジプトの国力が窺える。というのも、以前の繁栄の時代であれば名誉ある使者として、エジプト王の名において求めた物は容易く調達することができたが、当時のエジプトの威光は地に落ちていたため、ビブロスの支配者に材木代を払わなくてはならなかったからである。ウェンアメンは、航海の途中で支払う予定の金品（当時は貨幣経済でなく等価交換であったので、金や銀の塊などを使用した）を盗まれてしまい、ビブロスの支配者との交渉は難航した。

ラメセス11世の王墓

ラメセス11世は、テーベに支配権が及んでいなかったにもかかわらず、前例に従って王家の谷に王墓を造営した。アメリカのブルックリン美術館の調査隊が調査したところ、王墓は未完成のまま放棄され、ラメセス11世は埋葬されなかったことが明らかとなった。ラメセス11世は、ペルラメセスの周辺に墓を造って埋葬されたのであろうか。新王国時代最後のファラオの結末は、謎に包まれたままである。

南北の支配者

前述したテーベのアメン神の聖船のためのレバノン杉を獲得するために、シリアに遣わされたウェンアメンの苦難の旅路を記した『ウェンアメン航海記』は、第20王朝時代末期のエジプト状況を知るための重要な史料である。この航海記では、テーベのアメン神官王ヘリホルに協力を要請されたデルタ東部のタニスにいる軍司令官スメンデス（ネスバネブジェデト）が、聖船のための木材調達の費用を工面しているが、王であったラメセス11世については、何も記されていない。つまり、ラメセス11世は王とは名ばかりで、北は軍司令官スメンデスが、南は神官王ヘリホルが実権を握り、南北の支配者が共同でエジプトを統治する体制ができあがっていたのである。

第14章　第3中間期

新王国時代第20王朝末のラメセス11世の治世に、テーベ（現ルクソール）のアメン大司祭ヘリホルによって新紀元が始められ、上エジプトはアメン神を王として大司祭が実権を握る「アメン神権国家」による支配下におかれた。一方、下エジプトはタニスを首都とする第21王朝の勢力圏となる。これ以降は、第3中間期と呼ばれる。この時代では、エジプトは一つの強力な王権に支配されるのではなく、複数の権力が並立、乱立し、国土が分割された。最近の研究者の中には、ラメセス朝（第19・20王朝）の後ということで後ラメセス朝（ポスト・ラメサイド）と呼ぶ研究者もいる。

ところで南のテーベを中心とする「アメン神権国家」と北のタニスの第21王朝はファイユームの近くのアル＝ヒバを境界とした。南北の支配者の家族は同一の家系であり、それぞれの政治権力は協調関係にあった。しかし、第21王朝の後半からリビア系の部族の末裔が王となり、その後の第22王朝からリビア系の王朝がエジプトを支配することになった。第22王朝初代のシェションク1世の治世にエジプトは勢力を取り戻したかのようであったが、前9世紀から8世紀中葉にかけて中央集権の弱体化が進み、君侯やリビア系の首長の王国が各地で独立して自治を進めた。このようなエジプト国内の混乱に乗じて、南のヌビアのクシュ王国がエジプトに侵攻し、第25王朝を樹立する。クシュの王はエジプトの伝統文化の復興に努めタハルカ王の治世に国土は安定に向かっていったが、度重なるアッシリアの侵攻によって衰退し、エジプトはアッシリア帝国の支配下に置かれた。

第21王朝（前1069～945年頃）

タニスの第21王朝

ヘリホルの単独統治の後、軍司令官スメンデスはタニス（ジャネト）（図101・113）に第21王朝を樹立する。

スメンデス王の出自は明らかではないが、ラメセス11世の娘と結婚し、王位を正当化したようである。スメンデス王の重要な治績は、第20王朝の首都ペルラメセスの多くの記念建造物を解体し、新都タニスの神殿や王宮に再利用したことである。今でもタニスに行くと、ラメセス2世の神殿の壁やオベリスクが遺跡の各所に横たわっている。

スメンデスの死後は、テーベのアメン神官王ヘリホルとラメセス11世の娘とされるネジェムトの息子アメンエムネスウが王位を継承したとする説と、プスセンネス1世が後継者であったとする説があるが明らかではない。また、プスセンネ

図112　第3中間期・末期王朝時代の主要遺跡

ス1世は治世の終わりにアメンエムネスウ王と共同統治をしていたとする説もある。プスセンネス1世は、タニスの未盗掘の王墓（図113）から発見された黄金のマスク（口絵44）、銀の棺（図114）など豪華な副葬品で知られている。ただし、明らかに王権は衰退しており、実際にプスセンネス1世の石棺の1つは、テーベの王家の谷のメルエンプタハ王墓に納められた王の石棺を運び出し、再利用したものである。この頃、もはや王家の谷に王墓を造営することは無くなり、墓泥棒に対して警護の行き届いた大神殿の神域の中に王墓が造営されるようになった。プスセンネス1世は、スメンデス王の治世とほぼ同じ時代にテーベのアメン神官王であったパネジェム1世の息子であり、北のタニスと南のテーベの王国は平和共存していたことが明らかである。

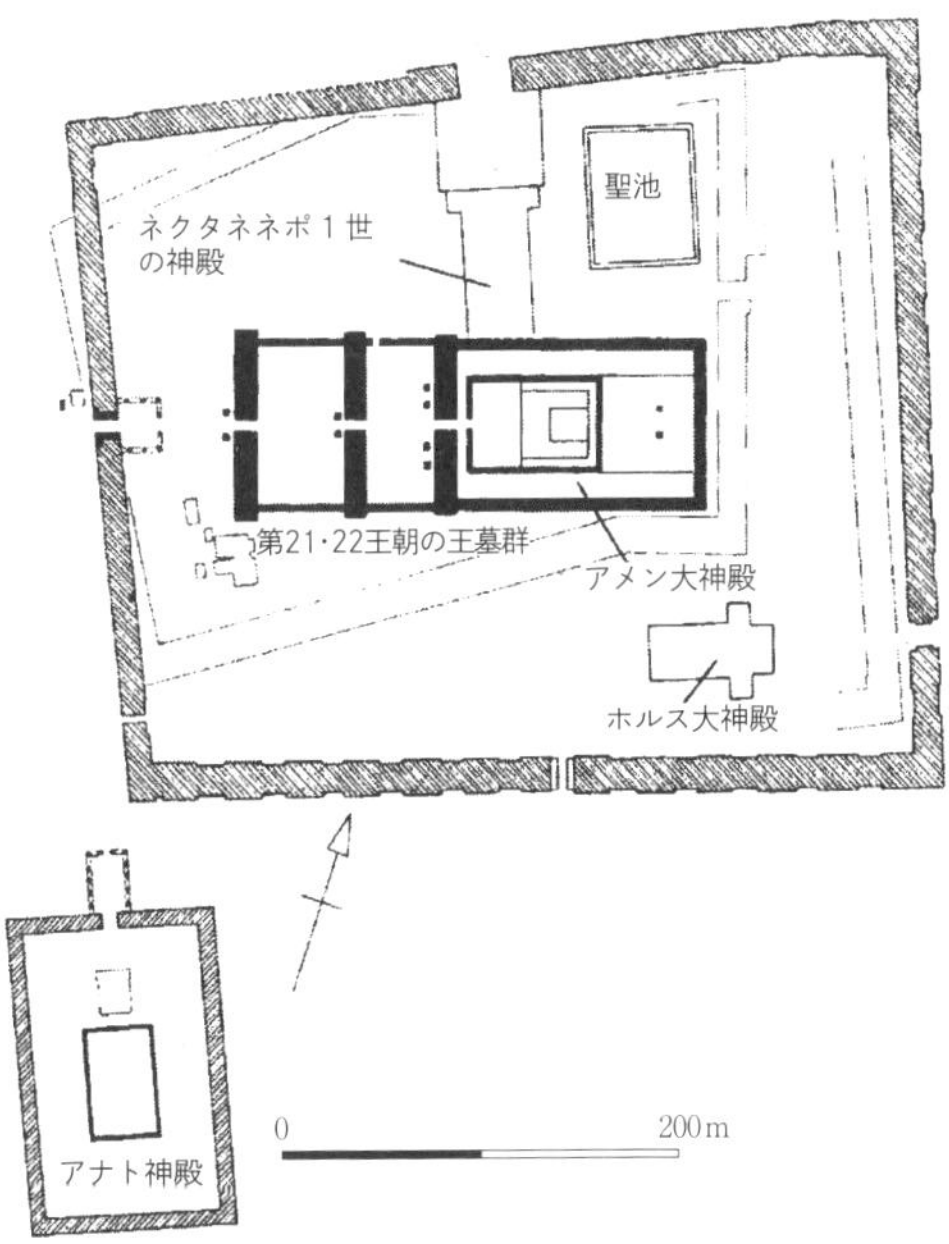

図 113　タニス遺跡地図

図 114　プスセンネス１世の銀の棺

テーベの「アメン神権国家」と王家の谷の衰退 ――

ラメセス11世の治世にヘリホルによって「アメン神権国家」が樹立した後、上エジプトは実質的にはアメン大司祭によって支配された。第21王朝のスメンデス王の即位後まもなくして、パネジェム1世がアメン大司祭となり、王の称号を採用した。パネジェムはラメセス11世の娘、ヘヌウトタウイを妃とし、前王朝のラメセス王家との関係を強化した。彼の息子、プスセンネス1世はタニスの第21王朝の王となったが、他の2人の息子マサハルタとメンケペルラーは「アメン神権国家」の王となった。

第20王朝末の新紀元の第10年に、アメン大司祭は王家の谷の王墓の保存と修復という政策から一転して、国家的な盗掘活動を開始した。この公式の盗掘活動はパネジェム1世の時代まで続き、特にパネジェム1世は盗掘によって得られた財力によって地位と権力を手に入れたと考えられている。すでにヘリホルの時代にホルエムヘブ王墓（王家の谷第57号墓）が歴代の王墓の解体時に「王家のミイラの隠し場」となったが、パネジェム2世の治世にはアメンヘテプ2世王墓（王家の谷第35号墓）とインハピ王妃の断崖墓が「王家のミイラの隠し場」となった。そして、パネジェム2世の死後にインハピ王妃の墓に納められていた歴代の王のミイラは、彼の家族墓（ディール・アル＝バフリー第320号墓）に移送された。そして、1881年にアブド・アル＝ラスール率いる盗掘団によって偶然発見されることとなった。

エジプトの地位の低下とリビア人の台頭

タニスの第21王朝の第5代のオソコル（大オソルコンとも呼ばれる）は、テーベのアメン大司祭の一族ではなく、かつてデルタ地帯に侵入し、ラメセス朝に傭兵としてエジプトに住み着いたリビア人の子孫で、リビアの部族メシュウェシュの首長シェションクの息子であった。第20王朝末にはリビア人がエジプトの治安を乱していたが、今や無視できない一大勢力となったのである。

次のシアメン王の出自は不明であるが、『旧約聖書』の「列王記」（上9・16）に、エジプト王がパレスチナのゲゼルを攻略し、イスラエル王国のソロモン王の王妃となっていた自分の娘に、ゲゼルの町を贈ったという記述があり、このエジプト王とシアメン王が同一人物であると考えられている。新王国時代には、西アジア諸国の王女がエジプト王の妃に迎えられることがあっても、エジプトの王女が西アジア諸国の宮廷に嫁ぐことはなかったので、古代西アジア・北アフリカ世界におけるエジプトの国際的地位が低下した証拠と捉えられてきたが、藤井信之は王女の降嫁はエジプトのパレスチナ支配の一環であり、エジプトの衰退を示すものではないとしている。

第21王朝最後の王は、テーベのアメン大司祭だったプスセンネス2世である。これは、南のテーベの支配者がタニスを拠点とする王としてエジプト南北を掌握しようとしたことを示していると考えられる。しかし、リビア人の部族メシュウェシュの勢力は台頭し、大首長ニムロトの息子シェションクが第22王朝を樹立することになる。

リビア人のファラオたち

第19王朝から数度にわたってエジプトに侵入を試みたリビア人は、やがてエジプトに傭兵として定住し、数世代にわたって勢力を伸ばし、その軍事力を背景に大きな脅威となった。第20王朝の末には国力の衰退したエジプトで、リビア人が略奪行為を繰り返していたことが報告されている。こうしたリビア人の末裔は、第3中間期にはデルタ地帯やファイユームの南のヘラクレオポリス周辺で一大勢力となり、前述のように第21王朝には、メシュウェシュと呼ばれる部族の大首長オソコル（大オソルコン）が、第5代のファラオとして即位した。

第22王朝（前945～715年頃）

シェションク1世の治世

やがて、プスセンネス2世の将軍シェションクがシェションク1世として即位し、第22王朝を樹立する。彼はデルタのブバスティス出身でリビアのメシュウェシュ族の大首長ニムロトの息子であり、第22王朝もリビア系の王朝である。彼は21年の治世を全うした。シェションク1世の息子オソルコン1世はプスセンネス2世の王女と結婚した。また、もう1人のイウプウト将軍をテーベのアメン大司祭に任命し、テーベを中心とする上エジプトの「アメン神権国家」をも手中に収めることに成功し、アメン神の神託は第21王朝ほどの影響力はなくなった。シェションク1世によってエジプト全土を支配する新王国時代の政治体制の復活が試みられた。『エジプト史』を著したマネトは、この王朝はブバスティスを本拠地としたとしている。一族がブバスティス出身ということであるが、実際は第22王朝もタニスの王朝であり、王墓はタニスに造営された。

図115　シェションク1世のパレスチナ遠征

シェションク1世は第20王朝にエジプトが失ったシリア・パレスチナの領土を奪還するため、パレスチナへ軍事遠征を行った。彼は『旧約聖書』に記されたレホボアム王の治世第5年にパレスチナを侵略したエジプト王、シシャクと同一人物であると考えられている。『旧約聖書』には、エジプト王シシャクがユダ王国に侵攻し（「歴代誌」下12・2－9）、エルサレムの神殿とソロモン王の王宮の財宝を略奪した（「列王記」上14・25－26）と記されている。これらの記録からシェションク1世のパレスチナ遠征は、ユダ王国の王位を主張していたが、エジプトに逃亡していたヤロボアムを支持して実施したものであることも示唆される。

シェションク1世はパレスチナ遠征の後、テーベ、カルナクのアメン大神殿で大規模な建築活動を行った。アメン大神殿の第1中庭を造り、第2塔門の南側の通称「ブバスティスの門」の外壁には自らのパレスチナ遠征の勝利の図像を刻ませた（図115）。このカルナクのアメン大神殿のパレスチナ遠征の図には、パレスチナで征服した都市のリストが示されているが、『旧約聖書』に記されているエルサレムの名前は含まれておらず、ユダ王国の南北の諸都市が示されている。

国土の再分裂

シェションク1世の治世にエジプトは再び過去の栄光を取り戻し

たかのようであったが、彼の後継者の時代には地方支配者が次第に台頭し、王権の弱体化と王国の分断を促した。テーベのアメン大司祭の職や他の重要な官職は世襲化し、王権から独立した権力を助長した。王の親戚がテーベやメンフィスの重要な職に任じられたが、これは王権の強化よりもむしろ地方の独立を促したようである。シェションク1世後の第22王朝と第23王朝については確かなことはほんとんどわかっておらず、研究者によって解釈が異なる。ここで注意しなければならないのは、第23王朝は第22王朝の途中で並立して勃興したということである。

シェションク1世の後継者オソルコン1世は、33年間あるいは34年間統治したと考えられているが、考古学的証拠はほとんど残っていない。彼の後継者、シェションク2世とタケロト1世についてはタニスで王墓が発見されていること以外には全く知られていない。

第22王朝第4代のオソルコン2世がアメン神へ誓願した碑文には、兄弟同士で嫉妬しないようにとの忠告が記されている。そして、前9世紀から8世紀中葉にかけて中央集権の弱体化がいっそう進み、君侯やリビア系の首長の王国が各地で独立して自治を進めた。

第23王朝（前818～715年頃）

テーベの二人の王の争い

テーベでは、オソルコン2世の治世の初期にホルサアセト（ハルシェセ）が王として即位を宣言した。そして、オソルコン2世の晩年には、タケロト2世が上エジプトの王を名乗り、テーベを中心に支配したとみられる（上エジプトの第23王朝）。ホルサアセトとタケロト2世は、テーベで対立関係にあったと推測されている。そして、タケロト2世の息子でアメン大司祭であったオソルコン王子がカルナクのアメン大神殿に刻んだ「オソルコン王子の年代記」には、オソルコン王子がアメン神官団に影響力を行使する際の他の派閥との抗争が記されている。それによると、タケロト2世の治世第11年頃（第22王朝のシェションク3世の第8年頃にあたる）からパディバステト1世が新たにファラオを名乗り、タケロト2世と争う姿勢を見せた。

二人の王の争いは10年以上にわたって続き、テーベを混乱に陥れたが、タケロト2世が没したことによりパディバステト1世が単独の支配者となった。紛争が長引いた理由としては、パディバステト1世がシェションク3世を支持し、第22王朝勢力の後押しを受けていた可能性が指摘されている。

パディバステト1世が他界すると、後継者のシェションク6世が統治した。しかし、その後はタケロト2世の息子オソルコン王子が勢いを盛り返し、おそらくシェションク6世を倒してオソルコン3世として王位を奪取した。そして、オソルコン3世はヘラクレオポリス周辺にまで勢力を広げた。

カルナクのアメン大神殿の碑文記録では、シェションク3世後の第22王朝の王の記録は確認されておらず、第23王朝が上エジプトでも強い権威を発揮していたものと考えられる。しかし、前述のように第22王朝と第23王朝の複雑な関係は総じてよくわかっていない。

その他にも、タニス、レオントポリス、ヘルモポリス、ヘラクレオポリスなどの小国の王が自治を主張した。エジプト学者の中には、これらの勢力と前述のテーベ、タニスの王国を含めて第23王朝と呼んでいる者もいるが、これらの小国が、マネトが第22王朝の後継王朝として記した第23王朝と同じものなのかは定かではない。再びエジプトは混乱時代となった。

第3中間期の埋葬習慣

第3中間期になると、多くの点で埋葬習慣の変化が見られた。新王国時代のように高官がそれぞれ岩窟墓や礼拝施設を造ることはなくなり、その代わりに多重木棺の表面に以前の墓の壁面に描かれていたような、『死者の書』の挿絵が描かれるようになった（口絵45）。テーベでは、高官が長い通廊を持つ巨大な岩窟墓や土坑墓に集団で埋葬された。墓の造営が衰退する一方で、第21王朝においてはミイラ製作の技術が最盛期となった。遺体をできる限り生前の姿に見せるために、工夫が凝らされ、毛髪や鬘の調整、化粧などが念入りに施された。またこの時代から以前ミイラ製作時に取り出された肝臓、胃、腸、肺の4つの内臓は防腐処理された後に体内に戻されるようになった。北のデルタ地帯では王族と一部の貴族が神殿域内に墓を造営し、埋葬されるようになった。この神殿内埋葬は、第23王朝以降になるとテーベのラメセウムやメディネト・ハブ神殿内でも見られる。神殿内埋葬の代表的な例は、ほぼ未盗掘の状態で発見されたタニスの王墓群である。タニスの王墓群では玄室の壁に彩色レリーフが施されたが、新王国時代の王墓に比べると質が劣る。プスセンネス1世の石棺のように新王国時代のメルエンプタハ王の石棺や貴族の石棺を再利用したり、新王国時代の王墓の副葬品を再利用する例もある。また金製品や銀製品の副葬品も出土しているが、製作技術の低化は顕著に現れている（口絵44・図114）。第22王朝になると、日干レンガ製の小型礼拝施設が高官の墓として造営されるようになった。副葬品はより簡素となり、シャブティ、カノポス容器、葬祭パピルスは納められなくなった。

このような埋葬習慣の変化については、リビア人の王朝になったことから死と埋葬への考え方が変化したためと指摘されている。新王国時代に見られたような豪奢な墓の造営や祭祀の継続は、半遊牧のリビア人の習慣ではなかった。後述するヌビア人の王朝である第25王朝になると古代エジプトの伝統的な埋葬習慣が復活し、ピラミッドの上部構造を持つ墓や大型の岩窟墓が造営されるようになる。これはヌビア人の王朝が古代エジプトの伝統の復興を重視していたためであろう。

新王国時代以降のヌビア

新王国時代の終焉と共に、エジプトによるヌビアの植民地支配がなくなり、ヌビアでは土着の勢力が力を伸ばしてきた。彼らは、植民地支配が終わった後も、エジプト式の行政組織や宗教をある程度維持していたようである。エジプトの第3中間期にあたる時代にはエジプトとは独立した政治勢力が存在した。たとえばセムナの神殿に碑文を残したカリマラ女王はその1人であろう。

その中でも特に台頭してきたのはナパタを根拠地とするクシュ王国である。ナパタは、ヌビアにおけるアメン神の聖地である。ナパタにあるジェベル・バルカルという山は、新王国時代以来アメン神の聖なる山として崇拝されており、その麓にはアメン神に捧げた神殿が築かれていたため、クシュ王国の王はこの地のアメン神を篤く崇拝していた。紀元前

750年頃、クシュ王国のカシュタ王はアスワンまでヌビア全土を支配し、自らを「上下エジプト王」と名乗り、アメン信仰の総本山であったテーベを訪れた。アメン神を信奉するクシュ王国は、エジプト内部の政治的混乱を契機とし、エジプトへ支配を及ぼそうと考えていたのであろう。

第24王朝（前727〜715年頃）・第25王朝（前747〜656年頃）

ピイ王のエジプト遠征

カシュタ王の息子ピイ（ピアンキ）王は、テーベの第23王朝と協定を結び、彼の姉妹アメンイルディス1世を「アメン神の妻」シェペンウェペト1世の後継者とした（図116）。「アメン神の妻」は、テーベの第23王朝において、王女が就任する職であり、アメン大司祭を凌駕するほどの権力を握っていた。こうして、クシュ王国は、テーベのアメン神官団とその宗教的権威に対して多大な影響力を持つようになった。

しかし、ピイ王はサイスの第24王朝テフナクト王がデルタ地帯で勢力を伸ばし、さらに上エジプト北部に進撃してきたため、前730年頃にエジプト全土を掌握するための軍事遠征を挙行した。この軍事遠征の詳細は、ピイ王がジェベル・バルカルのアメン神殿に捧げた戦勝碑（現カイロ・エジプト博物館蔵）（図117）に記されている。要約は以下のとおりである。

治世第20年にヌビアで出陣したピイ王はテーベでオペト祭を行った後、中部エジプトのヘルモポリスを攻撃し、テフナクト側についた同地のネマレト王を降伏させた。ピイはテフナクト王に攻撃されたヘラクレオポリスの支配者ペフチャウアウイバステト王から貢物を受け、さらに北に進みいくつかの都市を降伏させ、メンフィスに到着した。メンフィスでは、テフナクト王の連合軍が大挙して抗戦をつづけたが、アケト（氾濫季）であったため、ピイ王の軍隊はメンフィスの港に停泊していた船を都市周壁の横に並べることができ、そこから都市内部を攻撃した。メンフィスが陥落すると、ピイ王はメンフィスのプタハ神、ヘリオポリスのラー神を参詣してエジプト王としての戴冠式を行った。そして、サイスのテフナクト王以外の下エジプト各地の支配者が王に降伏をした。この様子は、ピイ王の戦勝碑の上部にレリーフで表現されている。テフナクトはメンフィスから都落ちをし、デルタ地帯の北部へ逃れたが、最終的には使者を遣わし、降伏の意思を伝えた。こうして、ピイは上下エジプトの統一に成功し、ヌビアへ凱旋した。

ピイ王の凱旋

エジプト統一に成功したピイ(ピアンキ)王は、エジプトに留まらず、本拠地のナパタに凱旋し、母国に戻った。ピイ王は聖山ジェベル・バルカルのアメン神殿の改修、増築を行い、テーベ、カルナクのアメン大神殿を模倣して建設した。また、ピイ王は上ヌビアのアル＝クッルの墓域に自分と家族のためのピラミッドを造営した(図118)。クシュの王は、ピイ王の後もピラミッドを建設し続けた。これはしばしばエジプト古王国時代の王権観への回帰を意味していると説明されているが、ピラミッドの形はギザやサッカラのピラミッドよりも傾斜角が急で、むしろ新王国時代の貴族墓のピラミッドに似ているため、新王国時代にヌビアに作られた貴族の墓のピラミッドに似せてピラミッドを造営したと考えられる。ま

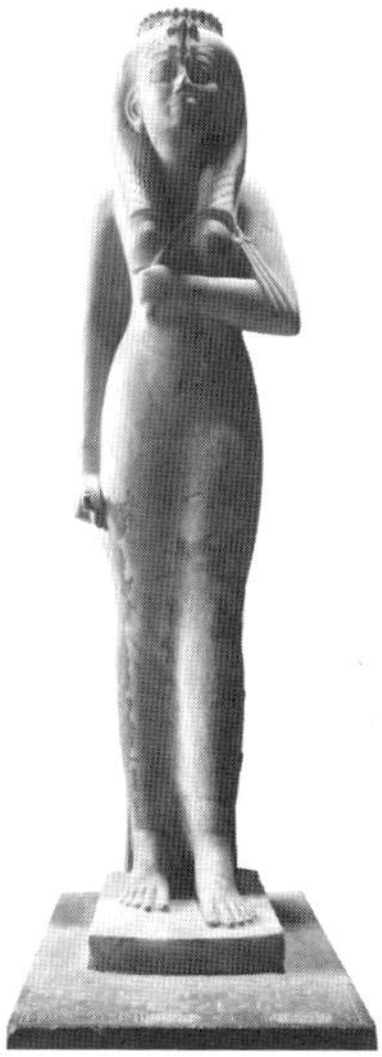

図 116　アメンイルディス 1 世像

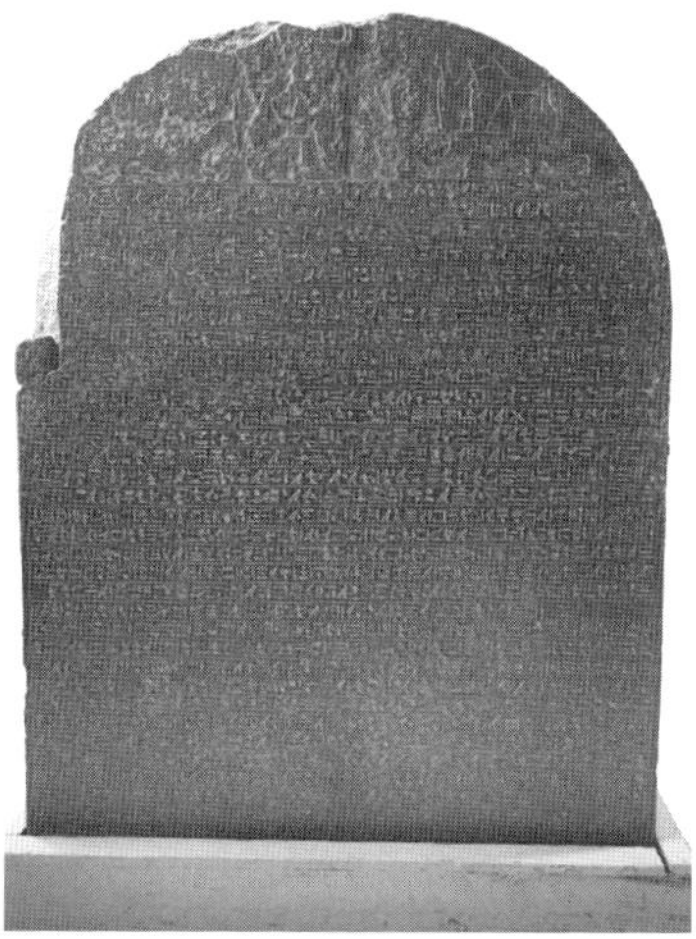

図 117　ピイ王の戦勝碑

たピイ王は、4頭のチャリオット用の愛馬を遺体の傍に埋葬している。これは、馬を重要視したクシュの習慣によるものであろう。

ところで、なぜピイ王はエジプト遠征の後にナパタに戻ってしまったのであろうか。ピイ王はナパタが真の首都はナパタであると考えていたのか。あるいは、自分で統治するより間接統治を好んでいたのか。いずれにしても、ピイ王は妹の「アメン神の妻」アメンイルディス1世によってテーベに影響力を維持しつつも、他の地域では各地方の自治を許していたようである。

テフナクトの謀反とシャバカ王のエジプト再征服

ピイ王がナパタに引き上げている間に、降伏したはずのテクナクト王はデルタ地帯で勢力を取り戻し、紀元前720年頃にサイスに第24王朝を樹立した。そして、テフナクト王の息子バーケンレンエフ（ボッコリス）王は、メンフィスに都を置き下エジプトを支配下におさめるまでになった。これに対して、ピイ王の弟で後継者のシャバカ王（図119）は、第24王朝を倒してエジプトの再征服に成功した。シャバカ王は、首都をナパタからメンフィスに移し、本格的にエジプトを統治した。

シャバカ王はピイ王の政策を継承し、エジプトの伝統の復古を推進した。彼の即位名「ネフェルカーラー」は、古王国時代第6王朝の

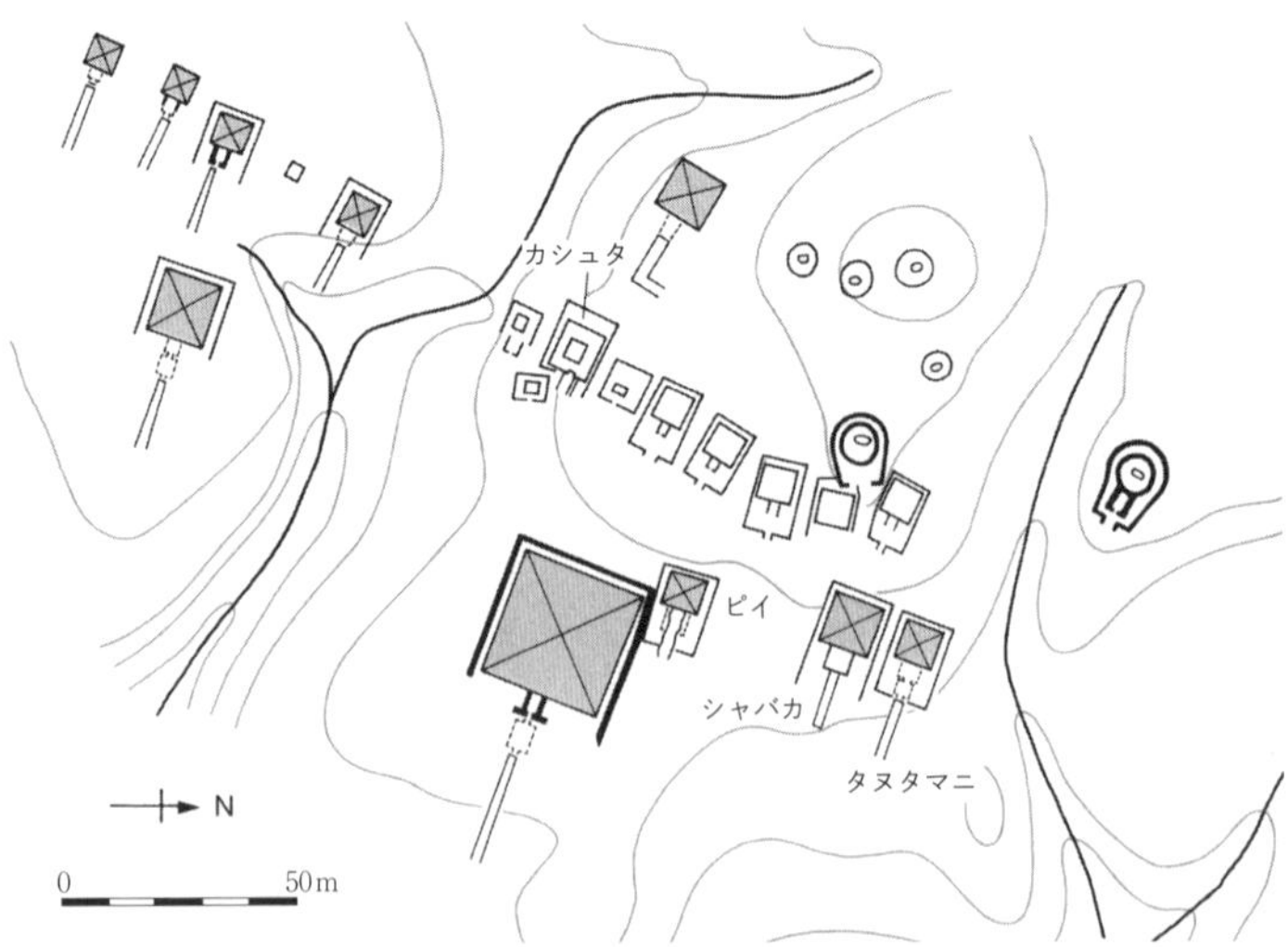

図118　アル＝クッルのピラミッド群

ペピ2世のそれと同じである。神殿の碑文や装飾も古王国時代のものに回帰し、メンフィスの主神であるプタハ神を世界の創造者とするメンフィス神学の碑文（「シャバカ・ストーン」）も作られた。シャバカ王は建築活動を精力的に進め、アトリビス、メンフィス、アビドス、デンデラ、エスナ、エドフ、テーベに記念建造物を残している。さらに、シャバカ王は息子のホルエムアケトをテーベのアメン大司祭の職につけた。ただし、当時テーベの最高権力はシャバカ王の妹で「アメン神の妻」アメンイルディス1世の手中にあった。なお、彼以降の第25王朝のファラオの額には、従来のエジプトのファラオのように1匹のウラエウスコブラの姿や上下エジプトを象徴するウラエウスコブラとハゲワシの姿ではなく、2匹のウラエウスコブラが鎌首をもたげた姿で表されている。これは、エジプトとヌビアの2つの王国の王を示している。

シャバタカ王

シャバカ王の死後はシャバタカ王が王位を継承し、メンフィスやテーベで活発に建築活動を行った。また、シャバタカ王は、対外政策についても新王国時代のような以前の帝国主義的な姿勢をとった。西アジアでは、アッシリア帝国が勢力を拡大し、シリアを支配下に置き、パレスチナを侵略する機会を窺っていた。南北に分裂していたイスラエル王国（南はユダ王国、北はイスラエル王国）は、北がアッシリアに滅ぼされ、ユダ王国は属国となっていた。紀元前701年にユダ王国のヒゼキア王は、アッシリアに反乱を起こし、エジプトのシャバタカ王に援軍を求めた。そこで、シャバタカ王は息子のタハルカに率いられた軍隊を派遣した。この援軍はセンナケリブ王率いるアッシリア軍に敗れ、逆にアッシリアによるその後のエジプト征服への足懸かりとなってしまった。

図119　シャバカ王像頭部

タハルカ王の治世―クシュ王朝の最盛期

シャバタカ王の死後、息子のタハルカ（図120）が王位を継承した。タハルカ王の26年に及ぶ治世は、第25王朝の最盛期だったと言えるが、同時に西アジアからアッシリアが征服のチャンスを窺っているという外交的には厳しい時代であった。

タハルカ王の繁栄の時代は、彼の多くの記念建造物から窺うことができる。ヌビアでは、新王国時代第18王朝のアメンヘテプ3世の治世以来重要なアメン神の聖地の一つであるカワのアメン神殿を増築した。そのために、タハルカ王は、首都メンフィスから職人集団を遣わしたという。タハルカ王がカワに造ったアメン神殿には、古王国時代のサフラー王、ニウセルラー王、ペピ2世のピラミッド葬祭殿のレリーフと同じものが刻まれていた。このカワのアメン神殿は、その後クシュの歴代の王の重要なアメン神の崇拝地となった。その他には、ナパタのジェベル・バルカルの山の麓のアメン神殿を増築し、山頂の一部を金箔で覆い自らの名前を刻ませた。さらに、サナム、メロエ、カスルイブリーム、ブーヘンなどにも、同規模のアメン神殿を建設した。そして、自らの王墓はジェベル・バルカルの対岸ヌリにピラミッドを戴かせて造営した。

図120　タハルカ王のスフィンクス

タハルカ王は、エジプトではテーベに多くの記念建造物を残している。カルナクのアメン大神殿では、第1中庭の中央に巨大な10本の円柱からなるキオスク（祠堂）（図121）を建設し、聖なる池の南西角付近に神殿を造っている。また、テーベの主要な諸神殿の第1塔門前に覆い壁からなる正面玄関を追加している。これらのテーベでの建築活動の総責任者は、アメン第4司祭メンチュエムハトであり、彼と彼の兄弟が当時のテーベの最高権力者であった。

アッシリアの侵攻

紀元前一千年紀前半から北メソポタミアを中心に勢力を盛り返してきたアッシリア（新アッシリア）帝国は、帝国の版図拡大を続け、シリア・パレスチナ方面に触手を伸ばしてきた。前722年頃にはイスラエル王国が滅ぼされ、ユダ王国と他の小国も属国となった。ただし、これらの国々はアッシリアに朝貢しつつも、エジプトの支援を受け、反乱を繰り返した。特に第25王朝はアッシリアに反旗を翻したユダ王国のヒゼキヤ王に援軍を送り続けた。エジプトの援軍は前701年にアッシリア王センナケリブに敗れるが、その後も反アッシリア勢力を支援した。しかし、タハルカ王の治世にはアッシリアのエサルハドン王によるエジプト侵攻を招いた。

図121　カルナク、アメン大神殿のタハルカ王のキオスク（祠堂）

前676年にエサルハドン王は、レヴァントのシドンを占領した。アッシリア軍は南下を進め、ついにタハルカ王の治世第17年（前673年頃）にアシュケロンでイスラエルのユダ王国と同盟を結んだエジプト軍と衝突し、その3年後の前671年には、エサルハドン王のアッシリア軍がラクダの群れを率いてシナイ半島に侵入し、一気に勝利を収めた。そして、アッシリア軍はデルタ地帯に進軍し、タハルカ王の軍との間で約15日間の熾烈な戦闘が繰り広げられたという。アッシリア軍は最終的にメンフィスでタハルカ王を撃破し、エジプト王家の皇太子や家族を捕らえた。このことは『旧約聖書』にも記されており、タハルカ王はティルハカと呼ばれている（「列王記下」19章9節、「イザヤ書」37章9節）。タハルカ王は敗走して、クシュ王国の根拠地であるナパタに逃亡した。エサルハドン王はタハルカ王の屈辱的な敗北を後世に伝える

図122　エサルハドンの石碑

ため、首に縄を括り付けられたタハルカ王の王子ウシャンクウルが跪いて命乞いをする姿を石碑に彫らせた（図122）。さらに、エサルハドンはナイル川を南下しテーベまで進軍したが、タハルカはすでにナパタへ逃れていて、捕らえることはできなかった。

エサルハドンは、エジプトに長くは滞在せず、シリア・パレスチナでの反乱に対処しなければならなかった。エジプトはアッシリアからあまりにも遠いので、直接支配することができず、エジプト在地の豪族を代理として支配する方法をとった。サイスの支配者ネカウ（ネコ）1世は、アッシリアに臣従を誓い、その結果アッシリアに自治を認められた。しかし、ネカウ1世はアッシリアから毎年の貢納を義務付けられた。その後、タハルカ王は再びエジプトに帰還し、支配を取り戻すが、前667年にエサルハドンの後継者アッシュル・バニパル王がエジプトに侵攻し、タハルカ王を再び南に追いやった。タハルカ王の次の王タヌタマニ（タヌトアメン）は、アッシリア軍の撤退後にエジプトに侵入し、アッシリアを支持する下エジプトの豪族を成敗した。しかし、この失地回復もわずかで終わり、前664年に再びアッシュル・バニパルが大軍を率いてエジプトに侵入し、ついに前663年にテーベは陥落した。タヌタマニはナパタに逃れ、ヌビア人がエジプト全土を支配した時代は終わりを告げた。後述する第26王朝が前664年にデルタのサイスで勃興するが、テーベでは前657年まではタヌタマニ王の治世年が日付に用いられており、タヌタマニ王が没した前656年が第25王朝の終焉と考えられている。この後、クシュの王国はナパタ、そしてメロエで存続し、紀元後4世紀までピラミッドを建設するなど古代エジプト文化の特徴を留めた文化を保っていた。

第15章　末期王朝時代

エジプト土着の王朝で最後の繁栄を見せたのは、サイス朝とも呼ばれる第26王朝である。この時代には第25王朝の復古主義政策が継承され、古代エジプトにおけるルネサンス時代とも言われている。しかし、その後アケメネス朝（ハーカマニシュ朝）ペルシア帝国の軍門に下り（第27王朝）、エジプトはペルシア帝国の属州となった。エジプトは再び独立し、第28王朝から第30王朝まで土着の王朝が支配するが、再度のペルシア帝国の侵入に屈し、第31王朝は第2次ペルシア支配期となる。しかし、前332年のアレクサンドロス大王の東征軍によりエジプトはペルシア帝国から解放され、エジプトはヘレニズム世界の一部となった。

第26王朝（前664～525年）

サイス王朝のはじまり

アッシリアのアッシュル・バニパル王は、前665年にネカウ1世と息子のプサメテク1世の自治権を認め、翌前664年にネカウ1世が他界したため、プサメテク1世がエジプト王としてサイスに第26王朝を樹立した。

プサメテク1世はサイスとメンフィスを中心に勢力を広げ、やがてテーベ（現ルクソール）の豪族で第25王朝より事実上の支配者であったメンチュエムハトと友好関係を結んだ。紀元前656年、プサメテク1世は、娘のニトクリス（ネイトイケルト）を当時テーベで「アメン神の妻」であったシェペンウェペト2世の養女にさせ、次の「アメン神の妻」にした。テーベでは、その前年まで第25王朝のタヌタマニ（タヌトアメン）王の治世年を年号としていた。こうして、プサメテク1世は上エジプトとテーベを支配下に収め、エジプト全土の統一王となった。

プサメテク1世の勢力拡大には、ギリシア人や小アジア（現在のトルコ）のカリア人の傭兵たちが大きく貢献した。これらの傭兵は、このあと300年間にわたってエジプト軍の核として重用された。周辺諸国との戦争では、彼らが戦況を決めるほどの大きな力となり、中には定住し、交易や軍事技術で重要な立場を担う者も現れた。これらの傭兵やギリシア、カリアからの移民が中心地になって地中海交易が発展し、デルタ西部にギリシア人の植民都市ナウクラティスが建設された。ナウクラティスの住民には交易の特権が与えられ、エジプトにおける地中海交易の中心となった。

プサメテク1世は、エジプト本土の防衛に力を注ぎ、西アジア方面に備えてペルシウム支流の東側に位置するダフネ（テル・アル＝デフェンネ）に要塞を建設し、ヌビア方面に備えてアスワンのエレファンティネに守備隊を駐屯させた。ダフネにはイオニア人とカリア人の傭兵が、エレファンティネにはユダヤ人の傭兵がそれぞれ住まわさせられた。エレファンティネのユダヤ人は、前6世紀にユダヤ教の神ヤハウェの神殿を建設したが、前410年にクヌム神殿の神官によって破壊された。

伝統復古の時代

約半世紀にわたるプサメテク1世の治世は、平和と安定の時代であると同時に、古い宗教的な価値への回帰の時代でもあった。軍事、交易、技術、美術などの分野で外国の影響を大きく受ける一方で、伝統への復古が促進されたため、「古代エジプトのルネサンス期」と言われている。伝統復古の風潮は、すでに第25王朝に現れていたが、さらにそれを促進するように古王国時代、中王国時代の宗教文書や美術様式が取り入れられた。第26王朝はリビア系の王朝であったため、第25王朝のクシュ王朝と同じように、古代の伝統を復古することにより、自らをエジプト文化の正統な継承者として誇示することが必要であったのであろう。

エジプト帝国再来への試み

かつてエジプトを征服し古代西アジア・北アフリカ世界最大の帝国となったアッシリアの勢力は衰え、かわって新バビロニアが勢力を拡大してきた。これに対し、第26王朝はアッシリアと同盟し、新バビロニアの勢力拡大を阻止する動きを展開した。プサメテク1世は、紀元前612年にアッシリア帝国の首都ニネヴェが陥落すると、シリアに逃れたアッシュル・ウバリト2世を支援した。次のネカウ2世は、アッシリア帝国の衰退をチャンスとし、イスラエル、ユダ両王国を制圧し、新王国時代以来のレヴァント支配に成功した。ただし、これはわずか4年で幕を閉じ、レヴァント地域は新バビロニアの支配下に収まった。

ネカウ2世はギリシア人商人や船乗りのエジプトへの定住を奨励し、初めてギリシア人の傭兵からなるエジプト海軍を創設した。また、ナイル川と紅海を結ぶ運河を掘削させ、交易を発展させた。さらに、ネカウ2世はフェニキア人の船団によるアフリカ就航を試みた王として有名である。ネカウ2世は、シリア・パレスチナに軍事遠征を行い、メギドでユダ王国のヨシュアを破った後、カルケミシュやハランまで侵攻した。前605年、ネカウ2世の軍は新バビロニアの皇太子ネブカドネツァル率いる軍とカルケミシュとハマトで交戦し、完敗した。そして、前601年には王となったネブカドネツァル2世の新バビロニア軍を東デルタの国境線で迎え撃った。

ネカウ2世の息子で後継者のプサメテク2世（図123）は、新バビロニアに抵抗を試み、パレスチナの軍事遠征を実施した。また、南のクシュ王国を制圧するためヌビアの第3カタラクト（急湍）付近まで遠征した。アブシンベル神殿にはプサメテク2世の軍事遠征に従ったギリシア人、フェニキア人、カリア人の兵士の残したグラフィティ（落書き）が残されており、プサメテク2世が外国人傭

図123　礼拝の姿勢をとるプサメテク2世

兵に依存していたことがわかる。この時、のちに王位を簒奪するアマシスが将軍として遠征に参加していた。

アプリエス王とアマシス王

プサメテク2世の息子アプリエス王(図124)も先代の王に倣ってエジプトの版図拡大を試み、キプロス、パレスチナ、フェニキアに軍事遠征を行った。紀元前588年、新バビロニア軍がユダ王国の首都エルサレムを攻撃した際に、アプリエスは自ら出兵したが、翌年に新バビロニアのネブカドネツァル2世に大敗北を喫した。エルサレムは紀元前586年に陥落し、住民はバビロンに捕囚され(第2次バビロン捕囚)、ユダ王国は滅亡した。

アプリエス王は、リビアで勢力を拡大していたギリシア人植民都市キュレネを制圧するために軍事遠征を行ったが、この戦争でも大敗を喫した。幾度の戦争に連敗しつづけたアプリエス王は、ついにエジプト兵の不平不満を買い、反乱が起きた。この兵士の反乱を鎮圧するために将軍アマシス(イアフメス)が遣わされたが、アマシスはアプリエス王に背いて反乱軍のリーダーとなり、アプリエス王から王位を奪った。アプリエスはエジプトから逃れ、バビロニア軍の援助の下に軍事力で王位を奪還しようとしたが、この戦いのさなかに戦死した。アマシス王(図125)は、アプリエス王に対して王にふさわしい葬儀を行い、サイスに埋葬した。

アマシス王はキュレネ出身のギリシア人の女性を王妃とし、ギリシア人の友とみなされた。ヘロドトスによれば、アマシス王は庶民の出身で国民に人気があり、大酒のみで、宴会のために国事を遅らせるほどであったという。彼はまた建築活動にも力を入れ、サイスのネイト神殿と王家の墓地を増築し、バハリヤ・オアシ

図124　アプリエス王像頭部

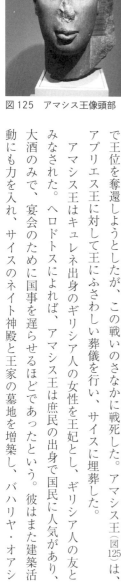

図125　アマシス王像頭部

スとシーワ・オアシスに神殿を造営し、地方の駐屯地とした。また、フィラエ島にはイシス神殿を造営した。アマシス王は、大衆的ファラオとして44年の長く繁栄した治世を送った。

ペルシアの台頭とエジプト征服

イラン高原に本拠地をもつアケメネス朝（ハーカマニシュ朝）ペルシアは紀元前6世紀に次第に勢力を拡大し、古代西アジア・北アフリカ世界の脅威となっていた。第26王朝のアマシス王は、新バビロニアやリビアのキュレネと敵対していたこれまでの外交政策を転換し、彼らやアナトリア西部のリュディア王国、ギリシアのスパルタなどと対ペルシア同盟を結んだ。しかし、ペルシアのキュロス2世は、前546年にリュディアを、前532年に新バビロニアを滅ぼした。そして、前525年、エジプトはアマシス王の後継者プサメテク3世の治世にペルシア王カンビュセスの侵攻を受け、メンフィスが陥落した。サイスのネイト神殿の神官であったウジャホルレセネト（図126）は、ペルシアに寝返った。そのためプサメテク3世は処刑され、第26王朝は滅び、エジプトはペルシア帝国の属州となった。

図126　ウジャホルレセネト像

第27王朝（前525～404年・第1次ペルシア支配）

ペルシア支配のはじまり

ペルシアの王は、エジプトを直接統治せず国王の代理人に支配させていた。この最初のペルシア支配期は第27王朝とされている。ヘロドトスによれば、ペルシア王カンビュセスは、メンフィスのプタハ神の聖牛アピスを殺害し、古代エジプトの伝統的な宗教を侮蔑したという。しかし、実のところカンビュセスは、エジプト王の称号を採用し、エジプトの神々を崇拝し、エジプト人の高官を登用するなど、エジプト人の民族感情に配慮した支配を行った。カンビュセスの後継者ダレイオス（ダリウス）1世は、上エジプトのアル＝カブ、カルガ・オアシスなどで神殿を建設し、第26王朝に掘削が開始されていたナイル川と紅海を結ぶ運河を完成させるなど、エジプト国内の整備に努めた。また、ダレイオス1世は、エジプトにサトラップと呼ばれるペルシア帝国の属州知事を置き、王の代理とした。ペルシア支配によって、エジプト語に次いでアラム語が第2公用言語となった。

第28王朝（前404〜399年）

ペルシア支配に対する反乱

ペルシア支配のもとでは、エジプト各地の地方勢力が反乱の機会を窺っており、カンビュセスの死後、パディバステト3世がエジプトの一部を支配下に収めたが、ダレイオス1世が直ちに鎮圧した。ペルシア軍の捕虜となっていたプサメテク3世は、この反乱を支援したため処刑された。ダレイオス1世の次の王クセルクセス1世の支配下では頻繁に反乱が起こり、その後継者アルタクセルクセス1世の時代では、リビアの豪族イナロスがペルシアのサトラップの駐留軍を破り、ギリシアのアテナイの援軍を得て勢力を拡大した。しかし、イナロスは、ペルシア本国から派遣されて軍隊に捕らえられた。そして、前404年にサイスの豪族アミルタイオス（アメンイルディスウ）が独立の旗を振り、ペルシア支配に対する反乱を起こした。反乱は成功し、アルタクセルクセス2世を第27王朝の最後の王として第1次ペルシア支配は終わりを告げた。その後アミルタイオスは、王として即位し、第28王朝を開始した。

第29王朝（前399〜380年）

第28王朝は、エジプトの独立のために立ち上がったアミルタイオス王のみの王朝で、この時代の詳細についてはあまりわかっていない。次の第29王朝は、東部デルタのメンデスを首都としたネフェリテス（ナイエフアアウルウジュウ）1世がアミルタイオス王を追放した後に開始した。ネフェリテス1世は繁栄した第26王朝のプサメテク1世の「ホルス名」やアマシス王の「黄金のホルス名」を模倣して、土着のエジプト人による王朝の復興を目指したと思われる。ネフェリテス1世は、メンデス、サッカラ、ソハーグ、アクミーム、カルナクなどで建築活動を進めた。また、ネフェリテス1世は、スパルタに食料を送り、スパルタの対ペルシア戦争を支援した。

次のアコリス（ハコル、ハコリス）王は、地中海世界に勢力を拡大してきたペルシア帝国に対抗するために、ギリシアのアテナイ、キプロスと同盟を結んだが、キプロスがこれを裏切りペルシアと同盟を結んだため、カブリアス率いるアテナイの傭兵隊を用いてペルシア軍の侵攻を撃退した。またこの時に傭兵隊への報酬のために初めてエジプトで貨幣が鋳造された。アコリス王はテーベをはじめエジプト全土で神殿の増築を行い、比較的安定した時代を築いた。

第30王朝（前380〜343年頃）

土着王朝の終焉

デルタのセベンニュトス出身の軍人ネクタネボは、クーデターによってネフェリテス2世を退け、第30王朝を開始した。ネクタネボ（ネケトネブエフ）1世（図127）は、サイス、ダマンフール、ヘルモポリス、テーベ、フィラエ島、エドフなどで建築活動を展開した。なかでも、カルナク、アメン大神殿の第1塔門（図128）、大周壁、ルクソール神殿のスフィンクス参道などが特筆される。ネクタネボ1世は伝統的な王の役割を演じて、自らの王としての正統化を図り、ペルシア帝国の脅威からエジプトを守るためにデルタ地帯の北東に要塞を建設した。

図127　ネクタネボ1世

ネクタネボ1世の後継者テオス（ジェドホル）王は、ペルシア帝国に対する小アジアの反乱を支援し、シリアに出征した。しかし、ギリシア人の傭兵を雇い、ギリシア人の傭兵を雇うために必要な貨幣の鋳造のために、エジプト国民が重税を負わされ、庶民の不満が高まった。そこで、テオス王の

図128　カルナク、アメン大神殿第1塔門

図129　ホルス神に守護されたネクタネボ2世の像

甥ネクタネボ（ネケトホルヘブ）2世（図129）が離反し、王として即位した。ネクタネボ2世は、自らサッカラで聖牛アピスの埋葬を行い、上エジプトのアルマントのメンチュウ神の聖牛ブキスをアピスと同等に重要視した。また、デルタでは、ベヘバイト・アル＝ハガルに巨大なイシス神殿を造営した。しかし、前343年にペルシア王アルタクセルクセス3世がエジプトに侵攻したため、ネクタネボ2世は上エジプトに逃亡し、約2年間統治したが、前341年にペルシア王の軍隊に屈し、第30王朝は終わりを告げた。エジプトは再びペルシア帝国の属州（第31王朝）となり、1952年のエジプト共和国の誕生まで、エジプトは約2，000年以上外国人に支配されつづけることになる。

第31王朝（第2次ペルシア支配）（前343～332年）

2度目のペルシア支配

前343年にネクタネボ2世がペルシア王アルタクセルクセス3世の侵攻によって降伏し、第2次ペルシア支配（第31王朝）が始まった。第2次ペルシア支配は第1次ペルシア支配に比べてわずか10年と短いものであったが、ギリシア人の記述によれば、ペルシア人はエジプト宗教の神聖なる動物を殺し、主要都市を破壊し、エジプト人に重税を課したという。このようなペルシア人の横暴にエジプト人は不満を募らせていた。

第16章　プトレマイオス朝時代と古代エジプト文明の終焉

ペルシア人の支配を受けていたエジプトは、アレクサンドロス大王の到来によって、ヘレニズム世界の一部に組み込まれた。そして、アレクサンドロス大王の死後、彼の将軍の1人であったプトレマイオスがエジプトの王となり、プトレマイオス朝が開始された。プトレマイオス朝時代の初期は、プトレマイオス朝が古代エジプトの伝統文化や宗教を重じていたため、エジプトとギリシアの文化の共存が辛うじて維持されたが、前3世紀の終わり頃から王朝の分裂、行政の腐敗、経済的危機、そしてエジプト人の反乱によって崩壊の途を辿った。しかしながら、プトレマイオス朝はこれらの内的問題にもかかわらず、ヘレニズム4王国の中で最も繁栄し、約３００年間存続した。つまり、過去のエジプトのいかなる王朝よりも長く続いたのである。しかし、プトレマイオス朝時代はエジプトが国家として独立していた最後の時代となってしまった。

プトレマイオス朝時代（前３３２～前30年）・マケドニア朝（前３３２～３０５年）

アレクサンドロス大王の登場

前３３６年にギリシア北部のマケドニア王国のフィッリポス2世が暗殺され、息子のアレクサンドロス（アレキサンダー）（口絵46）が即位した。この時、アレクサンドロスは20歳であった。彼は父の意思を受け継いで、前３３４年にペルシア帝国への攻撃を開始した。アレクサンドロスは、小アジアの諸国を制圧し、前３３３年にイッソスの戦いで、ペルシア帝国のダレイオス3世に勝利した。そして、前３３２年にはシリアを征服し、エジプトに進軍した。アレクサンドロス大王は、エジプトでは征服者としてではなく、ペルシアの圧制を解放する救世主として迎えられた。アレクサンドロス大王

地中海
カノポス
ゼフェリオン岬
アレクサンドリア
タポシリス・マグナ
マリュート湖
ナウクラティス
セベンニュトス
ブト
サイス
タニス
メンデス
レオントポリス
ブバスティス
ヘリオポリス
ペルシオン
ガザ
ラフィア
下エジプト
メンフィス
カイロ
サッカラ
シナイ半島
モエリス湖
ファイユーム
フィラデルフィア
ハワラ
グラーブ
ヘラクレオポリス
中エジプト
アル＝ヒバ
バハル・ユーセフ
アコリス
ミニア
ヘルモポリス
ベレニケ
アマルナ
リュコポリス
紅海
パノポリス
ミュオス・ホルモス
プトレマイス
コプトス
デンデラ
テーベ
ヘルモンティス
パテュリス
エスナ
上エジプト
エドフ
コム・オンボ
エレファンティネ
アスワン
フィラエ
第1カタラクト
ドデカスコイノス
西方砂漠
ナイル川
東方砂漠
ヌビア
0
200km

図130　プトレマイオス朝時代のエジプト

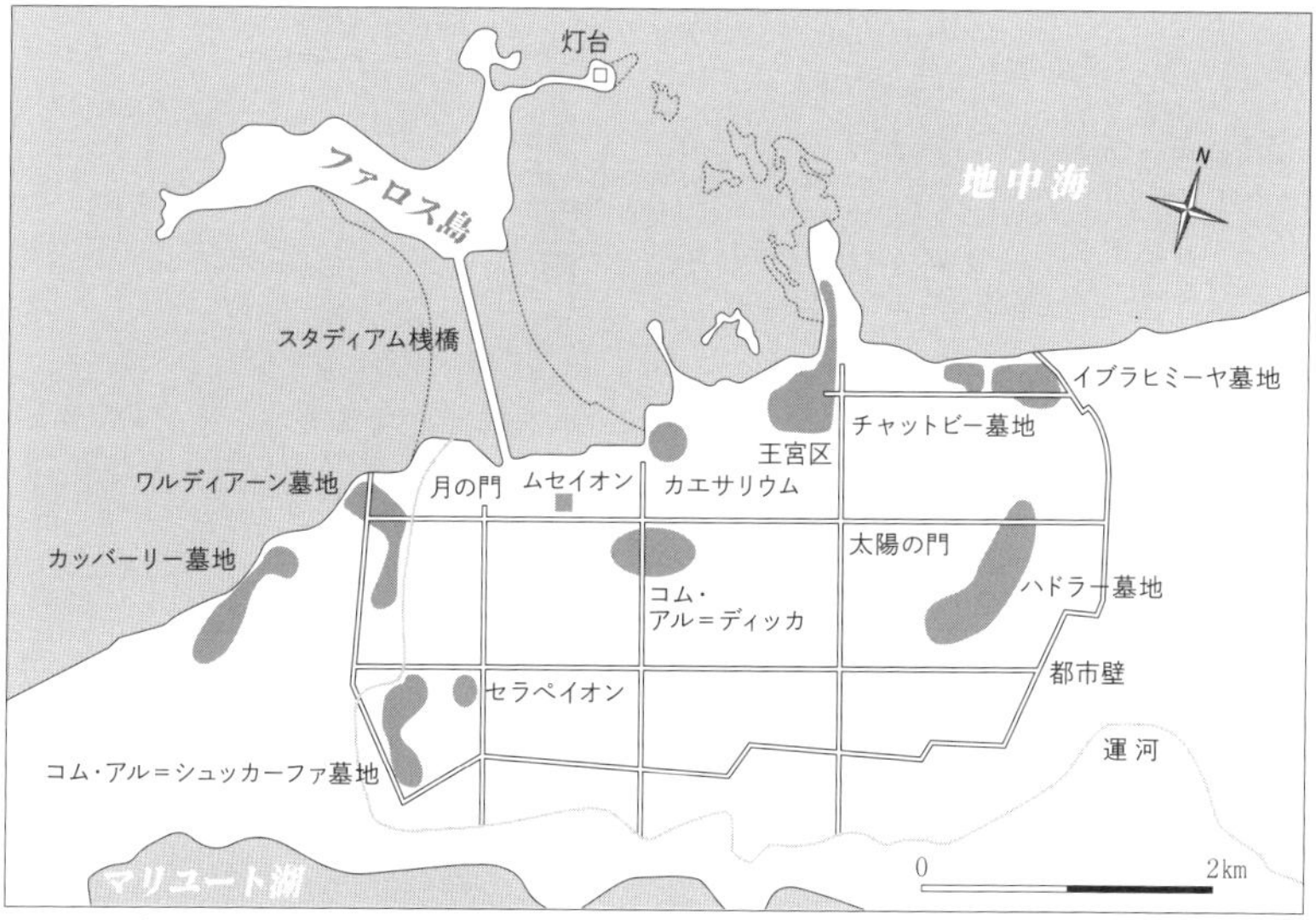

図131　古代アレクサンドリア地図

はこの大義名分を保つために、すぐにメンフィスで神々に犠牲を捧げ、エジプト王として戴冠式を行った。そして、リビア砂漠のシーワ・オアシスのアメン神殿で神託を受け、アメン神の息子として公式に認められた。このようにして、アレクサンドロスは、自らをエジプトの正統な王朝を再興したファラオとして印象づけたのである。余談ではあるが、中世の伝説群「アレクサンドロス・ロマンス」では、アレクサンドロス大王をマケドニア王のフィリッポス2世の息子としてではなく、エジプト王ネクタネボ2世の息子とする信じがたい記述がある。

アレクサンドロス大王は、前３３１年に地中海に面したナイル川河口のラコティスにアレクサンドリア（図131・口絵50）という新都市を建設し、マケドニア王朝を確立した。アレクサンドロス大王はエジプト支配を円滑化するために、伝統的な宗教を重んじ、ルクソール神殿の内陣を改築し（図132）、カルナクやヘルモポリスなどの神殿で建築活動を行った。その後、ペルシア帝国の征服を続行するために、エジプトを後にし、エジプト支配をナウクラティスのクレオメネスに委ねた。アレクサンドロス大王は、前３３１年にダレイオス3世を破り、翌年ダレイオス3世が殺害されてペルシア帝国は滅亡した。アレクサンドロス大王はさらに

図132　アメン神を礼拝するアレクサンドロス大王

インダス川まで進軍したが、前323年に32歳の若さでバビロンで病死した。

プトレマイオス朝（前305～30年）

アレクサンドロス大王の死後と将軍プトレマイオス——

アレクサンドロス大王の死後、その一族や部下の将軍たちによる、ディアドコイ（「後継者」の意）と呼ばれる内紛が起こり、アレクサンドロス大王の帝国は分割された。アレクサンドロス大王の名目上の後継者は大王の弟、フィリッポス3世（フィリポス・アリダイオス）であったが、事実上エジプトを支配することになったのは、アレクサンドロス大王の幼なじみで将軍の一人、ラゴスの息子プトレマイオスだった。他のアレクサンドロス大王の領土はアンティゴノス朝マケドニアとセレウコス朝シリアとなった。

プトレマイオスの地位を決定付けたのは、本国マケドニアに向けて運ばれていたアレクサンドロス大王の遺体を奪い取り、アレクサンドリアに埋葬したことである。これによってプトレマイオスはアレクサンドロス大王の正統な後継者であることを誇示することができた。大王の墓は、アレクサンドリアのネビ・ダニエル・モスクの地下にあると言い伝えられているが、現在までのところ発見されていない。

プトレマイオスはアレクサンドロス大王の埋葬後、エジプト総督のクレオメネスを処刑して実権を掌握し、フィリッポス3世の死後にエジプト王として即位した。フィリッポス3世の没後も記録上では、前317年から305年まで大王の息子アレクサンドロス4世がエジプトを統治したことになっているが、実際はプトレマイオスがエジプトを統治していたのである。

他の将軍たちにない大きな威信を手にすることができたプトレマイオスは、彼らと争いながら、積極的に領土拡張を進めた。西はリビアのキュレナイカ、東はレヴァントのフェニキアとシリア南部、北はギリシア南部と小アジア南岸地方、さらにはエーゲ海の島々とキプロス島までに及ぶ一大帝国を築いた。アレクサンドロス4世が世を去ると、プトレマイオスが即位し、プトレマイオス1世（ソテル）（図133）となり、古代エジプト最後の王朝であるプトレマイオス朝を樹立した。

プトレマイオス1世の治績

エジプト王となったプトレマイオス1世は、アレクサンドロス大王の王家との血縁関係をもっていなかったため、自己の権力を正統化しなければならなかった。もちろん、大王の遺体をアレクサンドリアに埋葬したことは、プトレマイオス1世が大王の後継者であることを強く印象付けたが、それだけでは足りなかった。プトレマイオス1世は、自分が大王の父フィリッポス2世の庶子であるという伝説を流し、大王の血に連なると宣伝したという。

図133　プトレマイオス1世像頭部

プトレマイオス朝時代の基礎は、プトレマイオス1世が作ったといっても過言ではない。プトレマイオス1世は、アレクサンドリアを首都とし、多くのギリシア人を移住させた。彼らは社会の上層に位置するようになり、政治、経済、司法の仕組みに変化が生じた。当然のことながら、言語はエジプト語に加えてギリシア語が公用語となった。また、納税や高官の手段として貨幣が導入され、エジプト系とギリシア系の住民それぞれに適用される法律が定められた。

図134　セラピス神

アレクサンドリアは地中海からインド洋に至る交易の中心地となり、あまりの高さに世界の七不思議にかぞえられたファロス島の灯台が建設された。また大図書館やムセイオン（学問堂）が建てられ、ヘレニズム世界の学問文化の中心として発展した。

プトレマイオス1世がギリシア人でありながらもエジプト統治に成功したのは、アレクサンドロス大王同様に、エジプトの伝統文化や宗教を尊重したことによる。プトレマイオス朝の王たちは、エジプト国内を統一するために、エジプト各地に伝統的な神殿を造営し、自らをファラオの姿で表した。今日でもフィラエ（口絵48）、コム・オンボ、エドフ、デンデラ（口絵49・51）などの神殿でプトレマイオス朝の王の偉業を見ることができる。また、エジプト人とギリシア人の両方に受け入れられる神として、当時盛んに崇拝されていたオシリスと聖牛アピスとギリシアのゼウス、ディオニソス、ハデスなどの神々が習合した神、セラピス（図134）の信仰を生み出した。こうして、エジプトの宗教においてもギリシア文化との融合、ヘレニズムが進んだ。

プトレマイオス1世からプトレマイオス2世へ

プトレマイオス1世は、巨大な神殿や都市の建設に次々と着手し、プトレマイオス朝時代の礎を築いたが、それらは後継者のプトレマイオス2世、プトレマイオス3世に引き継がれた。特に重要な建造物はアレクサンドリアのファロス島の大灯台である。これはプトレマイオス2世が完成させ、世界の七不思議の1つとなった。完成時の高さは、１３４メートルであった。度重なる大地震によって崩壊したが、１４８０年頃に跡地に灯台の残骸を利用してカーイト・ベイの要塞が建造され、大灯台は完全に消滅した。

前２８５年にプトレマイオス1世は、王妃ベレニケ1世との間にもうけた王子を共同統治者に任命し、前２８２年、プトレマイオス1世が亡くなると、王子はプトレマイオス2世フィラデルフォスと名乗り、即位した。彼の治世は領土を地中海周辺にまで拡大し、内政も安定したものであった。

プトレマイオス2世は、アレクサンドロス大王の護衛官の一人でトラキア地方の王リュシマコスの娘アルシノエ1世を王妃に迎えたが離婚し、その後リュシマコスの未亡人となった姉のアルシノエ2世を王妃とした。これは古代エジプトの伝統の兄妹婚の慣習をプトレマイオス朝の王家が取り入れたことになる。この慣習の背景には、エジプト神話におけるオシリス神とイシス神の兄妹婚の影響がなかったわけでもないと考えられ、ギリシア神話においてもゼウスとヘラの兄妹婚が知られている。しかし、このような神話的な理由よりもむしろ王朝の安定のためという現実的な理由により、兄妹婚の慣習を導入したのであろう。実際、アルシノエ2世は非常に優れた女傑であった。プトレマイオス2世との結婚により彼女の立場は優位になり、また彼女が他のライバルと婚姻すれば、力をつけて王が脅かされる可能性もあるので、王朝の維持にとっても重要なことであった。ちなみにプトレマイオス2世の別名フィラデルフォスとは、「姉を愛する者」という意味である。

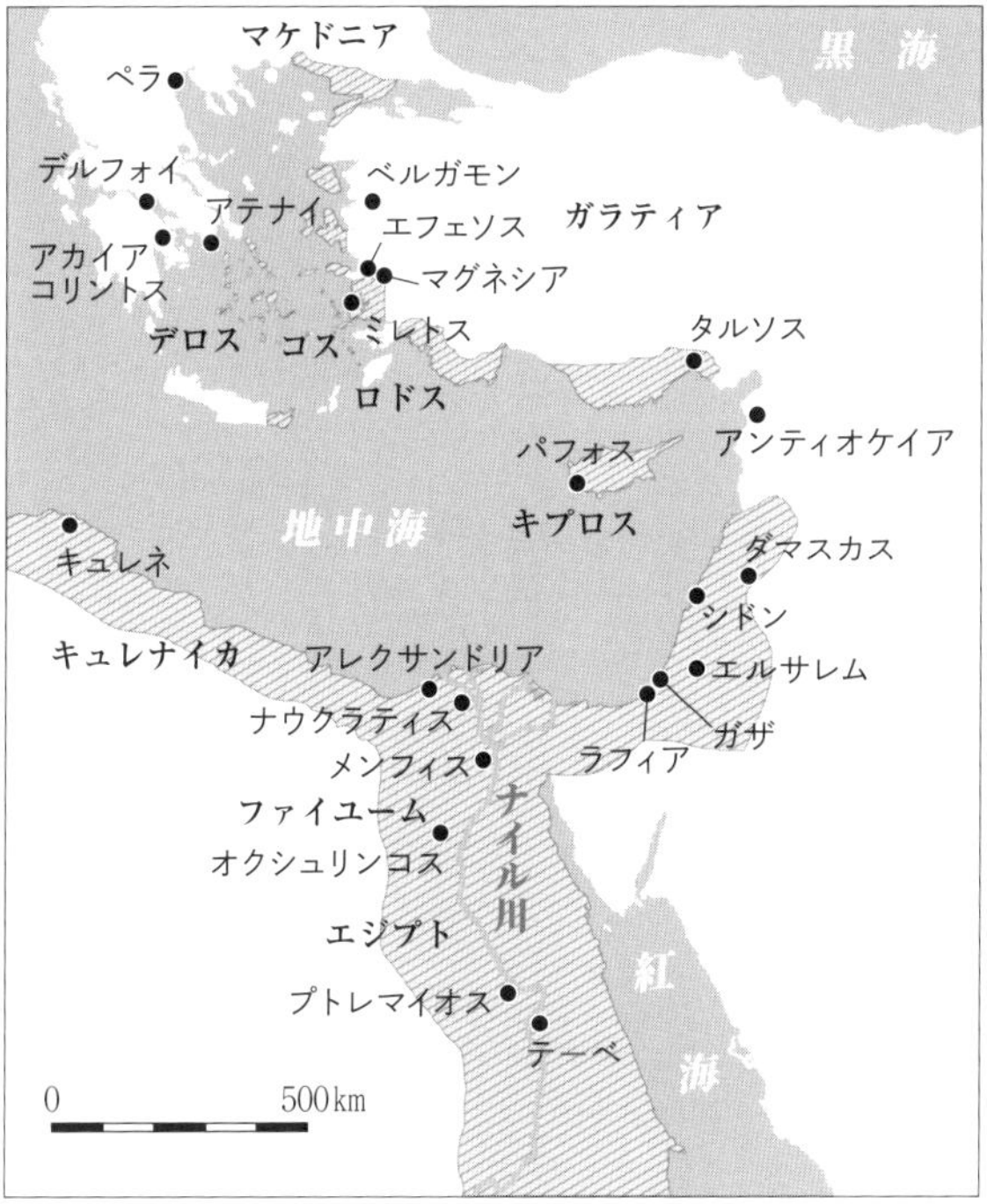

図135　紀元前240年頃のプトレマイオス王国

プトレマイオス2世時代の繁栄

プトレマイオス2世の治世は、プトレマイオス朝時代の中で最も栄えた時代である。プトレマイオス2世は、失われたエーゲ海の領土を回復し、第1次、第2次シリア戦争により領土を拡大した。また、アフリカとアラビアへの隊商路を確保した。国内では、ファイユーム地域に多くのギリシア兵を住まわせ、妻の名をとってその地をアルシノエ州とした。宰相のアポロニウスは、ギリシア人を支配階層とする官僚制度と経済システムを確立した。また、プトレマイオス2世は父プトレマイオス1世の意思を継いで、地中海世界の有能な学者、芸術家、文人をアレクサンドリアに招き、ムセイオン（学問の館）と大図書館で養い、学問と文化の黄金時代を築いた。

プトレマイオス3世の治世

プトレマイオス3世エウエルゲテスは、プトレマイオス2世の第1王妃アルシノエ1世の息子であったが、継母のアルシノエ2世に育てられた。30歳で即位した王は、義理の叔父であるリビアのキュレナイカの王マグスの娘ベレニケ2世を王妃に迎えた。プトレマイオス3世の時代は戦争が続き、この結果としてエジプトはリビアのキュレネからフェニキア、キプロス、小アジアの一部を包含する大領土を支配した。王の妹ベレニケは、セレウコス朝シリアの王アンティオコス2世の第2王妃となっていたが、アンティオコス2世は第1王妃ラオディケに毒殺され、ベレニケも殺された。プトレマイオス3世は復讐のためシリアに出征し、さらにはバビロニアまで侵攻した。また、プトレマイオス3世は治世第10年の前237年に上エジプトのエドフのホルス神殿の建設を開始し、約6年かけて主要部を完成させた。その後、この神殿は後世の王によって増築が続けられ、プトレマイオス8世の治世に第1塔門が完成した。

狂気の王プトレマイオス4世

繁栄の時代を築いたプトレマイオス3世を継いだのは、長男のプトレマイオス4世フィロパトールであった。プトレマイオス4世は、王に取り入って出世したアレクサンドリアのソシビウスにそそのかされ、放埒な生活をおくっていた。さらに、王はソシビウスの噂に踊らされ、自分の母であるベレニケ2世と弟のマグスを毒殺し、火にかけた。シリアのアンティオコス3世は、このような状況をエジプト侵攻の好機と考え、エジプト領のフェニキアの諸都市を攻撃した。プトレマイオス4世はデルタのペルシウムでの戦いで苦戦を強いられ、4ヶ月の休戦協定を結んだ。この間にプトレマイオス4世はエジプト人の住民を大規模に徴兵し、前217年のラフィアの戦いで、アンティオコス3世の軍を破ったが、それはエジプト人に武力を与えることになり、結果として民族意識を高めることになった。とりわけ、紀元前207年から始まった南部の反乱は、テーベ(現ルクソール)を中心する地域がプトレマイオス朝に対して紀元前196年まで抵抗を続け、王朝に深刻な事態をもたらした。この反乱では、反乱軍の指導者ハロンノフリスとカロンノフリス親子が王として即位したという。また、これに並行してデルタでも反乱が繰り返され、この最中にプトレマイオス4世が他界した。

プトレマイオス5世の治世

このエジプト国内の内乱状態を引き継いでわずか6歳で即位したプトレマイオス5世エピファネスは、前201年に再びシリアのアンティオコス3世の攻撃を受け、西アジアの領土を全て失った。そして、シリア王アンティオコス3世の娘クレオパトラ1世との政略結婚を強いられ、シリアとの間に和平が結ばれた。エジプト国内の内乱を鎮圧するため、プトレマイオス5世は12歳になるとメンフィスで即位し、前186年までにデルタと上エジプトの反乱を鎮圧し、その間にエジプト国民に対して特別の免税措置を講じた。この記録がヒエログリフの解読のきっかけとなった有名なロゼッタ・ストーン(口絵50)であり、前196年の「メンフィス法令」が刻まれている。この石碑には、王の業績を讃えてエジプト各地の神殿に王の像と祠を造ることが定められており、上から順番にギリシア語、デモティック(前7世紀から使われた草書体)、ヒエログリフの3種類の文字で記されている。

兄弟王の対立

プトレマイオス5世とクレオパトラ1世の間には、2人の息子と1人の娘が生まれた。プトレマイオス5世の死後、長男のプトレマイオス6世フィロメトールが王となり、治世の最初の5年間は母のクレオパトラ1世が摂政を務めたが、母后の死後は補佐官のエウラエウスとレナエウスにそそのかされることになった。前170年にはシリアのアンティオコス4世と戦い、デルタのペルシウムで大敗を喫し、プトレマイオス6世はアンティオコス4世の人質になってしまった。これをうけてアレクサンドリアの市民は、プトレマイオス6世の弟をプトレマイオス8世エウエルゲデスとして王に擁立した。

こうして、2人の兄弟は同時にエジプト王を名乗り、両者は敵対することになった。当時シリアやマケドニアに勝利して地中海世界の強国となっていた共和政ローマがこの状況に介入し、シリア軍はエジプトから撤退、プトレマイオス6世はメンフィスから南の地域を統治し、弟のプトレマイオス8世はアレクサンドリアからデルタを統治することになった。しかし、彼らの対立をきっかけとして起きた王家の内紛によって、プトレマイオス朝は弱体化し、エジプトは徐々にローマの影響下におかれるようになっていった。

プトレマイオス6世から8世までの時代

プトレマイオス6世と8世の抗争の後、ローマの仲介によって、二人のプトレマイオス王は共同でエジプトを統治することになった。その一方で、シリアのアンティオコス4世は、甥にもあたるプトレマイオス6世を自分の影響下においてエジプトを勢力圏につなぎとめていこうと目論んでいた。しかし、プトレマイオス6世はこれを疎ましく思うようになり、かつて敵対していた弟プトレマイオス8世と同盟を結び、ローマに支援を求めた。このとき、アンティオコス4世はエジプトに侵攻し、メンフィスからアレクサンドリアに軍を進めていた。これに対し、ローマの元老院議員が、アンティオコス4世にエジプトとキプロスから撤退するように命じ、アンティオコス4世はこれをう受け入れた。こうして、プトレマイオス6世がエジプト王として認知され、プトレマイオス8世は、リビアのキュレナイカの王となった。

プトレマイオス6世は、約25年間エジプトを統治した後に世を去り、未亡人クレオパトラ2世と幼少の息子のプトレマイオス7世ネオスフィロパトールがアレクサンドリアに残された。リビアのキュレナイカの王となっていたプトレマイオス8世は、これをエジプト奪還のチャンスと考え、エジプトに戻って彼らをメンフィスに追いやった。後にプトレマイオス8世は、プトレマイオス7世の権力を保証するという条件でクレオパトラ2世と結婚し、後継者が誕生した。しかし、プトレマイオス8世は自分の後継者が生まれると、甥のプトレマイオス7世を殺害してしまった。さらに、王はクレオパトラ2世とプトレマイオス6世の娘までをも王妃に迎えた。このような悪政からやがて民衆の反乱が起き、王は娘クレオパトラ3世とともにキプロス島に逃亡した。クレオパトラ2世が支配するアレクサンドリアでは、市民がプトレマイオス8世の彫像や記念碑を破壊していたが、王は腹いせにクレオパトラ2世との子供メンフィテスを殺した。

プトレマイオス9世から12世へ

プトレマイオス8世が没すると、クレオパトラ3世がエジプトの支配を継承し、長男のプトレマイオス9世を共同統治者とした。しかし、クレオパトラ3世は次男のプトレマイオス10世を溺愛していたため、長男のプトレマイオス9世に母に対する謀反の疑いをかけ、プトレマイオス10世を夫として、長男を追い出した。こうした悪政に再び民衆は反乱を起こし、プトレマイオス10世は地中海の海上で殺された。この後、前88年にキプロスに逃亡していたプトレマイオス9世は復位し、前80年に没するまでエジプトを統治した。

プトレマイオス9世には後継者がいなかったため、王位は娘のベレニケ3世が継承した。彼女の夫には甥のプトレマイオス11世が選ばれたが彼女を嫌っていたため、結婚後1ヶ月もたたないうちに彼女を殺害し、単独統治を開始した。しかし、民衆はベレニケ3世を支持していたため、プトレマイオス11世は、単独の王位についてからわずか19日目に民衆に殺害されてしまった。こうして、エジプトの王位は空位となる。当時、ポントス王のミトリダデス6世がプトレマイオス9世とギリシア系女性との間の子供を保護していたが、その子供の中で最年長だった王子がプトレマイオス12世ネオスディオニソスとなりエジプト王として迎えられることになった。

ローマの犬、プトレマイオス12世

プトレマイオス11世の王位を継承したのは、プトレマイオス9世の隠し子プトレマイオス12世ネオスディオニソスだった。しかし、彼も不埒な王で民衆に悪政を敷いていた。

当時、地中海世界の中心はローマになり、プトレマイオス12世はローマにエジプト王としての承認を求めて即位した。いうなれば、王はローマに媚を売ることでエジプト王になることができたのである。プトレマイオス12世は自分を王に就かせたローマに感謝し、絶えずローマに貢いでいたため、エジプト国民のひんしゅくを買っていた。それだけでなく、王は酒に溺れ、酔っ払うと笛ばかり吹いていたので、民衆は「笛吹き王」と呼んでいた。強国ローマにへつらい、素行の悪さに加えて、重税を課し、民衆の怒りも爆発寸前だったところに、王はローマがエジプト領だったキプロスを併合したことを見過ごしたことから、ついにアレクサンドリアの民衆が暴動を開始した。プトレマイオス12世は、前58年にローマに逃亡し、エジプトの王位は再び空位となった。

プトレマイオス12世の王位復帰

プトレマイオス12世がローマに逃れた際に王位継承権を持っていたのは、残された娘のベレニケ4世だった。彼女はシリアのセレウコス朝につながる従兄弟の1人と結婚し共同で統治するようになったが、彼女は強い権力欲の持ち主だったため、1週間もたたないうちに夫を殺害し、知人のアルケラウスを夫とした。この間、ローマに逃亡していた父のプトレマイオス12世は、エジプトでの王位復帰を画策していた。彼は、ユリウス・カエサルに多額の贈り物を約束し、ローマ元老院の軍事援助をとりつけ、シリア総督アウルス・ガビニウスに多額の賄賂を贈って味方につけ、アレクサンドリアに侵攻し、娘のベレニケ4世と戦って勝利し、彼女を処刑した。こうして、前55年にローマ軍の助けをかりてエジプト王として返り咲いたプトレマイオス12世は、援助を取り付けるための賄賂に用いた借金の返済のため、債権者のローマ人有力者を財務長官にして国庫から収奪し、ふたたび民衆の暴動を招いた。ただし、2度目の在位はわずか4年間で、前51年に没した。プトレマイオス12世の姿は、エドフのホルス神殿やフィラエ島のイシス神殿のレリーフに描かれているが、エジプトの秩序を護るファラオとしての役割を全うすることはなく、エジプトがローマの属州になってしまう道筋を作ってしまった。

クレオパトラ7世の登場

クレオパトラという名前はプトレマイオス朝の7人の王妃につけられた名前で、有名なクレオパトラ女王はクレオパトラ7世（口絵51）のことを指す。ヨーロッパの詩人や劇作家は、彼女が絶世の美女であったためにローマのカエサルやアントニウスを虜にさせたと記しているが、現存する肖像を見る限りでは、クレオパトラがとりたてて美人というわけではなかったようである。むしろ、彼女は数ヶ国語を自由に操り、権謀術数に長けた才女であったと思われる。

クレオパトラ7世は、プトレマイオス12世とクレオパトラ6世の娘として紀元前69年12月あるいは70年1月に生まれ、王家の内紛の中で幼少期を過ごした。父プトレマイオス12世は、彼女が18歳の時に亡くなり、その後クレオパトラ7世は弟のプトレマイオス13世と共同統治という形で即位した。ただし、すでにこの時プトレマイオス朝はローマの管理下にあり、ポンペイウスの監督下という状況であった。弟のプトレマイオス13世は、廷臣に操られていたため、クレオパトラ7世との共同統治の中で対立が生じ、紀元前48年にクレオパトラ7世をパレスチナに追放した。

図136　ユリウス・カエサル

クレオパトラとカエサル

まもなくして、追放されたクレオパトラ7世は軍隊を引き連れてデルタの東端のペルシウムに戻ってきた。一方、ローマではポンペイウスとカエサル（図136）が戦いはじめ、ファルサロスの戦いで敗れたポンペイウスがエジプトに逃れてくると、プトレマイオス13世の廷臣はカエサルの気を惹くためにポンペイウスを殺害した。しかし、このことはかつて友人同士であったポンペイウスを追ってアレクサンドリアに到着したカエサルの怒りを買うことになった。この時にクレオパトラが自らを絨毯にくるませカエサルの元に贈り物として届けさせたという話があるが、真偽は定かではない。いずれにしても、クレオパトラ7世はカエサルと手を結ぶことになった。これに対し、プトレマイオス13世はカエサル軍を攻撃したが、カエサルはシリアから援軍を呼び、プトレマイオス13世は戦死し、プトレマイオス軍は壊滅した。

こうして、クレオパトラ7世はもう1人の弟、プトレマイオス14世を名目上の共同統治者としたが、カエサルとの間に息子のカエサリオン（口絵51）を生んだ。彼女は紀元前46年にローマにいたカエサルのもとを訪れたが、その後カエサルは暗殺され、二人の地中海世界支配の野望は頓挫してしまった。クレオパトラ7世は、エジプト帰国後に共同統治者のプトレマイオス14世を殺害し、新たに息子のカエサリオンをプトレマイオス15世として即位させた。そして、様々な政略をめぐらせた末にローマのアントニウスと結んで王朝の存続を図った。やがて、二人の間には双子が生まれ、その直後に結婚した。

クレオパトラの最期

しかし、アントニウスのライバルで、アントニウスの正妻の弟オクタウィアヌスは、アントニウスがローマ東部の各地をクレオパトラとその子供たちに割り当てたことを不服とし、紀元前32年に宣戦を布告した。そして、翌年のアクティウムの会戦でアントニウスは敗れた。敗因は、クレオパトラの艦隊が思いがけなく戦線を離脱したことにあったという。オクタウィアヌスは二人をエジプトまで追ったが、アントニウスは自殺、クレオパトラも紀元前30年8月10日にアントニウスを追って自らの命を絶った。その後、プトレマイオス15世カエサリオンを殺害させ、8月30日に自らエジプトのファラオとなり、以後エジプトを私有財産として扱った。こうして、プトレマイオス朝は滅んだのである。

ローマ支配時代（前30～後395年）

ローマ帝国のエジプト支配

クレオパトラ7世の死によって、独立王国としてのエジプトは終焉を迎えた。オクタウィアヌス（前27年に初代皇帝としてアウグ

図138　ファラオの姿のローマ皇帝

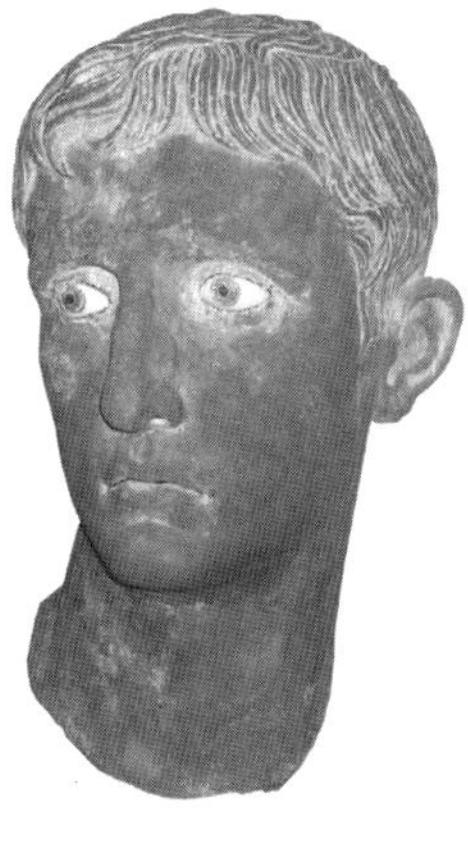

図137　アウグストゥス

ストゥスとなる）（図137）は、エジプトを属州となった他のローマ帝国領と区別し、自分の私有地にした。行政はプトレマイオス朝時代の官僚組織を継承し、総督を通じて皇帝が直接統治を行った。エジプトはその肥沃な国土により、ローマ帝国有数の穀倉地となり、アレクサンドリアから膨大な穀物が積み出されたのである。

このようにエジプトはローマに搾取されていたが、歴代のローマ皇帝は王朝時代から連綿と続く古代エジプトの伝統を尊重し、プトレマイオス朝の王たちが建設していた伝統的な神々の神殿の造営を続行した（図138）。これらの神殿の壁面にはローマ皇帝がエジプトのファラオの姿で描かれ、名前もヒエログリフで記されている。これがローマ帝国のエジプト支配のためのプロパガンダであったことは否定できないが、少なくとも古代エジプトの神殿や神官は保護されていたのである。中でも、イシス女神（口絵52）の崇拝はローマ帝国全土に広がり、ブリテン島（現在のイギリス）でもイシス女神信仰の痕跡が見られるほどであった。

ローマ支配時代のエジプトでは、ローマ化が進み、多くのローマ人も移住してきた。特にファイユーム地域では、多くの新たな都市が建設され、ローマ風の浴場、バシリカ（公会堂）、集会広場等が建設された。当時の人々の面影はミイラの顔の部分を飾った有名なファイユーム肖像画に見ることができる（口絵53）。

キリスト教の隆盛とエジプト

一方、紀元後1世紀にはパレスチナでキリスト教が誕生した。そして、キリスト教はローマ帝国領内で迫害をうけながらも次第に影響力を及ぼし、紀元後4世紀にはローマ帝国の国教になった。これによって、エジプトの伝統的な宗教と文化は迫害の対象となり、神殿は破壊されるかまたは教会に改変された。ヒエログリフも異教徒の産物として忘れられ、ギリシア文字にデモティック由来の文字を若干加えたアルファベットであるコプト文字が使用されるようになった。エジプトでキリスト教の布教が成功したのは、エジプトがローマのように他の宗教に対して排他的でなかったことに起因すると考えられているが、伝統的なエジプトの宗教にキリスト教に共通するところがあったためとも考えられる。それは、イシス女神とホルス神の関係で、前者が聖母マリア、後者がイエス・キリストに取って代わられたのである。初期の聖母マリアとキリストの像は、古代エジプトのイシス女神と子供のホルス神の像によく似ている。しかし、キリスト教徒と非キリスト教徒との対立が続き、ついに391年にはアレクサンドリアのセラペウムが破壊され、エジプトから王朝時代の伝統が徐々に失われていった。

古代エジプト文明の終焉

こうしてエジプトはキリスト教化していったが、南のヌビア地方では比較的長くエジプトの伝統が維持された。フィラエ島のイシス神殿（口絵48）に残る最後のヒエログリフの碑文が記されたのは紀元後394年8月24日で、同じ神殿に記されたデモティックの碑文には紀元後452年12月2日の日付がついている。そして、これらの記述を最後として、古代エジプト語は、1822年にジャン・フランソワ・シャンポリオンが解読するまで未知の言語になってしまった。さらにローマ帝国が分裂し、コンスタンティノープル（現在のイスタンブール）を首都とする東ローマ帝国の一部となっていた紀元後6世紀の中頃にはイシス神殿も閉鎖され、数千年の長きに及んだ古代エジプト文明の歴史は終わりを告げたのである。

おわりに

私が古代エジプト文明に興味を持ったきっかけは、小学1年生の時にNHK特集「未来への遺産」という番組で古代エジプト文明が扱われ、ブラウン管いっぱいに映されたツタンカーメン王の黄金のマスクを見て衝撃を受けたことである。番組を見た直後に父に『ツタンカーメン王のひみつ』（塩谷太郎訳）という子供向けの本を買ってもらい、何度も繰り返して読んだ。しばらくして、吉村作治先生が古代エジプト文明を紹介するテレビ番組にも影響を受けた。特に日本テレビの「ピラミッド再現計画」という番組は、ギザに大ピラミッドの10分の1のピラミッドを造るという内容で、毎回釘付けになって見ていた。そして、古代エジプト文明について好奇心が増し、古代エジプトに関する日本語の本を片っ端から読み漁った。少年時代の私は数々のテレビ番組を見たり、多くの書物に囲まれて、古代エジプト文明の魅力に取り憑かれていった。中学1年生の時に池袋の西武百貨店で古代エジプト展が開催され、その関連で百貨店の屋上でウレタン製のピラミッドを造るイベントに参加し、初めて吉村作治先生にお会いした。この時に志望大学を早稲田大学に決めて、エジプト学者になる志を持った。高校1年生の時、社会科担当の先生のご縁で近藤二郎先生を紹介していただき、直接ご指導いただいたことから、受験勉強にも力が入った。

無事に早稲田大学に進学することができ、吉村作治先生のご好意で2年生の時に初めてエジプト調査に参加させていただいた。それから、もう今年で33年目である。これまでルクソール西岸、ギザ、アブ・シール、ダハシュールなどの遺跡で発掘調査に参加させていただき、吉村先生、近藤先生をはじめとする多くの先生方や先輩方の指導の元に多くの研鑽を積むことができた。また、米国ジョンズ・ホプキンス大学に留学する機会に恵まれ、本格的なエジプト学を学ぶことができた。そこでは、考古学だけでなく、各時代の古代エジプト語の解読のトレーニング、歴史、美術、宗教に関する授業、他の古代西アジア世界の歴史や考古学の授業などで徹底的に指導を受けることができた。エジプト学を専攻する者は考古学、文献史学の偏りなく総合的に歴史・文化を研究するというのがプログラムの特徴であり、今の私の研究のスタンスを形作った。博士論文はツタンカーメン王の治世の研究をテーマとし、多角的な視点から考察を試みた。

現在では北サッカラで発掘調査プロジェクトを開始し、2019年にローマ支配時代のカタコンベを発見することができた。また、JICA（国際協力機構）の大エジプト博物館合同保存修復プロジェクトにも参加させていただき、ツタンカーメン王のチャリオットと天蓋の接合を証明することができた。

このようなエジプト学、エジプト考古学の研究を始められたのも、古代エジプトについて学ぶきっかけを提供してくれた日本語の書物の影響が大きい。そういった意味では、先学からの恩恵を受けた私自身が古代エジプト文明への関心を深める著書を出版していかなくてはならないと思い立った。本書は、これまで様々な所で教えてきた授業のノートが基礎となっている。そして、新たな情報を追加するために最近出版された、欧文文献を参考にさせていただいた。筆者の力量不足のために、時代によっては解説が短くなってしまったことが反省点であるが、本書によって少しでも多くの方々が最新の研究成果に基づく古代エジプトの歴史に興味を持っていただければ、嬉しい限りである。また、本書によってエジプトに人類が出現してからローマ帝国に支配されるまでの時代の流れをご理解いただけたと思うが、本書に示されているのはあくまでも現段階の資料と解釈に基づいており、当然のことながら、今後の新発見や新たな見解により常に歴史は書き換えられていくのである。本書では多分に筆者の考え方が反映されており、他の研究者の書物の見解と異なる部分もあるが、様々な学説を批判的に比較、考察し、読者自身が自ら考えるきっかけになれば幸いである。

この場を借りて、これまでの研究生活で多大にお世話になった方々に感謝の言葉を述べたい。まず、東日本国際大学総長・早稲田大学名誉教授の吉村作治先生と早稲田大学教授・早稲田大学エジプト学研究所所長の近藤二郎先生にお礼を申し上げたい。前述のようにお二人の先生には30年以上にわたって並々ならぬご指導を賜った。また、留学時代の恩師であるジョンズ・ホプキンス大学のベッツイ・ブライアン教授とリチャード・ジャズノウ教授にもこれまでのご指導と絶え間ない激励に深く感謝したい。お二人には英語力もかなり怪しい日本人留学生を相手に長い間根気強くご指導いただいた。その他にも多くの先生方、先輩方、仲間や後輩たちにお世話になった。これらの多くの方々の学恩に応えるためにも、さらに研鑽を積んでいく所存である。

最後に本書を執筆するにあたってお世話になった方々に感謝したいと思います。貴重なエジプト調査の写真の使用を許可してくださった吉村作治先生に御礼申し上げます。金沢大学博士研究員（日本学術振興会特別研究員PD）の肥後時尚さん（エジプト学）には草稿を読んでいただき、数々の貴重なご指摘をいただきました。編集を担当してくださった雄山閣の桑門智亜紀さんには、大変辛抱強く献身的にお付き合いいただきました。ここに記して御礼申し上げます。

二〇二一年　四月

河合　望

ニューヨーク大学古代世界研究所では、Ancient World Digital Library というサイトがあり、ここからエジプト学関係の電子媒体の研究書を無料ダウンロードできる。

▷ ハイデルベルグ大学エジプト学研究所（https://www.propylaeum.de/en/aegyptologie）

ドイツでは、ハイデルベルグ大学エジプト学研究所が、エジプト学を含めた古代史関係の研究書の電子版のアップロードに力を入れている。エジプト学関係の電子ジャーナルや研究書は上記サイトを参照されたい。非常に有益なサイトである。

▷ AWOL-Ancient World Online（http://ancientworldonline.blogspot.jp）

古代エジプトを含めた古代史研究のインターネット検索ツールとしては、上記ブログが有益で、その中の Alphabetical List of Open Access Journals in Ancient Studies に無料ダウンロードが可能な電子ジャーナルのリストがある。https://ancientworldonline.blogspot.com/2014/06/alphabetical-list-of-open-access.html を参照すると良い。

▷ ABZU（http://www.etana.org/abzubib）

また同様の古代西アジア学のインターネット検索ツールもある。

近年では米国の研究機関を中心に過去の出版物を電子版で無料ダウンロード可能にするようになってきている。

▷ シカゴ大学オリエント研究所（https://oi.uchicago.edu/research/catalog-publications）

シカゴ大学オリエント研究所出版部カタログは、上記の URL を参照されたい。シカゴ大学オリエント研究所の刊行物は、The Epigraphic Survey のシリーズにあるように大型で高価であったが、現在では無料ダウンロードが可能である。

▷ メトロポリタン美術館（http://www.metmuseum.org/art/metpublications）

メトロポリタン美術館も過去の展覧会の図録、発掘報告書、学術雑誌などの多くを無料ダウンロード可能にしている。

▷ ハーバード大学（DIGITAL GIZA http://giza.fas.harvard.edu）

ハーバード大学では、ギザを中心とする古王国時代に関する研究書、論文等が全て無料ダウンロードできるようになっており、ウェブサイトは極めて有益である。

▷ ライデン大学（http://www.leidenuniv.nl/nino/dmd/dmd.html）

ディール・アル＝マディーナに関するサイトは、ライデン大学のウェブサイトが極めて有益である。

＊

今日では IT の発展により、多くの書籍や学術雑誌が電子化され、日本にいても非常に入手が容易になった。今後は文献が入手困難という理由で研究が滞るということはなくなってきており、効率的に情報を取捨選択することが必要になってくるであろう。良書かどうかを見極めるには、著者の研究の質から判断することが多いが、書評を読むということも重要である。エジプト学の研究雑誌の巻末の書評や書評を多く掲載する研究雑誌である *Bibliotheca Orientalis*（オンライン版（有料）は、http://poj.peeters-leuven.be/content.php?url=journal&journal_code=bior）を調べると良い。特に独仏語などの読解に時間がかかる言語で書かれた研究書は、英語の書評を読むことで、早く概要と要所を把握することができる。

文献検索

▷ Online Egyptological Bibliography（OEB）（http://oeb.griffith.ox.ac.uk/default.aspx）

エジプト学研究において最新かつ網羅的な文献検索ツールは、オックスフォード大学グリフィス研究所で管理されている Online Egyptological Bibliography（OEB）である。本サイトは有料であるが、少なくとも 1 年前までに刊行された論文、研究書まで網羅されており、必携のツールとして推薦したい。

その他では、後述するメーリング・リストの Egyptology Electronic Forum（EEF）の文献検索、データ・ベースのページ（http://www.egyptologyforum.org/EEFBooks.html）は有益なので、推薦したい。

エジプト学に限らず学術研究において、ネット上に電子媒体の論文や書籍をアップロードすることが一般的になっているが、最も重宝されるのが、Academia.edu（https://www.academia.edu）である。世界中の主要な研究者が電子媒体の論文などをアップロードするか、あるいは電子ジャーナルなどにリンクを貼っており、最新の興味深い研究を検索できる。使い方としては、ある特定の論文を探す場合は、New Kingdom、Theban Necropolis などといったカテゴリー別のリストから探すことができる。新しい論文は、自分の興味のあるカテゴリーに登録しておけば、新規アップロードされたものが電子メールで報告されるので、そこから選んでダウンロードすることができる。論文をアップすると同じような研究を行っている海外の研究者から問い合わせがあるなど、研究者ネットワークを拡げるのにも有効である。同じようなサイトで Research Gate（https://www.researchgate.net）がある。

情報メーリング・リスト

▷ Egyptology Electronic Forum（EEF）（http://www.egyptologyforum.org）

エジプト学関係の情報メーリング・リストとして有益である。http://www.egyptologyforum.org/EEFApply.html で、管理人の A.K. Eyma 氏宛に所定の事項を記入の上、購読の旨を送付すれば、メールが送られてくる。EEF では、毎日送られてくるものとダイジェスト版の両方があり、まとめて購読したい方はダイジェスト版をお勧めする。なお、情報としては各種展覧会、講演会、シンポジウム、学会、新刊書、電子ジャーナルのコンテンツ、考古学調査の新発見などありとあらゆる有益な情報が入手できる。http://www.egyptologyforum.org のサイトへ行けば、過去のアーカイブや無料でダウンロードできる書物や電子ジャーナルなどの情報も得ることができる。

文献無料ダウンロード・サイト

▷ EEF（http://www.egyptologyforum.org/EEFDigijournals.html）

EEF は、情報メーリング・リストだけでなく、無料ダウンロードが可能な研究書や論文のリストも提供している。特に上記 URL は有益である。

▷ Egyptology Books and Articles in PDF online（https://www.memphis.edu/egypt/resources/online_biblio/bibliography_mar2015v-z.html）

メンフィス大学エジプト美術・考古学研究所も Egyptology Books and Articles in PDF online としてエジプト学関係の出版物の電子媒体が無料でダウンロードできるウェブサイトを提供している。著者がアルファベット順にリストアップされており、そこから探すようになっている。

▷ Ancient World Digital Library（http://dlib.nyu.edu/ancientworld/）

78 W.K. Simpson, R. Ritner, V.A. Tobin, E.F. Wente, *The Literature of Ancient Egypt*. New Heaven: Yale University Press, 2003.

79 A. Loprieno (ed.), *Ancient Egyptian Literature: History and Forms*. Problem der Ägyptologie 10, Leiden: Brill, 1996.

80 R.B. Parkinson, *The Tale of Sinuhe and other Ancient Egyptian Poems 1940-1640 BC*. Oxford: Oxford University Press, 1997.

81 J.P. Allen, *Middle Egyptian Literature: Eight Literary Works of the Middle Kingdom*. Cambridge: Cambridge University Press, 2015.

82 S. Quirke, *Egyptian Literature 1800 BC Questions and readings*. London: GHP, 2004.

言　語

文法書

83 A.H. Gardiner, *Egyptian Grammar*. The Third Edition, Oxford: Griffith Institute. 1957.

84 J.E. Hoch, *Middle Egyptian Grammar*. Toronto: Benben, 1995.

85 J.F. Borghouts, *Egyptian: An Introduction to the Writing and Language of the Middle Kingdom*, 2 vols. Leuven: Peeters, 2010.

86 J.P. Allen, *Middle Egyptian: An Introduction to Language and Culture of Hieroglyphs*. The Third Edition, Cambridge: Cambridge University Press, 2014.

87 B. Ockinga and H. Brunner, *A Concise Grammar of Middle Egyptian: An Outline of Middle Egyptian Grammar*. Mainz: Phillip von Zabern, 2012.

88 R. Bussmann, *Complete Middle Egyptian: Learn Beginner Hieroglyphs with Teach yourself*. London: Teach Yourself, 2016.

89 P. Beylage, *Middle Egyptian*. University Park: Eisenbrauns, 2018.

3　インターネット

インターネットの登場によってエジプト学に関する膨大な情報を入手しやすくなってから久しい。学術雑誌も電子ジャーナル化が進み、かつては入手が困難であった専門書も有料あるいは無料でPDFをダウンロードすれば手に入るようになった。エジプト学研究ではリファレンスが極めて重要であり、このような時代の流れによって研究の進歩が期待される。

▷ Egyptology Resource（http://www.fitzmuseum.cam.ac.uk/er/）

インターネットでの最初のエジプト学に特化したホームページは、1994年にNigel Strudwick氏が始めたEgyptology Resource（http://www.fitzmuseum.cam.ac.uk/er/）で、今日でも様々な情報を得るのに有益なリソースとなっているが、現在では最新情報は同名のFacebookのページの方が参照しやすい。

事　典

▷ UCLA Encyclopedia of Egyptology（UEE）（https://uee.ats.ucla.edu/welcome/）

自然環境、地理、年代と歴史、人物、宗教、個人と社会、言語・文献・文字、物質文化・美術・建築、知識、エジプト学と10項目に分類され、検索ができるようになっている。また、各項目のPDF版は、UCLA Encyclopedia of Egyptology（Open version）（https://escholarship.org/uc/nelc_uee）でダウンロードできる。今後も徐々に項目が増えるとのことなので、将来的に最も網羅的な事典となることが期待される。

54 G. Robins, *Proportion and Style in Ancient Egyptian Art*. London: Thames & Hudson, 1994.

建　築

55 D. Arnold, *Building in Egypt*, Oxford: Oxford University Press, 1997.

56 J-C. Goyon, J-C. Golvin, and S-B, Gilles Martinet, *La construction Pharaonique*. Paris: Editions Picard, 2004.

57 D. Arnold, *The Encyclopedia of Ancient Egyptian Architecture*. Cairo: American University in Cairo Press, 2003.

58 C. Rossi, *Architecture and Mathematics in Ancient Egypt*, Cambridge: Cambridge University Press, 2004.

宗　教

59 J.P. Allen, *Religion and Philosophy in Ancient Egypt*. New Heaven: Yale University Press, 1989.

60 J. Assmann, *The Search for the God in Ancient Egypt*. Ithaca: Cornell University Press, 2001.

61 J. Assmann, *Death and salvation in ancient Egypt*. Ithaca: Cornell University Press, 2005.

62 E. Hornung, *Conceptions of God in Ancient Egypt: The One and the Many*. Ithaca: Cornell University Press, 1996.

63 G. Pinch, *Magic in Ancient Egypt*. London: British Museum Press, 1994.

64 S. Qurike, *Ancient Egyptian Religion*. London: British Museum Press, 1992.

65 R.K. Ritner, *The Mechanics of Ancient Egyptian Magical Practice*. Chicago: Oriental Institute of the University of Chicago, 1993.

66 E. Teeter, *Religion and Ritual in Ancient Egypt*. Cambridge: Cambridge University Press, 2011.

67 S. Qurike, *Exploring Religion in Ancient Egypt*. New Jersey: Wiley-Blackwell, 2014.

68 M. Smith, *Following Osiris: Perspectives on the Osirian Afterlife from Four Millennia*. Oxford: Oxford University Press, 2017.

王　権

69 H. Frankfort, *Kingship and Gods: A Study of Ancient Near Eastern Religion as the Integration of Society and Nature*. Chicago: The Oriental Institute of the University of Chicago, 1978.
古代エジプトを含めた古代西アジアの王権研究の古典。

70 D.B. O'Connor and D.P. Silverman（eds.）, *Ancient Egyptian Kingship*. Leiden: Brill, 1995 と Ch. Ziegler（ed.）, *The Pharaohs*. New York, 2002.
古代エジプトの王権に関する代表的な概説書。

文字史料集成

71 *Urkunden des aegyptischen Altertums*（Urk.）現在、Urk. IV, Heft 22 を除いて、大部はインターネット上で無料ダウンロードが可能である。http://www.egyptologyforum.org/EEFUrk.html

72 N. Strudwick, *Texts from the Pyramid Age*. Atlanta: SBL, 2005

73 J.P. Allen, *The Ancient Egyptian Pyramid Texts*. Atlanta: SBL, 2005.

74 W.J. Murnane, *Texts from the Amarna Period Egypt*. Atlanta: SBL, 1995.

75 E. Frood, *Biographical Texts from Ramessid Egypt*. Atlanta: SBL, 2007.

76 R.K. Ritner, *The Libyan Anarchy: Inscriptions from Egypt's Third Intermediate Period*. Atlanta: SBL, 2009.

文　学

77 M. Lichitheim, *Ancient Egyptian Literature*. Ⅰ-Ⅲ, Berkeley: University of California Press, 1973-1980.

Leuven: Peetrs. 2004.

35 B. Bader and M.F. Ownby (eds.), *Functional Aspects of Egyptian Ceramics in Their Archaeological Context*. Leuven: Peeters, 2013

36 B. Bader, C.M. Knoblauch, and E.C. Köhler (eds.), *Vienna 2 – Ancient Egyptian Ceramics in the 21st Century*, Leuven: Peeters, 2016.

37 T. Rzeuska, *Saqqara II: Pottery of the late Old Kingdom. Funerary pottery and burial customs*. Warsaw: Wydawnictwo Neriton, 2006.

38 T. Rzeuska and A. Wodzinska (eds.), *Studies on Old Kingdom Pottery*. Warsaw: Wydawnictwo Neriton, 2009.

39 R. Schiestl ad A. Seiler (eds.), *Handbook of pottery of the Egyptian Middle Kingdom*. 2 vols. Vienna: Verlag der Österreichischen Akademie der Wisssnschaften, 2012.

40 A. Wodzinska, *A Manual of Egyptian Pottery*, 4 vols. Boston: Ancient Egypt Research Associations, 2009-2010.

石材・石製品・金属・金属製品

41 B.G. Aston, *Ancient Egyptian Stone Vessels: materials and forms*. Heidelberg: Heidelberger Orientverlag, 1994.

42 R. Klemm and D. Klemm, *Stone and Stone Quarries in Ancient Egypt*. London: British Museum Press, 2008.

43 R. Klemn and D. Klemn, *Gold and Gold Mining in Ancient Egypt and Nubia*. Springer, 2013.

技術・科学

44 P.T. Nicholson and I. Shaw (eds.), *Ancient Egyptian Materials and Technology*. Cambridge: Cambridge University Press, 2009.

古代エジプトで使用された物質や技術に関する網羅的な解説。物質文化研究のための必携の書。

45 S. Kakrezewski, A. Shortland, and J. Rowland, *Science in the Study of Ancient Egypt*, Routledge Studies in Egyptology. London: Routledge 2015.

最近顕著なエジプト学への科学技術の応用に関する様々なトピックを網羅的に解説。

46 I. Shaw, *Ancient Egyptian Technology and Innovation*. Bristol: Bristol Classical Press, 2012.

47 D. A. Stocks, *Experiments in Egyptian Archaeology: Stoneworking technology in Ancient Egypt*. London: Routledge, 2003.

48 J. Bourriau and J. Philips (eds.), *Invention and Innovation: The Social Context of Technological Change 2 Egypt, the Aegean and the Near East, 1650-1150 BC*, Oxford: Oxbow, 2004.

49 A. Shortland, *The Social Context of Technological Change: Egypt and the Near East 1659-1550 BC*. Oxford: Oxbow, 2001.

美 術

50 H. Schafer, *Principles of Egyptian Art*. Oxford: Oxford University Press, 1987.

51 G. Robins, *The Art of Ancient Egypt*. Cambridge MA: Harvard University Press, 1997.

52 M.K. Hartwig, *A Companion to Ancient Egyptian Art*. New Jersey: Wiley-Blackwell, 2015.

古代エジプト美術史研究の総合的概説。本書とすでに紹介した、7の第2巻の第6章 Visual Arts と合わせて参照すると良い。

53 W.V. Davies, *Color and Painting in Ancient Egypt*. London: British Museum Press, 2001.

人類学的、比較文明学的な視点で先史時代から古王国時代までのエジプト社会の発展を解説。

17 B.G. Trigger, *Early Civilizations: Ancient Egypt in context*. Cairo: American University in Cairo Press, 1993.

日本語文献 ***29*** は本書の邦訳。

18 J.C.M. García, *The State in Ancient Egypt. Power, Challenges and Dynamics*, London: Bloomsbury, 2020.

比較文明論、比較史的な視点で考察し古代エジプト国家の特徴を示す。

19 J. Bains, *Visual and written culture in Ancient Egypt*. Oxford: Oxford University Press, 2007.

20 J. Bains, *High Culture and Experience in Ancient Egypt*. Sheffield: Equinox, 2013.

古代エジプトの視覚文化、文字文化、あるいは高度文化に関する概説。

考古学

21 K. Bard, *An Introduction to the Archaeology of Ancient Egypt*, 2nd Edition. New Jersey: Wiley-Blackwell, 2015.

22 D.J. Brewer, *The Archaeology of Ancient Egypt: Beyond Pharaohs*. Cambridge: Cambridge University Press, 2015.

23 N. Möller, *The Archaeology of Urbanism in Ancient Egypt: From the Predynastic Period to the End of the Middle Kingdom*. Cambridge: Cambridge University Press, 2016.

24 M. Bietek and E. Czerny (eds.), *Cities and urbanism in ancient Egypt*. Wien: Verlag der Österreichen Akademie der Wissenschaften, 2010.

25 W. Wendrich (ed.), *Egyptian Archaeology*. New Jersey: Wiley-Blackwell, 2010.

埋　葬

26 W. Grajetzki, *Burial Customs in Ancient Egypt: Life in Death for Rich and Poor*. London: Dockworth, 2003.

27 H. Willems (ed.), *Social Aspects of Funerary Culture in the Egyptian Old and Middle Kingdoms. Proceedings of the international symposium held at Leiden University 6-7 June 1996*, OLA 103, Leuven: Peeters, 2001.

28 J. Richards, *Society and Death in Ancient Egypt: Mortuary Landscapes of the Middle Kingdom*. Cambridge: Cambridge University Press, 2005.

29 S. D'Auria, P. Lacovara, and C.H. Roehrig (eds.), *Mummies & Magic: The Funerary Arts of Ancient Egypt*. Boston: Museum of Fine Arts, 1988.

30 J. Dawson, W. Grajetzki, J. Taylor, H. Strudwick (eds.), *Death on the Nile: Uncovering the Afterlife of Ancient Egypt*, Cambridge: D Giles Ltd, 2016.

土　器

31 Do. Arnold, *Studien zur altägyptischen Keramik*. Mainz: Phillip von Zabern, 1981.

32 Do. Arnold and J. Bourriau, *An Introduction to Ancient Egyptian Pottery*. Mainz: Phillip von Zabern, 1993.

33 D. Aston, *Egyptian Pottery of the Late New Kingdom and Third Intermediate Period*. Heidelberg: Heidelberger Orientverlag, 1996.

34 D. Aston, B. Bader, C. Gallorini, P.T. Nicholson, and S. Buckingham (eds.), *Under the potter's tree: studies in ancient Egypt presented to Janine Bourriau on the occasion of her 70th Birthday*.

日本語文献 ***3*** は本書の邦訳。

方法論

4 A. Verbovsek, B. Backes, C. Jones（eds.）, *Methodik und Didaktik in der Ägyptologie: Herausforderungen eines kulturwissenschaftlichen Paradigmenwechsels in den Altertumswissenschaften*. München: Wilhem Fink, 2011.

エジプト学の今日的な課題について網羅的に扱い、第 1 線の研究者が研究の現状と展望について論じている。

5 R.H. Wilkinson（ed.）, *Egyptology Today*. Cambridge: Cambridge University Press, 2008.

エジプト学の様々な分野について研究の現状と課題を解説。

6 I. Shaw, *Ancient Egypt: A very short Introduction*. Oxford: Oxford University Press, 2004.

日本語文献 ***19*** は本書の邦訳。

総　論

7 A.B. Lloyd（ed.）, *A Companion to Ancient Egypt, 2 vols.* New Jersey: Wiley-Blackwell, 2010.

8 T. Wilkinson（ed.）, *The Egyptian World,* Oxon: Routledge, 2007.

9 I. Shaw and E. Bloxam（eds.）, *The Oxford Handbook of Egyptology*, Oxford: Oxford University Press, 2020.

それぞれエジプト学の様々なテーマを扱い研究の現状と今後の展望を示している。特に ***9*** は研究の現状と課題が網羅的に整理されているだけでなく、今日的な課題である文化遺産の保存や博物館学といった分野や自然科学との融合研究など 21 世紀の学問研究の潮流に呼応した内容となっている。エジプト学研究の網羅的なバイブルと言っても過言ではない。

通史・概説

10 I. Shaw（ed.）, *The Oxford History of Ancient Egyp*t. Oxford: Oxford University Press, 2000.

先史時代からローマ支配時代までの最も定評な古代エジプト史。

11 M. Van De Mieroop, *A History of Ancient Egypt*. New Jersey: Wiley-Blackwell, 2011.

アッシリア学者による、非常にわかりやすい入門書。各時代の論点を明確に示している。

12 K. Radner, N. Moeller, D.T. Potts（eds.）, *The Oxford History of the Ancient Near East*. Oxford: Oxford University Press, 2020.

2020 年に第 1 巻が刊行された本書は、*The Cambridge Ancient History* や *The Oxford History of Ancient Egypt* に代わる新たな通史のバイブルとなるであろう。本シリーズは、第 5 巻まで刊行される予定であり、今後の続刊が期待される。

13 B.G. Trigger, B.J. Kemp, D. O'Conner and A.B. Lloyd（eds.）, *Ancient Egypt: A Social History*. Cambridge: Cambridge University Press, 1983.

14 B.J. Kemp, *Ancient Egypt: Anatomy of a Civilization, 3rd Edition*. Oxon: Routledge, 2018.

エジプト学においても所謂アナール学派を中心とする「社会史」の影響を受けた通史が出版されるようになった。***13*** はその最初の試みで、***14*** は古代エジプト文明の特質を描き出すことを試みた大著。

15 J. Assmann, *The Mind of Egypt: History and Meaning in the Time of the Pharaohs*. New York: Metropolitan Books, 2002.

古代エジプトの思想史、精神史の大著。

16 R.J. Wenke, *The Ancient Egyptian State: The Origins of Egyptian Culture*（*c. 8000-2000 BC*）. Cambridge: Cambridge University Press, 2009.

埋葬習慣

47 和田浩一郎『古代エジプトの埋葬習慣』ポプラ新書、2014年

古代エジプトの死生観や埋葬について、庶民を中心に扱った良書。

美　術

48 ヤロミール・マレク（近藤二郎訳）『エジプト美術』岩波書店、2004年

49 友部　直編『エジプト美術』世界美術大全集西洋篇第2巻、小学館、1994年

豊富な写真により古代エジプト美術の流れが理解できる。

建　築

50 西本真一『ファラオの形象　エジプト建築調査ノート』淡交社、2002年

文　学

51 杉　勇ほか『古代オリエント集』筑摩世界文学体系I、筑摩書房、1978年

本書は現在古代エジプトの部分が以下のタイトルで文庫本となり、安価で入手しやすくなっている。古代エジプトの文学作品や文字史料の翻訳が多く掲載された必携の書。

52 杉　勇・屋形禎亮『エジプト神話集成』ちくま学芸文庫、2016年

古典古代の書物

53 ヘロドトス（松平千秋訳）『歴史』上中下、岩波文庫、1971～72年

54 ホメロス（松平千秋訳）『イリアス』上下、岩波文庫、1992年

55 ホメロス（松平千秋訳）『オデュッセイア』上下、岩波文庫、1994年

56 タキトゥス（国原吉之助訳）『年代記』上下、岩波文庫、1981年

57 プルタルコス（柳沼重剛訳）『エジプト神イシスとオシリスの伝説について』岩波文庫、1996年

言　語

58 加藤一郎『象形文字入門』講談社学術文庫、2012年

59 近藤二郎『ヒエログリフを愉しむ』集英社新書、2004年

60 吉成　薫『ヒエログリフ入門　古代エジプト文字への招待』弥呂久、1993年

61 吹田　浩『中期エジプト語基礎文典』ブイツーソリューション、2009年

62 ビル・マンリー（近藤二郎訳）『はじめてのヒエログリフ実践講座』原書房、2014年

63 マーク・コリア、ビル・マンリー（近藤二郎監修・坂本真里訳）『ヒエログリフ解読法―古代エジプトの文字を読んでみよう』ニュートンプレス、2000年

64 ジャニス・カムリン（齋藤久美子訳）『古代エジプトのヒエログリフ―初級実践ガイド』文車書院、2011年

2　欧文文献

事　典

1 W. Helck und W. Westendorf (eds.), *Lexikon der Ägyptologie*. Otto Harrassowitz, 1975-1992.

エジプト学において最も網羅的な事典。大部がドイツ語で記述。

2 D.B. Redford (ed.), *The Oxford Encyclopedia of Ancient Egypt*. 3 vols. Oxford: Oxford University Press, 2001.

英語で書かれたエジプト学の網羅的な事典。

3 I. Shaw and P.T. Nicholson (eds.), *The British Museum Dictionary of Ancient Egypt*. London: British Museum Press, 1997.

遺　跡

31 ジョン・ベインズ、ヤロミール・マレク（平田　寛監修・吉村作治訳）『古代のエジプト』図説世界文化地理百科、朝倉書店、1983年

エジプト全土の遺跡の網羅的な解説のみならず、文化的背景、社会の概観などの章が設けられており、質の高い概説書。

32 ニコラス・リーヴス、リチャード・ウィルキンソン（近藤二郎訳）『図説　王家の谷百科―ファラオたちの栄華と墓と財宝』原書房、1998年

王家の谷の歴史、王墓の構造、埋葬について網羅的に解説。

33 ハワード・カーター（酒井傳六・熊田　亨訳）『ツタンカーメン発掘記　上・下』ちくま学芸文庫、2012年

ハワード・カーターによるツタンカーメン王墓発掘の記録と出土遺物の詳細な解説。

34 マーク・レーナー（内田杉彦訳）『図説　ピラミッド大百科』東洋書林、2000年

35 ミロスラフ・ヴェルナー（津山拓也訳）『ピラミッド大全』法政大学出版局、2003年

2冊ともピラミッドを網羅した最良の概説書。特に**34**は図版が豊富。

36 リチャード・H・ウィルキンソン（内田杉彦訳）『古代エジプト神殿大百科』東洋書林、2002年

古代エジプトの神殿を網羅した概説書。

37 ラビブ・ハバシュ（吉村作治訳）『エジプトのオベリスク』六興出版、1985年

全てのオベリスクに関して解説したオベリスク入門。

宗　教

38 リチャード・H・ウィルキンソン（内田杉彦訳）『古代エジプト神々大百科』東洋書林、2004年

古代エジプトの神々を網羅的に解説。

39 リチャード・H・ウィルキンソン（近藤二郎監修・伊藤はるみ訳）『図解　古代エジプトシンボル事典』原書房、2004年

40 クリスチアヌ デローシュ＝ノブルクール（小宮正弘訳）『エジプト神話の図像学』河出書房新社、2001年

39、**40**ともに古代エジプトの図像の宗教的・象徴的意味を解説。

41 J・チェルニー（吉成　薫・吉成美登里訳）『エジプトの神々』弥呂久、1993年

古代エジプト宗教研究の古典的概説書。

42 H・フランクフォートほか（山室　静・田中　明訳）『古代オリエントの神話と思想―哲学以前』社会思想社、1978年

43 ロザリー・デイヴィッド（近藤二郎訳）『古代エジプト人―その神々と生活』筑摩書房、1986年

古代エジプトの宗教・信仰の発展について通時的に解説。巻末の参考文献も非常に有益である。

44 月本昭男『宗教の誕生：宗教の起源・古代の宗教』山川出版社、2017年

「エジプトの宗教」を近藤二郎先生が執筆されている。

45 柴田大輔・中町信孝編著『イスラームは特殊か　西アジアの宗教と政治の系譜』勁草書房、2018年

「古代エジプト―ファラオと神々」を河合望が執筆。

王　権

46 ギャリー・ショー（近藤二郎訳）『ファラオの生活文化図鑑』原書房、2014年

古代エジプトのファラオの役割をあらゆる側面から網羅的に解説。

通史、宗教、建築、美術、言語、埋葬習慣、周辺地域との関係など様々なトピックを扱い、図版、写真が豊富な入門書。

15 エウジェン・ストロウハル（内田杉彦訳）『古代エジプト生活誌』原書房、1996年

著者は著名な形質人類学者であるが、古代エジプト人の生活文化、歴史について扱った良書。

16 レギーネ・シュルツ、マティアス・ザイデル編（伊藤はるみ訳）『エジプト　ファラオの世界』Könemann、2000年

大版でカラー図版が豊富な古代エジプトの歴史、文化の様々なテーマを扱った網羅的な概説書。ドイツのエジプト学者が中心に執筆している。

17 鈴木八司監修『読んで旅する世界の歴史と文化　エジプト』新潮社、1996年

古代から現代までのエジプトの歴史、地理、文化、生活を解説した良書。

18 近藤二郎『古代エジプト解剖図鑑』エクスナレッジ、2020年

イラスト図版が豊富で非常にわかりやすい古代エジプト入門。

19 イアン・ショー（近藤二郎・河合　望訳）『一冊でわかる　古代エジプト』岩波書店、2007年

エジプト学の様々なテーマを扱ったコンパクトな本格的エジプト学入門。

20 馬場匡浩『古代エジプトを学ぶ』六一書房、2017年

初学者向けに書かれた通史とトピックから構成された入門書。特に先王朝時代が詳しい。

各時代の歴史・文化

21 高宮いづみ『エジプト文明の誕生』同成社、2003年

22 高宮いづみ『古代エジプト　文明社会の形成』京都大学学術出版会、2006年

古代エジプト文明の成立と発展について論述した書物。***21***は先王朝時代から国家形成をテーマに、***22***は王朝時代の始まりから古王国時代までの社会、文化を解説する。

23 ニコラス・リーヴス（近藤二郎訳）『図説　黄金のツタンカーメン―悲劇の少年王と輝ける財宝』原書房、1993年

ツタンカーメン王墓の副葬品についての最も詳しい解説。

24 河合　望『ツタンカーメン　少年王の謎』集英社新書、2012年

近年の研究成果を踏まえた、ツタンカーメン王墓の発見と、王の生きた時代について解説。

25 周藤芳幸『ナイル世界のヘレニズム―エジプトとギリシアの遭遇―』名古屋大学出版会、2014年

考古資料と文字史料を総合してプトレマイオス朝時代のエジプト史をグローバルな視点から解説。

考古学

26 近藤二郎『エジプト考古学』同成社、1997年

先史時代からエジプト考古学の様々なトピックを網羅したエジプト考古学の入門書。

27 高宮いづみ『古代エジプトを発掘する』岩波新書、1999年

エジプトの発掘調査の実際についてわかりやすく解説した発掘調査レポート。

28 長谷川奏『図説　地中海文明史の考古学　エジプト・物質文化研究の試み』彩流社、2014年

豊富な図版で古代エジプト王朝時代からイスラーム時代への移行期の考古学について解説。

29 ブルース・トリッガー（川西宏幸訳）『初期文明の比較考古学』同成社、2001年

比較文明論的な視点から古代エジプト文明の特徴を解説。

30 サラ・パーカック（熊谷玲美訳）『宇宙考古学の冒険　古代遺跡は人工衛星で探し出せ』光文社、2020年

近年の人工衛星画像の解析による遺跡探査の動向についてエジプト中心にわかりやすく解説。

古代エジプト文明への理解を深めるための資料案内

ここでは、古代エジプト文明についてさらに学びたいと考えている方々、あるいはこれから本格的に研究したいと考えている方々に手引きとなる主な資料を紹介する。

1　日本語文献

事　典

1 日本オリエント学会編『古代オリエント事典』岩波書店、2004年

エジプトを含む古代オリエント文明全般を扱った事典。巻頭には260頁の総論が設けられており、古代オリエント研究の指針を示す。

2 鈴木　董・近藤二郎・赤堀雅幸編『中東・オリエント文化事典』丸善出版、2020年

古代オリエント文明とイスラーム以降の文明の断絶と連続を明らかにすることを試みた事典。古代エジプトを含めた中東地域の歴史における多彩な文化について解説している。

3 イアン・ショー、ポール・ニコルソン(内田杉彦訳)『大英博物館　古代エジプト百科事典』原書房、1997年

古代エジプト文明に関する網羅的な事典。エジプト学の様々な項目をカバーしている。ハンディであるにもかかわらず、専門性が高い。

4 吉村作治編『古代エジプトを知る事典』東京堂書店、2005年

古代エジプトの文化・社会について広く網羅し、解説した古代エジプト文明の入門書。

通史・概説

5 岩波講座『世界歴史1　古代オリエント世界　地中海世界1』岩波書店、1969年(第1版)

6 岩波講座『世界歴史2　オリエント世界』岩波書店、1998年(第2版)

古代エジプトを含めた古代オリエント史の特徴的な時代の研究の現状と課題が簡潔にまとめられている。

7 大貫良夫・渡辺和子・屋形禎亮・前川和也『世界の歴史〈1〉人類の起源と古代オリエント』中央公論社、1998年

古代オリエント文明の歴史を網羅的に扱った一般向け入門書。

8 内田杉彦『古代エジプト入門』岩波ジュニア新書、2007年

古代エジプト史の流れを把握するには最良の入門書。

9 ピーター・クレイトン(吉村作治監修・藤沢邦子訳)『古代エジプト　ファラオ歴代誌』創元社、1999年

古代エジプトの歴代のファラオを網羅的に解説した書物。

10 吉成　薫『ファラオのエジプト』廣済堂出版、1998年

11 吉成　薫『エジプト王国三千年―興亡とその精神―』講談社、2000年

10 はファラオを中心とした通史を扱い、*11* は古代エジプトの世界観、文学、宗教、芸術にも触れている。

12 トビー・ウィルキンソン(内田杉彦訳)『図説　古代エジプト人物列伝』悠書館、2015年

ファラオだけでなく古代エジプト史上の重要人物の生涯を通じて古代エジプト社会を理解することを目的とした書物。

13 E.オットー(吉成　薫訳)『エジプト文化入門』弥呂久、1993年

古代エジプトの文学、社会、歴史記述、美術などから、古代エジプト文化の本質を紐解く本格的な古代エジプト文化概説。

14 A. J. スペンサー(近藤二郎訳)『図説　大英博物館　古代エジプト史』原書房、2009年

から崇拝されたが、第３中間期の終わりに邪悪な存在としての性格が強調された。

イシス女神　オシリスの妹で妻。死んだオシリス神を呪術で復活させ、ホルスを身ごもった。妻や母の美徳を象徴する女神。古代エジプトで最も信仰を集めた女神として崇拝され、王朝時代の後も地中海世界各地やローマ帝国各地で篤く信仰された。

ホルス神　天空神および王権の守護神。オシリス神とイシス女神の息子で、ハヤブサの神。善王オシリス神の死後、彼が冥界の王になると、ホルス神は父を殺したセト神を成敗し、現世の王となった。太陽神ラーと習合し、ラー・ホルアクティ神として崇拝された他、毒に対する治癒の神としても崇拝された。

●宇宙・自然の神々

マアト女神　宇宙の摂理、真理、正義、すなわちマアトを表す女神。ダチョウの羽を頭上に付けてすわる女性の姿で表現される。

ハピ神　肥沃な土をもたらすナイル川の氾濫（増水）の神。太鼓腹の姿で表現されるが、これは肥沃と多産を示している。

クヌム神　アスワンのエレファンティネ島で崇拝された雄羊の神。陶工の神としての役割から創造神として崇拝された。

プタハ神　メンフィスの創造神。もの作りの神、職人の神としても崇拝された。古王国時代にメンフィスの墓地の神ソカルと習合し、葬祭の神としても崇拝された。

コンス神　アメン神とムウト女神の息子、テーベの三柱神の一柱。三日月の上に満月を組み合わせた頭飾りを付けた月神。子供の誕生にも関係した神。

●動物の姿の神々

バト女神　角を巻いた雌牛の姿で表され、先王朝時代末から重要な女神として崇拝されたが、中王国時代までにハトホル女神の崇拝に吸収された。

ネクベト女神　ハゲワシの姿をした上エジプトの支配権を象徴する女神。古代のネケブ（アル・カブ）で崇拝された。

ウアジェト女神　鎌首をもたげたコブラの姿をした下エジプトの支配権を象徴する女神。デルタ地帯のブトで崇拝された。

マフデト女神　第１王朝から存在したネコかマングースに似た捕食動物と結びつけられた女神。魔除けの女神として崇拝された。

バステト女神　デルタ地帯のブバスティスの神。元々雌ライオンの姿であったが、前千年紀までに猫の姿で崇拝された。太陽神ラーの娘として、母神として崇拝された。

ハトホル女神　角の間に太陽円盤を挟んだ頭飾りを付けた雌牛の女神。太陽神ラーの娘、ホルス神の妻とされただけでなく、ホルス神の母神ともみなされた。また葬祭の女神としても崇拝された。

セクメト女神　雌ライオンの女神で、その名は「力強い女性」という意味である。プタハ神の妻で、太陽神ラーの娘とされている。様々な女神の攻撃的な側面を象徴している。

ムウト女神　アメン神の妻、コンス神の母で、ハゲワシの女神。王の母神の役割を果たしていた。また、セクメト女神とも同一視され、攻撃的な側面も持つ。

タウェレト女神　雌のカバの姿をした女神。家の守護神で、出産する女性を保護する女神とされた。

メンチュウ神　ハヤブサの頭を持つ戦争の神。テーベ地域のアルマント、カルナク、トード、メダムードで崇拝された。第11王朝の諸王のもとで有力な神となった。

トト神　文字と知識の神。ヒヒあるいはアフリカクロトキの姿で表された。ヘルモポリスが崇拝の中心地。月神として太陽神ラーと並置された。

ベス神　ライオンの耳をつけ、舌を出したグロテスクな顔をした矮人の姿で表された。家族の守護神、性生活と出産の神として民衆から人気のあった神。

古代エジプトの主な神々

ここでは、本書で頻出する古代エジプトの神々を中心に解説する。

●太陽神

アメン（・ラー）神　古代エジプトの神々の中で最も重要な神々に数えられる。アメンとは「隠れたる者」を意味する。第11王朝にはテーベの地方神となり、中王国時代と新王国時代にテーベ出身の王が支配権を握ったことにより、太陽神ラーと習合して国家神となり、その後絶大な影響力を持った。テーベでは、妻のムウト女神、息子のコンス神と三柱神を形成。テーベ、カルナクのアメン大神殿が崇拝の総本山となった。

ラー（・ホルアクティ）神　古代エジプトの太陽神で、第3王朝までには神として姿を現し、第4王朝から最高神として位置付けられた。ジェドエフラー王は初めて自らを「ラーの息子」と名乗り、中王国時代にはこの称号が王名の1つとして定着した。第5王朝になるとラー神のための太陽神殿が造営され、王は文字通りラーの息子として君臨する者とされた。ラー神は王権の神ホルスと習合すると、ラー・ホルアクティとして崇拝された。信仰の中心地はヘリオポリスである。

アテン神　アテンとは、本来太陽球をさす単語であったが、アメンヘテプ3世の治世から神性を帯びるようになり、その息子アメンヘテプ4世（アクエンアテン王）がアメン（・ラー）神に代わる唯一の国家神として崇拝した。アテンとは太陽とその光である。同王が建設した新都アケトアテン（アマルナ）はアテン神に捧げられた聖地となった。アテン神の信仰は完全な一神教ではなく、他の神々への信仰も存在していたが、王のみが祭祀を行えるという意味で特殊な神であった。

●創世神話の神々

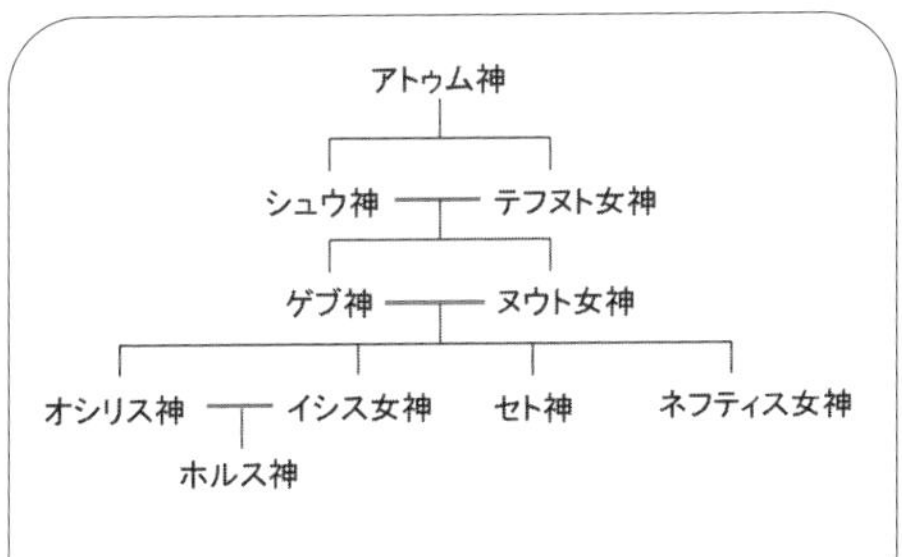

ヘリオポリスの神々の系図

アトゥム神　ヘリオポリスの天地創造神、太陽神。太陽神ラーと習合した。アトゥム神は天空と大地が分かれる前に混沌の海から出現し、「原初の丘」を創造した。また、アトゥム神は死んだ王をピラミッドから昇天させ、星の神とした。しばしば二重冠を被る人間の姿で表された。

シュウ神　空気と日光の神。アトゥム神により創られた最初の神々で、彼の精液あるいは口から吐き出した唾液から生まれたとされた。シュウ神とテフヌト女神の子供が大地の神ゲブと天空の神ヌウトである。

テフヌト女神　湿気の神、シュウ神の妹および妻で、アトゥム神によりシュウ神と同じように創られた。アトゥム神がラー神と習合することにより「ラー神の眼」として位置付けられ、しばしば雌ライオンの姿でも表現された。

ヌウト女神　天空の女神。シュウ神とテフヌト女神の娘、ゲブ神の妹で妻。ヌウト女神は沈む太陽を飲み込み、毎朝子宮から太陽を生み出すとされた。四肢を四つの方角に置き、大地の上に身体を弓なりにしていると考えられた。

オシリス神　古代エジプトの神々の中で最も重要な神の1つ。死、復活、豊穣に関わりを持つ。神話では善王として君臨したが、弟のセト神に殺され、イシス女神によって復活の後、冥界の王となった。そして、オシリス神は死者を裁く神となった。また、第1中間期以降、死者はオシリス神として来世で復活できるようになると考えられた。

セト神　混沌と混乱の神。オシリス神の弟。ツチブタに似た想像上の動物の姿で表現された。神話によるとオシリス神を殺し、父の仇を討とうとする甥のホルス神と戦った。第2中間期の「ヒクソス」により西アジアの雷神バアルが導入され、セト神と同一視された。新王国時代ラメセス朝にセト神は王家

古代エジプトの王の称号（王名）

古代エジプトの王の称号（王名）は５つの王名（「五重称号」）で構成されていた。しかし、これが完成したのは中王国時代になってからである（図はツタンカーメンの王名）。

ホルス名

ホルス、力強き雄牛、誕生の似姿

最も古い王名は、前3200年頃の原王朝（または第０王朝）に現れる「ホルス名」である。「ホルス名」は王宮の正面を表す「セレク」の枠の上にハヤブサがとまっている形で表現され、枠の中に個々の王の名が記された。「ホルス名」はセレクの上にいるホルス神が王を守護しているだけでなく、王はホルス神の化身であることを示すとされている。

二女神名

ネブティ、法が完全なる者、二国を鎮める者、全ての神々を満足させる者

第１王朝のアハ王から、第２の王名として「二女神（ネブティ）名」が加えられた。これは、ファラオが上エジプトの守護女神である禿鷲ネクベトと下エジプトの守護女神であるコブラの女神ウアジェトの化身であることを表している。

黄金のホルス名

黄金のホルス、出現を高める者、神々を満足させる者

第３の王名である。この王名の意味についてはあまりわかっていないが、一般的に王の神性と太陽としての出現を表す王名と解釈されている。中王国時代から黄金のサインの上にハヤブサが描かれるようになったので、「黄金のホルス名」と呼ばれている。

即位名（上下エジプト王名）

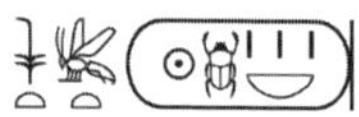

上下エジプト王、ネブケペルウラー（「ラーは顕現の主」）

第１王朝のデン王の治世になると「スゲとミツバチの者」（ネスウ・ビティ）が王の称号に加わり、やがて個々の王名を伴う「上下エジプト王」（ネスウ・ビティ）名となった。この王名は、王が上下エジプトの国土の所有者であることを示すとされてきたが、最近では、王を人間であり神でもあるとする王の二重性を表す「二重王」を意味すると解釈されている。また、この王名は即位名とも呼ばれている。

誕生名　（「太陽の息子」名）

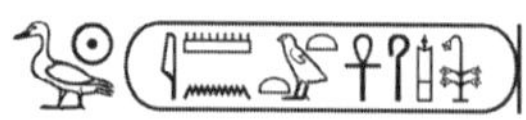

太陽の息子、トゥトアンクアメン(ツタンカーメン)
(「アメン神の生きる似姿」)、南のヘリオポリスの支配者

古王国時代第４王朝になると、太陽神ラーの影響が色濃くなり、スネフェル王は「太陽のめぐる全ての土地の王」を示す「カルトゥーシュ」と呼ばれる楕円形の王名枠を初めて採用した。そして、「上下エジプト名」は「カルトゥーシュ」内に記された。そして、クフ王の息子、ジェドエフラー王は、初めて「太陽の息子」（サ・ラー）名を王名に加え、「カルトゥーシュ」内に記した。この王名により、王は太陽神でかつ創造神でもあるラー神の血を引くことを強調し、父ラーが創造した世界を守り、死後には昇天して、父である太陽神と一つになると考えられるようになった。しかし、「太陽の息子」（サ・ラー）名は、太陽神の化身から太陽神の息子へと比重が変化し、王の神性が低下したとも見なされている。この王名は王が誕生した際に授かる名前なので、誕生名とも呼ばれている。

時代区分		王名・女王名	
末期王朝時代［前664～332年］	第30王朝［前380～343年］	ネクタネボ1世〔ネケトネブエフ〕(ケペルカーラー)	［前380～362年］
		テオス〔ジェドホル〕(イルマアトエンラー)	［前362～360年］
		ネクタネボ2世〔ネケトホルヘブ〕(セネジェムイブラー・セテプエンインヘレト)	［前360～343年］
	第31王朝（第2次ペルシア支配）［前343～332年］	アルタクセルクセス3世	［前343～338年］
		アルセス	［前338～336年］
		ダレイオス（ダリウス）3世	［前336～332年］
プトレマイオス朝時代［前332～30年］	マケドニア朝［前332～305年］	アレクサンドロス大王	［前332～323年］
		フィリッポス3世（アリダイオス）	［前323～317年］
		アレクサンドロス4世	［前317～310年］
	プトレマイオス朝［前305～30年］	プトレマイオス1世ソテル	［前305～285年］
		プトレマイオス2世フィラデルフォス	［前285～246年］
		プトレマイオス3世エウエルゲテス	［前246～221年］
		プトレマイオス4世フィロパトール	［前221～205年］
		プトレマイオス5世エピファネス	［前205～180年］
		プトレマイオス6世フィロメトール	［前180～145年］
		プトレマイオス7世ネオス・フィロパトール	［前145年］
		プトレマイオス8世エウエルゲテス2世	［前170～116年］
		プトレマイオス9世ソテル2世	［前116～107年］
		プトレマイオス10世アレクサンドロス1世	［前107～88年］
		プトレマイオス9世ソテル2世	［前88～80年（復権）］
		プトレマイオス11世アレクサンドロス2世	［前80年］
		プトレマイオス12世ネオス・ディオニソス（アウレテス）	［前80～51年］
		クレオパトラ7世フィロパトール	［前51～30年］
		プトレマイオス13世	［前51～47年］
		プトレマイオス14世	［前47～44年］
		プトレマイオス15世カエサリオン	［前44～30年］
ローマ支配時代［前30～後395年］		＊プトレマイオス朝とローマ支配時代を合わせて、グレコ・ローマン時代という。	
ビザンティン時代［395～641年］			
アラブ・イスラーム軍の征服［641年］			

＊本年表は基本的にI. Shaw（ed.）, *The Oxford History of Ancient Egypt*. Oxford: Oxford University Press, 2000. に依拠したが、近年の研究成果を反映させ、部分的に修正した。混乱期の王については主な王名を記載するに留めた。なお、絶対年代が確定しているのは前644年以降である。それ以前の年代については確定しておらず、今後の研究の進展による変更が想定されるので、年数の後に年頃と表記した。王名については、最後の括弧内は即位名を記載した。括弧が2つある場合、最初の〔　〕はエジプト語により忠実な表記で、2番目の（　）は即位名である。例外として、第15王朝のセケルヘルと第24王朝のバーケンレンエフ、第27・31王朝のダレイオスの名の後ろの括弧は、古典古代で知られているギリシア語の呼称を記載した。

時代区分		王名・女王名	
第３中間期［前1069年頃〜664年］	第21王朝［前1069〜945年頃］	スメンデス（ヘジケペルラー・セテプエンラー）	［前1069〜1043年頃］
		アメンエムネスウ（ネフェルカーラー）	［前1043〜1039年頃］
		プスセンネス１世（アアケペルラー・セテプエンアメン）	［前1039〜991年頃］
		アメンエムオペト（ウセルマアトラ・セテプエンアメン）	［前993〜984年頃］
		オソコル（大オソルコン）（アアケペルラー・セテプエンラー）	［前984〜978年頃］
		シアメン（ネチェルケペルラー・セテプエンアメン）	［前978〜959年頃］
		プスセンネス２世（ティトケペルウラー・セテプエンラー）	［前959〜945年頃］
	第22王朝［前945〜715年頃］＊第22王朝の王統譜は諸説があり、確定していない。	シェションク１世（ヘジケペルラー）	
		オソルコン１世（セケムケペルラー）	
		タケロト１世	
		オソルコン２世（ウセルマアトラー）	
		タケロト２世（ヘジケペルラー）	
		シェションク３世（ウセルマアトラー）	
		パミウ（ウセルマアトラー）	
		シェションク５世（アアケペルラー）	
		オソルコン４世	
	第23王朝［前818〜715年頃］＊第23王朝は、第22王朝後期、第22王朝、第24王朝、第25王朝初期と同時代の各地の支配者から構成される。以下は主な王名を示す。	パディバステト１世（ウセルマアトラー）	
		イウプウト１世	
		シェションク６世	
		オソルコン３世（ウセルマアトラー）	
		タケロト３世	
		ルウドアメン	
		ペフチャウアウイバステト	
		イウプウト２世	
	第24王朝［前727〜715年頃］	バーケンレンエフ（ボッコリス）	［前720〜715年頃］
	第25王朝［前747〜656年頃］	ピイ（メンケペルラー）	［前747〜716年頃］
		シャバカ（ネフェルカーラー）	［前716〜702年頃］
		シャバタカ（ジェドカウラー）	［前702〜690年頃］
		タハルカ（クウネフェルテムラー）	［前690年頃〜664年］
		タヌタマニ（バーカーラー）	［前664〜656年］
末期王朝時代［前664〜332年］	第26王朝［前664〜525年］	ネカウ１世	［前672〜664年］
		プサメテク１世（ウアフイブラー）	［前664〜610年］
		ネカウ２世（ウヘムイブラー）	［前610〜595年］
		プサメテク２世（ネフェルイブラー）	［前595〜589年］
		アプリエス（ハアイブラー）	［前589〜570年］
		アマシス〔イアフメス〕（クヌムイブラー）	［前570〜526年］
		プサメテク３世（アンクカーエンラー）	［前526〜525年］
	第27王朝（第１次ペルシア支配）［前525〜404年］	カンビュセス	［前525〜522年］
		ダレイオス（ダリウス）１世	［前522〜486年］
		クセルクセス１世	［前486〜465年］
		アルタクセルクセス１世	［前465〜424年］
		ダレイオス（ダリウス）２世	［前424〜405年］
		アルタクセルクセス２世	［前405〜359年］
	第28王朝［前404〜399年頃］	アミルタイオス（アメンイルディスウ）	［前404〜399年］
	第29王朝［前399〜380年］	ネフェリテス１世（ナアイフアアルウド）	［前399〜393年］
		アコリス〔ハコル〕（クヌムマアトラー）	［前393〜380年］
		ネフェリテス２世	［前380年］

時代区分			王名・女王名	
第2中間期［前1650～1550年頃］	第15王朝（ヒクソス）［前1650～1550年頃］		セケルヘル（サリティス）	
			キアン（セウセルエンラー）	
			アペピ（アアウセルラー）	
			カムディ	
	第16王朝［前1650～1580年頃］		ネブイリラウ1世 ＊第15王朝の初期と並列のテーベの王朝。	
			ジェドメス1世　その他複数の王が存在。	
	第17王朝［前1580～1550年頃］		ラーヘテプ	
			セベクエムサフ1世	
			アンテフ6世（セケムラー）	
			アンテフ7世（ネブケペルラー）	
			アンテフ8世（セケムラー・ヘルヘルマアト）	
			セベクエムサフ2世	
			イアフメス（セナクトエンラー）	
			タアア（セケンエンラー）	
			カーメス（ウアジュカーラー）	
新王国時代［前1550～1069年頃］	第18王朝［前1550～1295年頃］＊スメンクカーラーとネフェルネフェルウアテンの正確な統治年数は不明。		イアフメス（ネブペフティラー）	［前1550～1525年頃］
			アメンヘテプ1世（ジェセルカーラー）	［前1525～1504年頃］
			トトメス1世（アアケペルカーラー）	［前1504～1492年頃］
			トトメス2世（アアケペルエンラー）	［前1492～1479年頃］
			トトメス3世（メンケペルラー）	［前1479～1425年頃］
			ハトシェプスト（マアトカーラー）	［前1473～1458年頃］
			アメンヘテプ2世（アアケペルウラー）	［前1427～1400年頃］
			トトメス4世（メンケペルウラー）	［前1400～1390年頃］
			アメンヘテプ3世（ネブマアトラー）	［前1390～1352年頃］
			アメンヘテプ4世 / アクエンアテン（ネフェルケペルウラー・ウアエンラー）	［前1352～1336年頃］
			スメンクカーラー（アンクケペルウラー）	［前1339年頃］
			ネフェルネフェルウアテン（アンケトケペルウラー）	［前1338～1336年頃］
			ツタンカーメン〔トゥトアンクアメン〕（ネブケペルウラー）	［前1336～1327年頃］
			アイ（ケペルケペルウラー）	［前1327～1323年頃］
			ホルエムヘブ（ジェセルケペルウラー）	［前1323～1295年頃］
	ラメセス朝［前1295～1069年頃］	第19王朝［前1295～1186年頃］	ラメセス1世（メンペフティラー）	［前1295～1294年頃］
			セティ1世（メンマアトラー）	［前1294～1279年頃］
			ラメセス2世（ウセルマアトラー・セテプエンラー）	［前1279～1213年頃］
			メルエンプタハ（バアエンラー）	［前1213～1203年頃］
			アメンメセス（メンミイラー）	［前1203～1200年頃］?
			セティ2世（ウセルケペルウラー・セテプエンラー）	［前1200～1194年頃］
			シプタハ（アクエンラー・セテプエンラー）	［前1200～1188年頃］
			タウセレト（サトラー・メリトアメン）	［前1188～1186年頃］
		第20王朝［前1186～1069年頃］	セトナクト（ウセルカウラー・メリアメン）	［前1186～1184年頃］
			ラメセス3世（ウセルマアトラー・メリアメン）	［前1184～1153年頃］
			ラメセス4世（ヘカマアトラー・セテプエンアメン）	［前1153～1147年頃］
			ラメセス5世（ウセルマアトラー・セケペルエンラー）	［前1147～1143年頃］
			ラメセス6世（ネブマアトラー・メリアメン）	［前1143～1136年頃］
			ラメセス7世（ウセルマアトラー・セテプエンラー・メリアメン）	［前1136～1129年頃］
			ラメセス8世（ウセルマアトラー・アクエンアメン）	［前1129～1126年頃］
			ラメセス9世（ネフェルカーラー・セテプエンラー）	［前1126～1108年頃］
			ラメセス10世（ケペルマアトラー・セテプエンラー）	［前1108～1099年頃］
			ラメセス11世（メンマアトラー・セテプエンプタハ）	［前1099～1069年頃］

時代区分		王名・女王名	
古王国時代［前 2686～2181 年頃］	第 5 王朝［前 2494～2345 年頃］	ウセルカフ	［前 2494～2487 年頃］
		サフラー	［前 2487～2475 年頃］
		ネフェルイルカーラー・カカイ	［前 2475～2455 年頃］
		シェプセスカーラー	［前 2455～2448 年頃］
		ラーネフェルエフ（あるいはネフェルエフラー）	［前 2448～2445 年頃］
		ニウセルラー	［前 2445～2421 年頃］
		メンカウホル	［前 2421～2414 年頃］
		ジェドカーラー・イセシ	［前 2414～2375 年頃］
		ウナス	［前 2375～2345 年頃］
	第 6 王朝［前 2345～2181 年頃］	テティ	［前 2345～2323 年頃］
		ウセルカーラー	［前 2323～2321 年頃］
		ペピ 1 世（メリラー）	［前 2321～2287 年頃］
		メルエンラー	［前 2287～2278 年頃］
		ペピ 2 世（ネフェルカーラー）	［前 2278～2181 年頃］
第 1 中間期［前 2181～2055 年頃］	第 7 王朝・第 8 王朝［前 2181～2160 年頃］	ネフェルカーラーという名の複数の王	
	第 9 王朝·第10王朝（ヘラクレオポリス朝）［前 2160～2025 年頃］	ケティ 1 世（メリイブラー）	
		ケティ 2 世（ネブカウラー）	
		ケティ 3 世（ウアフカーラー）	
		メリカーラー	＊その他複数の王が存在。
	第 11 王朝（テーベの王朝）［前 2125～2055 年頃］	メンチュヘテプ 1 世	
		アンテフ 1 世（セヘルタウイ）	［前 2125～2112 年頃］
		アンテフ 2 世（ウアフアンク）	［前 2112～2063 年頃］
		アンテフ 3 世（ナクトネブテプネフェル）	［前 2063～2055 年頃］
中王国時代［前 2055～1650 年頃］	第 11 王朝（エジプト全土）［前 2055～1985 年頃］	メンチュヘテプ 2 世（ネブヘペトラー）	［前 2055～2004 年頃］
		メンチュヘテプ 3 世（セアンクカーラー）	［前 2004～1992 年頃］
		メンチュヘテプ 4 世（ネブタウイラー）	［前 1992～1985 年頃］
	第 12 王朝［前 1985～1773 年頃］	アメンエムハト 1 世（セヘテプイブラー）	［前 1985～1956 年頃］
		センウセレト 1 世（ケペルカーラー）	［前 1956～1911 年頃］
		アメンエムハト 2 世（ネブカウラー）	［前 1911～1877 年頃］
		センウセレト 2 世（カアケペルラー）	［前 1877～1870 年頃］
		センウセレト 3 世（カアカウラー）	［前 1870～1831 年頃］
		アメンエムハト 3 世（ニマアトラー）	［前 1831～1786 年頃］
		アメンエムハト 4 世（マアケルウラー）	［前 1786～1777 年頃］
		セベクネフェルウ（セベクカーラー）	［前 1777～1773 年頃］
	第 13 王朝［前 1773～1650 年頃］＊主な王のみ	ウエガフ	
		セベクヘテプ 2 世	
		イケルネフェルト・ネフェルヘテプ（セアンクタウイ・セケムラー）	
		アメニ・アンテフ・アメンエムハト（セアンクイブラー）	
		ホル（アウイブラー）	
		ケンジェル（ウセルカーラー）	
		セベクヘテプ 3 世（セケムラー・セウアジタウイ）	
		ネフェルヘテプ 1 世（カセケムラー）	
		サハトホル	
		セベクヘテプ 4 世（カーネフェルラー）	
		セベクヘテプ 5 世	
		アイ（メルネフェルラー）	
	第 14 王朝［前 1773～1650 年頃］	ネヘシ ＊第 13 王朝と並立していた小王朝。その他複数の王が存在。	

古代エジプト年表

時代区分		時代・文化／王名・女王名	
旧石器時代 [約 700,000/500,000～7000 年前]		前期（下部）旧石器時代	[約 700,000/500,000～250,000 年前]
		中期（中部）旧石器時代	[約 250,000～50,000 年前]
		後期（上部）旧石器時代前半期	[約 50,000～24,000 年前]
		旧石器時代後半期	[約 24,000～10,000 年前]
		続（終末期）旧石器時代	[約 10,000～7000 年前]
サハラ 「新石器」 [前 8800～4700 年頃]		初期新石器	[前 8800～6800 年頃]
		中期新石器	[前 6600～5100 年頃]
		後期新石器	[前 5100～4700 年頃]
新石器時代 [前 5500～4000 年頃]		ファイユーム文化	[前 5500～4500 年頃]
		メリムデ文化	[前 4750～4400 年頃]
		オマリ文化	[前 4600～4400 年頃]
先王朝時代 ＊以後編年は、エジプト全土に対応する。		上エジプト バダリ文化 [前 4500～4000 年頃] ナカダ I（アムラー）期 [前 4000～3500 年頃] ナカダ II（ゲルゼー）期 [前 3500～3200 年頃]	下エジプト ブト・マーディ文化 [前 4000～3200 年頃]
		ナカダ III 期 / 原王朝 （第 0 王朝） [前 3200～3000 年頃]	「サソリ 1 世」 イリ・ホル カー ＊その他複数の王名が知られている。
初期王朝時代 [前 3000～2686 年頃]	第 1 王朝 [前 3000～2890 年頃]	ナルメル	
		アハ	
		ジェル	
		ジェト（ウアジ）	
		デン	
		メルネイト王妃	
		アネジイブ	
		セメルケト	
		カア	
		「バー」	
		スネフェルカー？	
	第 2 王朝 [前 2890～2686 年頃]	ヘテプセケムイ	
		ラーネブ（あるいはネブラー）	
		ニネチェル	
		ウェネグ	
		セネド	
		セケムイブ→ペルイブセン	
		カセケム→カセケムイ	
古王国時代 [前 2686～2181 年頃]	第 3 王朝 [前 2686～2613 年頃]	ジェセル（ネチェリケト）	
		セケムケト	
		カーバー	
		サナクト（ネブカー）？	
		フニ	
	第 4 王朝 [前 2613～2494 年頃]	スネフェル	[前 2613～2589 年頃]
		クフ	[前 2589～2566 年頃]
		ジェドエフラー（あるいはラージェドエフ）	[前 2566～2558 年頃]
		カフラー	[前 2558～2532 年頃]
		メンカウラー	[前 2532～2503 年頃]
		シェプセスカフ	[前 2503～2498 年頃]

古代エジプト全史　巻末付録

読者限定　連動 WEB サイトはこちら

＊連動 WEB サイトについて、2023 年 5 月以降は予告なしで終了する可能性があります。

A. Dodson, *Poisoned Legacy: The Fall of the Nineteenth Egyptian Dynasty*. Cairo: American University in Cairo Press, 2010.

K. Jansen-Winkeln, "Das Ende des Neuen Reiches," *Zeitschrift für Ägyptische Sprache und Altertumskunde* 119 (1992), pp. 231-260.

K. A. Kitchen, *Pharaoh triumphant: the life and times of Ramesses II, King of Egypt*. Warminster: Aris & Phillips, 1982.

C. Manassa Darnel, "The New Kingdom," In I. Shaw and E. Bloxam (eds.), *The Oxford Handbook of Egyptology*. Oxford: Oxford University Press, 2020, pp. 657-683.

W. J. Murnane, *The Road to Kadesh, A Historical Interpretation of the Battle Reliefs of King Sety I at Karanak*. Chicago: The Oriental Institute of the University of Chicago, 1990.

第 14 章　第 3 中間期

D. Aston, "The Third Intermediate Period," In I. Shaw and E. Bloxam (eds.), *The Oxford Handbook of Egyptology*. Oxford: Oxford University Press, 2020, pp. 684-718.

A. Dodson, *Afterglow of Empire: Egypt from the fall of the New Kingdom to the Saite Renaissance*. Cairo: American University in Cairo Press, 2012.

J. Taylor, "The Third Intermediate Period (1069-664 BC)," In I. Shaw (ed.), *The Oxford History of Ancient Egypt*, Oxford: Oxford University Press, 2000, pp. 324-363.

K. A. Kitchen, *The Third Intermediate Period*, Warminster: Aris & Phillips, 1986.

藤井信之「ソロモンへ嫁した「ファラオの娘」をめぐる問題について―前 1 千年紀エジプトの衰退史観再考の視点から―」『神戸国際大学紀要』第 83 号、2012 年、25-34 頁

藤井信之「リビア王朝の分権的支配と婚姻政策」『エジプト学研究セミナー』、関西大学国際文化財・文化研究センター、2017 年、63-87 頁

第 15 章　末期王朝時代

A. Leahy, "Egypt in the Late Period," In I. Shaw and E. Bloxam (eds.), *The Oxford Handbook of Egyptology*. Oxford: Oxford University Press, 2020, pp. 719-743.

A. B. Lloyd, "The Late Period (664-332 BC)," In I. Shaw (ed.), *The Oxford History of Ancient Egypt*, Oxford: Oxford University Press, 2000, pp. 369-394.

藤井信之「サイス王朝（第 26 王朝）時代のエジプト―対外政策を中心に―」『エジプト学研究セミナー 2017』、関西大学国際文化財・文化研究センター、2018 年、81-106 頁

第 16 章　プトレマイオス朝時代と古代エジプト文明の終焉

A. B. Lloyd, "The Ptolemaic Period (332-30 BC)," In I. Shaw (ed.), *The Oxford History of Ancient Egypt*, Oxford: Oxford University Press, 2000, pp. 395-445.

周藤芳幸『ナイル世界のヘレニズム―エジプトとギリシアの遭遇―』名古屋大学出版会、2014 年

B.M. Bryan, *The Reign of Thutmose IV*. Baltimore: The Johns Hopkins University Press, 1991.

B.M. Bryan, "The 18th Dynasty before the Amarna Period (c. 1550-1352 BC)," In I. Shaw (ed.), *The Oxford History of Ancient Egypt*, Oxford: Oxford University Press, 2000, pp. 207-264.

E. Cline and D. O'Conner, *Thutmose III: A New Biography*. Ann Arbor: University of Michigan Press, 2006.

J. van Dijk, "The Amarna Period and the Later New Kingdom (c. 1352-1069 BC)" In I. Shaw (ed.), *The Oxford History of Ancient Egypt*, Oxford: Oxford University Press, 2000, pp. 265-306.

A. Dodson, *Amarna Sunrise: Egypt from Golden Age to Age of Heresy*. Cairo: American University in Cairo Press, 2014.

A. Dodson, *Amarna Sunset: Nefertiti, Tutankhamun, Ay, Horemheb, and the Egyptian Counter-Reformation*, Cairo: American University in Cairo Press, 2010.

M. Eaton-Krauss, *The Unknown Tutankhamun*. London: Bloomsbury, 2015.

J. Galán, B.M. Byran, and P. Dorman (eds.), *Creativity and Innovation in the Reign of Hatshepsut*. Chicago: The Oriental Institute, 2014.

E. Hornung, *Akhenaten and the Religion of Light*. Itaca: Cornell University Press, 1999.

W.R. Johnson, "Amenhotep III and Amarna: Some New Considerations," *Journal of Egyptian Archaeology* 82 (1996), pp. 65-82.

N. Kawai, *Studies in the Reign of Tutankhamun*. Ph.D. Dissertation, Department of Near Eastern Studies, The Johns Hopkins University. Ann Arbor: University Microfilm International, 2006.

N. Kawai, "Ay versus Horemheb: The political situation in the late eighteenth dynasty revisited," *Journal of Egyptian History*, vol. 3 (2010), pp. 261-292.

A.P. Kozloff and B.M. Bryan, *Egypt's Dazzling Sun: Amenhotep III and His World*. Cleveland: Cleveland Museum of Art, 1992.

W.J. Murnane, *Texts from the Amarna Period*, Atlanta: Society of Biblical Literature, 1995.

D. O'Connor, "The City and the World: Worldview and Built Forms in the Reign of Amenhotep III," In D. O'Connor and E. Cline (eds.), *Amenhotep III: Perspective on His Reign*. Ann Arbor: University of Michigan Press, 1998, pp. 125-172.

C. Roerig, *Hatshepsut: From Queen to Pharaoh*. New York and New Heaven: Yale University Press, 2005.

河合　望『ツタンカーメン　少年王の謎』集英社、2012 年

近藤二郎「アメンヘテプ 3 世とその時代」『岩波講座　世界歴史〈2〉オリエント世界－7 世紀』岩波書店、1998 年、233-251 頁

第 13 章　新王国時代ラメセス朝

J. van Dijk, "The Amarna Period and the Later New Kingdom (c. 1352-1069 BC)", In I. Shaw (ed.), *The Oxford History of Ancient Egypt*, Oxford: Oxford University Press, 2000, pp. 265-306.

E. Cline, *1177 B.C. The Year Civilization Collapsed*. Ithaca: Princeton University Press, 2015.（E. クライン（安原和見訳『B.C.1177　古代グローバル文明の崩壊』筑摩書房、2018 年）

Millennium Egypt," In H. Meller, H.W. Arz, R. Jung, and R. Risch (eds.), *2200 bc – A Climatic Breakdown as A Cause for the Collapse of the Old World?*, Landesmuseum für Vorgeschichte, Halle, 2015, pp. 79-84.

S. Seidlemayer, "The First Intermediate Period (c. 2160-2055 BC)," In I. Shaw (ed.), *The Oxford History of Ancient Egypt*, Oxford: Oxford University Press, 2000, pp. 108-136.

N. Strudwick, "The Old Kingdom and First Intermediate Period," In I. Shaw and E. Bloxam (eds.), *The Oxford Handbook of Egyptology*. Oxford: Oxford University Press, 2020, pp. 619-637.

第 10 章　中王国時代

Do. Arnold, "Amenemhat I and the Early Twelfth Dynasty at Thebes," *The Metropolitan Museum Journal* 26 (1991), pp. 5-48.

G. Callender, "The Middle Kingdom Renaissance (c. 2055-1650 BC)," In I. Shaw (ed.), *The Oxford History of Ancient Egypt*, Oxford: Oxford University Press, 2000, pp. 137-171.

W. Grajetzki, "The Middle Kingdom and Second Intermediate Period," In I. Shaw and E. Bloxam (eds.), *The Oxford Handbook of Egyptology*. Oxford: Oxford University Press, 2020, pp. 641-656.

A. Oppenheim, Do. Arnold, Di. Arnold, and K. Yamamoto, *Ancient Egypt Transformed: The Middle Kingdom*, New York: Metropolitan Museum of Art, 2015.

第 11 章　第 2 中間期

M. Bietak, *Avaris: the Capital of the Hyksos: Recent Excavations at Tell el-Dab'a*. London: British Museum Press, 1996.

J. Bourriau, "The Second Intermediate Period (c. 1650-1560 bc.)," In I. Shaw (ed.), *The Oxford History of Ancient Egypt*, Oxford: Oxford University Press, 2000, pp. 184-217.

G. Connah, *African Civilizations: Precolonial Cities and States in Tropical Africa: An Archaeological Perspective*. Cambridge: Cambridge University Press, 1987.(グレアム・コナー(近藤義郎・河合信和訳)『熱帯アフリカの都市化と国家形成』河出書房新社、1993 年)

W. Grajetzki, "The Middle Kingdom and Second Intermediate Period," In I. Shaw and E. Bloxam (eds.), *The Oxford Handbook of Egyptology*. Oxford: Oxford University Press, 2020, pp. 641-656.

K. Ryholt, *The Political Situation in Egypt during the Second Intermediate Period*. Copenhagen: The Carsten Niebuhr Institute of Near Eastern Studies, 1997.

S.N. Saleem and Z. Hawass, "Computed Tomography Study of the Mummy of King Seqenenre Taa II: New Insights Into His Violent Death." *Frontiers in Medicine*, vol. 8, February 2021, pp. 1-10.

G. Shaw, "The Death of Seqenenre Tao," *Journal of the American Research Center in Egypt* 45 (2009), pp. 159-176.

J. Wegner, "A Royal Necropolis at South Abydos: New Light on Egypt's Second Intermediate Period," *Near Eastern Archaeology* 78/2 (2015), pp. 68-78.

第 12 章　新王国時代第 18 王朝

A. el-Asfar, J. Osing, and R. Stadelmann, "A stela of Amenhotep III with a hymn to Re-Horakhty and Osiris," *Annales du Service des Antiquités de l'Égypte* 86, (2015), pp. 149-155.

London and New York: Thames & Hudson, 2011.

A. Stevenson, "The Egyptian Predynastic and State Formation," *Journal of Archaeological Research*, vol. 24 (2016), pp. 421-468.

T.A.H. Wilkinson, *Early Dynastic Egypt*. London: Routledge, 1999.

T.A.H. Wilkinson, *Royal annals of ancient Egypt: the Palermo Stone and its associate fragments*. London: Kegan Paul International, 2000.

高宮いづみ『エジプト文明の誕生』同成社、2003 年

中野智章「エジプト第 1 王朝の王墓地比定に関する一試論―輸入土器からの視点―」『オリエント』第 39 巻第 1 号、日本オリエント学会、1996 年、19-40 頁

第 8 章　古王国時代

M. Bárta, "Egypt's Old Kingdom: A View from within," In K. Radner, N. Moeller, D.T. Potts (eds.), *The Oxford History of the Ancient Near East, vol. I: From the Beginnings to Old Kingdom Egypt and the Dynasty of Akkad*. Oxford: Oxford University Press, 2020, pp. 316-396.

M. Bárta, *Analyzing Collapse: The Rise and Fall of the Old Kingdom*. Cairo: American University in Cairo Press, 2020.

N. Kanawati, *Egypt in the Sixth Dynasty*. Abercromby Press, 2018.

N. Kawai, "An early cult centre at Abusir-Saqqara? Recent discoveries at a rocky outcrop in north-west Saqqara." In R.N. Freedman and P.N. Fiske (eds.), *Egypt at its Origins 3: Proceedings of the Third International Conference "Origin of the State. Predynastic and Early Dynastic Egypt" London, 27th July – 1st August 2008*, Leuven: Peeters, 2011.

M. Lehner, The Complete Pyramids. London and New York: Thames & Hudson, 1997.（マーク・レーナー（内田杉彦訳）『図説 ピラミッド大百科』東洋書林、2000 年）

J. Malek, "The Old Kingdom (c. 2686-2160 BC)," In I. Shaw (ed.), *The Oxford History of Ancient Egypt*, Oxford: Oxford University Press, 2000, pp. 83-107.

R. Stadelmann, *Die ägyptischen Pyramiden: Vom Ziegelbau zum Weltwunder*, Mainz: Philipp von Zabern, 1991.

N. Strudwick, "The Old Kingdom and First Intermediate Period," In I. Shaw and E. Bloxam (eds.), *The Oxford Handbook of Egyptology*. Oxford: Oxford University Press, 2020, pp. 619-637.

P. Tallet, "Egypt's Old Kingdom in Contact with the World," In K. Radner, N. Moeller, D.T. Potts (eds.), *The Oxford History of the Ancient Near East, vol. I: From the Beginnings to Old Kingdom Egypt and the Dynasty of Akkad*. Oxford: Oxford University Press, 2020, pp. 397-458.

M. Verner, *The Pyramids*. London: Atlantic Books, 2002.（ミロスラフ・ヴェルナー（津山拓也訳）『ピラミッド大全』法政大学出版局、2003 年）

M. Verner, *Sons of the Sun: Rise and Decline of the Fifth Dynasty*. Prague: Charles University, 2014.

T.A.H. Wilkinson, *Royal annals of ancient Egypt: the Palermo Stone and its associate fragments*. London: Kegan Paul International, 2000.

第 9 章　第 1 中間期

J.C. Moreno García, "Climatic Change or Sociopolitical Transformation? Reassessing Late 3rd

University Press, 2000, pp. 16-40.

M. Jórdeczka, H. Królik, M. Mosojć, R. Schild, "Early Holocene pottery in the Western Desert of Egypt: new date from Nabta Playa," *Antiquity*, vol. 85 (2011), pp. 99-115.

C. Köller, "Prehistoric Egypt," In K. Radner, N. Moeller, D.T. Potts (eds.), *The Oxford History of the Ancient Near East, vol. I: From the Beginnings to Old Kingdom Egypt and the Dynasty of Akkad*. Oxford: Oxford University Press, 2020, pp. 95-162.

白井則行「西アジアからエジプトへの農耕牧畜の伝播とエジプトにおける発展」アジア考古学四学会編『農耕の起源と拡散』高志書院、2017年、211-252頁

高宮いづみ『エジプト文明の誕生』同成社、2003年

第5章　先王朝時代・第6章　最初のファラオ

K. Bard, "Political Economies of Predynastic Egypt and the Formation of the Early State," *Journal of Archaeological Research*, vol. 25 (2017), pp. 1-36.

R. Friedman, "Hierakonpolis Locality HK29A: the Predynastic ceremonial center revisited," *Journal of American Research Center in Egypt*, vol. 45 (2009), pp. 79-103.

S. Hendrickx, "The Predynastic Period," In I. Shaw and E. Bloxam (eds.), *The Oxford Handbook of Egyptology*. Oxford: Oxford University Press, 2020, pp. 573-595.

M. Hoffman, *Egypt before the Pharaohs*. Austin TX: University of Texas Press, 1991.

B.J. Kemp, *Ancient Egypt: Anatomy of a Civilization, 2nd Edition*. London: Routledge, 2018.

C. Köller, "Prehistoric Egypt," In K. Radner, N. Moeller, D.T. Potts (eds.), *The Oxford History of the Ancient Near East, vol. I: From the Beginnings to Old Kingdom Egypt and the Dynasty of Akkad*. Oxford: Oxford University Press, 2020, pp. 95-162.

B. Midant-Reynes, *The Prehistory of Egypt: From the First Egyptians to the First Pharaohs*. Oxford: Blackwell, 2000.

B. Midant-Reynes, "The Naqada Period (c. 4000-3200 BC)," In I. Shaw (ed.), *The Oxford History of Ancient Egypt*, Oxford: Oxford University Press, 2000, pp. 41-56.

A. Stevenson, "The Egyptian Predynastic and State Formation," *Journal of Archaeological Research*, vol. 24 (2016), pp. 421-468.

高宮いづみ『エジプト文明の誕生』同成社、2003年

馬場匡浩『古代エジプトを学ぶ』六一書房、2017年

第7章　初期王朝時代

K. Bard, "Political Economies of Predynastic Egypt and the Formation of the Early State," *Journal of Archaeological Research*, vol. 25 (2017), pp. 1-36.

L. Bestock, *The Development of Royal Funerary Cult at Abydos*. Wiesbaden: Harrassowitz Verlag, 2009.

L. Bestock, "Early Dynastic Egypt," In K. Radner, N. Moeller, D.T. Potts (eds.), *The Oxford History of the Ancient Near East, vol. I: From the Beginnings to Old Kingdom Egypt and the Dynasty of Akkad*. Oxford: Oxford University Press, 2020, pp. 245-315.

D. O'Connor, *Abydos: Egypt's First Pharaohs and the Cult of Osiris*. New Aspects of Antiquity.

第 1 章　エジプトの自然環境と地理

K. Bard, "The Environmental Background to Pharaonic Civilization: Geography, Environment, Agriculture, and Natural Resources." In K. Bard, *An Introduction to the Archaeology of Ancient Egypt*, 2nd Edition. New Jersey: Wiley-Blackwell, 2015, pp. 45-65.

K. Butzer, *Early Hydraulic Civilization in Egypt: A Study in Cultural Ecology*. Chicago: The University of Chicago Press, 1976.

S. Parcak, "The Physical Context of Ancient Egypt." In A. B. Lloyed（ed.）, *A Companion to Ancient Egypt*. Oxford: Blackwell, 2010, pp. 3-22.

鈴木八司監修『世界の歴史と文化　エジプト』新潮社、1996 年

第 2 章　古代エジプト史の枠組み

P. James et al, *Centuries of Darkness: A Challenge to the conventional chronology of Old World archaeology*. London, 1991.

K.A. Kitchen, "History of Egypt（Chronology）." In D.N. Freedman（ed.）, *The Anchor Bible Dictionary*, Volume 2, New York, 1992, pp. 322-331.

J.C. Moreno Garcia, "Ancient States and Pharaonic Egypt: An Agenda for Future Research." *Journal of Egyptian History*, vol. 7（2014）, pp. 203-240.

河合　望「古代エジプト王朝時代の編年の諸問題―新王国時代・第 3 中間期を中心として―」『エジプト学研究』第 6 号、1998 年、44-65 頁

近藤二郎「シリウスの出現と古代エジプトの年代」『文学研究科紀要』別冊第 8 集、早稲田大学大学院文学研究科、1981 年、59-67 頁

第 3 章　旧石器時代

K. Bard, "Egyptian Prehistory: The Paleolithic and Neolithic." In In K. Bard, *An Introduction to the Archaeology of Ancient Egypt*, 2nd Edition. New Jersey: Wiley-Blackwell, 2015, pp. 67-88.

S. Handrickx and P. Vermeersch, "Prehistory: From the Paleolithic to the Badarian Culture（c. 700,000-4000 BC）." In I. Shaw（ed.）, *The Oxford History of Ancient Egypt*, Oxford: Oxford University Press, 2000, pp. 16-40.

C. Köller, "Prehistoric Egypt," In K. Radner, N. Moeller, D.T. Potts（eds.）, *The Oxford History of the Ancient Near East, vol. I: From the Beginnings to Old Kingdom Egypt and the Dynasty of Akkad*. Oxford: Oxford University Press, 2020, pp. 95-162.

R. Takahashi, "Paleolithic Culture and Society in Nile Valley," *Orient* vol. 43（2008）, pp. 3-22.

G.J. Tassie, *Prehistoric Egypt: Socioeconomic Transformations in North-East Africa from the Last Glacial Maximum to the Neolithic, 24,000 to 6,000 Cal BP*. London: Golden House Publication, 2014.

第 4 章　エジプトにおける「新石器化」

K. Bard, "Egyptian Prehistory: The Paleolithic and Neolithic." In In K. Bard, *An Introduction to the Archaeology of Ancient Egypt*, 2nd Edition. New Jersey: Wiley-Blackwell, 2015, pp. 67-88.

S. Handrickx and P. Vermeersch, "Prehistory: From the Paleolithic to the Badarian Culture（c. 700,000-4000 BC）," In I. Shaw（ed.）, *The Oxford History of Ancient Egypt*, Oxford: Oxford

参考文献

全般

J. Bains and J. Malek, *The Atlas of Ancient Egypt*. New York: Phaidon Press, 1980（J. ベインズ・J. マレク（平田　寛監修・吉村作治訳）『図説世界文化地理百科　古代のエジプト』朝倉書店、1983 年）

K. Bard, *An Introduction to the Archaeology of Ancient Egypt*, 2nd Edition. New Jersey: Wiley-Blackwell, 2015.

D.J. Brewer and E. Teeter, *Egypt and the Egyptians*, 2nd Edition. Cambridge: Cambridge University Press, 2007.

P. Clayton, *Chronicle of the Pharaohs*. London: Thames and Hudson, 1994.（P. クレイトン（吉村作治監修）『古代エジプト　ファラオ歴代誌』創元社、2006 年）

Manetho（Translated by W.G. Waddell）, *History of Egypt and Other Works*. Loeb Classical Library. Cambridge MA: Harvard University Press, 1940.

M. Van De Mieroop, *A History of Ancient Egypt*. New Jersey: Wiley-Blackwell, 2011.

K. Radner, N. Moeller, D.T. Potts（eds.）, *The Oxford History of the Ancient Near East*. Oxford: Oxford University Press, 2020.

R. Schulz and M. Seidel, *Egypt: The World of the Pharaohs*. London: Konemann, 1998.（R. シュルツ・M. ザイデル（伊東はるみ訳）『エジプト　ファラオの世界』クーネマン出版社、2000 年）

A.J. Spencer（ed.）, *The British Museum Book of Ancient Egypt*, London: The British Museum Press, 2007.（A.J. スペンサー（近藤二郎訳）『大英博物館　図説　古代エジプト史』原書房、2009 年）

I. Shaw（ed.）, *The Oxford History of Ancient Egypt*. Oxford: Oxford University Press, 2000.

I. Shaw, *Ancient Egypt: A Short Introduction*. Oxford: Oxford University Press, 2004.（I . ショー（近藤二郎・河合　望訳）『一冊でわかる 古代エジプト』岩波書店、2007 年）

I. Shaw and E. Bloxam（eds.）, *The Oxford Handbook of Ancient Egypt*. Oxford: Oxford University Press, 2020.

T. Wilkinson, *Lives of the Ancient Egyptians*. London: Thames and Hudson, 2007.（T. ウィルキンソン（内田杉彦訳）『図説　古代エジプト人物列伝』、悠書館、2015 年）

『岩波講座　世界歴史〈2〉オリエント世界―7 世紀』岩波書店、1998 年

内田杉彦『古代エジプト入門』岩波ジュニア新書、2007 年

大貫良夫・渡辺和子・屋形禎亮・前川和也『世界の歴史〈1〉人類の起源と古代オリエント』中公文庫、2009 年

河合　望「古代エジプト―ファラオと神々」柴田大輔・中町信孝（編著）『イスラームは特殊か　西アジアの宗教と政治の系譜』勁草書房、2018 年

近藤二郎『エジプトの考古学』同成社、1997 年

高宮いづみ『古代エジプト文明社会の形成』京都大学学術出版会、2006 年

ヘロドトス（松平千秋訳）『歴史　下』岩波書店、1972 年

前田　徹・川崎康司・山田雅道・小野　哲・山田重郎・鵜木元尋『歴史学の現在　古代オリエント』山川出版社、2000 年

索引

図53：ブルックリン美術館蔵　筆者撮影
第9章
図54：メトロポリタン美術館蔵　筆者撮影
図55：ルクソール西岸、ディール・アル＝バフリー　筆者撮影
図56：メトロポリタン美術館蔵　筆者撮影
第10章
図57：K.A. Bard, *An Introduction to the Archaeology of Ancient Egypt*. Oxford: Wiley Blackwell, 2015, p.184, Map 7.1 とR. シュルツ、M. ザイデル（伊藤はるみ訳）『エジプト　ファラオの世界』クーネマン、1997年、105頁の地図をもとに作成
図58：カイロ・エジプト博物館蔵　筆者撮影
図59：W.B. Emery, A. Millard, and H.S. Smith, *The Fortress of Buhen: The Archaeological Report*. London: The Egypt Exploration Society, 1979, pl. 3. を改変
図60：カルナク、アメン大神殿　筆者撮影
図61：カイロ・エジプト博物館蔵　筆者撮影
図62：筆者撮影
図63：カイロ・エジプト博物館蔵　筆者撮影
図64：ルーヴル美術館蔵　筆者撮影
第11章
図65：M. Bietak, *Avaris, the Capital of the Hyksos: Recent Excavations at Tell el-Dab'a*. London: British Museum Press, 1996, Fig. 35. を改変
図66：I. Shaw(ed.), *The Oxford History of Ancient Egypt*. Oxford: Oxford University Press, 2000, p. 187. をもとに作成
図67：筆者作成
図68：大英博物館蔵　筆者撮影
図69：G. E. Smith, *The Royal Mummies*. Cairo: IFAO, 1912, pl. II.
図70：ルクソール博物館蔵　筆者撮影
図71：C. Bonnet and D. Valbelle, *Des pharaohs venus d'Afrique. La cachette de Kerma*. Paris, 2005, p. 18
第12章
図72：M. Van de Mieroop, *A History of Ancient Egypt*. Oxford: Wiley Blackwell, 2011, p. 153, Map 3 と大貫良夫・前川和也・渡辺和子・屋形禎亮『世界の歴史1　人類の起源と古代オリエント』中央公論社、1998年、459頁の地図をもとに作成
図73：筆者作成
図74：R. シュルツ、M. ザイデル（伊藤はるみ訳）『エジプト　ファラオの世界』クーネマン、1997年、155頁の図を改変
図75：筆者作成
図76：ルーヴル美術館蔵　筆者撮影
図77：カルナク、アメン大神殿　筆者撮影
図78：カイロ・エジプト博物館蔵　筆者撮影
図79：ルクソール西岸、レクミラ墓　メトロポリタン美術館蔵　筆者撮影
図80：カイロ・エジプト博物館蔵　筆者撮影
図81：河合望『ツタンカーメン　少年王の謎』集英社新書、2012年、33頁をもとに作成
図82：カルナク、アメン大神殿　筆者撮影
図83：カルナク、アメン大神殿　筆者撮影
図84：ルクソール博物館蔵　筆者撮影
図85：ギザ、大スフィンクス　筆者撮影
図86：メトロポリタン美術館蔵　筆者撮影
図87：渡辺保忠（編著）『マルカタ王宮の研究―マルカタ王宮址発掘調査1985-1988―』早稲田大学出版部、1983年、図2-1-1.1を改変
図88：カイロ・エジプト博物館蔵　筆者撮影
図89：B.J. Kemp, *The City of Akhenaten ad Nefertiti: Amarna and its People*. London, Thames & Hudson, 2012, p. 46, Fig. 2.1. を改変
図90：ルクソール西岸、メルエンプタハ王葬祭殿　筆者撮影
図91：ルーヴル美術館蔵　筆者撮影
図92：ベルリン・エジプト博物館蔵　筆者撮影
図93：ベルリン・エジプト博物館蔵　筆者撮影
図94：サッカラ、ホルエムヘブ墓　筆者撮影
図95：サッカラ、マヤ墓　筆者撮影
図96：ルーヴル美術館蔵　筆者撮影
図97：ルクソール西岸、王家の谷　筆者撮影
第13章
図98：ルクソール西岸、王家の谷　筆者撮影
図99：カルナク、アメン大神殿　筆者撮影
図100：筆者撮影
図101：筆者撮影
図102：カイロ・エジプト博物館　筆者撮影
図103：筆者撮影
図104：大英博物館蔵　筆者撮影
図105：カイロ・エジプト博物館蔵　筆者撮影
図106：エリック・H・クライン（安原和見訳）『B.C. 1177　古代グローバル文明の崩壊』筑摩書房、2018年、5-4頁の地図をもとに作成
図107：H. Nelson, *The Excavation of Medinet Habu. Vol. I: Earlier Historical Records of Ramessess III*, Chicago, 1930, pl. 37.
図108：カイロ・エジプト博物館蔵　筆者撮影
図109：カルナク、アメン大神殿　筆者撮影
図110：大英博物館蔵　筆者撮影
図111：カルナク、コンス神殿　筆者撮影
第14章
図112：K.A. Bard, *An Introduction to the Archaeology of Ancient Egypt*. Oxford: Wiley Blackwell, 2015, p. 288, Map 9.1 とR. シュルツ、M. ザイデル（伊藤はるみ訳）『エジプト　ファラオの世界』クーネマン、1997年、271頁の図をもとに作成
図113：D. Arnold, *The Encyclopedia of Ancient Egyptian Architecture*. Cairo: The American University in Cairo Press, 2003, p. 238. を改変
図114：カイロ・エジプト博物館蔵　筆者撮影
図115：カルナク、アメン大神殿　筆者撮影
図116：カイロ・エジプト博物館蔵　筆者撮影
図117：カイロ・エジプト博物館蔵　筆者撮影
図118：マーク・レーナー（内田杉彦訳）『ピラミッド大百科』原書房、東洋書林、2000年、195頁を改変
図119：カイロ・エジプト博物館蔵　筆者撮影
図120：大英博物館蔵　筆者撮影
図121：筆者撮影
図122：トルコ、サマル出土、ベルリン、ペルガモン博物館蔵　筆者撮影
第15章
図123：ウィーン美術史博物館蔵　筆者撮影
図124：ボローニャ考古学博物館蔵　筆者撮影
図125：ボルティモア、ウォルターズ美術館蔵　筆者撮影
図126：ヴァチカン・エジプト博物館蔵　筆者撮影
図127：大英博物館蔵　筆者撮影
図128：筆者撮影
図129：メトロポリタン美術館蔵　筆者撮影
第16章
図130：周藤芳幸『ナイル世界のヘレニズム―エジプトとギリシアの遭遇―』名古屋大学出版会、2014年、vii頁をもとに作成
図131：長谷川奏『地中海文明史の考古学』彩流社、2014年、48頁、図14をもとに作成
図132：ルクソール神殿　筆者撮影
図133：ニ・カールスバーグ美術館蔵　筆者撮影
図134：ヴァチカン・エジプト博物館蔵　筆者撮影
図135：M.M. Austin, *The Hellenistic World from Alexander to the Roman Conquest: A Selection of Ancient Sources in Translation*. Cambridge: Cambridge University Press, 1981をもとに作成
図136：ベルリン、ペルガモン博物館蔵　筆者撮影
図137：大英博物館蔵　筆者撮影
図138：ルーヴル美術館蔵　筆者撮影

付録扉：トトメス3世とホルス神、ルクソール西岸、ハトシェプスト女王葬祭殿　筆者撮影

出典

◉口絵

1：ベニハッサンにて　2：ルクソールにて　3：カイロ・エジプト博物館蔵　4：大英博物館蔵　5：ブルックリン美術館蔵　7・8：オックスフォード大学、アシュモレアン博物館蔵　13：ギザ出土　カイロ・エジプト博物館蔵　15：メイドゥーム出土　カイロ・エジプト博物館蔵　16：サッカラ出土　カイロ・エジプト博物館蔵　18：ブルックリン美術館蔵　19：ディール・アル＝バフリー出土　カイロ・エジプト博物館蔵　20：リシュト出土　メトロポリタン美術館蔵　21：ベルリン・エジプト博物館蔵　22：ディール・アル＝バフリー出土　大英博物館蔵　23：ニ・カールスバーグ美術館蔵　24：ダハシュール、センウセレト３世のピラミッド複合体出土　エジプト文明博物館蔵　25：ダハシュール、ホル王墓出土　カイロ・エジプト博物館蔵　27：ディール・アル＝バフリー出土　メトロポリタン美術館蔵　29：ルクソール博物館蔵　31：© 東日本国際大学エジプト考古学研究所／早稲田大学エジプト学研究所　33：カルナク出土　カイロ・エジプト博物館蔵　34：アマルナ出土　ベルリン・エジプト博物館蔵　35-37：ツタンカーメン王墓出土　カイロ・エジプト博物館蔵　39：トリノ・エジプト博物館蔵　44：タニス出土　カイロ・エジプト博物館蔵　45：ルクソール西岸出土　カイロ・エジプト博物館蔵　46：大英博物館蔵　50：アル＝ラシード（ロゼッタ）出土　大英博物館蔵　53：ハワラ出土　ベルリン・エジプト博物館蔵

31：© 東日本国際大学エジプト考古学研究所／早稲田大学エジプト学研究所　それ以外：筆者撮影

◉本文図版

本扉：ツタンカーメン純金の棺　カイロ・エジプト博物館蔵　筆者撮影

はじめに：セティ１世葬祭殿のレリーフ　筆者撮影

第１章

図2：筆者作成

図4：カイロ、ファラオ村　筆者撮影

第２章

図5：アビドス、セティ１世葬祭殿　筆者撮影

図6：トリノ・エジプト博物館蔵　筆者撮影

第３章

図7：K.A. Bard, *An Introduction to the Archaeology of Ancient Egypt*. Oxford: Wiley Blackwell, 2015, p. 72, Map 4.1 をもとに作成

図8：I. Shaw (ed.), *The Oxford History of Ancient Egypt*. Oxford: Oxford University Press, 2000, p. 19

第４章

図9：K.A. Bard, *An Introduction to the Archaeology of Ancient Egypt*. Oxford: Wiley Blackwell, 2015, p.86, Map 4.2 と白井則行「西アジアからエジプトへの農耕牧畜の伝播とエジプトにおける発展」、アジア考古学四学会編『農耕の起源と拡散』高志書院、2017 年、212 頁、図１をもとに作成

図10：F. Wendorf and R. Schild, *Holocene Settlement of the Egyptian Sahara: Volume I: The Archaeology of Nabta Playa*, New York, 2001, Fig. 14.3.

図11：M. Jórdeczka, H. Królik, M. Mosojć, R. Schild, "Early Holocene pottery in the Western Desert of Egypt: new date from Nabta Playa," *Antiquity*, vol 85 (2011), pp. 104, Fig. 6.

第５章

図12：K.A. Bard, *An Introduction to the Archaeology of Ancient Egypt*. Oxford: Wiley Blackwell, 2015, p. 96, Map 5.1 と高宮いづみ『エジプト文明の誕生』同成社、2003 年、2 頁をもとに作成

図13：E. Teeter (ed.), *Before the Pyramids*. Chicago: Oriental Institute of the University of Chicago, 2011, p. 8 を改変して作成

図14：大英博物館蔵　筆者撮影

図15：D. Wengrow, *The Archaeology of Early Egypt*. Cambridge: Cambridge University Press, 2006, p. 85, Fig. 4.3

図16：W.M.F. Petrie, *Diospolis Parva: The Cemeteries of Abadiyeh and Hu, 1898-1899*, London, 1901, pl. 2.

図17：ルーヴル美術館・アブダビ分館蔵　筆者撮影

図18：R. Friedman, "Hierakonpolis Locality HK29A: the Predynastic ceremonial center revisited," *Journal of American Research Center in Egypt*, vol. 45 (2009), p. 80, Fig. 1 を改変

図19：B.J. Kemp, *Ancient Egypt: Anatomy of a Civilization*. London: Routledge, 2018, p. 73-74, Fig. 2.5-6. を改変

第６章

図20：L. Bestock, *The Development of Royal Funerary Cult at Abydos*. Wiesbaden: Harrassowitz Verlag, 2009, Fig. 2. を改変

図21：G. Dreyer, "Tomb U-j: A Royal Burial of Dynasty 0 at Abydos," In E. Teeter (ed.), *Before the Pyramids*. Chicago: The Oriental Institute of the University of Chicago, 2011, Fig. 14.3. を改変

図22：カイロ・エジプト博物館蔵　筆者撮影

図23：オックスフォード大学、アシュモレアン博物館蔵　筆者撮影

第７章

図24：K.A. Bard, *An Introduction to the Archaeology of Ancient Egypt*. Oxford: Wiley Blackwell, 2015, p. 118, Map. 5.4 をもとに作成

図25：筆者作成

図26：G. Dreyer et al., "Umm el-Qaab, Nachtuntersuchungen im frühzeitlichen Königsfriedhof. 7/7 Vorbericht," *MDAIK* 52 (1996), p. 72, fig. 26. を改変

図27：B.J. Kemp, *Ancient Egypt: Anatomy of a Civilization*. London: Routledge, 2018, p. 81, Fig. 2.10.

図28：W.B. Emery, *Excavations at Saqqara, 1937-1938. Hor-aha*, Cairo: Government Press, 1939, P1.1 を改変

図29：D. O'Conner, *Abydos: Egypt's First Pharaohs and the Cult of Osiris*. London: Thames & Hudson, 2009, p. 139, Fig. 75. を改変

図30：E. Teeter (ed.), *Before the Pyramids*. Chicago: Oriental Institute of the University of Chicago, 2011, p. 140, Fig. 15.3 を改変

図31：ルーヴル美術館蔵　筆者撮影

図32：カイロ・エジプト博物館蔵　筆者撮影

図33：大英博物館蔵　筆者撮影

図34：カイロ・エジプト博物館蔵　筆者撮影

第８章

図35：K.A. Bard, *An Introduction to the Archaeology of Ancient Egypt*. Oxford: Wiley Blackwell, 2015, p. 137, Map. 6.1 をもとに作成

図36：マーク・レーナー（内田杉彦訳）『ピラミッド大百科』原書房、東洋書林、2000 年、16 頁を改変して作成

図37：『エジプト学研究別冊第 14 号　アブ・シール南丘陵遺跡第 18 次・第 19 次調査概報』早稲田大学エジプト学会、2010 年、10 頁、Fig. 2 を改変

図38：© 東日本国際大学エジプト考古学研究所／早稲田大学エジプト学研究所

図39：マーク・レーナー（内田杉彦訳）『ピラミッド大百科』原書房、東洋書林、2000 年、84-85 頁を改変

図40：カイロ・エジプト博物館蔵　筆者撮影

図41：ジェセル王の階段ピラミッド、南の墓　筆者撮影

図42：カイロ・エジプト博物館蔵　筆者撮影

図43：筆者撮影

図44：カイロ・エジプト博物館蔵　筆者撮影

図45：カイロ・エジプト博物館蔵　筆者撮影

図46：https://ja.wikipedia.org/wiki/ 三大ピラミッド #/media/ファイル :Giza_pyramid_complex_japanese_ (map) .svg をもとに作成

図47：カイロ・エジプト博物館蔵　筆者撮影

図48：筆者作成

図49：カイロ・エジプト博物館蔵　筆者撮影

図50：筆者撮影

図51：リチャード・H・ウィルキンソン『古代エジプト神殿大百科』東洋書林、2002 年、21 頁を改変

図52：サッカラ 、ウナス王のピラミッド　肥後時尚氏撮影

著者紹介

河合　望　KAWAI NOZOMU

金沢大学新学術創成研究機構教授
1968 年東京生まれ。早稲田大学大学院文学研究科修士課程修了。ジョンズ・ホプキンス大学大学院近東学科博士課程修了（Ph.D.）。米国エジプト調査センター特別研究員、ユネスコ（国連教育科学文化機関）コンサルタント、早稲田大学非常勤講師、早稲田大学理工学術院客員准教授、早稲田大学高等研究所准教授、カイロ・アメリカン大学客員教授等を経て、2016 年より金沢大学新学術創成研究機構准教授、2019 年より現職。
30 年以上にわたりエジプト現地での発掘調査や保存修復プロジェクトに従事。専門はエジプト学、考古学。特に新王国時代を専門とする。

【主な著書・訳書】
『ツタンカーメン　少年王の謎』（単著、集英社新書）、『イスラームは特殊か　西アジアの宗教と歴史の系譜』（共著、勁草書房）、『オリエント古代の探求』（共著、中央公論新社）、『エジプト王家の谷・西谷学術調査報告書〔I〕―アメンヘテプ３世王墓（KV22）を中心として―』（共著、中央公論美術出版）、『一冊でわかる　古代エジプト』（共訳、岩波書店）など。

《検印省略》2021 年 5 月 25 日　　初版発行
2024 年11月 25 日　初版第 2 刷発行

古代エジプト全史（こだいエジプトぜんし）

著者
河合　望

発行者
宮田哲男

発行所
株式会社 雄山閣
〒102-0071　東京都千代田区富士見2-6-9
Tel：03-3262-3231
Fax：03-3262-6938
URL：http://www.yuzankaku.co.jp
e-mail：info@yuzankaku.co.jp
振　替：00130-5-1685

印刷・製本
株式会社ティーケー出版印刷

ISBN978-4-639-02763-8　C0022
N.D.C.242　324p　21cm